李双元法学文丛

国际民商新秩序的理论建构

——国际私法的重新定位与功能转换

李双元　徐国建　主编

WUHAN UNIVERSITY PRESS
武汉大学出版社

图书在版编目(CIP)数据

国际民商新秩序的理论建构:国际私法的重新定位与功能转换/李双元,
徐国建主编.—武汉:武汉大学出版社,2016.8
李双元法学文丛
ISBN 978-7-307-18089-5

Ⅰ.国… Ⅱ.①李… ②徐… Ⅲ.国际私法—研究 Ⅳ.D997

中国版本图书馆 CIP 数据核字(2016)第 129286 号

责任编辑:张　欣　　　责任校对:汪欣怡　　　版式设计:韩闻锦

出版发行:**武汉大学出版社**　　(430072　武昌　珞珈山)
　　　　　(电子邮件:cbs22@ whu.edu.cn　网址:www.wdp.com.cn)
印刷:虎彩印艺股份有限公司
开本:720×1000　1/16　印张:28　字数:503 千字　插页:4
版次:2016 年 8 月第 1 版　　2016 年 8 月第 1 次印刷
ISBN 978-7-307-18089-5　　定价:88.00 元

作者简介

李双元，男，1927年生，湖南新宁人。湖南师范大学终身教授，武汉大学国际法研究所教授，博士生导师，中国国际私法学会名誉会长，《时代法学》和《国际法与比较法论丛》主编。曾任武汉大学国际法研究所副所长、中国国际私法学会副会长、湖北省国际法研究会总干事、中国法学会理事和中国国际法学会理事、国务院学位委员会（第三届）学科评议组成员、全国高等教育自学考试指导委员会委员、中国国际经济贸易仲裁委员会委员和仲裁员、中国博士后流动站管委会专家组及该管委会基金委员会专家组成员、武汉市政协委员及其法制委员会副主任、湖南省政府参事等学术与社会职务。先后主持完成国家社科基金项目、教育部哲学社会科学博士点基金项目、司法部项目、湖北省及湖南省社科基金一般及重大项目20余项；在《中国社会科学》、《法学研究》、《中国法学》等刊物上发表学术论文100余篇。独著、主编的经典著作主要有《国际私法（冲突法篇）》（已出第3版）、《国际民事诉讼法概论》（第2版为教育部审定的研究生教材）、《中国与国际私法统一化进程》（已出第2版）、《市场经济与当代国际私法趋同化问题研究》、《国际民商新秩序的理论建构》、《中国国际私法通论》（已出第3版）、《比较民法学》、《走向21世纪的国际私法——国际私法与法律的趋同化》（中国法学家自选集）、《国际私法》（全国高等教育自学考试统编教材，已出第3版）、《国际私法》（"十一五"国家级规划教材，已出第4版）、《法学概论》（"十一五"和"十二五"国家级规划教材，已出第11版）等，合译《戴西和莫里斯论冲突法》、萨维尼《现代罗马法体系（第八卷）》和《牛津法律大辞典》等世界法学经典著作。著述中获国家级及省部级一、二、三等奖及湖北省特别奖等奖励十余项。

徐国建，男，一级律师，上海邦信阳中建中汇律师事务所（Boss & Young, Attorneys-At-Law）管理合伙人。毕业于西南政法大学，获法学学士学位；之后考入武汉大学，攻读国际法专业硕士和博士学位。1988年赴欧洲留学，曾先后就读于洛桑瑞士比较法研究所、荷兰海牙国际法院国际法夏季讲习班、德国汉堡马克斯－普朗克外国和国际私法研究所，以及德国弗莱堡阿尔博特－路德维希大学。1994年完成了在德国汉堡大学的法学博士学位学业，并获得德国法学博士学位。1998年发起成立原上海市邦信阳律师事务所。1995年回国服务之前，曾于1989年在德国杜塞尔道夫的一家著名的律师事务所工作，1991—1994年在德国汉堡的一家律师事务所供职。近年来，领导和负责完成了一些在国内外皆十分有影响的法律服务项目，如：2001年完成的中芯国际金额高达40亿元的人民币和美元银行联合贷款项目；2004年汇丰银行入股交通银行项目。2006年被中国证监会任命为河北证券公司行政整顿工作组组长。曾被聘为上海市人大常委会立法和咨询专家、上海市政法机关"案件评查专项活动"特邀评查员、"上海法治报博士大顾问团"顾问以及上海市政府行政复议委员会委员，并担任中国国际私法学会副会长、中华全国律协WTO专门委员会委员、中国国际经济贸易仲裁委员会仲裁员、上海国际仲裁中心仲裁员以及上海仲裁委员会仲裁员。兼任上海交通大学、上海经贸大学、湖南师范大学、华东政法大学等高校的法学客座教授。2015年11月起兼任"一带一路法律研究协同创新中心"秘书长。系"瑞士比较法研究所"指派"中国大使"。精通德语和英语，具有英语和德语翻译资格，以中文、德文和英文在中国、德国、瑞士、英国和荷兰出版和发表了40多（部）篇法律专业方面的著作和论文。

出 版 说 明

　　为了庆祝我国著名法学家和法学教育家李双元教授90华诞，湖南师范大学法学院组织出版了《李双元法学文丛》。本套丛书共有15本，其中1本为新书。另外的14本皆为已经出版过的，因出版年代跨度较大，我们以保持原书原貌为原则，仅对一些文字标点符号的明显错误做了订正；书中有一些资料和引文因年代久远，已无法一一核查的，仍保持原样。

　　在已经出版过的14本书中，有8本书作者未做修改的，版次不予增加，所涉的法律法规也基本保持原样；另6本书作者予以了一定的修改，版次予以增加。

武汉大学出版社

2016年8月

总　　序

2016 年中秋，我们将迎来我国著名法学家、法学教育家李双元教授 90 华诞。

李先生历任武汉大学教授（已退休）、湖南师范大学终身教授、博士生导师、中国国际私法学会副会长和名誉会长，国务院学位委员会学科评议组（法学组）成员、中国博士后流动站管委会专家组成员、全国高等教育自学考试指导委员会（法学组）委员、中国国际经济贸易仲裁委员会委员和湖南省政府参事等学术与社会职务，为新中国法学教育、研究和实践作出了重要贡献。

李先生在青年时代，即积极参加反对国民党统治的学生运动和湖南新宁县的武装起义。但是在 1957 年却因言获罪，被划为右派分子，在大学从教的权利被完全剥夺。然而他对马克思主义法学理论的探求，却矢志不衰。1979 年武汉大学恢复法律系，他即从华中农学院马列室迅速调回武汉大学，协助韩德培、姚梅镇先生等参加法学院的恢复与发展工作，并在国内最早组建的国际法研究所任副所长。由韩德培教授任主编的第一部《国际私法》国家统编教材，也是在他的积极参与下，迅速完成并出版。在两位老先生的直接领导下，中国国际私法学会和中国国际经济法学会成立大会与它们的第一次研讨会也在武汉大学同时召开。

1993 年，李先生出任湖南师范大学终身教授，负责组建湖南师范大学法律系、法学院以及国际法研究所、环境法研究所。现在，我院已经拥有法学一级学科博士和硕士学位授权点、法学博士后科研流动站和法律硕士专业学位授权点以及教育部首批卓越法律人才教育培养基地和国家级大学生校外实践教育基地，法学学科在第三轮全国学科评估中名列第 21 位。李先生学术视野开阔，在法理学方面也有他个人的理论贡献，其中，他先后提出"国际社会本位理念"、"法律的趋同化走势"和"国际民商新秩序的构建"等理论观点，均在法学界受到重视。

为庆祝李双元教授九十华诞，在武汉大学和湖南师范大学的大力支持下，我们特别选取了李先生的十五本著作，集结为《李双元法学文丛》，隆重推出，以弘扬李先生的治学精神和学术思想，并恭祝李先生永葆学术青春。为保持原书的风格，其中《比较民法学》、《国际民商新秩序的理论建构》、《市场经济与当代国际私法趋同化问题研究》、《中国与国际私法统一化进程》、《21世纪法学大视野——国际经济一体化进程中的国内法与国际规则》、《现代国籍法》、《国际民事诉讼程序导论》和《法律冲突与法律规则的地域和时间范围》未作修改。

　　鉴于李先生长期在武汉大学执教，加之这套丛书中有六种原来就是由武汉大学出版社出版，因此，我们仍然选择由对法学界出版事业长期提供大力支持的武汉大学出版社出版这套丛书。在此，特别感谢武汉大学出版社和武汉大学法学院的鼎力支持！

湖南师范大学法学院

2016 年 6 月 18 日

把国际私法学的研究提升
到一个新的、更高的阶段
（代序）

纵观历史，人类社会的每一次大裂变总是与战争、暴力如影随形。然而，在 20 世纪 80 年代末、90 年代初，人类社会第一次以和平的方式实现了国际格局的转换，标志着国际社会开始有能力理性地驾驭人类历史的前进方向，也使我们有理由看到 21 世纪的人类社会从内部连绵不断的战争、对抗与残杀转入真正作为一个整体，通过各种协商、协调与合作的机制，谋求全人类共同持续发展的曙光。而在这样一个和平与发展的伟大时代，调整各种国际关系的各个国际法律部门的地位和作用，必将得到前所未有的提高与增强，其中调整国际民商关系的国际私法也更将显示出它在规范国际关系、建立国际新秩序中的基础性地位和作用。这是伟大的时代赋予国际私法的一个历史性机遇。

从构成当今国际社会基本内容的各种社会关系来考察，国际社会关系大体可以区分为相互独立又相互联系的三个层面，即国际政治关系、国际经济关系及国际民商关系。前两种国际关系均是一种国家间的关系，也可以说是一种公的关系，后一种则是一种私的关系。这三个层面的国际关系在法律上分别表现为国际公法、国际经济法和国际私法，共同构成规范国际关系的国际法律体系。前两种属于国际法律体系中的公法范畴，后者则属于私法范畴。冷战时期，苏美两大阵营尖锐对峙，国际关系剑拔弩张，在这种历史背景下，国际社会关注的重心自然集中在国际关系层面中公的关系一面，国际公法在国际法律体系中起着主导作用。冷战结束后，国际形势发生剧烈的变化，和平与发展成为时代的主流，市场经济作为资源配置方式的合理性已经在全球范围达成共识，正在成为世界各国经济体制普遍的存在方式，全球经济一体化整合程度也越来越高。由于和平与发展观念的深入人心以及全球意识的日益增强，上述国际关系的基本走势在未来的 21 世纪必将得到进一步发展。在这种新的形势下，全球的战略重点开始全面转向经济领域，各国政府都把发展本国的经济作为工作重心，并致力于把本国经济融入国际经济大循环圈内，从而又反过来推动国际经济大循环的进一步扩张和深化。国际经济大循环是通过全球这一统一大市场内的国际商品资本、技术、人才、信息等资源要素的流动实现的，而这些资源要素的流动关系从本质上说也就是国际民商的流转关系，即国际范围内平等主体之间的财产关系和人身关系。由于各国政府都把发展国际经济技术合作关系作为对外关系的出发点和归宿，国际民商关系日益成为各国关注的重心并因而得到了迅猛的发展。现今，每年全球商品出口贸易已超过4万亿美元，约占世界生产总值的18%；国际资本流动规模空前扩大，每天在世界范围金融网络中流动和运转的资金高达1万亿美元。可以说，在国际关系的三个层面中，国际民商关系的基础性地位正日益显示出来，这就客观上要求调整国际民商关系的国际私法在调整国际关系中发挥主导作用，确立起其在国际法律体系中的基础性地位。当然，有必要申明的是，我们说国际私法将作为国际法律体系中的基础性法律部门在21世纪中得到发展，并不是说国际公法和国际经济法不重要。随着21世纪国际关系的发展，整个国际法律体系都将在建立国际新秩序中发挥重要作用并获得新的发展。还有必要指出的是，时代只是给予国际私法一个鼎新机遇，而机遇需要把握。要想使国际私法顺应时代潮流，真正担负起在建立新的国际秩序中的重任，不仅需要世界各国的共同努力，更需要我们法学界首先在观念上破除传统国际私法的偏颇见解，重新考察国际私法的基本功能，并切实明确国际私法在建立新的国际秩序中的角色定位。

　　人类社会是按一定规则组成的有秩序的整体，没有秩序便没有社会。建立新的国际秩序以发展国家之间的友好关系及合作，保证人类世世代代在和平和正义中稳步加速经济发展和社会进步，无疑具有重要意义。二战以后，国际社会树起了建立国际政治和经济新秩序的大旗，然而这种国际秩序只涉及国际关系体系的公的关系层面，而对日显频繁复杂的国际民商关系未予顾及。作为国际民商秩序法律层面上的反映的国际私法，尽管经历了二战后出现在欧洲和美国的"改革"运动的冲击，有了很大发展，却尚未有人提出建立起国际民商新秩序的口号，无论是理论研究工作者，或是法律实务工作者，几乎都还没有从（至少还没有完全从）传统国际私法的观念与制度的束缚中解脱出来。但是当今国际关系的新发展，特别是市场经济的全球化和全球经济的一体化呼唤着新的国际民商秩序的建立。市场经济全球化的趋势意味着世界市场将更加完整统一，一切国家、一切地区、一切经济部门、一切企业和一切商品、货币、资本、科技、劳务与信息都将日益纳入全球规模的市场体系之中。各个国家、各个地区与各个区域集团均将对外开放。"国家的"经济发展将与"国际的"经济发展密不可分。这样就可能使世界各国采取某些措施来处理国家间的经济关系和民商关系，以谋求全人类的共同繁荣与发展，从而必然要求建立起新的国际民商秩序。国际民商新秩序正是人类整体或全球利益观加强和经济全球化的必然结果。这种国际民商新秩序应是一个有序、开放、灵活的大系统，它的建立和维持需要一整套健全和科学的国际民商法律体系，特别是国际私法体系，以实现国际私法功能和终极目标的转换，从而确立其在国际法律体系中的基础性地位。可是，传统的国际私法一直局限于扮演通过解决法律冲突来求得判决结果的确定性、可预见性和一致性的角色，或仅着眼于个案中判决结果的公正性。从实质上看，自国际私法产生以来，有关它的理论学说不可谓不多，但它们都是围绕着适用域外法之根据与法律选择来展开的。这显然与国际民商新秩序的构筑是不相适应的。而国际私法如果不抓住机遇实现其功能由单纯的解决法律冲突向构筑国际民商新秩序的彻底转换，它就不可能在建立新的国际秩序中担当起重要角色，也就不可能树立起其在国际法律体系中的基础性地位。因此，对传统的国际私法理论进行革新已势在必然。

如前所述，国际私法在国际法律体系中基础性地位的确立有赖于国际私法功能的转换，而其功能的转换又有赖于国际私法自身的革新和体系的重构。传统的国际私法理论一直存在着重大缺陷。这种缺陷首先表现在对国际私法的法律机制的认识上走入了误区，传统国际私法完全以冲突规范取代了国际私法全部法律机制的位置，漠视实体法的作用，从而把它与国际私法调整对象是实体关系这一前提割裂开来，导致了国际私法根本目标的扭曲；其次，传统国际私法理论上形成的体系只能说是冲突法制度方面的体系，并没有把本世纪以来大量出现的统一实体法条约及国际商事惯例涵纳其中，与蓬勃发展的国际民商事关系极不协调。既然我们都承认国际私法的调整对象是国际民商关系，那么我们也应该承认凡是调整国际民商事关系的规范都应纳入国际私法的范围。统一实体法通过把同一法律关系置于一个共同的、统一的实体性质法律规范之下来直接调整国际民商关系，规范国际民商事行为。相对于冲突规范来说，它更加符合国际民商事关系的本质要求，我们没有理由把它排斥在国际私法体系之外。而且我们还可以预见，随着国际交往的发展以及国际社会法律趋同化趋势的不断加强，这种统一实体规范将不断增多，有朝一日终将成为国际私法的主要规范和调整国际民商关系的一种最主要方法，亦即成为国际民商法律秩序的主要方面。总之，我们在重新认识国际私法体系或者国际私法范围的时候，必须立足国际民商新秩序的构筑，抓住调整国际民商关系这一关键点，并且要有一种发展的观点，这样我们就会发现，今天的国际私法早已超出传统上仅限于冲突法的范围，而且也早已不限于一种国内法源，它已发展成为涵纳国内法源和国际法源，包括冲突法、实体法和程序法三大规范群的一个庞大的独立的国际法律部门。实际上，也只有这样一种国际私法体系才能实现国际私法的最终目标——构筑国际民商新秩序，才能显示出它在国际法律体系中的基础性地位。

最后，应特别指出的是，离开武汉大学出版社的大力支持和梁山、彭清正、宁敏、何绍军等同志的热情帮助，本书将不可能以现在的面貌呈现给读者，在此一并表达诚挚的感谢。

李双元

1996 年 12 月 12 日于岳麓山下

目　　录

第一章 国际社会法律发展的基本走势与中国法律理念的现代化问题

第一节 国际社会法律发展的基本走势

漫漫 20 世纪即将逝去，人类历史又将掀开新的一页。在世纪交替的重大转折点上，"抚今忆昔、展望未来"，这是所有关心人类自身命运，关注地球这个大家庭的科学家和思想家都不会漠视的。正如古语所说：凡事"预则立、不预则废"。这也是人类社会发展的客观要求。处在历史转折点上的科学研究工作者，尤其是社会科学工作者，应义不容辞地承担历史重任，立足于各自的领域深入思索 21 世纪人类社会的图景，时刻注视社会发展的走势，及时或超前抓住重大而敏感的课题，开展新的开拓性研究，为推动社会进步作出贡献。这对于法学界，也莫能外。我们作为法学工作者，对"21 世纪国际社会法律发展基本走势"这一问题已酝酿许久，只是至今尚不能说已形成很成熟的理论。这里提出的观点，只是过去在研究国际私法、民商法、法理学等领域的一些重大课题的过程中所积累的有关国际社会法律基本走势的思想。现发表于此，旨在抛砖引玉，以祈引起社会更深入的关注：现在有无必要研究这个问题？21 世纪国际社会的法律发展将面临哪些新的重大的普遍性课题？在解决这些重大的普遍性的课题时是不是有规律可循？这里所讲的规律也就是题目所说的"基本走势"。如果我们在这里对下一世纪法律发展的基本走势所作的分析大体上是正确的，那么，它就会成为国际社会法学界的共识，最终将使更多的法学工作者为促进这种走势成为现实而共同努力。

一、21 世纪国际社会法律发展的历史背景之考察

尽管离 20 世纪的结束还有最后几年时光，目前许多地区民族冲突的战火仍然连绵不断，但只要国际社会各种主要平衡力量不发生重大的、有利于战争的转变，只要一些大国不突然大规模地介入地区冲突，而是都致力于和平、民

主和社会持续发展的事业，20世纪就会至少像目前这样，从后冷战时期平稳过渡到21世纪，从而也就可以肯定地说，20世纪虽然经历了两次世界大战的劫难，但它仍然是人类发展史上取得最伟大成就的一个世纪。20世纪人类所取得的最伟大的成就既有物质方面的，也有思想方面的，并且表现在人类社会生活的各个领域，其中最为主要的表现是：人类在这一个世纪所创造的生产力和所生产的物质财富超过了过去许多个世纪之和。在这个世纪，人类开始进入了高科技时代，其中核能的开发和利用，信息储存和传播手段的高度发达，生物工程的迅速推广，向空气空间乃至宇宙空间进军的航空航天技术的使用等等，早先都只是人类的梦想，而现在却一一变成了现实。但同时，更应该看到，20世纪人类所取得的意义最为深远的成就，还在于从思想上对以下几个问题逐渐达成了共识：

首先，通过两次世界大战，终于使全世界绝大多数人，使许多有力量发动大规模战争的国家的政府，懂得了维护世界和平的重要；懂得了在进入核武器的时代，地球和人类都不可能经历一次世界核大战；懂得了必须运用和平方式解决国家之间的争端，反对武力和暴力。保卫和发展世界和平，已经成为当今世界的一个主要潮流。而要实现这一艰巨任务，就必须加强法制建设，发展国际、国内的民主秩序。这已是全球各个国家和民族所共同面临的重大问题。

其次，通过20世纪50、60年代蓬勃兴起的民族解放运动，推翻了起源于16、17世纪的殖民主义统治，但政治上的独立并未真正带来经济上的解放，南北经济发展水平的失衡以及少数发展中国家飞速向发达国家腾飞的事实使人类认识到：在这个科学技术异常发达的世界上，任何国家要想保持持续的发展，必须不断推进和加强相互的经济合作，必须进一步密切相互依存、共同促进的关系；人类社会发展到今天，任何一个国家，任何一个民族，都不可能走孤立发展、闭关自守的道路。

再次，由于西方资本主义国家殖民化时代所进行的长期掠夺式开发，加上后工业社会的高科技、高生产和高消费，造成资源浪费、环境恶化，全球生态环境受到越来越严重的污染和破坏。但是从这个世纪中叶起，人类终于开始认识到，保护生态环境，不仅是人类物质和精神财富的生产得以持续进行的最基本条件，更是人类自身得以继续在地球上生存、生活的最基本条件。人类社会必须防止地球生态环境的进一步恶化，而恢复、改善人类的生态环境，完全不是一个或几个国家的事，也不只是各国国内的事，而是所有国家和全人类必须采取共同一致的行动才能实现的。人们也正是通过认识到改善人类的生态环境需要全世界每个国家的共同努力，从而大大促进了解决人类社会面临的其他各种社会问题也同样需要共同努力这一观念的发展。

人类社会在20世纪所取得的共识远不止这些，我们这里只是作了一个大体的概括。但不管怎样，正是在这些共识的推动下，20世纪国际社会的法律制度也得到了重大的发展，而且出现了如国际经济法、国际环境法、国际人权法、国际组织法、国际刑法这些新的法律部门。这是其一。

此外，国际法所涉及和调整的国际社会生活领域已不断扩大，从而使国际法的内容变得更为丰富，国际法的主体以及其相互之间的法律地位也发生了重要的变化。20世纪20、30年代，在我国，一般人几乎还不知道国际法为何物，只知道我们老大的"中华帝国"和当时的印度、阿比西尼亚等都备受列强侵凌，是各种不平等条约的受害者。在那个时代，国际法实际上只被认为是西方基督教文明的产物，是侵略者和殖民掠夺者之间进行战争和划分势力范围的"游戏规则"。过去的殖民地国家不被承认为国际法的主体，或虽被承认，却不能享有平等的权利。经过两次世界大战以后，这种状况已有了很大的改变——过去的许多殖民地国家取得了政治上的独立，在国际舞台上占据了一席地位。

国际法的内容和形式也有了重大的改变。在早期，习惯国际法占有很大的比重，而现在，由于国际造法条约的大量增加，国际法中协议法大大加强；其次，早期虽有造法条约，也多属战争法方面，而现在，国际法中规范和平的立法，发展国际经济关系、建立国际经济新秩序的立法，保护全球性生态环境的立法，共同开发利用公海公空及宇宙空间的立法，反对和制裁国际恐怖活动与贩运毒品的国际立法，以及关于加强各国际组织、和平解决各种国际争端的国际立法，已越来越多。

在从事国际立法活动的各种国际组织或国际会议上，发展中国家已经成为越来越重要的力量。在过去几乎只是西方发达国家的讲坛的国际组织和国际会议上，发展中国家的地位和呼声已大大加强；过去主要只反映西方发达国家观点和利益的国际条约，往往在发展中国家的要求下，几经修订，使发展中国家的利益也在一定程度上有了国际法的保障。

在国际立法活动中，国际间的统一私法和统一国际私法，已成为越来越受到关注的重要领域。由于双边的、多边的、地区的、全球的各种造法条约制定活动的广泛开展，现在各种专门统一私法和统一国际私法的条约和公约正日见增加。由于这两个领域的国际立法活动，是直接为缔约国之间发展经济民事交往关系提供法律保障、减少法律障碍的，所以在国际立法已占有越来越重要的地位，国家与国家之间的公法交往活动，可以说往往就是以达成上述两种统一立法为目标的。

在国内立法方面，为了适应共同发展的需要，致力于解决不同国家国内法方面的冲突或抵触已逐渐成为各国政府的共同行动。因为，在国内法律制度严重歧异和抵触的情况下，要在解决人类面临的诸多共同的重大问题上采取比较协调一致的行动，是完全不可能的。这一共识，不但大大地促进了20世纪国际立法活动的发展，而且也把各国法律文化的相互交流、各国国内法律制度的相互吸收，大大地向前推进了一步。

西方法律文化，在20世纪早期，还是殖民者作为征服和统治亚非拉地区人民的一种手段带进这一广大地区，强加于该地区各个民族和各国人民的。但现在，由于本世纪中叶民族独立运动的蓬勃兴起并相继取得了胜利，尽管在许多法律问题和法律制度上，受不同意识形态的影响，受不同发展水平和不同国情的制约，分歧和对立仍不可能很快消除（如人权问题等），但基于共同发展的需要，可以相互交流和吸收的领域，已在不断扩大。

更为重要的是，得之于国际统一私法和国际惯例的发展，许多国家和国内立法还在不断地致力于把它们中的许多内容直接转化为自己的国内法，并注意吸收国际法律社会普遍实践。

进入21世纪，人类社会仍然会继承和发展这些已有成就。这样，全人类在解决下一个世纪的重大问题时，势必使国际社会的法律制度获得新的发展。因为，21世纪要解决好人类的生存问题，必须保护和培育和平、民主的社会环境及优良的生态环境；要改进人类社会的生活，必须促进共同、持续的发展。要实现这些目的，法律作为国际社会的普遍行为规范，也必然会表现出一些共同的基本走势。

二、意识形态对法律影响的削弱与法律的普遍社会功能的增强

在和平与发展成为国际社会的两大主旋律的时代，21世纪国际社会法律发展的第一个显著走势便是意识形态对法律的影响将相对削弱，法律的普遍的社会的性质和功能，将不断加强。这是因为在人类社会发展到今天这种形势下，国际和平事业和人类社会持续的发展，都不是哪一个阶层、哪一个阶级或哪一种社会制度所能单独承担和实现得了的，而是全社会、全人类共同的任务和追求的目标。因此，尽管自法律诞生以来，随着社会的变迁，意识形态对法律的影响在某种程度上已出现弱化的现象，但至今也不能认为法律完全可以不受阶级对立关系的影响，可以不受政治观念和意识形态的影响。但在高科技迅猛发展、社会生产力飞速进步的时代，法律要发挥规范人的行为的作用，并且

把更广大的社会力量组织到维护和平和实现持续发展的伟大事业中来，就必须力求去反映全社会的需要，并以追求全社会的公平、公正和正义为取向。

在阶级分化十分深刻、阶级斗争十分尖锐的时代，法律确实曾经是统治阶级手中镇压被统治阶级的专政工具。但是，随着社会的进步，法律的普遍的社会性质和功能，已在不断加强。就以我国 1949 年以来法律发展的轨迹为例，也是如此。

新中国法律是从革命根据地时期开始萌芽和发育的。在当时特定的历史条件下，各革命根据地的法律主要是为战争服务的，是实现夺取政权这一革命首要目的的辅助工具。因而，人们大多只是通过法律对阶级敌人的镇压和制裁去理解法律的意义和作用。中华人民共和国诞生之后，由于革命政权的确立和巩固仍表现为激烈的阶级斗争，法律也不可避免地深深地打上了那个特定时代的意识形态的烙印。不幸的是此后仍长期把法律只理解为统治阶级意志的表现。结果，到"文化大革命"时期，法律完全沦为政治奴婢和"阶级斗争的工具"。由于把全部人类社会生活的现实统统归结为阶级和阶级斗争的现实，认为法律的全部价值也只在于反映这个现实并为这个现实服务，法律便完全被政治化了，不但失去了维护社会稳定和协调的职能，而且也失去了特有的稳定性和普遍性，法律关心的只是在各个时期主持政权的政治统治及实现其政治和经济主张的需要，公民种种基本权利得不到法律应有的重视和保护，社会正义和公平也被法律所忽视。在这种意识形态支配下，法律本身的存在价值也遭到了否定，结果，不但法律虚无主义广为泛滥，而且个人专权和独裁严重，人治现象普遍化，最终导致了"文化大革命"的十年浩劫。这种状况，直到 1978 年党的十一届三中全会决定以发展经济作为中心任务以后才有所改变，尤其是到 1992 年，我们国家终于确立了经济体制改革的目标模式是"建立社会主义市场经济体制"，并走出动不动纠缠于区分"姓资"、"姓社"的思维误区。自此以后，我国的法学研究和国家立法司法工作才出现了空前的繁荣景况；并且都把建立符合市场经济运转的法律秩序作为关注的焦点，对外国法律制度的借鉴和移植，也主要依据邓小平同志"三个有利于"的标准来加以衡量。我国近年颁布的一系列法律、法规，在公法领域主要以追求建立我国社会主义民主和法制为目标；在私法方面，出现了政治观念和意识形态的影响更为淡化的趋势，法律的社会职能大大加强。在国际社会，美国新近通过的《赫尔姆斯·伯顿法》之所以受到许多国家的谴责和反对，也表明美国想把自己的意识形态强加于国际经济贸易活动的一贯做法的失败。

本来，只要是阶级社会，统治阶级就必须处理好法律的阶级功能和社会功能的辩证关系。法律不能仅仅执行一个阶级、一个政党的政治职能。正如恩格斯所指出的，"只有法律成为人民意志的自觉表现，也就是说，它应该同人民的意志一起产生并由人民意志创立"①，法律才能实施其社会管理职能，促进生产发展和社会繁荣。这样，法律才会成为社会全体人员自觉遵守的行为规范。

在任何社会中，尤其在现代社会中，还有许多不受统治阶级意识形态影响的技术规范和中性规范，它们既可以为这一个社会制度服务，也可以为那一个社会制度服务。诸如罗马法是产生于奴隶制社会的，它的许多法律原则和法律制度甚至原封不动地为后世的法律所承袭，即使在封建社会和资本主义社会，都不曾受特定的社会意识形态所左右，继续发挥作用。而在现代法律中，也同样保留了许多渊源于罗马法的原则。随着国际交往和社会关系的发达，人与人之间的相互依赖和共生关系不断加强，各个国家的法学家和政府越来越认识到：法律制度不协调甚至冲突，是妨碍国际交往广泛、全面发展的重大障碍。而意识形态的对抗恰好是造成不同国家、不同社会制度冲突的重要根源。21世纪既然有人类共同追求的目标，减少意识形态的影响，注重法律的社会功能，自然就成为十分必要的了。我们在下文讨论的民法成为调整社会生活的基本法、国际社会本位观念必将在立法和司法活动中不断得到加强，以及国际社会法律趋同化趋势的出现，也都从不同侧面直接或间接地说明了意识形态对法律在下一世纪的影响必然要相对淡化下去。

三、民商法为主体的私法规范将日益成为法制的基础

21世纪国际社会法律发展的又一个走势是以民商法为主体的私法规范将日益成为法制的基础。

众所周知，历史上，罗马帝国的著名法学家乌尔比安最早提出了公法和私法应加区分的观点，他认为保护国家利益的法律属于公法，保护私的个人利益的法律属于私法。后世资产阶级法学理论，尤其是民法法系国家的法学理论，亦多对公私法的区分持肯定态度，并且认为法律区分为公法私法，乃"现代法律理论和实践的最重要的划分之一"②。这在大陆法国家是占主导地位的观点。普通法国家虽无把法律划分为公法私法的传统，并且在学理上也认为在许多情况下难以对某一具体法律规范属于公法还是私法作出区分，不过仍然承认

---

① 《马克思恩格斯全集》第6卷，人民出版社1961年版，第292页。

② Max Weber：Economy And Society，1978，p. 641.

确实存在着这样两个不同性质的法律部门。

在社会主义国家的法学理论中，由于受列宁的一段论述的影响，对公私法的划分曾长时期持否定态度。加上一直坚持社会主义经济只能是计划经济的错误观点，片面强调在这些国家没有什么"私的"的东西，经济生活以至于一般民事生活中一切都属于"公的"的范畴，也确实难有私法生存和发展的必要的空间。

在资本主义国家中，后来由于国家加强了对经济生活的干预，公法侵蚀私法和私法公法化的现象不断出现，也有一种否定公私法划分的趋向。在我们国家终于决定放弃计划经济改而以市场经济作为经济体制改革的目标模式以后，民商法的地位虽已空前提高，但在法学界仍有以未来社会不断进步，公法私法进一步融合为理由而不主张区分公法和私法的观点。

实际上，公法与私法的区分是客观上存在着的事实，而且必须认识到，从商品生产和交换发生时起，而且只要商品生产和交换还存在，法律就必然被区分为公法和私法。这种区分根植于社会经济关系，绝不是法学家们玩弄的"概念游戏"。正如恩格斯所指出的，"如果说国家和公法是由经济关系决定的，那末不言而喻，私法也是这样，因为私法本质上只是确认单个人之间的现存的、在一定情况下是正常的经济关系"。① 如果看不到根植于社会经济关系中的这两个不同法律部门的本质区别，也就不会承认作为私法的民法在调整商品经济社会的生活关系中所具有的基本法的地位和作用，就必然会导致公法侵蚀私法、公权力侵蚀私权利的严重后果，公民的日常生活和全部社会关系便都将被政治化，从而动摇整个国家经济关系和社会稳定的基础，市场经济自然也根本无从发育和发展起来。

由于计划经济是一种主观意志决定的经济，而市场经济却是一种按经济自身规律运行和发展的经济，人们所能做的只是顺应其客观规律，采取各种宏观调控的措施，以一方面使它尽可能减少无政府状态的盲目性，一方面则尽可能为它提供各种顺畅而有序运行的条件而已。所以完全可以预见，在 21 世纪，市场经济将在全世界为更多的国家所采用。而且由于新的世界贸易组织的成立，国际间的自由贸易将得到进一步的发展，市场一体化的程度也势必会越来越高。而市场经济，从法律的角度看，本来就是架构于民事权利义务基础之上的，商品生产的一切要素的配置以及市场的正常运作，全都得依民事流转形式进行。虽然由于科学技术的发展，国家对市场的宏观调控和行政管理的作用在

---

① 《马克思恩格斯选集》第 4 卷，人民出版社 1995 年版，第 248 页。

下一世纪必然也会加强，但其目的，将更加明确地集中于保障市场更有序地发挥其配置各种资源和生产要素的功能，而绝不是削弱、限制甚至否定民法在调整市场经济中的基本法的作用。公法将以私法为归宿，公权力的行使将以私权利的充分保护为归宿，在 21 世纪，这种观念将进一步加强，发挥公法的这种社会功能将成为国内国际立法活动更为自觉追求的目标。

公法的社会功能应以全社会成员的私权利的保护为归宿，也是历史唯物主义的一个基本观点。在恩格斯关于法律的起源一段论述中也可得到佐证。恩格斯曾说："在社会发展的某个很早的阶段，产生了这样一种需要，即把每天重复的生产、分配和交换产品的行为用一个共同的规则概括起来，设法使个人服从生产和交换的一般条件。这个规则首先表现为习惯，后来便成了法律（这当然主要是指调整财产占有和民事流转的民法——引者注）的产生，随着法律（这里甚至可以换成'私法'或'民法'——引者注），就必然产生以维护法律为职责的机关——公共权力，即国家"①。可是后来由于阶级矛盾的加剧，阶级斗争的激化，许多国家统治阶级为了维护自己的利益和地位，逐渐把公法诸部门发展得十分庞大而缜密，从而窒息了私法的发展。在这样的国家里，商品生产和市场经济便迟迟得不到发展。这一点随着时代的前进，人们已有了更明确的认识。

在 21 世纪，民法将进一步提升其作为规范社会生活的基本法地位，还由于经济的发展应以推进社会的全面发展为终极目的，而社会的全面发展又必须以人的全面发展为中心，而人的社会生活中最基本的是民事生活，人的最基本的社会关系是民事关系。随着人的全面发展的推进，物质生活和精神生活的领域将更为拓展，民事生活的内容也将更为丰富。同时，绝不能认为，在经济和社会进一步发达以后，公民的私权利将会越来越少，或会越采越受限制，因而那时法律中私法也将不再有多大的存在空间。经济越发展，社会越发达，社会成员的处分自己的私权利，从而构成丰富多彩的社会生活关系的自由度也会越高，他们的私权利将更受到尊重和保护，从而使人得到更全面的发展，这应该是一个已经历史证明为正确的基本的观点。

当然，在这里也有必要强调指出，首先，我们说民法将作为基本法在 21 世纪国际社会法律生活中发挥重要的作用，并不是说，其他法律部门就不重要了。进入 21 世纪，为了保护各国的主权权力不受侵犯，同时又能协调各国在处理人类共同面临的种种问题时的行动，国际公法、国际经济法、国际组织法

---

① 《马克思恩格斯全集》第 9 卷，人民出版社 1956 年版，第 248 页。

以至国际刑法或国际环境法甚至包括国际人口法（规范各国生育和人口政策的法律）等都将得到进一步的发展，各个国家的国内法也将因面临许多新的问题而得不断加以更新、充实。其次，在我们说到下一个世纪随着经济的发展和社会的发达，公民的自由度将更高，公民的私权利将受到更充分的保护，绝不意味着个人私权利的行使可以不顾及国家和整个人类的公共利益，这一点，我们将在下文详加讨论。

四、国际社会本位的观念将大大提升

21 世纪国际社会法律发展的另一个走势是在国内、国际立法、司法活动中国际社会本位观念将大大提升。

法律的本位原是民法中的一种观念。在民法由近代自由资本主义民法向现代垄断资本主义民法的演进过程中，出现了从个人本位到社会本位的转变，加强了国家对个人绝对自由的干预。社会本位的特点在于国家通过强调社会利益，对个人权利作出适度限制。20 世纪以来，社会本位已成为世界各国立法的主导思想和法律规范的主流，当然，这种意义上的社会本位，虽然十分强调社会公共利益或准则，但这种社会本位观依旧只是从一国自身的利益、需要和传统出发，仍然局限于某一特定国家的"社会本位"，为准确计，我们暂称其为国家本位，以区别于"国际社会本位"这一提法。我们这里讲法律由国家本位向国际社会本位转化的走势，主要是指在 21 世纪，国际法将进一步深入到某些传统上纯为国内法调整的社会关系中去，一国的法律遵循某些国际社会公认的准则成为客观要求，个人以至国家为民事法律行为或行使民事权利，都应考虑到不损害国际社会共同的利益。

20 世纪国际政治、经济关系的变革以及科学技术的突飞猛进的发展，已经促使传统国际法发生了深刻的变革。国际经济法、国际环境法、国际组织法、国际人权法、国际刑法等新的法律部门如雨后春笋般涌现，国际组织被认定为国际法中一类重要的主体，造法性条约在国际法渊源中占的比重大幅度提高，国际法的基本原则乃至国际强行法的观念稳步推行，国际维持和平与安全的活动有了巨大进展，国际私法的统一化日渐加强。所有这些成就令人倍感鼓舞：国际法的实际效力和作用远远高出了以前的时代。但是，关于国际法是国家之间而非国家之上的法律，国家主权在国际社会之中至高无上的论点，仍将是 21 世纪处理国际关系的基本观点。人们不应奢望：21 世纪会出现国家之上的"世界法"，但是，由于人类面临许多共同问题，以人类拥有的科学技术信息为物质基础，以国际社会组织化为有效途径，以国际社会的理解与共识为思

想基础，在许多问题不可能由哪一个国家用国内法来自行解决的客观要求下，人类社会的国际合作与协调是否必会进一步增强？国际公认的不得违背的法律规范是否会逐渐增多并通过国际条约而成文化？人类社会的共同利益需要全世界每一个国家、每一个民族以至每一个人来共同维护的观念是否会成为一种强行国际法规范？这些问题都值得我们深思。

美国著名法学家博登海默指出："任何值得被称之为法律制度的制度，必须关注某些超越特定社会结构和经济结构相对性的基本价值"，"人性的共有成分根植于个人的这样一个观念，即完全凭靠其自己的努力他是无力实现他所珍视的那些价值的"，"事实上，人类自有一种与生俱来的能力，它使个人得以在自我之外设计自己，并意识到合作及联合努力的必要"。① 我们立论的基础，也是认为社会越进步，社会成员的自由度会越高，私权利将会越受到尊重和保护，而他们的私权利的行使，也将越来越自觉地遵守不损害第三人、不损害社会和国家的利益、不损害全人类和整个人类生存环境的共同利益这一原则。事实上，由于高新科学技术的发展，人类社会普遍联系和依存关系的加强，个人的某些放任行为，都可能给整个国际社会带来灾难性后果，所以保护国内公共秩序和国际公共秩序的法律制度在 21 世纪应具有新的意义。传统的国际公共秩序在国际私法上，普遍的看法是其衡量标准只是各国自己所持的标准，并无不同国家间都承认的共同的"国际"的标准。这一状况，将在 21 世纪法律的发展中，因国际社会对各国法律生活提出的一些最基本的共同要求而发生变化。国际公共秩序可能会发展成为真正名符其实的国际制度，产生一些国际社会必须一致遵守的国际标准，形成一系列的国际强行性规范，例如关于惩治国际犯罪的规范，关于国际环境保护与资源利用的规范等等；另外，在环境政策、人口政策、产业政策、财贸政策等不同领域，都会要求各国国内立法必须采取一些共同准则，每个国家在立法中只顾及自己或本民族的局部的暂时利益的作法将会受到限制或制约。因此，这就意味着国家主权作为国际社会至高无上的实体的局面在 21 世纪将会有新的发展，国际社会的法律在某些方面会产生一些必须得到共同遵循的规范，国家行为将会受到一些基于维持全人类共同利益而产生的国际法规范的制约。

21 世纪的一个热点论题将是人权问题。而 20 世纪的人权问题可以说是集中表现为发达国家和发展中国家在人权与主权、个人人权与集体人权的严重分

---

① 参见 E. 博登海默著：《法理学——法哲学及其方法》，华夏出版社 1987 年版，作者致中文版前言。

歧里争论不休。我们认为，尽管在人权问题上，目前发达国家和发展中国家的对立十分尖锐，但随着发达国家社会政策的进一步调整和发展中国家经济建设和民主制度的发展，对基本人权标准的共识达成，应是 21 世纪国际社会法律发展的一大可预期的成果。应该认识到，人权作为人类共同理想追求的应然权利和国内法国际法规定一切人均享有的法定权利，是普遍性的，代表了人类社会追求个人最大限度的解放和最大积极性的发挥的进步倾向，是必然要为所有国家所接受的。而人权的实际享有程度依国情不同而有差别也是一时无法消除的。在 21 世纪，不但近乎国际社会的宪法或根本法的联合国宪章等将进一步强调对基本人权与公民权利的国际法、国内法上的保护，进一步要求甚至采取实际措施，保护和保障各国人民的基本人权与政治、经济、文化权利，而且在"各种专门性的人权公约和区域性的人权公约所作的更具体的规范和更切实的监督与实施安排基础上，国际社会的人权保护将被推向一个新的高度。"

　　20 世纪的另一个热点论题是国际环境问题。众所周知，地球环境的急剧恶化已是人类面临的最严峻的挑战，不论是过去的地力退化、水土流失和土地沙漠化等问题，还是近年来的酸雨、臭氧层破坏、气候变暖和生物物种锐减等问题，都已超出了国家、地区界限，成为全球性的问题。对此，国际社会别无选择，必须开展广泛而有效的国际合作，共同治理环境。1972 年 6 月在瑞典斯德哥尔摩举行的联合国人类环境会议，通过了著名的《人类环境宣言》，从而揭开了现代国际环境保护法的序幕，开始了国际环境立法发展的议程。此后国际环境条约的数量与日俱增，为数已不下两百个，而且所签协定已覆盖了环境问题的许多方面①。随着人们对环境问题认识的深入，环境保护已从仅仅着眼于人类健康发展到环境保护与经济持续发展必须相协调。1992 年 6 月，联合国人类环境与发展大会在巴西里约热内卢举行，会议通过并签署的《里约环境与发展宣言》、《21 世纪议程》、《气候变化框架公约》等重要文件，使国际环境法的发展进入了崭新的阶段。根据当前环境问题全球化特点所决定的环境保护必须由各国采取共同政策和行动，必须实行环境保护一体化的要求，现阶段国际环境法在重申《人类环境宣言》提出的人类对环境负有共同责任原则的基础上，郑重提出了"建立一种新的、公平的全球伙伴关系"，号召世界各国应在环境和发展领域里加强国际合作，以实现近年来逐步被各国普遍采纳的"持续发展战略"，我们认为，这种从环境管理的手段和措施方面对各国实施环境保护政策提出要求和行动指导的作法，将继续在国际环境法这一领域里

---

　　①　参见《当代环境法》，香港中华科技出版社 1992 年版，第 107 页。

得到推广和加强，国际社会的环境立法在 21 世纪无疑会更注重与国际社会的一致要求相符合，环境法的国际社会本位精神应该是很显著的。

可见，无论在法律调整的社会民事和经济关系领域，还是在人类生态环境领域，甚至是政治领域，21 世纪的国际社会中，法律必然会大大提升国际社会本位观念的地位。近期法律由个人本位向国家本位转化以及国家本位向国际社会本位转化的趋势，已向我们清楚地展示了它的基本方向。

五、国际社会法律发展的协调性和趋同化趋势将不断增强

国际社会法律发展的协调性和趋同化趋势将会不断加强也将是下一世纪国际社会法律发展的一个突出走势。

法律的趋同化，是指不同国家的法律，随着社会需要的发展，在国际交往日益发达的基础上，逐渐相互吸收，相互渗透，从而趋于协调、接近甚至一致的现象①。

法律的趋同化是现代社会特有的现象，它有着深刻的社会的、经济的、政治的和法律因素的影响。当今世界经济的一体化进程不断加速，各种跨国活动和对外交往不断增加，各国之间联系与交往日益频繁，为了保障国际社会正常的民商事活动的安全，国际社会必然要扩大在法律领域内的交流与合作，这就打破了国家之间法律的封闭状态，把各国法律文化的相互交流、各国之间法律制度的相互吸收大大向前推进了一步。首先是英美法、大陆法两大法系开始出现互相融合的趋势，大陆法系国家越来越多地借鉴英美法系的判例原则和有关法规。同样，英美法国家也开始注重判例的条文化、法典化并从大陆法的成文法规和有关制度中吸收养分。另外，西方法律文化，虽然在 20 世纪早期曾受到亚非拉地区各民族国家的强烈反抗和抵制，但随着这些国家政治上独立的实现和经济上发展的需要，为了加强本国的法律建设，必然会重视对发达国家法律制度的借鉴、吸收。更为重要的是，比较法学的兴起对推动法律趋同化提供了理论前提并大大推进了国际统一私法和国际惯例的发展，许多国家的国内立法还在不断地致力于把它们中的许多内容直接转化为自己的国内法，并注意吸收国际社会法律的普遍实践。

我国法律的发展历史也向我们展现了这一基本走势。我国素称礼仪之邦，重礼治而轻法治，虽然形成了独树一帜的中华法系，但重刑轻民，民商法很不

---

① 李双元：《中国法律趋同化问题之研究》，载《武汉大学学报（哲学社会科学版）》1994 年第 3 期。

发达；加上长时期的封建统治和抵制法治观念，使民主宪政以及现代法制无从建立。直到19世纪末、20世纪初，中外法律文化的第一次大交流才传入民商法，但当时国家主权被西方列强宰割侵凌，因而这种传入和吸收的殖民主义色彩非常浓厚。到本世纪中叶，中外法律文化在无产阶级领导的新民主主义革命和社会主义革命在中国取得了胜利之后发生了第二次交流。这次交流主要是以苏维埃法律思想为代表的前苏联法律文化被全面移植入中国，使中国社会主义法律文化和制度得以形成。但法律的本质和社会功能被扭曲，完全成了专政的工具。只是开始改革开放的1978年后，中外法律文化进行第三次大交流，才使新中国在认真着手建立民商法制度的同时，也逐步建立起了中国的涉外经济法和国际私法制度。因此，中国法律的趋同化现象应当说溯源于改革开放的初期，但当时这种现象并不十分突出。近两年来，随着进一步扩大对外开放，出于发展社会主义市场经济的客观需要，我国的经济正日益与国际大市场接轨，我国与世界各国的经贸往来更加密切，这就为中国法律与国际社会法律制度的趋同化趋势提供了坚实基础。

国际社会法律的趋同化在20世纪最显著的表现在于国际法律统一化运动的丰硕成果，这从普遍性法律统一运动和区域性法律统一运动的结果可以说明。国际造法性公约在一大批从事国际统一法律的组织的卓越努力下，在国际贸易法、国际私法以及国际民事诉讼法等方面形成了一系列的统一规范。以欧洲共同体为代表的区域性法律统一运动更给人以全新的视角：欧共体诸国在联合过程中其成员国的法律互相接近，形成了欧洲共同体统一法律，这些共同体法在适用的效力上高于成员国的国内法，它不必以成员国国内法为中介而直接地约束成员国国民，并且可以推翻与其相抵触的国内法。因此，我们认为，在21世纪，由于各国法律文化的进一步交流与渗透以及它们在国际社会所追求的目标的一致性，虽然不同法系、不同国家的法律思想、法律制度的历史的和民族的特点，在国内立法和国际立法活动中，依然会受到重视，但寻求彼此均可接受的结合点的努力会大大加强，相互融合、相互吸收，以至达成一致的地方会越来越多。这首先是各国国内法中相近似或相一致的内容会继续增加。一些法律发达的国家和社会的经实践证实是先进的、完善的立法体例将进一步被发展中国家所仿效。而各国国内法中那些难以求得协调和一致的法律制度之间的冲突，也将通过国际私法的国内立法和国际统一立法，找到种种变通处理的途径和方法。国内立法和国际立法之间的协调性也将进一步加强，并将通过国际条约或国际组织的章程和各国自己的宪法中的有关规定，来促进这种协调性不断发展。这样势必使国际社会在21世纪法律的趋同化上走得更远，取得更加辉煌的成果。当然，我们主张法律的趋同化，并不是说各民族、各国家、各阶级的法律的差异会完全消失，更不是说它们会完全同一。恰恰相反，我们只是在承认法律的民族特色、国情差异的基础上，指出下一世纪国际社会法律将出现减少冲突、"求同存异"、协调发展的趋势。

总之，21世纪是科学技术和社会生产力飞跃发展的时代，而且也是人类社会向民主、繁荣全面推进的时代。但社会的进步不是孤立的，而是与政治、经济、文化和法律紧密相联的。法律与社会、法律与政治、法律与经济，是一种辩证统一的关系，它们相互依存、相互促进、相辅相成。社会、政治、经济的发展和进步，为法律的演进提供了基础和动力；而法律的发展和进步，对社会、政治、经济的发展与进步又有巨大的推动作用。完善的法律制度为社会、政治、经济的发展和进步提供了保障机制。法律与社会、政治、经济的这种相互促进在当代显得尤为突出。20世纪法律发展的巨大成就正是社会进步、民主政治发展和经济繁荣的结果。21世纪国际社会法律仍然会沿着这一方向继续朝前迈进。但是，法律的发展同其它事物的发展一样，不可能一帆风顺或成直线式前进，它同样难免出现前进中的曲折。因此，我们切不可把法律的发展进程简单化，必须充分意识到它的曲折性和艰巨性。要实现法律的上述发展，仍需依靠全世界人民把维护国际和平与社会发展的斗争进行到底。虽然政治上的倒退、经济的退步和社会的退化，有可能在某一地区、某一国家导致暂时打断21世纪国际社会法律发展的进程，但我们所提出的上述四种基本走势必然是任何力量都无法阻挡的。

要实现21世纪国际社会法律发展的这些基本走势，不仅需要全世界人民的共同努力，还有待于比较法更深入、更全面、更丰富的发展。任何一种进步的、完善的法律制度都不是主观臆想的产物，而是人类法律文化优秀传统和成果的结晶。19世纪中叶出现的比较法正是为实现这一目的而诞生的。比较法试图从古今各国、各地区、各民族的法律的比较研究中找到法律发展的一般规律和共同基础，促进法律的"统一化"，寻求有利于国际经济交往和维护世界和平与发展的最佳法律原则。孟德斯鸠早就说过："每一个个别法律都和另一个法律联系着①"。比较法的任务不仅是要对现行法进行观察和分析，而且要促进和完善现行法，找出法律未来的发展方向。虽然早在19世纪中叶，比较法就被一些法学家自觉不自觉地、系统或零散地作为一种独立的法学理论和方法加以发展，但它真正得到国际公认、获得更广泛的发展，则是第二次世界大

---

① 孟德斯鸠：《论法的精神》，商务印书馆1991年版，第37页。

战以后的事。进入 21 世纪，随着国际交往的日益频繁和各国经济、文化、政治合作的深入，比较法会在国际社会法律的发展中占据越来越重要的地位，而比较法的更深入、更广泛、更全面的发展，必将更有利于促进上述走势的卖现。

第二节　中国法律理念现代化的几个问题

国际民商新秩序作为人类社会整体或全球利益观加强和世界经济一体化的必然要求，其建立和发展离不开完整、科学、健全的国际民商法律体系。而调控国际民商新秩序的法律决不能一味固守那种偏重地域性、封闭性和孤立性的传统惯例，必须灌注全球性、开放性和普遍性的因子，使之朝着现代化的目标迈进。因此，在建构和发展国际民商新秩序的过程中，不可忽视国际社会法律现代化的建设。而法律现代化，不仅包括法律制度和法律运作方式的现代化，而且必然内含法律理念的现代化。无论是立法，还是司法、执法和守法，要达到最理想的现代化效果，都离不开现代法律理念的导引。精神理念上的择优决策，直接影响着法律制度的创设、存废及具体运作的优化。可以说，没有现代法律理念导引的法律现代化是盲目的，不可能实现真正意义上的现代化。而中国在世界政治经济发展和国际交往中处于十分重要的地位，中国法律对于国际民商新秩序的建立和发展也起着举足轻重的作用。因此，在研究国际民商新秩序的法律基础时，决不能抛开对中国法律现代化问题的探讨，必须进行全面、深入的研究。为此，我们这里将通过对法律理念的定义和功能的深入分析，阐述法律理念在中国法律现代化演进过程中的嬗变以及地位，展示中国法律理念现代化的基本取向，力图为中国法律现代化求求有力的精神支撑和理念准则，从而同时为进一步推进下一世纪国际社会法律发展基本走势的实现和国际民商新秩序的建立与发展提供坚实的理论基础。

一、法律理念的内涵与功能

从词源上考察，"理念"（英语：*idea*，德语：*idee*）一词源自古希腊文（$\varepsilon\iota\delta os$）/（*eidos*），原意是指见到的东西，即形象。柏拉图在其创立的理念论中剔除了"理念"一词的感性色彩，用来指理智的对象，即理解到的东西。他认为，善的理念是理念世界的顶峰、最高的本体，认识只不过是对理念的回忆。这实质上是关于理念的客观唯心主义本体论的解释。

亚里士多德继承并发展了柏拉图的理念学说，他认为客观的理念并不与事物分离，它存在于事物之中。圣·托马斯·阿奎那认为理念有三种存在：第一，存在于事物之前，作为神心中创造世界的蓝图；第二，存在于事物之中，作为事物的本质（大体相当于亚里士多德所说的"理念"）；第三，作为人心中的概念，即主观方面的思想。作为思想的理念与作为客观存在的理念意义有所不同，一般把思想的理念称为"观念"。

18—19世纪的德国古典哲学重新规定了"理念"的含义。在康德哲学中，理念指理性所产生的概念，是理性应当追求的东西，但却是永远不能实现的理想，是不能达到的彼岸世界的自在之物。所以，黑格尔说："康德诚然使人知道重新尊重理念"，"但关于理念，他同样只是停留在否定的和单纯的应当阶段。"①

黑格尔自己则将理念看作是世界的本质，是理性构成世界的元素。在自然哲学中，理念为自然界的本质，自然界发展到人出现，而人是具有精神活动的，理念再复归为精神，上升为自在自为的理念。黑格尔认为人类的法律、政治、宗教、艺术、哲学均为理念的表现。黑格尔虽然是从唯心主义角度来论述"理念"，但他那种融普遍性和直接现实性于一体的"理念"，包含着许多合理的成分。

尽管"理念"的含义如此广泛，关于这一概念，至今尚无统一、确定的定义，但并不妨碍将它引入法律领域。康德早就作过这种尝试，他在《纯粹理性批判》一书的"泛论理念"一节中对柏拉图的"理念"进行了详细的评析以后，专门论述了"理念"对"制定宪法及法律"的作用②。不过，康德并未提出"法律理念"这一专门概念。这一缺憾实际上可以说是由黑格尔补救的。黑格尔将法与理念结合起来，提出了"法的理念"这一专门术语，并给它下了一个简短的定义："法的理念，即法的概念及其现实化"，"法的理念是自由"③。德国的新康德主义法学家鲁道夫·施塔姆勒则在对法律理念进行专门研究后"将法律概念同法律理念作了区分。法律理念乃是正义的实现"。④ 随后，英国的法学家罗伊德作了更深入的研究，他在1964年出版了一

①　黑格尔：《小逻辑》，商务印书馆1980年版，第127页，第421页以下。
②　康德：《纯粹理性批判》，商务印书馆1960年版，第257页。
③　黑格尔：《法哲学原理》，商务印书馆1961年版，第1页以下。
④　博登海默著：《法理学——法哲学及其方法》，邓正来、姬敬武译，华夏出版社1987年版，第163页。

本《法律的理念》（*The Idea of Law*）的专著，"告诉人们如何来运用缜密的思想，分析法律的理念，达到至美至善之境"①。虽然罗伊德未对"法律理念"下过定义，但他明确指出："法律理念过去曾对人类文明有过不可磨灭的贡献。"②

在我国，也有为数不多的几位学者对"法律理念"及其有关问题进行了探讨和研究。台湾地区法学家史尚宽先生认为，"法律制定及运用之最高原理，谓之法律之理念。"③ 以此为基点，史尚宽先生着重对法律理念与法律概念、法律目的、法律观念及法律理想之间的区别作了深入的分析。"法律之概念，谓'法律为何者'；法律之理念，谓'法律应如何'。"④ 而法律理念与法律目的的区别则在于"法律之理念，为法律的目的及其手段之指导原则"⑤。"理念为理性之原理"⑥ 不同于感性的法律观念。至于法律理念与法律理想的区别，史尚宽先生则说得更为明确："理念（*idea*）与理想（*ideal*）不同。理念为原则，理想为状态。理态为根本原则，为一无内容无色透明的不变之原则，基于理念作成理想状态，具体的实现理念之状态为理想。"⑦ 在上述思想指导下，他认为"幸福"、"自由"、"博爱"、"平等"均带有感性色彩且动摇不定，均"不得为法律之理念"，只有"'正义'为法之真理念"⑧。史尚宽先生这最后的结论似乎又"皈依"到了新康德主义施塔姆勒那里，加之他将法律理念看作"不变不易之原则"，有不少失之偏颇之处。

---

① ［英］*Dennis Lloyd*：《法律的理念》，张茂柏译，台湾地区联经出版事业公司1984年版，中文版序言，第329页。

② ［英］*Dennis Lloyd*：《法律的理念》，张茂柏译，台湾地区联经出版事业公司1984年版，中文版序言，第329页。

③ 史尚宽：《法律之理念与经验主义法学之综合》，载刁荣华主编：《中西法律思想论集》，台湾地区汉林出版社1984年版，第259、263、260、262页。

④ 史尚宽：《法律之理念与经验主义法学之综合》，载刁荣华主编：《中西法律思想论集》，台湾地区汉林出版社1984年版，第259、263、260、262页。

⑤ 史尚宽：《法律之理念与经验主义法学之综合》，载刁荣华主编：《中西法律思想论集》，台湾地区汉林出版社1984年版，第259、263、260、262页。

⑥ 史尚宽：《法律之理念与经验主义法学之综合》，载刁荣华主编：《中西法律思想论集》，台湾地区汉林出版社1984年版，第259、263、260、262页。

⑦ 史尚宽：《法律之理念与经验主义法学之综合》，载刁荣华主编：《中西法律思想论集》，台湾地区汉林出版社1984年版，第259、263、260、262页。

⑧ 史尚宽：《法律之理念与经验主义法学之综合》，载刁荣华主编：《中西法律思想论集》，台湾地区汉林出版社1984年版，第259、263、260、262页。

　　青年法学工作者江山则从本体论、知识论角度对"理念"进行"简略的清理"后认为："法理念既是具体法形态的内在，同时也是法之本体的存有。差不多可以说，实在法、理性法、自然法都有自己的法理念或内在精神，然亦有交叉或综合的法形态的理念精神。"① 面对这一界定，另一青年学者看到了其中隐含"混淆概念"的逻辑错误，指出"作者基本上是在与'法精神'、'法观念'含义相同的基础上使用，'法理念'这一概念的。"② 接着，他自己为法律理念下了一个简短的定义，即"法律理念乃是指对一种法律目标指向的实现"③。尽管这一学者对"法律理想"与"法律理念"作了专门的区分，但从其定义来看，仍然没有完全避免那种将"法律理念"泛化为"法律理想"的倾向。

　　通过以上分析，可以看到，法律理念首先是对法律的本质、根本原则及其运作规律的理性认知和整体结构的把握。具体地说，是指人们对法律现象、法律原则、法律体系、法律模式、法律信仰或信念、法律实践、法律文化及价值取向的宏观性、整体性反思而构建的理性图型。作为其视域的对象、概念和方法，不是表层的、单向的、孤立的，而是本质的、立体的、普遍的，它摒弃人类关于法律的偏见，将人们关于法律现象及其本质的观念从感觉或经验状态提升为理性认知形态，从宏观和总体上把握法律的基本走势，图解法律与时代变迁的根本关系，为法律发展或进化提供理念准则和导引。简言之，法律理念就是对法律的本质及其发展规律的一种宏观的、整体的理性认知、把握和建构，是一种理智的思想，是一种方法，是一种态度，是认识论、方法论和本体论有机结合的产物。

　　法律理念作为一种理性认知形态，来源于法律实践，必然反作用于法律实践。因为法律作为社会关系的调节器，是社会经济关系的客观反映，这种反映并不是直接的和自发的，而是通过法律理念的中介来完成的，可以说，法律理念的形成从某种意义上说，又是法律建构的前提条件。但法律制定是为了付诸实施的，法律的实施同样离不开法律理念的作用。"依法之理念以指导立法及法之运用。故法之理念，不独为立法原理，而亦为法的解释之指导原理。……立法不依法之理念，则为恶法，窒碍难行。解释法律不依此指导原理，则为死

---

　　① 江山：《中国法理念》，中国地质大学出版社1989年版，"自序"第2页。
　　② 刘作翔：《法律的理想与法制理论》，西北大学出版社1995年版，第27、28页。
　　③ 刘作翔：《法律的理想与法制理论》，西北大学出版社1995年版，第27、28页。

法，无以适应社会之进展。"① 历史上没有哪一部完美的法典，不是以完备的法律理念作为基础、前提和指导的。正如罗伊德在评价法律理念对人类文明不可磨灭的贡献时所指出的："它使现行的法规得以表现，提供方法，使这些规定有机会作合理的发展，或是创造新的规则，同时提供一种指导人类行动的工具。"② 从总体上看，在法律进化和发展中，法律理念不仅有认识论功能，而且具有方法论功能，一是对法律的一般规律及其特点的揭示和高度概括。二是对普遍原理、原则、方法、方案和模型指导法律实践。具体说来，法律理念的功能主要表现在以下方面：

第一，表征和指称功能，即法律理念具有对法律的表征和概念的指称作用。法律并非向壁虚构的产品，而是社会客观需要的产物，但又不可能自动生产出来。社会对法律的客观需要不可能直接具体化为法律制度，必须通过法律理念的表征和指称功能的转化。"法律之理念，为指导法律的意欲，使制定理想的法律及圆满的运用法律之原理。"③ 法律理念首先反映和揭示社会所需要的法律关系，然后通过法律概念的指称，再转化、整合为法律上关于各种权利义务的理性认知，从而为法律创制奠定基础和提供前提条件。

第二，中介和外化功能，即法律理念将立法动机具象化为法律创制工作，转换为法律规范。法律理念形成后，不可能永远停留在认知形态上，必须外化才有意义。当社会生活对法律的客观需要转化为立法动机以后，就要将这种法律动机转换为现实的法律规范。立法者通常运用法律理念对调整社会关系的法律模式进行评判和优化选择，使之客体化、定型化和制度化。可见，在法律创制过程中，法律理念构成了社会立法需求与法律制度之间的一个不可或缺的中介环节，法律理念的外化使法律从思想上印证到现实中形成现实的法律法规。可以说，有什么样的法律理念，便可能产生什么样的法律模式。如我国古代以"泛刑主义"为其理念，结果形成了"民刑不分"的法律模式。而英美法律理念与欧洲大陆法律理念的差异导致重判例的普通法系与重法典的民法法系并行不悖。不过，有必要强调的是，法律理念仅仅是社会客观的法律需要与法律规范之间的连接点，并不是法律产生的最终根源。法律的最终源头始终是客观的

---

① 史尚宽：《法律之理念与经验主义法学之综合》，载刁荣华主编，《中西法律思想论集》，台湾地区汉林出版社1984年版，第262、272页。

② ［英］*Dennis Lloyd* 著：《法律的理念》，张茂柏译，台湾地区联经出版事业公司1984年版，第318页。

③ 史尚宽：《法律之理念与经验主义法学之综合》，载刁荣华主编：《中西法律思想论集》，台湾地区汉林出版社1984年版，第262、272页。

社会经济基础和物质生活关系。

第三，科学的预测功能，即法律理念可以对法律制定进行科学的预测和指导。法律来源于社会经济生活并随着它的发展而不断发展和完善，只有依靠法律理念对现行或潜在的法律进行预测、认知和把握，才能对法律是否适应社会实际进行正确估价，及时作出立、改、废的决策，从而使法律得以发展和完善。马克思在论述立法问题时曾指出："如果一个立法者用自己的臆想来代替事物的本质，那么我们应该责备他极端任性。"① 这就是说，离开法律理念对社会物质生活关系和法律关系的洞察和科学预测，就可能使得制定出来的法律偏离社会实际，甚至出现"恶法"，造成法律实施的障碍。

第四，导引功能，即法律理念对法律的运作有巨大的导引作用。法律理念不仅为法律发展指明奋斗目标和价值追求，而且为人类实现这些奋斗目标和价值追求设计具体方案、方式和方法。要保证法律的有效实施，不仅需要运用法律理念对具体法律行为进行分析、评判以及对法律规范适用进行认知和优选，而且需要依据法律理念把握立法精神和对法律成本收益进行效益判断，以确立最佳实施方案。如果执法者和司法者缺乏正确的法律理念，非常容易出现执法或司法偏差，甚至出现执法或司法专横，而守法者一旦缺乏法律理念的引导，就不可能自觉运用和遵守法律，永远只能作"法律的奴隶"。

第五，文明进化功能，即法律理念是推动法律制度进化和人类文明进步的重要精神力量。科学的法律理念有助于消除落后的法律文化，提高公民的法律素质，扫除法律进化的各种观念性和制度性障碍，形成有利于社会经济发展的现代法治环境，充分利用民主法制机制推动政治、经济、文化、科学技术和伦理道德的发展，促进社会的物质文明和精神文明建设。

总而言之，法律理念有助于人类认识隐藏在其所使用的法律工具背后的思想，正确地运用周延的态度采审察法律问题，避免在立法、司法、执法和守法中作出流于偏执的、武断的结论。进一步说，只有确立现代的法律理念，才有可能洞察比感观世界更丰富、更深刻的法律本质及其发展规律，在更高的层次上提升现代法律价值，构筑现代法律精神，营造出自由、民主、平等、公正、幸福、和谐的现代法治社会。

二、中国法律现代化的演进历程与法律理念的嬗变

法律现代化是一个动态的整合过程，与其说是一个动态的时间性概念，倒

---

① 《马克思恩格斯全集》第 1 卷，人民出版社 1956 年版，第 183 页。

不如说是一个处在不断地从一种法律文明状态向另一种法律文明状态升华的多维立体式时空模型。这种运动意味着传统的法律理念、价值取向和行为方式的革命性转变。法律传统一般是指一个民族或国家自进入文明时代起在自己特有的经济土壤、政治氛围、文化模式等交互作用下孕育和生成的法律制度以及与其相适应的法律理念的总称。每个民族和国家的法律传统都有自己独特的内在精神和外在形式，呈现出连绵不断、一脉相承、难以割裂的特征。而法律的现代化则是指适应现代社会的经济、政治和文化发展要求的先进性法律制度与法律理念的总汇，蕴含着世界文明大道上最基本的法律准则。美国哈佛大学葛兰特教授在 1966 年发表的《法的现代化》一文中，将现代法律概括为统一性、无等级性等 11 个特征①。这是不少西方学者认同的划界标准，但在实践中，当代西方法律体系却朝着与上述许多特征相反的方向发展②。这就为反对者提供了论据，尤其是随着社会主义法律体系和发展中国家法律体系的发展，一些学者认识到"西方法律"并非法律现代化的最佳选择。所以，我们认为应对不同法律体系现代化进程展开全面的比较研究，然后再归纳出法律现代化最一般的特征。具体说来，法律现代化最主要的一些特征可以概括为：以普遍有效的法律作为社会调控的主要手段，法律的全民性和普遍性特征相当明显；先进的法院及其它相关制度的成龙配套而形成综合的法治系统，开业律师界兴盛、发达；独立的法学家和法学研究共同体及其相关团体、协会、学术机构的发展壮大；各种法律制定和修改的技术、方式科学化；法律以维护市场经济和社会持续发展与人的全面发展为己任，私法成为整个法律制度的基础，"权利本位"或"社会权利本位"在公法和私法中均占据主导地位；任何一个国家的法律都不是以维持一个封闭、僵化的社会为目的，而应致力于开放、公平、民主、自由、和谐的秩序的维护，等等。这些特征，大部分是指法律现代化过程中所表现出来的种种状态，即已发生或正在发生的事实。如果再进一步加以概括，法律现代化是现代社会的法律理念、法律制定和法律实施三者交互作用而构成的有机整体，是对各种法律文明的整合，是从一种文明向另一更高层次的现代文明进化的根本性转变。若缺少其中任何一个方面的革命性变化，则无法形成立体层面的转变，那么，法律现代化就不可能实现，至多只能出现"法律变革"或"法律更新"。因此，中国法律的现代化不是某一方面的单向演

---

① Marc Galanter, *The Modernization of Law* in M. Wienner, Modernization, Basic Books, New York, U. S. A. 1996, pp. 158-219.

② 朱景文：《比较法导论》，中国检察出版社 1992 年版，第 151 页。

变，而是一场涉及与法律有关的各个领域的一场巨大的革命。这场革命并非肇始于市场经济的提出，因为中国法律现代化是一个不断渐进的积累和部分质变的长期演进过程，经历了传统化至近代化以至准现代化与现代化的历史性演变。之所以中国法律至今尚未实现现代化，除了政治、经济原因外，其中一个最重要的原因可以归结到忽视了法律理念的现代化建设。

中国法律传统自春秋战国时期开始，在"礼法并重"、"出礼入刑"、"义务本位"、"民刑不分与诸法合体"等法律理念的制约下，一直在自我封闭的价值体系中演绎，"泛刑主义"、"专制主义"和人治思想在法律中占据统治地位，法律发达程度低，法治环境欠缺。这种状况以战国李悝编纂《法经》为发端，经过秦汉魏晋南北朝的深化和发展，再到隋唐时期被《唐律疏义》进一步强化以及宋元明清各朝的沿袭、充实和巩固，一直延续到清朝末年。在中国二千多年的封建社会中，传统的法律制度由于特定的法律理念的导引，"一直没有出现实质性变化"①。日本法学家滋贺秀三不无感慨地指出："在中国，虽然拥有从古代就相当发达的文明的漫长历史，却始终没有从自己的传统中生长出私法的体系来。中国所谓的法，一方面就是刑法，另一方面则是官僚制度统治机构的组织法，由行政的执行规则以及针对违反规则行为的罚则所构成的。"② 这在清末沈家本修律时也未能超越。沈家本在修律之初一直认为，刑法是中华法系的主体，修律最主要的工作则是引进西方刑法制度。虽然他后来发现西方法律制度的文明不只在于刑法，更重要的在于诉讼程序及私法中的民商律的完备，但沈家本未能把握好这一法律理念并向国人传播，这应是他的修律以失败而告终的原因之一。沈家本费尽九牛二虎之力引进创制的《大清新刑律》，被清朝保守派斥责为"不合吾国礼俗"而未能实施，两部诉讼律草案则根本未予公布。在程序法方面，清政府唯一正式公布并要求实施的则是具有近代诉讼法性质的法规《各级审判厅试办章程》，它将审判、陪审、律师辩护与代理、控告申诉等一套西方诉讼制度融合到中国诉讼的传统制度之中，形成中西合璧的格局。然而，由于未注意法律理念的同步建构，这种中西合璧的格局实际上貌合神离，各地官府依然我行我素，并未遵照章程行事③。从某种程

---

① 参见张晋藩：《再论中华法系的若干问题》，载《法史鉴略》，群众出版社 1988 年版，第 62 页。

② ［日］滋贺秀三：《中国法文化的考察》，载《比较法研究》1988 年第 3 期。

③ 参见张晋藩主编：《中国法制史》，群众出版社 1991 年版，第 597 页以下。

度上讲，沈家本修律引发了中外法律文化的第一次大交流①和中国法律的近代化。在这一次法律文化大交流中，虽然引进了一些具有现代意义的域外法律制度，但由于封建制度并未被推翻、传统的法律理念根深蒂固，引入的法律制度在经济、文化和社会形态迥异的中国社会中即使艰难地生存下来，也变了形走了样，失去了"现代"的意义和特征。

当西方法律在 19 世纪末 20 世纪初大踏步地向现代化迈进时，中国法律却始终未能越过近代化的栅栏进入现代法治形态。这中间除了封闭的自然经济和专制政治等因素的影响外，根本原因盖在于中国特有的社会土壤中的专制主义、等级观念、厌讼轻法、权力崇拜等传统根深蒂固。这种滞后的法律理念从根本上阻碍了中国法律现代化的步伐。

新中国的成立，使中国社会进入了一个崭新的发展时期，中国法律也本可以获得现代化的良好契机。但是因指导思想和政策的长期失误，市场经济的运作模式被根本否定，几乎完全套用了苏联僵化的、封闭的计划经济，因而使得中外法律文化第二次大交流主要移植了以苏维埃法律思想为代表的前苏联法律文化，结果法律被完全政治化了，加之受"文化大革命"的冲击和破坏，几乎将中国法律近代化过程中积累的一些成果也否定掉了。但是，历史的车轮是无法阻挡的，现代化的发展是一种必然趋势。1978 年我国实行改革开放以后，中外法律文化开始了第三次大交流，使中国社会主义现代化的法律体系的雏形初步得以形成，"法律面前人人平等"、"依法办事"等原则逐渐深入人心，现代审判制度、辩护与代理制度日益完善。不仅法律制定和法律实施的现代化迈步较大，而且法律理念的现代化建设也在同步进行。从总体上看，中国法律目前正在沿着现代形态或近似于现代形态的准现代化进程演变。

党的十四大确立的"建立社会主义市场经济体制"的改革目标，是科学社会主义发展史上一次重大的理论与实践突破，对我国社会主义现代化建设的整体进程产生了重大而深远的影响。社会主义的现代化建设，是一个内含经济现代化、政治现代化和法律现代化的庞大而复杂的系统变革工程，其中经济现代化又是起决定作用的——经济现代化必然要求同时实现政治现代化和法律现代化。而要加快经济现代化的进程，推动社会主义现代化建设的全面发展，用最能有效地配置社会资源的市场经济模式打破传统的计划经济体制，是历史发展的必然趋势。但是，市场经济的培育和发展，除了必须同时伴随政治体制的

---

① 关于中外法律文化三次大交流的具体论述，参见李双元：《中国法律趋同化问题之研究》，载《武汉大学学报（哲学社会科学版）》1994 年第 3 期。

现代化变革以外，还必须同时推进法律现代化建设。这是经过现代发达国家调节市场经济的立法与实践反复证明了的。

市场经济的健康发展，必须充分依靠现代法律的规范和保护。只有彻底改革沿袭自然经济和计划经济的法律模式，建立与现代市场经济相适应的法律模式，使市场经济关系、运作程序和管理体制规范化、制度化，才能保证市场经济有效、有序地运行。而市场经济的健康发展又反过来为中国法律现代化的演进提供良好的物质条件和发展动力。因此，全面、准确地把握市场经济发展与中国法律现代化建设的深刻、复杂的互动关系，历史地估价市场经济对中国法律现代化发展的意义和作用，适时地发挥法律对经济改革和经济发展以及推进国际民商新秩序构筑的应有功能，科学地展现、确立中国法律在市场经济大背景下的发展方略和逻辑架构，已成为亟待解决的课题。而这一课题的解决，首先必须完成法律理念的变革，实现法律理念现代化。

三、中国法律理念现代化的基本取向

中国法律现代化是一个内容丰富、涵盖面广的系统工程，从其结构来看，既标志着整个社会法律制度的现代化，也标志着整个社会法律理念的现代化。在制度现代化中，它既包括法律创制过程（立法层面）的现代化，又包括法律操作过程（执法、司法、守法层面）和法律实现过程的现代化。邓小平同志曾指出："制度好可以使坏人无法任意横行，制度不好，可以使好人无法做好事，甚至走向反面。"[1] 可见，法律制度现代化在中国法律现代化中处于相当重要的地位，是法律现代化的具象化。但是，制度并非自发生成的，它是由人制定的，需要人去执行和实现。人作为法律制度创设和运作过程的主体，是法律现代化中最关键、最活跃的因素。因而，提升人的法律理念就成为中国法律现代化的题中应有之义。事实证明，法律现代化并不是法律制定、法律实施孤立运动的结果，而是与法律理念的现代化紧密相联、不可分割的。如果没有思想和理念上的现代化，即使经济再发达、物质再丰富、法律法规再多再细，也不可能出现真正意义上的法律现代化。加拿大前外长马克·麦圭根博士曾说过："正是法律观念，超过其它一切，能有助于我们跨越由于地理、思想意识和不同的发展水平所造成的距离。"[2] 作为感性层面的法律观念有此功用，那

---

[1] 《邓小平文选》（1975—1982），人民出版社1983年版，第213页。

[2] ［加］马克·麦圭根：《加拿大·中国和法治》，载《中国国际法年刊》（1982年），第271页。

么，处于理性认知形态的法律理念就更不用说了。列宁说得非常明确："没有革命的理论，就不会有革命的运动。"① 依此类推，没有建立现代的法律理念，就不可能有自觉的法律现代化运动。因此，在中国法律现代化过程中，使全体公民和社会从整体、宏观上认知和把握中国法律的本质及其发展规律，促进法律理念的现代化，已成为一个不可或缺的先决条件。

第一，在中国法律现代化进程中，首先必须对法律性质与功能有一个科学的、客观的认知和把握，从理念上逐渐淡化政治观念和意识形态对法律的渗透，强化法律的公民性和普遍的社会性功能。

在我国国内经过几个重要的历史时期的发展，剥削阶级作为一个完整的阶级已被消灭，经济发展成了国家和全民族今后长期压倒一切的任务；而在国际上，冷战的结束，和平与发展成为现代社会的两大主旋律，国际和平事业和人类社会持续的发展，都不是哪一个阶层、哪一个阶级或哪一种社会制度的国家或哪一个政党所能单独承担和实现得了的，而是整个社会、全世界和全人类共同的任务和追求的目标。因此，在法律现代化过程中，法律要发挥规范人的行为的普遍功能，并把更广大的社会力量组织到维护和平与实现发展的伟大事业中来，必须力求反映全社会的共同需要，并以追求实现社会的公平、正义和自由为目标，淡化政治观念和意识形态对法律的渗透，强化法律的公民性和普遍的社会性功能。

在这样的时代，"法典就是人民自由的圣经"这一科学论断，是我们强化法律的公民性和普遍的社会性功能的理论依据。马克思早就指出："法律是肯定的、明确的、普遍的规范，在这些规范中自由的存在具有普遍的、理性的、不取决于个别人的任性的性质。法典就是人民自由的圣经。"② 这就明确告诉我们，在现代民主法制社会里，法律应成为全体公民的法律，是公民维护自己合法权益和社会公共利益的武器。法律不应只是哪个阶级的意志的表现，不应只是保护哪个阶级、哪个政党或哪一个人的利益，而应是全体公民意志的集中表现，是整个社会共有的，是保护全体公民的利益的。只有如此，法律才能被公民自觉遵守，法律才能真正发挥其应有的作用，实现自身的社会效益。但是，在中国的传统上，立法者、政府官员、法学家、普通百姓在谈到法时，往往只是把它当作统治和专政的工具，是"治民"、"制民"的武器，很少把法律看作公民享受权利的依据或赋予公民自由的凭藉，并且至今不承认"所有

---

① 《列宁全集》第 6 卷，人民出版社 1986 年版，第 23 页。

② 《马克思恩格斯全集》第 1 卷，人民出版社 1956 年版，第 71 页。

公民在法律上一律平等"，而仅仅认为只在"法律面前人人平等"。于是造成国人对法律的隔膜、厌讼、以权压法、以言代法、以言立法、以言废法和言出法随等不正常的现象，法律的政治目的性强，服务于经济和社会的功能被削弱。这种违反法律本性的作法，使得法律无法达到其真正的目的和效用，实质上是否定法律，倡导"法律虚无主义"。

　　社会主义法律追求的最终目的在客观上也要求逐渐淡化法律中的政治观念和阶级意识形态。马克思主义认为，社会主义社会和社会主义法律都以消灭阶级差别和阶级压迫、协调社会利益并保障全社会的公正和平等为己任。因此，无论在立法、司法和执法上都应树立法律的公民性和法律服务于整个社会的普遍功能等观念。在阶级消灭以后更应淡化政治和阶级差异在法律上的表现，以利于社会主义法律的最终目的的实现。而且，法律作为纯粹统治阶级意志表现的命题是与客观现实根本不相符合的，"垄断立法"是对现代民主法治精神的巨大破坏和摧残。尤其在我国社会主义市场经济条件下，剥削制度和作为一个整体的剥削阶级已不复存在，全体公民都是国家和社会的成员，不应再先验地把社会成员划分为统治者与被统治者，即使是破坏社会主义关系和利益的犯罪分子，也不是天生或早就注定了的，而是首先以社会主义国家的公民身份存在于社会之中，只是因其行为触犯社会主义法律以后才成为犯罪分子。在这种情况下，如果仍将法律称为统治阶级意志的表现，并一味在法律生活中坚守"人民"和"公民"的本质区别，无论在理论上、实践上还是逻辑上都难以成立。事实上，在现代公民社会，在全体公民成为国家和社会最基本的单位的情况下，以一种虚构的理论为前提，尽管我们仍可以大谈谁是统治阶级和法律只代表统治阶级的意志以及法律只维护统治阶级的利益等，可实际上，我们除了在生活中能区分谁违法犯罪、谁遵纪守法外，谁又能真正区分出哪一个是统治阶级、哪一个是被统治阶级呢？流行的区分往往只是观念上的划分，不仅缺乏现实基础，而且错误地将政治观念上的划分等同、套用到法律上，人为地制造悖论，把公民既看作统治阶级又看作被统治阶级。客观上，在现代社会，法律不再把行使维护统治阶级或执政者统治、进行阶级斗争的职能作为主要任务，而是充分发挥着保障经济建设和维护全体公民的利益等方面的作用。就是在阶级对抗十分尖锐的社会形态中，法律也不单纯是统治阶级意志的表现，因为统治阶级不可能完全排斥其他阶级意志的影响和制约。纵观历史上的法律演进历程，统治者为了维护长治久安，在其立法中并没有完全排除被统治阶级的利益和要求，这在封建社会和资本主义社会的法律中均有所表现。所以，在社会主义国家，更应该让其法律体现全体公民的意志，而不要把它当作少数人或执政者"任性的权杖"。法律的公民性和普遍的社会性功能的真谛在于：法律不因哪一个阶级、政党或个人上台执政而立，也不因哪一个阶级、政党或个人下台而废，必须保护其恒定性，即使要变法也必须以社会的客观物质生活条件为基础，任何人、任何阶级、任何政党都必须在法律的范围内活动，否则，就只能是某个阶级、政党或某个执政者的法律，而不能称为全体公民的法律或整个社会的法律。因而，如果把法律理解为纯统治者意志的表现，不反映全体公民的意志，那么，推行和维护法律就不会被公民当作自己份内的事，法律法规制定得再多再细也只会劳而无功，无法真正付诸实施，甚至陷入"信者有、不信者无"的窘境。反思我国法律的实施现状，比较普遍地存在的"有法不依、执法不严"的现象，除了其他社会原因外，忽视乃至漠视法律的公民性和普遍的社会性功能，也许正是我国法律实施和遵守状况不理想的症结所在。

由上可见，法律的公民性和普遍的社会性功能在社会主义市场经济的社会关系中获得了宽泛的社会基础和物质力量。这是中国法律在现代化过程中首先必须从理念上认同的，也是在实践中应该把握好并加以充实和完善的。

第二，在中国法律现代化过程中，提升内含公正的法律效益观，也是法律理念现代化不可或缺的。这实际上是对法律的公民性和普遍的社会性功能的进一步深化。

由于中国传统的"泛刑主义"和固守法律"制民"、"治民"功能的惯性制约，人们对法律的理解和认识习惯于只注重法律鲜明的阶级性、崇高的政治性和严厉的制裁性或惩罚性，很少发掘法律的效益性，更不必说法律的经济性或纯经济效益了。这种思维定势已成为中国法律现代化的观念性障碍，急需清除，从理念的深层结构中强化中国法律内含公正的效益观。

在法律的效益观念上，长期存在两种互相对立的观点：一种是"全盘否定说"，一种是"全盘肯定说"。前者把法律只看作正义的化身，否定法律的其他价值目标。这是一种传统的观点，源远流长，习惯于把法律规则想象成使社会达到正义和公平目标的唯一手段，忽视乃至排斥法律规则的效益目标。大多数人，尤其是法学家仅把法律的作用看成是提供正义①。这种思想在我国社会主义市场经济建设的今天仍然大有市场。而"全盘肯定说"则存在将法律

① 参见［美］罗伯特·考特、托马斯·尤伦著：《法和经济学》，张军等译，上海三联书店1994年版，第16页。

行为泛化为经济行为的倾向，试图"用经济概念替换诸如正义、权利、义务、过失等传统的法律概念，将法律转变成经济学。根据这一主张，替换之后可把法律语言作为多余的累赘丢掉"①。波斯纳甚至将公平概念看作纯粹是个人偏好的表达，主张在法律上应用更为实在的效率概念加以替换②。这一观点成为70年代崛起的法律经济学派著名代表人物波斯纳著作中的主题，但过于偏激并带有明显的功利主义色彩。这种论调，自法律经济学派的理论80年代初传入我国起，国内涌现了不少摇旗呐喊者。不论对法律效益是持全盘否定态度还是全盘肯定态度，都是片面的、极端的形而上学观点。其实，法律的本质在于追求公正，而法律的效益目标则暗含了法律的本性，决不能肯定一个否定一个。在法律现代化进程中，追求内含公正的法律效益目标已成为必然的趋势。因为，法律效益不仅包括法律本身所具备的公平正义方面的社会效益，而且包括法律内在的经济效益以及在调整社会经济关系方面所产生的纯经济效益（或者效率）。当我们将中国法律现代化的审视基点放到法律的效益性问题时，那么，对法律的内在本质特征及功能的认识将有一个革命性的飞跃，法律的实施会更加坚实有力。

关于法律效益的论述，并非肇始于理查德·波斯纳为代表的法律经济学派。事实上，马克思早就指出："物质生活的生产方式制约着整个社会生活、政治生活和精神生活的过程。"③ 这就明确告诉我们，生产物质生活资料的经济活动是人类最基本的社会活动，是人类其它一切社会活动的基础；物质资料的生产方式是人类生存和发展的基础，决定了社会上层建筑的构成与发展。法律作为上层建筑的一种形式，产生于经济活动之中并为经济活动服务，而且要保证它出效益。正如马克思在《哲学的贫困》一书中所阐述的："无论是政治的立法或市民的立法，都只是表明和记载经济关系的要求而已。"④ 法律实际上是经济关系、经济现象的集中和反映，任何法律都有深刻的经济根源，都是

---

① 参见［美］罗伯特·考特、托马斯·尤伦著：《法和经济学》，张军等译，上海三联书店1994年版，第12页。

② See Richard A. Posner：*The Economic Analysis of Law*，Boston，Little Brown and Company，1986，*3rd Ed. and The Ethical and Political Basis of the Efficiency Norm in Common Law Adjudication*，8 *Hofstral*，*rev* 487（1980）．

③ 《马克思恩格斯全集》，人民出版社1958年版，第2卷，第82页；第4卷，第121页以下。

④ 《马克思恩格斯全集》，人民出版社1958年版，第2卷，第82页；第4卷，第121页以下。

以一定的社会经济为其存在的物质基础。但这种依存关系并不是单向的，法律对经济发展具有良性的促进机能，它的许多变项与经济因素存在互动与互补关系。而且，社会的存在和发展有两个最基本的前提，一是安全保障，二是物质产品供应保障。法律不仅要为安全提供保障，而且要为物质生活资料的生产提供保障，以保证社会生活的正常供给。可见，法律对社会经济的促进作用，不只是镇压敌对阶级、保护所有制和经济财产的静态存在，更重要的一方面还在于它保证社会财富的增加，即以保证经济出效益作为法律的本位功能，因此，法律不应仅仅局限于维护公平、正义的着眼点上，必须树立正当的效益观，尤其不能忽视或否定法律的经济效益。意大利法学家米拉格利亚曾指出："法律的内容，有很大部分是关于经济的事件，因为法律是一种量器，是利益效用及财富的比率。"① "谁都不能不知道或注意到经济学的法则，因为它确实支配着法律与立法对象的很大部分。"② 重农学派的创始人费朗斯瓦·魁奈也认为："涉及国家整个经济制度的一切有效的法律，对国家每年财富再生产的自然进程起着作用。"③ 可以说，法律在促进社会进步的过程中，同样没有忽视"如何用较少的耗费获得较高的经济效益即经济目标的极大化"的原则。这一点自制度学派的兴起和发展便可见一斑。社会经济增长离不开法律制度的演化④。经济学孜孜以求的中心问题是在经济活动中如何以较少的耗费取得较大的效益。这种投入产出（或称成本—收益）模式并不仅仅局限于经济领域，推而广之，它同样适合于法律领域。"任何法律的制定和执行都有利于资源配置的效益最大化。这就是经济学分析法学最主要的观点。"⑤

随着法律经济学派的兴起，不仅在理论上对法律价值、成本、收益的分析甚嚣尘上，从1960年美国科斯在《法律与经济学杂志》上发表《社会成本问题》到卡拉布雷西在《耶鲁法律评论》上发表《风险分配和侵权行为法的某些思考》，直到波斯纳出版《法律的经济分析》一书，可见理论界对法律效益性关注和重视的程度；而且，在实践上，法律的效益观也占据了重要的席位，各国政府逐渐接受和重视法律的效益观，如美国政府在里根时代通过的129号总统令，就要求对所有新制定的规章进行"成本——收益"分析⑥。

---

① ［意］米拉格利亚：《比较法哲学》，商务印书馆1940年版，第286页以下。
② ［意］米拉格利亚：《比较法哲学》，商务印书馆1940年版，第286页以下。
③ 《魁奈经济著作选集》，商务印书馆1993年版，第400页。
④ 参见鲁友章、李宗正：《经济学说史》，人民出版社1983年版，第190页以下。
⑤ 张乃根：《经济学分析法学》，上海三联书店1995年版，第4页。
⑥ 参见张守文：《经济法学的法律经济分析》，载《法学研究》1992年第5期。

按照发展经济学的观点，经济力量总是与社会中存在的制度和政治安排发生互动关系，制度结构在扩展人类选择方面的作用非常重要，而扩展人类选择是经济发展的一个基本目标。制度影响人类选择是通过影响信息和资源的可获得性、通过塑造动力以及通过建立社会交易的基本规则而实现的。制度创新通过提供更有效率的组织经济活动的途径而以发展作出贡献，而这些途径常常导致经济基础性的调整。在任何经济中，忽视效益的政策或法律制度鼓励无效率，扭曲经济的增长；重效益的政策或法律制度则正好相反。制度学派的著名代表人物罗纳德·科斯在其著名的"科斯定理"中明确告诉我们：为达到资源的有效配置，必须降低任何一种组织和制度的交易成本。科斯认为法律的目的就是消除和降低交易成本，在立法中有一个选择何种权利安排方式来使交易费用最低以达到资源配置的最大化。由于交易成本的经济作用，不同的法律制度会带来不同的经济效益，更有必要考虑法律的成本，以求得效益最大化。对于具体的权利义务来说，权利或义务的边界是否划分得明确，直接影响权利或义务实现的费用和效率。当权利或义务的边界模糊时，纠纷和诉讼增加，由此引起权利保障和实现的费用上升，甚至导致权利主体放弃权利，使义务主体逃脱制裁或约束，造成社会的不公平和财富浪费；反之，当权利或义务的边界清晰时，诉讼具有可靠的安全预期，权利实现的费用和成本会下降，或保持权利实现收益大于零。因此，权利义务的明确有助于法律运作费用的成本最小化而达到收益的最大化，反过来，要保证法律效益最大化，必须明确权利或义务的界限。

布坎南的公共选择理论同样表明：人类的政治、经济、文化和法律活动，都是人类为实现特定目标而进行的一种社会选择行为，法律活动和经济活动一样，存在如何通过最佳途径、手段来合理选择和实现目标的问题。而法律经济学认为所有的法律活动和全部法律制度说到底都存在一个有效地利用自然资源、最大限度地增加社会财富的问题，即以同样的成本获得较大收益或在同样收益时尽量减少成本支出。这就自然地提醒我们要重视法律的效益性，从动态中把握法律的真谛和规律，注重系统内的参数变项、时间维和系统状态的关系，以便在动态中实现法律的内平衡和外适应，求得效益最大化。不过，千万不能将法律的效益目标简单化，例如，在法律的借鉴和移植中，照搬、照套他国法律模式，表面上看成本低、经济合算，但最终会因"水土不服"而付出惨重的代价。总之，法律效益的经济考虑不能片面和追求短期效应，短视从根本上看是缺乏经济理性的。

然而，关于公平、正义与效益、效率的关系问题，一直是一个困扰法学家、经济学家、哲学家和社会学家的世界性难题。自美国经济学家奥肯最先提出"平等与效率之间的权衡"这一命题起①，便犹如一块多棱的石头，怎么也摆不平，效率优先也好，公平优先也好，理论上都难自圆其说，充其量只是一时一景的权宜之计，有预后不良之虞。因此，急需从法律自身内在的本质入手，揭示法律发展的内在规律性，把效益放在宏观角度考察，效率、公正实质上都内化在效益中，提升法律的公平、正义的过程实际上同时也是在提高法律的效益，反过来，强化法律的效益性也同样在深化公平、正义，即一方面法律效益的深化包含着公平、正义的发展，另一方面法律效益特别是纯经济效益（或效率）的提高，为公平、正义奠定坚实的物质基础。所以，在现代法治社会，必须将法律中具有主观色彩和不确定性的公正目标同具有可预测性、客观的效益目标有机地结合起来，特别要使本身含摄公正的法律效益目标渗透到我国具体法律运作的各个环节。因为"法律的传统作为只是保障人们公平地分享资源这一'蛋糕'，而法律的当代使命则不仅要保障'蛋糕'分享的公正性，更需要促使人们努力增加'蛋糕'总量。"②

总而言之，在中国法律理念现代化过程中，提升内含公正的法律效益观时，必须注意法律效益的多元性，切不可将法律的经济效益（或效率）作为唯一的价值取向，忽视公平（正义）这一最本质的内在目标，更不能将两者对立起来。法律制度不仅要有利于经济效益最大化，或说社会资源配置的效益最大化，而且必须将调整社会各个集团的利益冲突、实现社会公平和正义作为己任。

第三，在中国法律现代化过程中，还应该从理念上把握住由权力本位向权利本位的转变。这是与前两个法律理念紧密相关的，是它们深化发展的必然结果，反过来，权利本位理念的确立，也为法律公民性和普遍的社会性功能的增强及法律效益的提升进一步奠定现实的社会基础。

社会主义市场经济体制的建立是一场巨大的体制转换，是一场革命。对于长期生活在以计划为主的经济环境下的中国人来说，实现理念转换或观念更新尤为重要。在法律理念上彻底实现由权力至上到法律至上、由权力本位到权利本位的观念转变，是中国法律现代化的内在要求。

---

① 参见赵震江：《论市场经济条件下的效率与平等原则及其法律对策》，载《中外法学》1994 年第 5 期。

② 顾培东：《法学与经济学的探索》，中国人民公安大学出版社 1994 年版，第 13 页以下。

　　考察新中国建立以来的历史，在十一届三中全会以前，计划垄断了经济生活的一切。虽然 1987 年以后稍有改变，但到党的十四大确立社会主义市场经济体制目标以前，计划经济仍占主导地位。计划经济的本能要求行政权力的至上的权威。因为，这种经济体制和运作机制主要依靠超经济的行政权力来推动和管理整个国民经济的运行。于是，权力本位突出，权利被权力吸收和消融。生产者没有自己独立的身份、独立的意志和独立的产权与经济权益，生产者之间实际上不发生横向的主体关系，有的只是与上级和政府主管部门的纵向隶属关系，一切主要经济活动都是在一种命令或权力的支配下运行，企业、个人和一切经济组织都没有自我决策的自由。加上通过那种无所不包的计划把每一个个体的利益承认仅仅纳入对全体成员利益的共同承认之中，而没有一个个特殊的承认，把利益多元化的社会绝对同一化、一元化，完全抹煞了个人自主的权利。国家或政府权力对企业权利、公民权利的吸收，造成"权力拜物教"，法律围绕权力运作，即法律为政府运用行政权力管理经济服务，完全成为实现行政权力的手段和工具。其弊端和后果已在我国 40 余年的经济建设中表现得相当明显。可以说，以往经济建设的失误和损失并不是工人或农民造成的，更不是由于他们将自己的公民权利滥用所致。之所以出现"大跃进"式的对生产力的破坏，出现"文化大革命"毁国民经济于崩溃边缘，固然是有关领导人的失误所致，但归根结底在于计划经济体制导致权力的恶性膨胀，严重限制了公民权利的实现。因此，在社会主义市场经济建设过程中，要建立现代法治社会，必须注重权利本位并不断提升其地位和作用。因为公民是自然人，而人作为有充分自我意识和行为预期的高级生灵，是生产力系统中人力资源的构成主体，是构成法人的基本单位，是生产力中最基本的、最活跃和最革命的因素。只有社会对劳动者的权利和权利行使的收益设定了明确、肯定的保障，劳动者的生产积极性才会提高，经济组织才有活力。社会要发展进步，国家和政府权力必然建立在公民权利的基础上，颠倒了"权利是权力的基础"这一内在的逻辑前提，势必造成权力对权利的压抑和侵犯，使社会丧失普遍正义和基本公正，强化权利分配的不平等性，导致官僚主义和腐败。

　　市场经济的本位职能要求尊重权利本位，凡法律所不禁止的公民都可以去做，国家和政府不得随意干扰；同样，凡法律未授权的，政府都无权去做。这一点，随着社会主义市场经济体制的确立和现代法治社会建设进程的加快，越来越引起人们的重视并逐渐在社会生活中占据主导地位。可以这样说，中国法律的现代化过程，主要是公民权利全面实现与人性人格彻底解放的过程。权利本位的提升，有利于个人自由和保障公民的法律地位，是经济发展最直接、最有力的推动力。无视公民权利主体地位的经济发展很容易失去内在活力。牺牲权利本位的经济发展缺乏必要的社会基础。但是，在强调权利本位时，必须注意不能将其片面地理解为个人权利本位，它应该包含社会权利本位的含义，因为任何个人的权利行使都不得侵犯他人利益和社会利益，否则，根本无从谈论权利本位，不仅社会权利本位会受到损害，而且个人权利本位也会被破坏殆尽。

第四，如果说在中国法律现代化进程中，必须在法律理念上实现由权力本位向权利本位转变，而且在实践上也是可行的话，那么，在法律体系的现代化过程，以民商法为主体的私法的地位的提高则应成为中国法律理念现代化的又一基本取向。

众所周知，罗马帝国的著名法学家乌尔比安最早提出划分公法和私法的思想，他认为保护国家利益的法律属于公法，保护私人利益的法律属于私法。乌尔比安的这一观念得到了六世纪查士丁尼钦定《法学阶梯》的认同和充实，并一直穿透漫漫历史幕障，构成近代西方调控社会的一种最基本的理念。随着资本主义对中世纪封建主义的否定，公法和私法的区分，作为现代法律的基本原则和法律秩序的基础进一步得到了发扬光大，并被后世资产阶级法律制度认可为"现代法律理论和实践的最重要的划分之一"①。在具体实践中，"19 世纪，在以法德为代表的法典编纂与法制改革过程中，公私法划分得到广泛适用。19 世纪末，当法学家们开始认真研究现实的法律规范和制度时，公私法划分就成为他们重建法律制度的基础。"② 其实，不仅大陆法系在走向现代化过程中，私法自治的精神和私法优先的观念占据越来越突出的地位；英美法系在演进过程中，为改进古老的普通法体系，在很大程度上也利用和汲取了公私法划分的观念，成为普通法现代化过程的一种走向。

在我国，源于古代"民刑不分"和"重刑轻民"的传统，私法一直没有取得应有的地位，或者说，私法完全被淹没了。而新中国又长期坚持社会主义经济就是计划经济的错误理论与实践，过分强调以国家公共权力为中心，对民法上的私权持极度轻视态度，各种私的社会关系也被纳入国家直接控制体系而以权力服从关系表现出来，平等自主型权利关系缺乏生长和发展的环境。而且由于商品经济不发达，私法自然失去了经济基础。加之受到列宁关于公法与私法问题的个别论述的影响，习惯于将公私法的划分与社会制度的划界等同起

---

① Max Weber, *Economy and Scociety*, 1979, p. 644.

② ［美］约翰·梅利曼：《大陆法系》，知识出版社 1984 年版，第 109 页。

来，认为私法的基础就是私有制，使得私法观念在社会主义国家失去了理论和政治上的支撑。如此，在"公私法不分"和"用公法手段调整私法关系"的情况下，国家权力介入社会关系的各个环节，其最严重的后果之一就是导致政企不分、国有企业产权不明晰和自主经营权的缺失，引起政府机构的腐败和社会改革的步履维艰，政府行政权力在该发挥作用时不能充分行使，而在不该渗入的"私域"中却似乎威力无穷。这种状况是与现代社会和市场经济的发展水火不相容的。

在社会主义市场经济体制下，社会关系相应地区分为两大部类：一类是法律地位平等的市场主体之间的平等和自主关系；一类是国家凭藉公权力对市场进行干预的关系。这样，作为社会关系调节器的法律也就相应地分为调节平等自主关系的私法和调节公权力服从关系的公法，并且私法（主要是民商法）是公法以及整个法治的基础，民法更是调整社会主义市场经济的基本法。现代社会普遍的市场经济客观上需要一套以民商法为核心的私法体系来保护市场主体（以非行政的经济角色参与商品生产和交换的政府也是私法的主体）、私有财产权及人身权，与此同时，市场经济的发展又为公私法划分和私法优先奠定了坚定的客观基础。因此，只有充分完善以民商法为核心的私法体系，自由、开放、独立和有效率的社会才会更趋发达，"人的现代化"才会真正实现。英国法学家梅因曾说过："一个国家文明的高低，看它的民法和刑法的比例就能知道。大凡半开化的国家，民法少而刑法多，进化的国家，民法多而刑法少。"[①] 这一论述揭示了一个简单而明白的道理：民商法是否发达是整个社会进步和文明程度高低的重要标志。实际上，社会越进步，现代化程度越高，社会成员的自由度则会越高，其个人权利的正确行使将会受到更多的尊重和保护。因此，在中国法律现代化进程中，必须重点构建与社会主义市场经济相适应的以民商法为核心的私法体系，以保证财产神圣、契约自由、诚实信用，促使人际关系和谐，社会进步，文明程度提高。

但是，市场经济并不是万能的，社会关系并非都是私的关系，仍存在一些不受市场规律调节的领域。其中的争端解决、和平的维持、秩序乃至服务的保障，都不得不依赖于政治国家和运用公法来调整。因此，我们在强调以民商法为核心的私法构成现代法治社会的基础这一理念时，并不是要否定公法和其他部门法的存在和功能，而是主张在改造现有公法体系的基础上确立私法应有的地位。只是我们必须时刻牢记：国家对经济生活的干预只能是有限的，不能是

---

① ［英］亨利·梅因著：《古代法》，沈景一译，商务印书馆1959年版，小引。

无所不包的，公法干预的目的也是在于保障私法的正常发展。政治国家毕竟是市民社会的工具，个人在市民社会中享有广泛的自由权利（尤其是意思自治权），国家必须保护而不得任意侵犯和践踏市民社会的活动自由。这就要求我们在中国法律现代化过程中，立足于承认公私法的划分，在改造和限制传统公法的基础上，催进私法的生长机能，尽力培育、扶植和保护以民商法为核心的私法体系发展，以适应完善的市场经济和现代社会的客观要求。概而言之，抛弃"拒绝乃至否定私法"的旧有法律理念，确立"以民商法为核心的私法优先"的理念，是现代市场经济和法治社会发展的本质要求。

第五，如果在现代法律体系的建构上必须确立以民商法为核心的私法占主导地位的理念，那么，在我国当前的具体立法过程中，务必使法律理念从单纯追求法律的理想化转向注重法律的现实性与可行性。

在邓小平同志"搞四个现代化一定要有两手，只有一手是不行的。所谓两手，即一手抓建设，一手抓法制"① 的思想指导下，我国从改革开放以来，特别是党中央提出建立社会主义市场经济体制以后的几年里，社会经济生活各方面的关系发生了深层次的变化，立法、执法水平也相应地上了一个新的台阶，立法运动轰轰烈烈，并从过去强调"成熟一个、制定一个"的立法模式向"超前立法"、"宜粗不宜细"的原则转变。从 1981 年到 1994 年中，我国先后制定了四个立法规划，包括 1982 年至 1986 年的经济立法规划、"七五"立法规划、"八五"立法规划和 1994 年至 2000 年的"五年立法规划"②，逐渐形成了立法工作中的"总体设计、分步实施"局面，新的法律法规不断出台。据统计，"这十多年来，我国制定的法律与法律性决定已达 277 个，行政法规 700 多个，地方性法规有 4200 多个，政府规章则数以万计"。③ 几乎达到每天出台一个的速度（不含政府规章），若除开地方性法规，也接近每 5 天一个，就是全国人大及其常委会制定的法律也差不多每隔 15 天便可见到一部新的。如果仅以最近二三年来看，那立法速度就更快了。这种生产速度和产出量在世界立法史上也是罕见的。然而，尽管我国目前制定了大量法律法规，但实

---

① 《邓小平文选》第 3 卷，人民出版社 1993 年版，第 154 页。

② 参见王培英：《实现五年立法规划是当前国家立法的重要任务》，《法制日报》1995 年 5 月 7 日第 6 版；蒋立山：《中国法制现代化建设特征分析》，载《中外法学》1995 年第 4 期。

③ 郭道晖：《要以法制促进两个'根本转变'：兼论立法思路的更新》，《法制日报》1995 年 11 月 30 日。

施状况却不够理想，"许多法院的判决书、调解书难以得到执行。"① 保守地估计，法院的判决书、调解书将近20%成了"具文"，至于"有法不依、执法不严"的怪现象就更不用说了。造成这种严重后果的原因，除了其他因素的影响，与我国在立法上的认识偏差是分不开的，片面地认为"只要有大量的法律法规出台，求得立法数量与速度的增长和体系的完备，就可以建成现代法治社会。"这种错误的认识危害极大，在实践中造成了相当严重的不良后果，急待校正。因此，在中国法律现代化进程中，从单纯追求法律的理想化和体制的完美化朝着注重法律的现实性和可行性方向转变或偏重，势必成为法律理念的应然追求。

法律作为一种社会现象，不是凭空捏造的，而是社会需求的产物，是社会经济关系的集中反映或记载。"法律应该以社会为基础"②，法律规范不能与客观现实脱节，必须建立在客观的社会现实基础上并为社会现实服务。一个社会的法律数量是由社会对法律的需求量决定的，而且立法的规模和速度受制于社会需求的增长率，社会需求是法律制定和实施的基础与原动力。离开法律的现实需求，闭门造法或凭想象的社会经济条件立法，或者在强权的推动下仓促立法，法律与社会现实脱节，势必导致法律成为纸上谈兵。例如，我国1986年就出台了《企业破产法》，但由于产权关系尚未明确，社会保障制度的配套等问题未解决，至今难以真正实施。法律一旦与社会现实需求脱节，其社会危害性有时甚至超过不立法。因为，"有法不依"是对法律明目张胆的践踏，对法律权威的蔑视；而"无法可依"却可以从零开始，将法律的大厦建筑于人们的内心深处和整个社会。事实表明，任何法律的制定和实施都需要具备相应的主客观条件，即客观的物质生活条件和公民的法律主体意识的觉醒。

从法律产生的社会经济根源或社会发展对法律的需求来看，不探求法律规定的权利或义务是否真正来源于社会实践的现实可能性以及是否与人们的物质生活条件、经济生活需求相吻合，是不可能有任何结果和实际意义的。因为，公民权利是应有权利、法定权利和实有权利的具体的历史的统一。如果法律的规定不具备实际的物质条件，那么它只会成为对公民的愚弄和被公民漠视的"具文"。因此，只有实事求是地而不是凭想象地在立法中反映社会的客观现实，最大限度地协调和平衡人们对经济利益的需求，减少冲突，缓和矛盾，建立保护公民生活的正常秩序，才能使法律关系的主体切实感受到法律与其自身

---

① 孙林：《法律经济学》，中国政法大学出版社1993年版，第213页。
② 《马克思恩格斯全集》第6卷，人民出版社1961年版，第292页。

利益息息相关，自觉遵守并执行。而且，法律作为人类制度文明的进步标志和产物，其生存环境不只是需要依托客观物质生活条件的发展，它也同样需要营造较为发达的自由、民主、开放和宽容的人文环境和主体意识。公民参与意识、政治民主意识、权利义务意识的普遍觉醒，信息的沟通渠道畅通，市场（包括经济的、政治的和思想的市场）观念和规则深入人心，所有这些对于法律的制定和实施都具有正面的传导作用和能动的激发功能。如果广大公民缺乏应有的、基本的现代教育，公民素质和法律意识低下，大众传媒不发达，法律生存和发展必然缺乏应有的环境和土壤，此时不宜立法，即便立法也不可能付诸实施。亨廷顿详细分析过社会经济现代化何以造成参与增大及对民主法治的正面影响，许多论断对法律现代化的建设不乏指导意义①。

　　法律是规范公民行为的行为规范，设定了公民的权利和义务，要求公民依法行事，依法维护自己的权益。公民作为法律实施的主体，其文化素质、心理素质越高，法律意识越强，则法律的实施效果就越佳。如果法律的制定和实施，不考虑公民的主观需要或现有的法律意识水平，也不注意培育和发展它们，即使搞出来的法律在表面上看似完美，在执行和实施中很可能毫无用处。因为它缺乏必要的社会认同感，公民对法律的认知和把握度低，法律的贯彻实施就会遇到重重观念性障碍，最终难以发挥效力，甚至被悬置。这就是说，法律作为一种社会规范，其实施的关键不只是"法律书面文本的完善"，更重要的还要考虑存在于公民心中的"活法"。我们目前有许多法律条文甚至整部法律都无法执行和实施，其中很重要的一个原因就是法律在制定和实施时对公民现有的法律意识水平估价过高，忽视了法律构建应具备或培养成熟的主客观条件这一因素。因而，在中国法律现代化进程中，决不能以立法数量的多寡和立法规模的大小作为衡量法律现代化的标尺，必须根据成熟的主客观条件或营造法律现代化所需要的主客观条件来制定和实施法律，既要改变"立法滞后"的问题，又要把握好"超前立法"的度。可以说，最符合法律现实性和可行性的选择要算"同步型与有限超前型相结合"的立法模式。它既可改变法律落后于社会实践所造成的无法可依而给公民和社会带来混乱无序的状况，又能避免把法律规定得太理想化而使法律脱离社会实际所导致法律无法实施的"泛立法主义"或"立法至上"的弊端。

　　第六，在注重中国法律的现实性和可行性时，法律内在的协调性、统一

---

　　①　参见 Fred I. Greenstein. Nelson W. Polsby 主编：《总体政治论》，台湾地区幼狮文化事业公司编译，第 42 页以下。

性、针对性和可操作性也是不可忽视的一个问题。在实际生活中，我们常常发现一些法律难以实施，或者有的出台执行不了一年半载，就被束之高阁或自行消失。这其中除了不具备法律文本运作的客观条件外，有的则是法律条文之间的不规范、不统一、针对性差而使法律的实施游离于法律文本与客观现实之间；有的则是因为法律条文过于原则，歧义横生，各种理解都能成立，结果反而什么都不成立，无法执行；有的则是因为直接移植别国法律，"水土不服"而无法实施。还有的则是法律规范之间存在冲突和矛盾，比如有的法律条文适应的社会基础发生了变化，却仍然沿用，或法律制定时超前"过度"而使法律不具备适用的条件，或者有的不符合实际的法律条文还没有来得及修改等等，都可能造成法律法规实施中的冲突和盲点。从前段时间国务院清理法规的结果看，"国务院从建国以来至 1983 年底发布或批准的 1108 件法规中，不适应改革开放的、需要废止和修改的达 754 件，占 68%。在各部门发布的规章中，需要废止和修改的也很多。"① 这尚不包括 1983 年以后的法律法规。加之我国长期没有统一的刑法典和民法典，许多问题依靠单行法规或法律解释、补充规定等方式解决，难免存在法律法规的不协调，缺乏一致性，矛盾和冲突出现后又不能立即消除，而且许多重要的法律规章为"应急"而仓促出台，内容上欠妥、针对性不强，执行上问题百出，难以起到调整复杂的社会关系的作用。这就使得我国法律实施更加艰难了。例如《经济合同法》对合同的要约、承诺、同时履行抗辩权、不安抗辩权、根据情事变更原则行使解除权等未作明确规定，最终造成对复杂经济合同关系的调整不能起到明显作用，许多受到违约侵害的企业或公司缺乏诉诸法律的兴趣，而热衷于"催款旅行"。因而，目前亟待解决的问题就是要设法提高我国法律的质量，使法律文本所设定的内容正确反映社会现实，内部结构体系完整，符合立法技术的要求，形式要件上充分反映法律技术的构成条件，协调一致，内容上针对性强，不发生文字上的歧义和误解，各法规之间具有内在联系。一句话，就是要使法律内在的可操作性增强，这是保证法律实施效果的必要条件。任何脱离现实又缺乏可操作性的法律都是没有价值的法律，最终会被废止、修改或自行消失。可见，在当前社会主义市场经济建立和发展对法治的需求比以往任何时候都紧迫的情况下，决不能将对法律机制的渴求单纯理解为制定大量的法律法规，而必须考虑法律意识和法律实施的社会环境是否具备，否则只会败坏法律的威信，导致"信者有不信者无"的窘境，最终使经济运行和社会运作无序化系数增大。

---

① 赫铁川、傅鼎生：《中国法制现代化的难点和重点》，载《法学》1995 年第 7 期。

在注重法律的现实性和可行性时，必须加强执法、司法和守法的工作。因为，法律在制定时投入了大量的人力、物力和财力，如果立法时产生了一合理和科学的法律文本，便有可能获得比较好的法律效益，不过这仅仅是预期效益，若没有进一步的法律成本投入，执法不严或公民守法的自觉性极差，必然达不到立法的目的和功效，而且有可能造成立法成本"血本无归"，即出现列宁所谓的"法权为零"① 的状态。因而，要使我国法律具有较强的现实性和可靠性，必须设法保证法律实施的有效性，其中有四个基本条件是不可忽视的：其一是执政党组织、党员、党政机关的领导干部和一般公务员、执法和司法的专门机关及其工作人员，能普遍地、自觉地带头执法、守法、严格依法办事，违法承担更严的法律责任；其二是真正发挥法律实施的监督机制的作用，严格执法，使法律的权威不至于在"执法不严"的冲击下而日益衰落；其三是法律在权利配置上真正反映公民的意志和利益，将权利、义务建筑在客观的社会现实基础和社会认同之上，不搞应付公民和公共利益要求的"虚置法"，更不能在缺乏可供实现的客观物质条件时，为了"安民"、"制民"，仅通过表面的立法活动来确立某种权利义务，形成满足双方利益要求的空架子；其四是公民真正意识到守法就是实现自己的意志和利益。在这些条件中，前三个条件则不是靠教育公民守法就能具备的。一旦前三个条件不具备，公民便会对法治失去信心、产生怀疑，甚至对普法教育产生抵触和反感、对抗情绪。这就表明，普通公民的守法是保障法律实施的必要和重要条件，但并非充分必要条件或唯一的关键性条件。就目前情况而言，首先必须很好地解决执政党、政府机关、专门的司法机关及其领导干部和工作人员普遍地、自觉地遵守法律的问题，然后才是解决普通群众普遍地、自觉地守法的问题。如果只注意对普通公民进行"执法从严"和守法的宣传教育，并将这种教育推崇到不切实际的地位，实际上是把法律实施的责任全部归于广大普通公民，或寄希望于"通过恐吓和威慑"来强迫公民守法，这既不利于法律的实施，也不合乎法治精神。

总之，法律的内在精神和基本原则的实现与法律生存环境的优化、法律自身的完善、公民法律素质的提高、社会法律机制的健全是紧密相关的，缺一不可的。这是在中国法律现代化进程中必须从法律理念的高度加以把握的，切不可陷入"泛立法主义"或"立法至上"的误区。无数的经验表明，现代法治社会建立的关键问题并非仅仅是立法的多少以及体系是否完备，也不是它能否得到社会伦理道德的应然认可，也不是法律规定得如何，而是它是否具有现实

---

① 《列宁全集》第 2 卷，前苏联外文出版局 1955 年版，第 246 页。

性和可行性，能否在实际上得到广大公民和社会的承认或提供保障机制。只有当人们真正地享有权利时，它才是现实的、有意义的。

第七，在现代社会，任何民族和国家都不可能孤立存在，它必然与其它民族、国家乃至整个国际社会发生联系和交流，从封闭走向开放并不断提高社会、经济的开放度，是人类社会文明进步的标志。因此，在中国法律现代化进程中不仅要将着眼点放在国内，而且要注意面向世界，不断提高法律的开放度，并致力于国际社会法律的协调发展。这是中国法律理念在放眼世界和促进国际民商新秩序的建立与发展过程中所应把握的一个基本取向。

国际社会法律的协调性和趋同化趋势，是指"不同国家的法律，随着国际交往日益发展的需要，逐渐相互吸收、相互渗透，从而趋于接近甚至趋于一致的现象。"① 这一取向在中国法律现代化过程中占据主导地位，有着深刻的政治、经济和文化基础。因为，法律现代化具有全球发展的特性，它要求具有广泛的国际合作、相互协调、一体化的法律意识和制度，在相互认同、接受和价值观念的彼此融合和一致化中走向现代化。而随着全球经济一体化进程的加快，必然导致全球范围内政治、科技、文化等方面相互依存、相互协调乃至一体化的发展，法律的一体化或趋同化势必内含于其中。

第二次世界大战以后，尤其是 70 年代以来，由于工业文明历史发展积淀而成的全球性问题（资源、生态、人口和粮食等）以及工业文明"过度成熟"所造成的全球范围内的某种"恶性发展"（从根本上说，是由后工业社会不合理的资源利用方式与消费方式引发的），主要表现为非再生能源的日益枯竭和可再生资源更新的长期受损，人类与自然之间的关系日趋紧张，资源浪费，环境恶化，全球生态环境受到越来越严重的污染和破坏，以至于人类如果不再携手共同应战就将危及自身的进一步生存与发展；另外，人类要摆脱陷入"核恐怖和核绝望的人质"的可悲处境，就不可能回避涉及全球各民族和国家生死攸关的共同问题，必须运用能共同遵守的法律规范和权威来约束各个国家、民族乃至个人的行为。否则，地球和人类都有可能被毁灭。因为，"人类在进入原子能被用于军事目的的核时代之后，就可能不再有永生的了……一旦爆发核战争，一切生命都将从地球上消失。"② 而且，随着地球市场经济的迅速发展，使各国被强劲的经济和金融链条紧密地联结在一起，全球范围内各国经济

---

① 李双元主编：《中华法商论丛第一集：现代法学论集》，湖南师范大学出版社 1995 年版，第 1 页。

② 米·谢·戈尔巴乔夫：《改革与新思维》，世界知识出版社 1988 年版，第 108 页。

的相关性和互动性因之空前强化，那种在空间上试图自行其是的孤立主义或自我中心的倾向显然都难以为继。马克思早就指出过："由于机器和蒸汽的应用，分工的规模已使脱离了本国基地的大工业完全依赖于国际市场、国际交换和国际分工……"① 事实上，今天各国经济的相互渗透、相互依存、相互融合日益加深，任何一个国家都不可能脱离世界经济体系而单独繁荣。此外，全球范围内信息传播方式的高度现代化，在客观上为世界各国在经济、政治、文化上的相互依存、相互交流与融合提供了全球性互动的"基础设施"（全球运输体系和信息高速公路），从而加速了全球经济、政治、文化的一体化进程。所有这一切充分表明，如果仍然停留在以往的国别思维方式上，将难以适应时代的要求，有必要用"一体化"、"趋同化"等范畴来重新统摄政治、经济、科技、文化和法律的发展。因而，法律的一体化或趋同化趋势，是全球政治、经济、科技文化一体化演绎的必然结果。这既是一种不可逆转的客观趋势，同时，也是马克思主义社会存在决定社会意识原理在实践中的再现，而当前国际社会法律制度发展的走向则为此提供了客观例证。不仅国际社会法律统一化运动的成就卓著，而且在国内法方面，基于共同发展的需要和得力于国际统一私法和国际惯例（其中主要为"现代商人法"）的推动，致力于建立新的国际民商事秩序以及协调和解决不同民族、不同国家、不同地区的法律制度的歧异与冲突，已成为各国政府的共同行动。一部分国家在采用国际惯例以及吸收国际社会普遍的法律实践经验来充实、改造国内立法的步子上迈得相当大。但是，有必要重申的一点是，无论如何强调国际社会法律在国内立法上的趋同化趋势和在国际立法上的统一化运动，由于受不同意识形态的影响、受不同发展水平和不同国情的制约，法律的分歧和对立在目前不可能完全消除，而且我们也不属于"世界法律大同论主义"者，我们所指的是各国法律在现代国际社会相互依存关系不断加强时趋同性表征得更明显或更趋协调。

由上可见，在中国法律现代化过程中，法律的趋同化或协调性是不可回避的趋势。这既是中国法律发展史演绎出的科学结论，同时也是国际社会法律统一化运动与实践的理论概括。因而，在中国法律现代化进程中，如果依然抱守中华法系的封闭性孤立性的残缺观念，不采取明智的态度，以主观上短视和误断来拒斥国际社会法律协调性或趋同化的思想，不仅会使我国法律现代化丧失利用"后发性优势"的势能，而且有可能使我国法律发展在国际社会相互依存中丧失趋利避害的机遇，甚至阻碍全球法律趋同化的进程乃至侵蚀全球政

---

① 《马克思恩格斯选集》第 1 卷，人民出版社 1972 年版，第 132 页以下。

治、经济、科技和文化一体化的基础，国际民商新秩序的建立和发展也势必受到严重影响。

第八，在中国法律现代化中，离不开法学家的参与和推动，离不开法学理论的指导，否则，科学化、理性化的法律现代化运动则无以萌生。因此，在中国法律现代化建设中，法学家和法学追求发展的行程自由权以及选择最佳道路的独立性，对中国法律现代化方向和速度起着至关重要的决定性作用。中国法律要卸掉历史积淀而成的沉重包袱，走出理论的束缚和实践的樊篱，改变传统的价值取向以及法律政治化的认同势能，避免陷入学术商品化的误区，所有这些都必须经过革命性的"范式"转换才能达到真正的超越，彻底实现现代化。这就注定了中国法学和法学家的首要任务是保持自身的独立性，站在客观、公正的立场上为建构中国现代化的法律体系及法律实施提供科学的理论指导，绝不能以"附庸政治现实"的御用心态或商业化的功利目的来误导中国法律的现代化建设。因而，法学品格和法学家人格的独立性，则是中国法律理念应该把握的又一基本取向。

法学品格的独立性是指法学特有的结构、内在逻辑一经确立，就具有相对的稳定性，并不会因外部环境的变化而立即发生方向性的改变，而是有自己特定的活动范围和空间，有独特的、非其他社会因素所能替代的运作机制，它的发展方向、运作深度和广度以及功能的发挥等，都有一个很大限度内的独立性。一句话，法学虽然是社会经济活动发展到一定阶段的产物，但一经产生就具有相对独立性，不会随意附和政治或经济风向，更不会成为经济或政治的附属物。同样，法学家也应该有独立的学者人格，忠于科学，忠于事实，唯科学真理以求，客观、公正地研究法律本质及其发展规律，为人类贡献有益的思想。然而，由于中国传统法律文化深受"官本位"、"权力至上"以及为政治现实服务等因素的影响和束缚，中国法学和法学家面对外在的社会力量和物质力量，丧失了应有的独立性，集中表现为：法学理论形态和研究方法在演进历程中尚未真正确立自我创新的动力和独特的开放性思维模式；法学家为养家糊口或免遭政治迫害，往往生活在经济和政治双重压力的夹缝中，为了生存的需要，紧跟形势或以个别执政者的讲话或指示为令牌，人为地制造许多"应景式"的所谓理论学说、思潮或流派。这种状况在新中国成立后有所改观，但并未彻底改变。因为，新中国法律从革命根据地时期诞生起，就一直是通过参与政治运动，通过无条件地服从于政治需要来证实自身的存在和价值，大大窒息了马克思主义法学在中国的蓬勃生命力。从法学研究的重心来看，注重书本、教条而不敢正视现实；从方法论上看，思辨的、抽象的分析多，语义解释多，实证的研究和具象性分析不足，一些结论游离于现实之外，一些驳斥和批判，纯属"为矢造的"，引不起理性的共鸣，最终造成习惯于用政治教条来代替法学理论，用简单政治思维和移植历史唯物主义的术语来注释法条苛求于法学家，极大地压抑了法学的理论功能和实践功能的发挥，难以产生和形成心平气和、客观中立的法学理论，法学家几乎成了运动家。可以说，在社会主义市场经济体制改革目标提出以前，中国法学和法学家在很大程度上与政治或政治运动结下了难分难解的姻缘，被无声无息地淹没在轰轰烈烈的阶级斗争和急功近利的政治御用的阴影中，几乎完全被政治化了。在这种背景下，马恩列斯毛等领袖的经典著作便被看作法学理论的唯一来源，人们一讲到法学或法学理论，便是经典著作中有关法的阐释，而对经典文本的取舍和运用又人为地掺杂了过于浓厚的政治功利色彩，使得法学几乎丧失了自身独立的品格，法学家很少有自己的个性化语言。每当面对严酷的政治气候，法学研究便在"实用性科学"的幌子下，紧跟政治形势，随风摇摆，出于短期行为的需要，生产出许多粗制滥造的、朝生夕灭的理论学说或流派，从中既找不出像孟德斯鸠这类共同推崇的法学家，又缺少对全人类产生普遍性、永恒性贡献的法律思想或观点。加之某些社会组织和行政力量出于政治上的短见而强行、粗暴地侵犯法学或法学家，法学则在政治无限地干预下根本违背了独立发展的内在规律，法学家大多被迫穷于应变，在迎合政治时尚和揣测政治风向中随意而盲目地改变自己的潮流。法学在不知不觉中忘却了自身应有的独立性品格和理论价值，以至沦落到把对现实政策或政治目标的注释和颂扬看作自己的研究目的；过分渲染实然的色彩，轻视乃至忽略了法学的应然性，而对应然与实然的结合问题则根本很少想到，法学家在频繁的政治运动中忙于阐释和论证为某种政治意图服务的法学理论，几乎成了墙头随风倒的芦苇。例如，七届人大一次会议所通过的宪法修正案，是根据中共中央十三届二中全会提出的修改宪法的建议而立案的。可是对此，法学界个别权威人士前后态度迥异。在 1987 年底全国宪法理论研讨会上，一部分人士再三申明"不必采取修宪形式"、"改革要在宪法的范围内进行"，等等。但中共中央公布修宪建议后，他们又像往常那样摇身一变而成了"积极推进"修宪的理论家，著书立说大赞修宪的必要性。这种对政治现实的过分关注、依从和认同，不仅削弱了法学理论自身的真正价值，而且泯灭了法学或法学家应肩负的历史使命感和责任感。虽然在各种时期都不乏个别例外，依然会有少数法学家坚贞不渝，站在客观公正的立场上审视现实，力图维持法学或法学理论的相对独立性，但终究势单力薄，无法改变潮流。法学品格和法学家人格的独立性的丧失，这不只是法学或法学家个人的悲剧，而且是整个民族和社会的悲剧。所有这些都是与法律现代化的要求背道而驰的，必须加以校正。具体而言，在中国法律现代化过程中，为了确保法学品格和法学家人格的相对独立性，首先必须使法学和法学家既不独守书斋的象牙塔，又不盲从于政治现实，必须正视现实的社会实践，基于现实反省自身的命运和行为。但必须注意，不要将理论发展赖以存在的经济基础、社会政治和文化条件，等同于理论自身和发展目的。我们强调法学品格和法学家人格的独立性，并不是要否定它们赖以生存和发展的社会现实条件，而是指不能以牺牲法学独立的理论品格和法学家人格的独立为代价去附庸和驯服于政治现实和形势的需要。其次，法学应日益重视自身理论品格存在的权利，重视自身理论形态和研究方法与表现方法的完善，按照自身内在的逻辑规律来发展和壮大，突破陈旧的规范、习惯、秩序和权威，努力"回复到自身"。正如罗伊德所指出的："在这样一个时代，当科学与科学方法的声望如日中天，社会学、社会人类学、心理学等科学知识的发展备受注目的时候，法律学者认为法学理论也能够，而且应该循科学路线谋求发展是不足为奇的事。边沁已经指出向这方面发展的途径。"① 再次，法学和法学家应以一种冷静的态度和客观标准反思、评价被热闹繁杂的表面现象掩盖的种种理论流向，不应盲目地凑热闹，更不要超越自身的能力和范围去干预政治的各方面或试图变成政治评论家，甚至让法律政治化。"有科学精神的法律学家，不能忽视一项事实，那就是法律的本身含有一种种籽，使它的发展按照社会接受的价值系统前进，同时价值系统指引及控制法律裁判中各项变异因素的方式也就成为法律体制中的重要部分。"② 这就表明，真正的法学和法学家绝不因与某些基于宗教信仰、道德、政治或其他非法律原则所建立的价值系统相抵触而随意改变自身，如果屈从于外在压力而"附庸风雅"或看人眼色行事，不敢直抒己意或含糊应付，那么，他就不配作法学家，即使钻进这一行列，也不会产生思想，充其量创造一些"应景式"的所谓"学术"。另外，要保证法学品格和法学家人格的独立性，必须为他们创造宽松、优越的生存环境，允许和鼓励不同法学理论和法学流派自由生长和发展，突破过去那种在单一政治框架统摄下形成的法学观点雷同、法学形式单一、法学流派大同小异的僵化局面，消除法学家"前怕狼后怕虎"以及动辄

---

① Dennis Lloyd 著：《法律的理念》，张茂柏译，台湾地区联经出版事业公司 1984 年版，第 97 页。

② Dennis Lloyd 著：《法律的理念》，张茂柏译，台湾地区联经出版事业公司 1984 年版，第 100 页。

害怕"说话过头、行为越轨"的恐惧心理，真正造成"百花齐放、百家争鸣"的氛围。除此以外，法学家必须做到博学多识，不仅要精通专门的法学知识，而且要有坚实的自然科学功底和心理学、经济学、社会学和哲学等社会科学知识的素养，具备客观的科学研究精神，熟练地运用科学方法研究法律现象，将法律的实用性、技巧性研究以及基础性研究有机结合起来，并将法学理论的研究与应用区分开来。法学的理论研究可看作"元法学"（matalaw-science），它站在思维的高起点上对法学的概念、命题、推论进行研究，不附庸政治风雅，也不愿沦为商业化的学术，超越沦为政治和金钱的"婢女"的悲惨境地，不作"护政论"。那种为现行政策和领导者的言论辩护、注解的法学观点，称不上法学。法学应有自身独立的理论品格，具有"元水平"（mata-level）的高度，而法学理论的应用则不必要求它绝对独立，它可为任何目的服务，这是运用者的问题。只有从元科学（matasoience）的角度来读解法学的独立性，才能产生传世之作，造就全人类的伟大法学家。

总之，在中国法律现代化进程中，必须将这样一种共识置于首位：法学必须赢得独立存在的资格和存在的品位，法学家必须取得人格上的彻底独立，不为政治和经济力量所动摇。这是具体分析和展示中国法学生存和发展环境及其作用机制时必须考虑的。只有这样才能使中国法学的发展建立在历史和逻辑相统一的基础上，避免片面性和误入歧途，真正为中国法律的现代化建设提供科学的理论指导和实践依据，使中国法律在世界政治经济发展和国际民商新秩序的构筑中发挥其应有的作用和功能。

对中国而言，法律现代化不是仅仅对西方国家法律的认同，也非面对外侮时的"冲击—反应"过程。中国法律现代化的变迁是一个动态过程，一方面是古老的中华法律传统在新世纪的骤然断裂，另一方面又是传统法律的文明因子的静悄悄的绵延。它们并行不悖，革命性的裂变和遗传性的承袭同生共长、相辅相成、共同作用，构成法律现代化的新图景。而且，社会主义市场经济体制的营建和发展，给中国法律现代化提供了良好的发展环境和机遇。中国法律现在正处于人类文明的历史转折点上，由各种各样的旧传统向现代化的文明转换、过渡乃至创新是不可逆转的历史潮流。国际社会法律的发展和国际民商新秩序的整合都离不开中国法律的现代化，尤其是离不开中国法律理念现代化的导引。

第二章　市场经济全球化与国际民商法律新秩序的建构

第一节　市场经济全球化呼唤建构国际民商新秩序

对我们来说，在这个矛盾和动荡的世界上，建立新的国际政治秩序和国际经济秩序，以发展国家之间的友好关系及合作，保证目前一代和将来世世代代在和平与正义中稳步地加速经济和社会发展，无疑是极为重要的。然而，这里所称的国际秩序只涉及国家本身的活动而非个人的活动，而在构成国际社会基本内容的各种社会关系中，除却此种国家间关系外，尚有大量的私人（包括自然人与法人）关系，因而也就必然存在一种不同于前者的秩序，以及为维持此种秩序而存在的规则。本书兹以这种私人关系中最主要的民商关系为研究对象，在检讨作为调整国际民商关系的国际私法的历史，回顾旧的国际民商秩序的历程的基础上，针对国际经济一体化进程，论述建立新的国际民商秩序的必要性，并着重探讨国际私法在建立这种新秩序过程中的功能与作用问题。

人类社会是按一定规则组成的有秩序的整体。没有秩序便没有社会。所谓秩序，即是在协调人与人、人与社会之间关系时所表现出来的一种谐和。它是人们谋求共同生存与发展的内在要求，是人们欲望和利益的冲突之间相协调的外在表现。它意味着社会运行状态的稳定性、社会结构的协调性和人们社会行为的规则性。在历史上，人们常把这种秩序看作是不依赖于人类意志而独自存在的神圣的东西[1]。随着人类认识和改造自然与社会能力的提高，这种观念发生了动摇，在现代人看来，社会秩序是可以创造或重构的，因而也就产生了某种有目的性的、影响深远的变革的可能性。实际上，在漫长的历史进程中，人们确实不时在自觉或不自觉地创造或重新建构某种秩序，并形成某些规则或采用某些方法来维护此种秩序。到国家产生以后，一方面，国家之间的关系以及

---

[1]　See Roberto M. Unger, *Law in Modern Sooiety*, New York, Free Press 1976, p.130.

国家成员（个人、社会组织）之间的关系即大量产生，从而在客观上要求建立起某种秩序来协调这种跨国关系；另一方面，为了维持此种秩序，国家也必须制订出一定的规则来维护它。而随着生产力和社会文明的发展，此种跨国关系在范围和内容上，必然也发生某些变化，甚至是根本的变化，这就使针对这种跨国关系的秩序本身以及为维护这种秩序而存在的规则，也必然会相应地发生变化。

第二次世界大战以后，由于生产力和科学技术的高度发展，经济市场化成为一种不可逆转的全球性的趋势和过程。这是由商品经济——市场经济的本质决定的。这一趋势早在自由资本主义时期就已开始出现。马克思曾针对这一现象断言："资本主义，由于开拓了世界市场，使一切国家的生产和消费都成为世界性的了。……过去那种地方的和民族的自给自足和闭关自守状态，被各民族的各方面的互相往来和各方面的互相依赖所代替了。"[1]

这种市场经济全球化的趋势对于当今世界经济的发展和国际民商关系新秩序的建立具有深远的影响。市场经济全球化使世界市场更加完整统一，一切国家、地区，一切经济部门、企业和一切商品、货币、资本、科技、劳务与信息都纳入到全世界无所不包的市场体系之中，一切闭关、封锁和地区的割据最终都无法抵挡商品与市场经济的冲击[2]。这就在客观上要求世界各国，特别是后起的发展中国家，为了顺应这一趋势，必须从本国实际出发，积极参与国际经济竞争和合作，否则置身于世界经济体系之外，孤立封闭，就难以在国际分工重新组合和结构调整以及国际资本流动中获得更大利益，也势必阻碍本国与世界各国民商事交往的发展。

可以肯定地说，在市场经济全球化的趋势下，"国家的"经济发展将越来越与"国际的"经济发展密不可分。一国的经济问题很难说完全是自己的问题，它涉及的范围会越来越大。如果不注意从全球的格局来考虑问题，认识不到各国经济相互渗透、相互依存的关系，其结果将是十分危险的。经合组织前专家河兰·谢奈在一次题为"我们害怕全球化吗？"的研讨会上，曾针对金融国际化对各国的挑战说道："如果200个最大的投资机构为了谋求利润而抽走

---

[1]　《马克思恩格斯选集》第1卷，人民出版社1972年版，第254页。

[2]　据统计，1991年世界出口额已达3.4万亿美元，而1950年仅为529亿美元。国际贸易增长的速度大大超过世界生产增长的速度。从1983年到1990年，世界贸易平均增长9%，比同期国民生产总值的增长率3%高出两倍。世界贸易额在世界国民生产总值中的比重已从1980年的28%提高到1992年的33%。这就是说，全世界的产值中的1/3是在国际交换中实现的。

巨额短期资金，现在就能把一些国家的当局压垮。"① 正因为如此，所有追求经济现代化的国家均越来越相似，人类社会渐渐趋向"匀质化"②，从而可能使世界各国采取某些一致的措施来处理国家间的政治、经济关系和国家成员间的私人关系（主要是民商关系），以谋求全人类的共同繁荣和持续发展。

然而，虽然从 80 年代后期起，旧的国际秩序已经打破，两极冷战格局走向结束，从而使大国停止大规模的军事对抗和军备竞赛，为本国和世界其他国家经济社会的良性发展提供了较好的环境和条件，但是新的世界格局并未形成。世界上所存在的其他各种矛盾，诸如南北矛盾、地区和种族之间的矛盾、各民族国家间各种利益的矛盾等并没有解决。不仅如此，原先被军事对峙和军备竞赛所掩盖的世界经济的深层矛盾和潜在危机也逐渐暴露出来，并越演越烈，一个新的、更加残酷无情的竞争性世界格局正在形成。

这种发生在国际政治、经济领域的一些根本性的变化促使国际社会树起了建立国际政治新秩序、国际经济新秩序的大旗。这一口号的提出，对于维护世界永久和平，推进各国持续发展，无疑具有十分深远的历史意义。然而，在市场经济全球化趋势不断加强和国际民商事关系蓬勃发展的今天，却尚未有人提出通过国际社会的共同努力也同时建立起国际民商新秩序的口号。这显然不利于作为国际商业竞争平等主体的自然人与法人之间的民商事关系的发展。正因为这样，我们在这里提出建立国际民商新秩序的口号。我们提出这个口号，是基于国际民商事交往蓬勃发展的客观需要。诚如前述，世界统一市场正在逐渐形成，跨国性的商品流转和民商事交往日益脱离开国家的政治影响（当然永远也不可能完全不受国家政治的干预），而成为一种具有相对独立性的社会关系，这种社会关系在其发展过程中必然会呈现为"有序"或"无序"的状态。而世界各国基于自身利益和共同繁荣发展的考虑，则必须通过采取各种方式和途径来协调彼此的关系，争取建立国际民商新秩序，以促使国际民商事关系呈"有序"状态发展。

对于我们提出的这个观点和这一口号，可能有人认为完全没有必要。因为在他们看来，国际民商事关系从属于国际经济关系，故而提出建立国际经济新秩序的口号已然涵盖国际民商新秩序在内。这是我们完全不能赞同的。在我们看来，国际民商关系与国际经济关系从法律角度来看，虽然具有某些交叉或一

---

① 《参考消息》，1995 年 2 月 8 日。

② 参见胡伟：《论冷战后国际冲突：对"文明范式"的批评》载《复旦大学学报（社科版）》1995 年第 3 期。

致的地方，但却存在根本的区别。前者特指跨国性的私人（包括自然人和法人）①之间的民商事交往关系，范围上包括跨国性的货物买卖、产品责任、国际货物运输和保险、知识产权转让、婚姻家庭继承等；而后者则主要指作为权力主体的国家之间的经济关系，范围上包括国际贸易的法律管制、国际金融货币制度、国际税收制度、国际投资制度等。在规范体系上，前者以国际私法为核心，通过协调世界各国法律之间的歧异，以保障国际民商事流转的安全运行；后者则以国际经济法和国际法为核心，通过调整各国不同的政治、经济政策，通过联合国和其他国际组织的共同努力来制订具有法律约束力的国际条约来规范和约束国家的主权行为，以保证各国经济的稳定、协调、持续发展。在秩序系统中，国际民商秩序包含有：跨国性的商品交易制度、国际民事侵权行为制度和国际间的婚姻家庭继承制度等；而国际经济秩序则包括有：以国际分工为基础的生产体系、国际贸易管制、国际货币金融体系等②。

　　所谓国际民商秩序，其含义包括双重意义：其一是指国际民商领域中各国共同协议或承认的价值观念体系；其二是指规范国际民商事关系的法律结构，或者说国际民商秩序的法律秩序。从这个角度看，国际私法可以说是国际民商秩序的法律方面。而这里提出的国际民商新秩序，我们认为，它是针对国际民商旧秩序而言的，是对旧的国际民商秩序进行扬弃的结果，它必须克服旧秩序中不公平、不合理、不平等、不科学的成分。详细说来，首先，国际民商新秩序是全球整体意识不断加强的产物。随着科学技术和生产力的发展，国际民商事交往越来越频繁，由此产生的各种关系愈来愈复杂。各国基于自身利益与共同发展的考虑，必然会通过各种途径来协调彼此的立场和习惯作法，建立交易秩序，以保障民商事交往的顺利进行。这种在国际共识基础上建立的国际民商新秩序应是一个有序、开放、灵活的大系统，它的建立和维持需要一整套健全和科学的国际民商法律体系。而在构筑国际民商新秩序模型的规范体系中，国际私法居于基础性地位，属于基本规范。这是由国际私法作为调整国际民商事关系的法律部门的本质决定的。因此，要建立国际民商新秩序，各主权国家必须通过自己的国内立法和参加各种国际立法活动，进一步完善国际私法制度，以巩固和维护国际民商新秩序。其次，这种国际民商新秩序必须谋求不同社会制度、不同发展水平的国家、人民之间民商事交流的开展和他们民商权益的平等保护。为此，必须废除各种"不平等的互惠"，采取有效的法律和经济措

---

① 国家在以民事主体资格出现时亦成为国际民商事关系的参与者。

② 周晓林：《国际经济新秩序与国际法》，载《中国国际法年刊》（1983）第 71 页。

施，把各种形式上的平等落实为真正的、实质上的平等。这里所说平等应体现在两个方面：一方面，它表现在国际民商领域，各主权者是平等的，它们享有平等的立法、司法权；另一方面，它体现为国际民商关系中当事人处于平等的法律地位。最后，国际民商新秩序与国际政治新秩序、国际经济新秩序是相辅相成、密不可分的。国际政治、经济领域中的一些基本原则，诸如主权独立、平等互利、国际合作以谋发展，也是指导国际民商活动的重要准则。当然，除此之外，国际民商新秩序中也有其自身的一些道德、伦理标准及法律的基本原则，其中最主要者当推诚实信用原则与（国际）公序良俗原则。所谓诚实信用原则，乃指当事人在进行国际民商交易时要讲诚实、守信用，不得进行欺诈。诚实信用原则本是各国民商法上的一项基本原则，同样它也是国际民商关系中各平等主体应予遵循的准则。至于（国际）公序良俗原则，则从着眼于有关整个国际社会或人类生存、和平与发展的共同利益或根本利益角度来限制国际民商活动中当事人的法律行为。

总之，随着市场经济全球化趋势的加强和国际民商事关系的发展，不论从时间还是空间上看，新秩序的建立都不是权宜之计，因为它所追求的，是适用于整个国际大家庭的永久性秩序，可以使世界各国在公平和诚实信用的基础上进行国际民商事交往，以发展本国与其他国家的国际民商事关系。

国际民商新秩序的建立和发展，必然促进国际私法的发展。但是，法律和社会关系的发展之间往往是一种矛盾关系，社会关系的发展往往趋向于变化，而法律则往往趋向于保守。建立新的国际民商秩序是对作为国际民商新秩序的基础规范国际私法的严峻挑战，因此，我们必须对传统的国际私法理论进行重大的改革乃至革命，同时对国际私法的国内、国际立法亦须予以大力加强和完善，使其能够反映国际民商事关系的新发展，成为维护和巩固新的国际民商秩序的有力武器。

第二节　传统国际私法与国际民商旧秩序的历史回顾

在国际民商领域，早先的古代文明国家因不承认外国人的权利主体地位，外国人不能依该国的法律结婚、取得财产或就其所遭受的损害向法院提出赔偿请求，因而不可能建立真正意义上的秩序①。在当时，虽然也有偶然的物物交换等民商活动，发生少量的涉外民商事关系，但这种关系往往只依人们的习惯

---

① 这里所称的秩序是指由法律来保障的秩序。

来协调和处理，谈不上形成一种依规则来维护秩序。然而，基于人类难以消除的某些共同的需要和理性，以及不同国家及其成员的利益要求，这种堵塞式的作法终究被打破了。从荷马时代起，外国人享有一种受保护和款待的权利——外国人受一个城邦居民的保护（同样也受其监视）。以后又出现了使本国人与外国人有可能发生关系的条约制度。两个城邦约定相互给予其居民全部或部分私法权利。这些条约在雅典被称为"权利互惠"条约，受惠者称为"条约受惠人"。这类条约在希腊比较易于订立，因为不同的城邦具有共同的语言和文化。在希伯来人中，由于以色列和犹太两个王国实行的摩西法律基本相同，此类条约的缔结或习惯的形成也比较容易。在这些条约中，有些也涉及到司法管辖权和程序问题，甚至还涉及到可适用的法律问题①。从而开始产生具有跨国性质的民商法律秩序。

在罗马，最早也同希腊城邦一样，把外国人当作奴隶或敌人看待。后来也有款待制度和条约制度。在当时，"外邦人"起初就是与罗马缔结了一个条约的城邦的居民，而外国人利益保护制度甚至可以给予外国人一种有限的公民权利，将他当作"家子"（filius familias）看待。再后来由于私法关系的发展，就出现了调整公民和外邦人之间关系的法律——万民法。这是一个解决受不同法律支配的个人之间关系问题的新办法，它对于"混合案件"②适用一种特殊的实体法。但是，由于万民法并没有形成一个完整的体系，所以外邦人所属城邦法律还应得到罗马法学家的"承认"③。而罗马法却没有给我们提供解决这些问题的办法，这就导致了许多问题。查士丁尼在讨论各种法律的时候，两次重复了盖雅斯所著《法律教科书》中的一个教条，说是所有受法律和习惯治理的民族，部分地适用它自己的法律，部分地适用人类共同的法律——即万民法。但他们没有说明，究竟万民法是被用来仅仅弥补外国市民法的不足呢还是相反④？不过有一点是可以肯定的，即万民法作为调整涉外民商事关系的法律，尽管在性质上是属地性的国内法，但内容是当时罗马势力所及范围所有国

---

①　参见［法］巴蒂福尔、拉加德著：《国际私法总论》，陈洪武等译，中国对外翻译出版公司1989年版，第10页。

②　指城邦居民与外邦人之间的纠纷案件。

③　莫尼埃在《罗马法教程》第1卷中指出，外邦人原则上没有专门的法律（除非行省长官批准了他们的法律），他们与罗马公民的关系只是贸易关系，这种处境使人们联想到古希腊居住在雅典的外国侨民的处境。

④　［英］马丁·沃尔夫：《国际私法》，李浩培、汤宗舜译，法律出版社1988年版，第41页以下。

家的共同规则，而且"最初它适用于意大利半岛各民族，后来则被推广于东方希腊、马其顿等民族"①，在当时的西方世界一致适用。故对当时幼稚的民商关系的调整和民商秩序的维护，是起了一定的作用的。

到中世纪，跨国民商事关系有所发展，相应地以维护这种民商关系秩序的法律规则也发生了变化。在这一历史时期，以调整涉外民商事关系为己任的国际私法，在发展上经历了属人法和属地法两个时期。这是适应民商关系发展而引起的法律冲突的解决的需要而出现的结果。属人法原则的采用，标志着在法律适用的实践中，法律的域外效力开始被承认，一国法律得以在外国境域内被适用，并且开始出现了在不同属人法冲突中，应适用哪一方当事人属人法的法律选择规则。尽管这一进步为万民法以后的第二个属地主义时期所代替，但正因为有了这种属地——属人——属地的交替尝试，才有了此后的巴托鲁斯时代法律选择规则体系的形成。10世纪以后，封建制度产生，地域观念强化，欧洲被分为几个采取不同法律制度的区域，属地主义得以复起。在涉外交往中，面对不同法域的当事人之间的争执所导致的法律冲突，属地主义完全不承认法律的域外效力，从而进入自万民法以来的冲突法历史中最保守、最僵化的时期，这种属地主义当然只适应封建社会实行封闭自守的自然经济的各个国家之间民商事秩序的需要。

但是随着生产力和商品经济的发展，资本主义生产关系在封建社会内部开始萌芽，跨国性的贸易往来越来越频繁。可是在意大利，封建主义的属地倾向却从政治上使意大利各城市之间相互孤立，并导致城邦的出现，各城市拥有局部立法权，分别根据各地习惯制定各自的"法则"，而且，每个城市都认为其自己的法则最符合所要管理调整的利益，从而在民商活动中产生了严重的法律冲突。为了解决这种冲突，除了各城市间订立关于根据自己的法律调整"混合"关系的管辖权的条约外，以巴托鲁斯为代表的国际私法最早期的理论形态"法则区别说"终于诞生。但是真正进入国际秩序的法律调整时期，是在19世纪后。在工业和运输业进一步发展的推动下，跨国性的经济贸易交往不断增长，国际民商事关系也随之有了更大的发展，为了维护各国的国家主权及其公民在涉外民商事关系中的正当利益，西方许多国家相继通过国内立法来系统地制定成文的国际私法，以调整涉外民商事关系。同时调整国际民商关系的国际双边条约也逐渐增多起来，自此以后，国际民商领域真正进入由法律来调整的时期。尽管各国的国际私法不尽相同，其立

---

① 法学教材编辑部编写组：《罗马法》，群众出版社1983年版，第62页。

法意图和宗旨亦有所差异，但从根本上说，正是由于国际民商事关系发展的需要，才产生了国际私法，因而国际私法在性质和终极目标方面是一致的。即国际私法固然更多地表现为国内法的形式，但无疑具有国际的性质，它的终极目标就在于维护国际民商秩序。

这里必须指出，从产生于15、16世纪由于海外的新发现而导致掠夺性的民商事活动时起，到19世纪末完全确立的旧国际民商事秩序，基本上是维持殖民利益的秩序。当时由于蒸汽机的发明和工业革命的兴起，欧洲国家在国际舞台上开始主宰一切，通过订立"殖民公约"使殖民地成为原料的供应地和产品的销售地，并依赖这种方式积聚财富。这种少数国家、少数人侵吞人类的物质财富的状况持续了这么多个世纪，尤其令人怵目惊心。这种状况到20世纪60年代，虽因连续不断的非殖民化运动蓬勃兴起，迫使殖民帝国放弃殖民政策，大量新独立的国家出现在国际舞台上。但是，这种非殖民化运动仍未能使广大发展中国家及其人民获得真正平等的地位。正如让·萨蒙所说："国与国之间平等的原则仍然掩盖着一些虚假情况……所有把发达国家和发展中国家置于平等基础上的法律条例，事实上使前者处于比后者有利的地位。人们称它为'不平等互惠'，因为始终使工业国家得到好处。"[1]

概括起来说，旧的国际民商秩序是建立在旧的国际政治秩序和旧的国际经济秩序的基础上的，也完全受旧的国际政治秩序和旧的国际经济秩序的制约。因此，同这两者一样，国际民商旧秩序蕴含着极大的不平等、不公正和不合理。其缺陷和不足主要表现为：（1）较大程度的无序性。秩序乃规则之总和，法律既是秩序的象征，又是建立和维护秩序的手段，法律的健全和完善往往标志着其所服务的秩序的健康和有序。在构建国际民商秩序的法律体系中，国际私法无疑是基础和核心的法律部门。但迄今为止，无论是国际私法理论还是国际私法的国内、国际立法及司法实践，都相当的不成熟乃至落后。尤其在立法上，"真空"、"盲点"比比皆是，国际民商事关系中的许多法律问题尚未纳入法律调整的范畴。这就势必造成了国际民商法律秩序的无序性。（2）一定程度的封闭性。以国际民商关系为调整对象的国际私法发展到今天，仍以各主权者的国内立法为主，国际立法所占比例不大。整个国际民商事关系被分割为各国的涉外民商关系来加以对待，国际私法的立法、司法可以说处于一种各自为政的局面。绝大多数国家由于国际意识薄

---

① ［比］让·萨蒙：《国际法中的虚假程序》，载《比利时国际法杂志》1974年第1卷。

弱，因而在其立法、司法过程中很少顾及国际民商关系的整体性。它们只是片面地注重保护本国及本国当事人的权益，没有或至少没有完全平等地对待外国人，保护外国人的权益。正因为如此，一国法院所作出的国际民商案件的判决往往不能完全甚至完全不能得到他国的承认和执行。另外，法院地国还通常运用"不诚实的识别"、"公共秩序的滥用"等保护主义措施来达到适用其本地法的目的。事实上，国际民商关系不但是一个复杂的大系统，同时也应是一个开放的大系统，其开放性应表现为其系统内外以及大系统（国际民商系统）和子系统（各国的民商系统）之间能够顺利地进行交换，这样才能形成一个"无序—有序"的良性循环系统。相反，如果各子系统之间相互封闭，对外开放程度不高，则有碍于国际民商关系这个大系统的顺利运作。（3）秩序模式僵化、缺乏灵活性。国际民商秩序真正进入法律调控阶段及国际私法成为一门独立的法律学科只不过是19世纪的事情，固然从历史的眼光来看，国际私法的确在一定程度上适应了国际民商事关系发展的需要。但就目前已有的国际私法规范，特别是各主权者制定的冲突法规范来讲，大多十分简单、粗糙，法律适用规则一般都极为概括，往往只给某一类法律关系规定一个连结点。面对日趋复杂多样的国际民商法律关系，使人感到传统冲突法规范的僵化与呆板。尽管已有人提出过采用一种"灵活性冲突规范"来对传统的"僵固的"、"缺乏灵活性"的冲突规范进行"软化处理"①，但离实现这一目标的距离仍很遥远。这样，以僵化的法律规则建立和维持的秩序势必也是十分僵化、缺乏灵活性的。

　　总之，目前的国际民商秩序，仅仅促成了少数国家财力的巩固和集中，而使2/3以上的人处于贫穷、依赖，甚至对立之中，富有的社会以漠然的甚至敌视的态度看待生活在贫困中的民族的悲惨境遇。然而，"自由人的社会不可能无休止地靠大多数人的受剥削、受穷和无知而养肥自己。历史这个全体人类的主妇和母亲已用鲜血、悲伤和眼泪显示了这一点"②。因此，随着人类社会的不断进步、国际民商关系的蓬勃发展，以及国际政治新秩序、国际经济新秩序的构筑，改变目前的国际民商秩序，建立新的国际民商秩序已是势在必行。

---

① 参见韩德培主编：《中国冲突法研究》，武汉大学出版社1993年版，第129页以下。

② 转引自［捷］贝贾维：《争取建立国际经济新秩序》，中国对外翻译公司1978年版，第4页。

第三节　现代国际私法应以追求建构国际
民商新秩序作为终极目标

传统的国际私法学说，不论是大陆法系，还是英美法系，都认为国际私法的主要目标是解决法律冲突，求得判决结果的确定性、可预见性和一致性。这在毕尔的既得权学说及美国的《第一次冲突法重述》中，甚至被强调到极点①。为了达到上述目的，大陆法系国家通常通过成文法来制定硬性的冲突规范（black-letter conflict rules），而不愿赋予法官过大的自由裁量权。而英美法系国家的传统理论和实践则是通过所谓"单点要素"方法（single-aspect methods）来解决，即法官先对案件的性质进行识别，然后根据一定的"连结点"把该案件同连结点所指向的法域连结起来，并且适用该地的法律，以达到不论案件在何国法院审理，都会适用同一法域的法律并达到判决结果趋于一致的目的。在他们看来，只要被审案件的性质确定，连结点落实以后，被指引援用的某国实体法就自动对该案发生效力。正如有些学者把传统的冲突规范比作火车站的信号灯，并把法官比作火车司机一样，他不需知道行驶前方是什么站，只需要按照信号灯所提供的信号向前开就行了。也就是说，法官不需考察冲突规范所指引的那个国家实体法的具体内容，只要适用它就算完成任务。这种作法固然可以达到上述目的，但它无疑具有机械性和盲目性。

第二次世界大战以后，随着国际经济交往和国际民商事关系的发展，上述那种"僵固的"、"缺乏灵活性"的冲突规范已越来越不适应新的需要，从而受到欧美国际私法学者的激烈抨击。美国著名法学教授柯里（Brainerd Currie）认为传统的国际私法在选择法律问题上，从理论到方法，都是概念式的、虚假的和无用的。他提出"政府利益分析说"（Governmental Interests Analysis），主张法律的选择完全取决于对政府利益的分析，因而，冲突规范以至整个冲突法制度就可以抛弃②。哥伦比亚大学的里斯（Willis L. M. Reese）教授的主张则比较温和。他认为应努力克服传统的国际私法在选择法律方面的机械、僵硬的缺点，主张以一种"最有意义的关系"（Most Significant Relationship）或者说

---

① 参见邓正来：《美国现代国际私法流派》，法律出版社1987年版，第29页。

② 参见［美］柯里：《冲突法论文选》，1963年英文版。参见韩德培：《国际私法的晚近发展趋势》，载《中国国际法年刊》，1988年第6页以下。

"最密切联系"（the Closest Connection）原则作为选择法律的基本原则①。在他们的理论中，已不再把追求判决结果的确定性、可预见性和一致性放在特别重要的位置，而追求在具体案件中主张公正。正如哈佛大学教授卡弗斯（Cavers）所指出的，传统的法律选择方法是一种管辖权的选择（Jurisdiction—Selecting），但对解决冲突案件真正具有意义的是实体法内容，而法院常忽视它，这就可能导致对当事人严重不公平的结果。他还认为传统的法律选择方法只是一种"机械性"的方法，它依赖一些抽象的、不切实际的冲突规范，指令法官适用一定的法律，从而很可能使判决结果不公正，损害当事人的利益，或危害到法院地的有关利益。因而他强调，法院的根本职责不是去选择法律，而是要给当事人带来公正的判决，法律选择仅仅是作出公正判决的一个手段②。

　　基于上面的分析，我们可以看出，传统的国际私法一直局限于扮演通过解决法律冲突来求得判决结果的确定性、可预见性和一致性，或仅着眼于个案中判决结果的公正性的角色。从实质上看，自国际私法产生以来，有关它的理论学说不可谓不多，但它们都是围绕着适用域外法之根据与法律选择来展开的。这些学说中，我们虽然也可偶见国际私法是针对私人（自然人和法人）的国际秩序规则之类的观点③，但其理论体系和研究方法都是传统的。对国际私法的角色定位问题没有进行深层次的考察和研究，故其理论无疑是存在重大缺陷的。

　　这种缺陷可以说首先表现在对国际私法的法律机制的认识上存在偏见。我们知道，国际私法的调整对象是国际民商事关系——这是绝大多数学说所承认的。从这个起点出发就不难看到，调整存在着法律冲突的国际民商事关系，即使需要通过一个选法步骤，其任务也还是确定民商事关系中的双方当事人的实体权利义务，而不是止于法律选择。在这里，它的特点与一般法律在调整当事人权利义务关系时相比，只是多了一个选法程序。因而我们可以说，经由冲突规范而进行的选法程序，仍属于由程序到实体的法律机制。在这个机制中，冲突法指引准据法，准据法调整实体关系，这是两个相互依赖、不可分割的步

---

① 参见［美］里斯所主持编写的《第二次冲突法重述》，1971 年英文版。

② See David F. Cavers, *Acritqre of the Choice-of-Law Problem*, 47 Harvard Law Review, 1993.

③ ［法］巴蒂福尔、拉加德：《国际私法总论》，中国对外翻译出版公司 1989 年版，第 3 页。

骤。正是由于冲突规范虽是"间接"地但却"调整"了实体关系，因而它不是或不仅是在法律选择这个特殊程序的意义上，而且更多地还在"间接调整"实体关系这个特殊功能的意义上，成了国际私法特有的规范。然而在传统的观念看来，冲突规范只具有选法功能，它所调整的只是法院与当事人之间诉讼程序中的法律关系。这就跨越了程序问题与实体问题，以冲突规范取代了国际私法全部法律机制的位置。沿袭既久，这甚至被认为是国际私法的正统，并因此而漠视或降低实体法的作用，从而把它与国际私法调整的对象是实体关系这一前提割裂开来①。这样做的结果是扭曲了国际私法的根本目标。

其次，传统国际私法虽然在理论上已形成自己的体系，但可以肯定地说，这个体系还仅只是冲突法制度方面的理论体系，或主要只包括冲突法制度方面的理论体系。这种以冲突法为核心的国际私法理论体系把解决民商事法律冲突看作国际私法的一切所在。你随便打开一本国际私法方面的教科书或专著即可验证。其所以呈现这种状况，从根本上说，是由于人们对国际私法角色的定位问题，尤其是对何为国际私法应追求的目标、何为国际私法所采用的手段问题没有一个正确的观念。诚然，我们可以看出，在国际私法历史上，胡伯提出的"国际礼让"学说，继承了格老秀斯的万民法思想②，反映了在相互尊重国家主权的基础上发展国际民商事交往的共同需要，表达了为调整国际民商事关系追求公正的和某种统一标准的发展方向；萨维尼则从"法律关系本座"出发，论述域外法的适用问题，他在阐述这一思想的时候，还提出了一个重要观点，即认为相互依赖的国际社会应存在着普遍适用的冲突规则，为日后统一冲突规范的实践指出了方向。但是，他们并没有看到，或退一步说，在他们那个时代也不可能看到：国际私法的最终目标是构筑一种协调国际民商事关系的法律秩序，而不是解决法律冲突，解决法律冲突只不过是国际私法为了达到建立和完善国际民商秩序这个目标所运用的一种手段、一个方法而已。这在许多中国国际私法学者的观点中亦是如此。他们认为，通过法律选择规范来解决与该法律关系有关各国的法律冲突，是国际私法最重要的特点，也是国际私法最大的优点③。

从法哲学的角度看，法律作为调整人们行为的规范，应该追求公平、正

---

① 参见赵恒宇：《国际私法理论问题再探讨》，载《法律科学》1994 年第 6 期。

② 万民法是"商品生产者社会的第一个世界性法律"。参见《马克思恩格斯全集》第 21 卷，人民出版社 1962 年版，第 364 页。

③ 这类观点散见于目前国内绝大多数的国际私法教材、论著。

义、自由、安全，把有序关系引入私人与私人群体的交往之中①。法律关系的本质是公平、合理、有序，它不取决于法律的内容，相反，力求实现法律关系的公平、合理和有序应当是一般法律的追求目标。跨国民商事法律关系也具有一般法律关系公平、合理和有序的本质，这种本质不会由于受不同的政治、经济、文化、习俗、传统等因素影响的各法律体系的存在、干涉或相互冲突而丧失其意义。因此，国际私法的价值追求是在调整国际民商事关系时，再现其公平、合理的本质，引导国际民商事关系呈现有序的状态。

在国际私法的发展历程中，最初将涉外民商事关系诉诸法律时，法律的单一适用（万民法、属人法、属地法）在较大程度上违背了公平、合理的法律关系本质。这种方式以无论内外法域当事人一律受制于内域法而见其不公平，以无论何种关系都适用同一的法制而见其不合理，因此就有了巴托路斯对冲突法的革命。这就导致了近代国际私法的产生。它以公平地选择和适用内、外法域法为整个法律体系的基础，以区分不同法律关系而选择不同的法律为其合理内核，成为国际社会中调整国际民商事关系的极其重要的法律手段。但从深层面上考察，它还远未能完全实现公平、合理的法律关系本质，以保障国际民商事交往安全、有序地运行。这是因为，首先，国际私法在选择内外法域法时，并非能真正实现公平合理。因为，选择内、外法域法的前提之一是各国实体法存在差异，同时，任何国家的法官都无法预知会产生什么样的国际民商关系，以及每一种关系与哪些国家有联系。这就要求，一国的法官除了熟悉本国法律外，还必须熟悉外国的法律，这本身即是少有可能的，因而也是不公平、不合理的。那么，对于一国法院的法官因不熟悉外国法律而在适用外国法时发生错误，导致不公平、不合理判决结果的出现，就无须怀疑其可能性。而这又促使一国法院更愿意适用自己熟悉的内国法。而各国国际私法则多多少少迎合了此种心理，将内国法的适用扩大到了不应该的范围②，于是又产生了更大的不公平和不合理。其次，各国国际私法的差异给当事人提供了选择法院的机会，选择的目的在于使有利于自己的实体法得以适用，这就可能造成不公平、不合理的判决结果的出现，进而损及国际民商秩序。因此，"公道要求不论诉讼在什

---

①　[美] 博登海默著：《法理学——法哲学及其方法》，邓正来、姬敬武译，华夏出版社1987年版，第224页。

②　如美国体现在效果说上的长臂管辖或延伸管辖制度，参见李双元：《关于我国国际民事管辖问题的思考》，载中国国际私法研究会编：《海峡两岸法律冲突及海事法律冲突问题研究》，山东大学出版社1991年版，第211页。

么地方提起，判决总是一样的"①。这一方面要求对传统的国际私法进行改造（关于此点，"二战"以后的国际私法学者已取得了颇富成效的成果）②；另一方面随着国际民商关系的发展，传统的国际私法体系已越来越不适应时代的需要。在我们看来，国际私法的改革和发展是顺应时代潮流的结果，同时，国际私法的改革和发展也必须始终贯彻以维护国际民商秩序为中心任务。

总之，随着世界统一市场的逐步形成，世界各国必须共同努力、协调行为，提出并建立一个以全球综合发展和各国人民进步权利为依据的国际民商新秩序。这就要求我们首先在观念上必须破除传统国际私法的偏解，重新考察国际私法的基本功能，切实明确国际私法在建立新的国际秩序中的角色定位问题，以充分发挥国际私法调整国际民商关系、维护国际民商秩序的功能和作用。

第四节　当代国际私法的发展和完善与国际民商新秩序的建立和巩固

众所周知，涉外民商事关系（更准确地讲是国际民商事关系或跨国民商事关系）是涉及两个或两个以上国家的一种特殊的法律关系，因而从根本上讲，任何一个国家的法律无法全面约束这种法律关系。传统国际私法把这种法律关系置于主权国家的国内法管辖之下，在一定程度上是有悖于该种法律关系本身的性质的；更何况依冲突规范指定的准据法实乃一国本用来调整纯国内民商事关系的实体法。而国际私法既然是以涉外民商事关系为其调整对象，很显然其最主要目的和功能应是如何规范国际民商事关系，使之形成一个统一的、健康的、公正合理的国际民商法律秩序，从而在更大程度上促进民商事交流的进一步发展。冲突法只不过是国际私法为了所达到其目的而采取的一种方法而已。通过冲突规范选择法律这一调整方法既非调整国际民商事关系的唯一方案，也非最佳方案，它只不过在一定的历史时期内主宰着国际私法。有学者甚至认为，冲突规范是在主权国家并存、世界被分割成不同的法律体系、各主权者法律歧异的情况下不得已而采用的一种方法。因此，自19世纪末、20世纪

---

① 马丁·沃尔夫著：《国际私法》，李浩培、汤宗舜译，法律出版社1988年版，第22页。

② 参见莫里斯著：《法律冲突法》，李东来等译，中国对外翻译出版公司1990年版，第496页以下。

初以来，在冲突法之外产生了越来越多的统一实体法条约及大量的绕开国家主权这个壁垒的国际商事惯例。这样，冲突法在国际私法中的核心地位受到了挑战。因为统一实体法（包括准统一实体法的国际商事惯例）把同一法律关系置于一个共同的、统一的实体法律规范之下，从而它可以明确地约束当事人的行为，公平确定当事人的权利义务，及时解决当事人之间的纠纷，并且对当事人的民商事法律行为起着直接指引作用，相对于冲突规范来说，它更加符合国际民商事关系的本质要求。可以预见，随着国际交往的发展，这种调整国际民商事关系的统一实体规范将会不断的发展，它调整的范围也将不断的拓宽，有朝一日终将成为国际私法的主要规范和调整国际民商事关系的一种主要方法，亦即成为国际民商法律秩序的主要方面。

同时，人们也清醒地看到，统一实体法加入调整国际民商事法律关系的行列，固然是国际私法向前发展的标志，但由于民族国家并存，各国之间文化、法律制度以及各自利益上冲突，在目前，统一实体法无论在内容上还是在范围上仍旧非常有限，还不能说它在国际私法中的地位已超过冲突法①。因而冲突法这种传统的法律选择方法在调整国际民商事关系方面仍有较强的生命力，在今后相当长的一个时期内，各国利用冲突规范来调整国际民商事关系仍将是一个十分重要的方法。美国"激进派"学者的那种全面否定冲突法的观点实不可取，并已为实践所摒弃。

基于以上分析我们可以得出这样的结论：当代国际私法不再完全等同于冲突法，冲突法只是国际私法的一个重要分支。同样，国际私法规范也不仅仅只指冲突法规范，它还包括大量的其他类型的规范。我们认为国际私法包括冲突法、实体法和程序法三大部分。冲突法包括各国冲突法和统一冲突法；实体法包括各国专用涉外实体法和国际统一实体法（国际条约、公约和国际商事惯例）；程序法包括各国涉外程序法和国际统一程序法。

在日益发达的国际经济关系及日趋纷繁复杂的国际民商交流的驱动下，当代国际私法与传统冲突法相比较，获得了前所未有的发展。这不但体现在其法律规范的日渐丰富和完善，同时也包括其基本理论的革新、功能的再定位，等等。由于国际私法的法源具有国内法源和国际法源两重性，因此，当代国际私法的发展和完善也正是从国内、国际这两个方面铺开的。

从第一个方面来看，"二战"以后，世界上掀起了一股制订和修改国际私

---

① 余先予主编：《国（区）际民商事法律适用法》，人民日报出版社1995年版，第25页以下。

法国内立法的浪潮，先后有奥地利、前联邦德国、日本、前南斯拉夫、匈牙利、土耳其、波兰、前捷克斯洛伐克、瑞士、罗马尼亚等近 20 个国家相继颁布和实施了各自的国际私法法规（典）。综观这些新近的立法，它们明显地出现了向集中、系统、全面、详细方向发展的趋势。而且，由于各国国际私法规范的对象 具有共同性，各国国际私法所对待的问题基本相同，这就使各国制定国际私法时的基本出发点和目标都在于促进本国与外国人之间的民商事交流，各国在制定国际私法时所采用的方法和手段也具有一定程度的共同性。正由于这些原因，当今世界各国国际私法的基本内容、原则和制度均有很大的相同或相似之处①。具体讲来，这些共同性的东西，几乎表现在从指导法律选择的基本方法、基本原则到各种具体的民事关系的法律适用、管辖权的确定等各个领域②。

首先，就指导法律选择的基本方法来看，早先那种试图仅运用一种方法来决定国际私法中碰到的一切问题的法律适用的观点已完全被抛弃，代之而起的是多种方法的运用。如依法律的性质决定法律的选择、依法律关系的性质决定法律的选择、依"利益分析"决定法律的选择、依案件应取得的结果决定法律的选择、依有利于判决在外国得到承认与执行和有利于求得判决结果一致决定法律的选择、依意思自治决定法律的选择、依最密切联系决定法律的选择等七种指导法律选择的方法，都是立法者在制定冲突法及法院在处理涉外民事争议时通常采用的方法，尤其是最密切联系原则更为众多国家的立法所接受，如1978 年《奥地利国际私法法规》在第 1 条就开宗明义地规定，"与外国有连结的事实，在私法上，应依与该事实有最强联系的法律裁判，"并且申明，该法规"所包括的适用法律的具体规则"都是"体现了这一原则"的。1971 年的美国第二部《冲突法重述》也认为，美国法院应该根据"最重要联系"原则来决定法律的适用。该原则更是贯穿于瑞士联邦 1989 年的《冲突法法典》的始终。对每一种法律关系，该法典所设定的法律选择规则都根据各种条件和相关利益，向法院指出与特定事实情况有密切联系的国家的法律③。另外，该法典还规定了一个重要的"例外条款"来保证该原则的运用滴水不漏，即法典第 15 条第 1 款"根据所有情况，如果案件与本法指定的法律仅有松散的联系，

① 唐表明：《比较国际私法》，中山大学出版社 1987 年版，第 32 页。
② 李双元、李玉泉：《对外开放政策与中国国际私法》，载《武汉大学学报》1992 年第 2 期。
③ 参见沈涓：《冲突法及其价值导向》，中国政法大学出版社 1993 年版。

而与另一法律却具有更密切的关系，则作为例外不适用本法所指定的法律。"
英国也是通过其"自体法"的理论形态接受了最密切联系原则。我国的冲突
法立法也在合同准据法、扶养准据法的选择，以及国籍、住所、营业所的确定
等方面运用了最密切联系原则。

其次，在改造传统的冲突规范方面，欧美学者所倡导的对传统的硬性冲突
规范进行"软化处理"（softening process）① 的一些方法和途径在许多国家新
近颁布的国际私法法典、法规中得到了充分的体现。这些共同采用的方法大致
有：（1）用灵活的开放性的连结点取代传统的冲突规范中的僵固的封闭性的
连结点；（2）增加连结点的数量，规定复数连结点以提高可供选择的法律体
系的数量；（3）对同种法律关系又划分出一些次类别；（4）对同一法律关系
的不同方面作出分割，分别适用不同的法律。

再次，对于涉外民事关系的法律适用②，如关于涉外民事主体的法律适
用、法律行为的法律适用、涉外物权的法律适用、涉外合同、侵权行为的法律
适用、婚姻家庭方面的法律适用、财产继承的法律适用等各个方面的立法出现
了积极寻求协调和统一的趋势。

最后，这些共同性的东西也明确地表现在国际民事诉讼、国际商事仲裁及
国际私法的一些基本制度上，前者如承认当事人协议选择管辖法院的作法得到
了众多国家立法的承认。如《意大利民事诉讼法》第 2 条规定，当事人可以
在下列情况下协议选择管辖的法院：（1）在意大利境内发生的外国人之间的
债务案件；（2）在意大利境外发生的外国人与意大利人之间的债务案件。我
国《民事诉讼法》第 244、245 条也有类似的规定。在国际私法的基本制度方
面，各国学者的观点及立法、司法实践也有互相靠拢的趋势。如对国际私法上
的公共秩序保留制度，历来众说纷纭、莫衷一是，各国的作法也大不一样，但
现在大多数国家主张对这一制度的运用应加以严格的限制，外国法律只有在其
适用明显与法院国公共秩序相抵触的情况下，法院国才可以排除该外国法的效
力。这一点为 1982 年的《土耳其国际私法》率先从立法上予以承认，该法第
5 条规定，"当应适用于个别案件之外国法律条款明显违背土耳其之公共秩序
时，不适用之。如认定为必要，适用土耳其法律。"

从第二个方面来看，当代国际社会中国际私法的统一化运动方兴未艾，国

---

① 李双元等：《中国国际私法》，海洋出版社 1991 年版，第 118 页。
② 李双元等：《初论建立适应社会主义市场经济的中国国际私法》，载《武汉大学学报》1993 年第 2 期。

际私法的国际法源获得了前所未有的发展。二战以后，不仅从事统一国际私法的国际组织的种类、数量日趋增多，这些组织既包括普遍性的国际组织，又包括区域性的国际组织，既包括政府间的国际组织，又包括民间的国际组织，既包括一般性的国际组织，又包括专业性的国际组织。尤为重要的是，从当今重要国际组织所通过的国际私法条约及所拟订的国际惯例来看，它们涉及的内容越来越广泛，已经从传统的亲属法、继承法等领域，逐渐扩及于国际经济、贸易关系与侵权行为责任这些新的领域，且有向更广泛的领域铺开的趋势。这些国际私法条约和国际惯例正在为越来越多的国家所承认和接受。根据目前大多数学者的观点，国际私法的统一既包括传统冲突法的国际统一①，也包括民、商法的国际统一以及民商法的准国际统一（即国际商事惯例）②。下面对这三个领域分别加以论述。

1. 冲突法的国际统一

各国冲突法的冲突这种第二层次法律冲突的存在，大大降低了冲突规范的应有价值。法国国际私法学家毕耶曾说过："国际私法如果在国际范围内得不到统一，就等于法律不存在。"③ 正是基于这一考虑，早在19世纪中叶，美国最高法院法官斯托雷（Story）及意大利著名的政治家兼法学家孟西尼（Mancini），就已提出并倡导统一各国冲突法。通过国际条约将各国的冲突法统一起来可以防止"选择法院"（forumshoping）现象的发生及避免冲突规范没有预见性，只具有"临床治疗"作用的缺陷和不足。但由于受到国际社会种种条件的限制，直到19世纪末、20世纪初，才有真正着手尝试统一的实践，且收效甚微。二次世界大战后，统一冲突法的这种落后状态大为改变，统一冲突法的国际组织日趋活跃，统一冲突法条约层出不穷，统一冲突法的进程大大加快。在这些从事统一冲突法工作的国际组织当中，最有成效、最富影响的首推海牙国际私法会议。该组织自1951年成为一个常设的政府间国际组织以后，更是进入到其新的发展时期，并且取得了丰硕的成果。截至1996年6月19日，海牙国际私法会议已先后通过了35个公约，现在有32个公约对世界所有国家开放签字④。其内容几乎涉及冲突法的各个领域：既有法律适用方面的，

---

① 这里所讲的传统冲突包括法律适用法和国际民事诉讼程序与仲裁程序等几个方面。

② 李双元等：《中国与国际私法统一化进程》，武汉大学出版社1992年版，第192页。

③ 转引自李双元等：《国际私法（冲突法篇）》，武汉大学出版社1987年版，第99页。

④ 该资料由海牙国际私法会议秘书长 J. H. A. Van. Loon 提供。

也有民事诉讼及商事仲裁方面的；既有物权、债权方面的，也有扶养、婚姻、继承方面的。

与海牙国际私法会议相并行的还有区域性的泛美会议和美洲国家组织国际私法会议。著名的《布斯塔曼特法典》便是 1928 年第六届泛美会议的产物。美洲国家组织国际私法会议从 1975 年起先后通过了 17 个国际私法公约。另外，国际联盟和联合国也分别通过了一定数量的统一冲突法公约。前者如1930 年的《关于本票、汇票的法律冲突公约》，后者如 1965 年的《关于解决国家和其他国家国民之间投资争议的公约》。

2. 民、商实体法的国际统一

前面讲到，从调整国际民商事关系角度出发，统一实体法无疑是最优选择。正如勒内·达维德所言："涉及国际的法律关系的法在国际上的统一毫无疑问是我们时代的主要任务之一。"统一实体法的历史早于统一冲突法的历史，只不过在早期，它主要是一些区域性的条约。在当今，区域性的实体法统一运动正在不断加强，尤以欧洲联盟（即原来的欧共体）成果更为显著。不过，1926 年成立的罗马"国际统一私法协会"及成立于 1966 年的联合国国际贸易法委员会这些普遍性的统一实体法组织的工作成就更加突出。前者缔结了大量的涉及国际货物买卖、国际运输、国际仲裁及国际民事责任等广泛领域的统一实体法条约，后者虽然成立时间较晚，但也通过了不少的统一实体法条约，其中的《联合国国际货物销售合同公约》更是引人瞩目。目前，国际私法中实体法的统一化运动正处于其高潮阶段，随着国际交往的发展，统一实体法规范将会不断扩大和发展，并在某些领域（如合同方面）有可能成为国际私法的主要规范及调整该类民商事关系的主要方法。

3. 统一国际惯例

国际私法上的国际惯例主要指国际商事惯例，这种惯例相当一部分首先是区域性的，后来经过一些国际民间机构（如国际商会）的修订和编纂，现已在世界上通用。其中一些较有影响的惯例，如 Incoterms 1990、UCP 500 号、《托收统一规则》得到了大多数国家的承认，并在实践中常常为当事人所选用。从法律调整的角度来衡量，国际惯例与统一实体法一样，也直接规定了当事人双方的权利义务，直接指导当事人的法律行为，因此有人把这种国际惯例称为"准统一实体法"。

国际私法既然是国际民商事关系的调整器，其基本功能理应是追求一个健全的国际民商秩序，而国际民商秩序说到底主要是一种国际民商法律秩序。因此，随着当代国际私法的日趋发展和完善，它必将促进国际民商事法律新秩序的建立和巩固。同时，国际民商事关系也将越来越兴旺发达，国际民商事关系中当事人的权利义务也就越能顺利地得到保障和实现。

总之，建立一个公正合理的国际民商新秩序，不但是作为其基础性规范的国际私法学研究的出发点和归宿，同时也应成为各国际组织、各民间机构在从事国际私法统一化活动及各国在国际私法立法、司法过程中所追求的最高目标。特别是海牙国际私法会议、罗马统一私法协会、联合国国际贸易法委员会等一些普遍性的影响较大的统一国际私法国际组织更应把这一点开宗明义地列入其组织章程之中，作为这些组织的最高宗旨和核心任务。

第五节　中国国际私法学的研究现状与发展趋势

一、曲折的发展历程与初步繁荣的现状

中国国际私法学的发展，经历了一个漫长而曲折的历程。它近十几年来之所以取得了初步繁荣的成就，与国家坚定不移地实行改革开放政策紧密联系在一起。因为国际私法原本就是适应国际交往的需要而产生和发展起来的。

新中国成立后，人民政府废除了国民党的《六法全书》，力图完全以计划经济体制下的前苏联法律和法学为模式，建立起社会主义的法律体系和法律科学。1951年，中国人民大学外交系虽设置了国际法教研室，先后邀请了三位前苏联专家给教师和研究生讲授国际私法，我国学者也陆续翻译出版了几本前苏联学者的国际私法著作，如隆茨的《苏联国际私法教程》、柯列茨基的《英美国际私法的理论与实践概论》、《国际私法论文集》等，但他（它）们都特别强调社会制度和意识形态的对立对国际私法的影响，因而不免存在有简单化的倾向。不过总算还在新中国法学园地中保留了国际私法这个学科。

到1957年，因极"左"路线的干扰日益严重，法律虚无主义泛滥成灾，整个法学界都受到极大的冲击，加上以后又长期走上闭关自守的道路，国际私法作为调整涉外民事关系而且主要涉及外国法的适用问题的法律部门，几乎被完全取缔。尽管在60年代还先后有倪征燠教授翻译的英国托马斯的《国际私法》和由他撰写的《国际私法中的司法管辖问题》，于1963年、1964年出版，到"文化大革命"时，国际私法的理论研究已完全中断，在全国仅剩的三个法律专业中，国际私法的教学也被取消了。

直到党的十一届三中全会决定实行改革开放政策以后，国际私法学才受到了党和国家的高度重视。这时，对外开放中发生的种种国际私法问题迫切需要

研究解决，中国国际私法学因而重新获得了发展的契机。经过十几年的努力，不但我国国际私法立法取得了长足的进步，国际私法理论研究也步入了一个初步繁荣的阶段。

在这一时期，首先是国家的国际私法立法有了很大发展，这对推动我国国际私法理论研究起到十分重要的作用。据粗略统计，仅在涉外民事关系法律适用和涉外民事诉讼（包括商事仲裁）两个方面，已有300来个条款的规定，涉及这两个领域的绝大多数制度。如就前者而言，其涵盖的内容，属于总则的已包括关于涉外民事关系法律适用总的原则的，关于反致制度的，关于公共秩序保留的，关于法律规避的效力的，关于指定适用存在多法域的国家的法律的，关于国籍和住所的冲突的解决的，关于外国法的证明和错误适用的等规定；在分则方面，则已有或详或略地涉及人的能力，收养、扶养和监护，法人的属人法，结婚离婚，遗产继承，不动产财产权，合同，侵权行为，诉讼时效等问题的规定。就后者而言，属于总则的已有关于民事诉讼程序法律适用的总的原则、外国人（包括外国组织和企业）的诉讼地位、诉讼代理等方面的规定；在分则方面，则已有关于国际民事诉讼法院管辖权、送达、期间、财产保全、司法协助及外国判（裁）决的承认与执行等方面的或详或略的规定。在此期间，中国国际经济贸易仲裁委员会和中国海事仲裁委员会的两个仲裁规则，也已先后进行了两次重大的修订工作，使我国国际商事仲裁制度更趋先进和完备。

1992年国家明确提出以建立社会主义市场经济为我国经济体制改革的目标以后，在大力健全社会主义市场经济法制建设的同时，更加快了国际私法方面的立法步伐。在此期间相继颁布的包括海商法、公司法等在内的许多法律法规，又增加了不少法律适用方面的规定，从而使我国国际私法制度的内容更趋丰富和完备。

在这一时期，我国国际私法理论研究工作在配合立法和涉外司法实践方面也成就卓著。主要表现在以下一些方面：

在1985年召开的第一次全国性国际私法研究会上，与会学者便积极投入到《民法通则》第八章"关于涉外民事关系的法律适用"的立法指导思想、基本原则和应包括的内容和相应的具体规定的研究和讨论。1985年底在彭真委员长直接主持下全国人大常委会法工委召开了《民法通则》通过前的最后一次全国性研讨会，其第八组便主要由国际私法方面的学者专家组成，他们也以研究、讨论、修改草案第八章为主要任务。

80年代初以来，国际私法学界一些学者专家还就国家的几个重大的涉外民事争议案件或向国家有关主管部门提供了极有价值的法律咨询意见，或发表了一些重要学术论文，阐述中国政府应采取的立场，很好地发挥了法学理论研究为国家现代化建设服务的作用。

在这一时期，不同风格、不同观点、不同体例的国际私法教材、专著、译著和资料集不断问世，公开发表的论文也日益增多。据不完全统计，近15年来，我国学者在国内外主要报刊上发表国际私法方面的论文800余篇，涉及的问题已遍及国际私法的大部分领域。中国学者自己编写出版的国际私法教材和专著，已有40余种。其中应特别提到的有由李浩培教授负责主编的《中国大百科全书·法学卷》中的国际私法分册，由姚壮、任继圣教授编写的《国际私法基础》和由韩德培教授任主编，任继圣、刘丁教授任副主编的新中国第一本这方面的全国统编教材《国际私法》（已出两版），由李双元教授撰写的专门研究国际私法的本体部分冲突法的《国际私法（冲突法篇）》和由他主编的全国自考统编教材《国际私法》，由唐表明教授撰写的《比较国际私法》，由费宗祎教授主编的《国际私法讲义》，由钱骅教授主编的《国际私法》（已出两版），由董立坤教授撰写的《国际私法论》，由余先予教授主编的法学试用教材《冲突法》，由韩德培教授主持完成的国家"七五"重点科研项目《中国冲突法研究》和他专著的《美国冲突法概论》，由李双元教授主持完成的国家"七五"、"八五"哲学社会科学基金项目《国际民事诉讼法概论》、《中国与国际私法统一化进程》、《市场经济与国际私法趋同化问题研究》以及他与青年学者金彭年合著的《中国国际私法》等。它们都是反映我国改革开放以来各个时期国际私法学研究成果的代表性著作。

在国际私法参考资料方面，继法律出版社在80年代初出版的由钱骅主编的高等学校教学参考书《国际私法资料选编》后，又先后有卢峻主编的《国际私法公约集》、刘慧珊和卢淞主编的《外国国际私法法规选编》、司法部司法协助司编译的《国际司法协助条约集》和《国际司法协助法规选》相继出版。而韩德培和李双元主编的《国际私法教学参考资料选编》（上、下）更是目前国内收集资料最丰富的国际私法参考资料集，它在前面讲到的几种参考资料集的基础上，更将最近几十年欧洲、南美洲及中东地区许多国家的新国际私法法规和若干国际私法方面的新的重要公约译成中文，公开发表。另外，在这一时期国际私法专著的翻译也在不断增加。德国学者沃尔夫的《国际私法》，法国学者巴迪福和拉加德的《国际私法总论》，英国学者莫里斯的《法律冲突法》，前苏联学者波古斯拉夫斯基的《国际私法》，日本学者北胁敏一的《国际私法》，挪威学者布雷柯斯的《国际海事法律选择》以及英国戴西和莫里斯的巨著《冲突法》均已先后被我国学者译成中文出版。这些都对推动和促进我国比较国际私法的研究做出了积极的贡献。

更为可喜的是经过这十几年，我国许多高等学校法律院系还培养了一大批国际私法硕士研究生，其中武汉大学国际法研究所自 1984 年开始招收国际私法博士研究生，目前已有 20 余人获得国际私法博士学位。这些国际私法博士、硕士，均已成为国家外交、外经贸部门以及高等院校教学和科研的骨干力量。这批从事国际私法理论研究的中青年学者正在迅速成长壮大，他们在各自的领域相继进行了许多卓有成效的研究工作。

改革开放以来，不仅国际私法课程在正规高等学校法律院系重新开设，而且在一些学校（如武汉大学）已被确定为主干课程。同时，国际私法课程还进入了电大、职大、夜大、函大、自学考试以及各省、自治区、直辖市的政法管理干部院校的教学领域。1990 年，国务院学位委员会和国家教委还正式确定国际私法为法学学科中独立的二级学科。

为了推动国际私法学的研究，全国性的国际私法学术交流活动也于 1980 年肇始。是年，当时的教育部高教司与司法部教育司联合成立了法学教材编辑部，在第一批组织编写的法学统编教材中，便有国际私法。为了保证这本教材高质量地完成，国内有关高校的国际私法教师几乎都被邀请参加了编写大纲的讨论，进行了第一次系统而深入的学术交流活动。嗣后，在武汉大学国际法研究所的倡议下，积极筹组"中国国际私法研究会"。1985 年 8 月，由武汉大学国际法研究所发起并以贵州大学法律系为依托在贵阳主持召开了首届全国国际私法学术讨论会，成立了"中国国际私法研究会筹备组"。1987 年 10 月，在国家教委和司法部的支持下，全国国际私法教学研讨会和国际经济法教学研讨会同时在武汉大学召开，会上正式成立了中国国际私法研究会。从此以后，中国国际私法研究会先后在西安、广州、武汉、济南、珠海、深圳、宁波等地召开了多次年会和专题讨论会。这些会议都是围绕我国国际私法的建立以及实行对外开放所面临的一些重要国际私法问题的解决而举行的。研讨的问题涉及：(1) 国际私法的范围；(2) 国际私法与国际经济法的关系；(3) 国际私法的晚近发展趋势；(4) 国际与区际司法协助；(5) 区际法律冲突及其解决；(6) 涉外合同和涉外侵权的法律适用；(7) 内地与港澳地区的司法协助；(8) 涉外海事案件的管辖权；(9) 台湾和平统一后海峡两岸的民事法律适用；(10) 国际商事仲裁的理论与实践；(11) 我国仲裁法的起草和制定；(12) 市场经济条件下国际私法的完善和发展；(13) 中国国际私法典的起草等等问题。通过对上述问题的讨论，大大促进了我国国际私法学界的学术交流和理论工作者与实际部门的沟通，尽管有些问题还存着较大分歧，形成了不同的学术观点和流派，但通过讨论，对不少问题也逐步达成了共识。我国学者在每次年会上提交的论文，中国国际私法研究会基本上都编辑出版了论文集，这为不同学术观点和主张的发表提供了保障。

改革开放以来，中国国际私法学界、中国国际私法研究会还与国外一些著名的研究机构以及美国、德国、日本、瑞士、荷兰、英国和我国香港、台湾地区的一些著名国际私法学家保持稳定的学术联系和形式多样的学术交流活动。国内多所法学院系，还先后向美国、日本、瑞士、德国、英国、法国、比利时派遣出一批批的硕士、博士研究生进修或作学术访问，或进行联合培养。

二、当代国际社会国际私法的新发展

第二次世界大战以后，随着国际民商事流转关系的规模不断扩大，以国际民商事关系为调整对象的国际私法在世界范围内发生了很大变化，出现了许多新的发展。

（一）国际私法的调整范围不断扩大，内容也不断丰富

早期的罗马万民法，还只是就非罗马市民之间及罗马市民与非罗马市民之间的民事权利义务关系所作出的实体法规定，法律适用规范尚未产生。到13世纪，意大利半岛上城邦林立，彼此商业交往频繁，法律冲突增多，法律适用问题因而受到重视。但当时国际民商关系仍较简单，国际私法还很不发达。到19世纪末20世纪初，国际私法才逐渐对物权、合同、侵权、婚姻、家庭、继承有所规定，不过各国国际私法立法最多的亦仅二三十个条文而已。这种状况一直延续到第二次世界大战。战后，特别是六七十年代，因国际经济联系的进一步加强，国际民商活动领域不断扩大，这时，不但在国际商事活动如国际公司、国际票据、国际信托、国际海商、国际保险、国际破产、国际劳务、国际投资、国际技术转让和国际知识产权等领域，相继有了国际私法上的国内法和国际法的规定，而且国际民事诉讼法、国际商事仲裁制度也有了很大的发展。如1978年《奥地利联邦国际私法法规》对1811年《奥地利民法典》所未涉及的知识产权、银行业务与保险契约、交易所业务及相关的契约等作了规定。而1979年生效的《瑞士国际私法》除扩大了对实体民商事关系法律适用的调整范围外，还把国际民事管辖权、外国判决的承认和执行以及国际商事仲裁的基本制度，都规定在一个统一的法典之中。在国际立法方面，如海牙国际私法会议在"二战"前六届会议中所制定的公约，仅限于婚姻、家庭及民事诉讼程序方面有限的几个问题，而第七届会议以后，已逐步将工作重点转移到解决

国际民商事方面广泛领域的法律适用和程序问题。

与此相适应，研究国际私法的国际私法学的范围也不断扩大。有的国家，如法国已认为国际私法学应该研究解决的问题有国籍、外国人法律地位、法律冲突以及管辖权等程序方面的种种问题。到了现代，世界经济逐渐成为相互依存的一个整体，国际间的民事商事交往频繁而复杂，有一部分国际民商事关系迫切需要而且也有可能通过制定国际统一实体法予以解决。由于这种统一实体法不需要冲突规范的援引，只要不为当事人明确排除，便可直接适用于缔约国的当事人。因此，它避免了在不同国家的法律之间作出选择，从而更直接、更彻底地解决了国家间的法律冲突。从表面上看，统一实体法冲击甚至排斥着冲突法，但从国际私法的发展趋势来看，国际统一实体法进一步丰富和发展了国际私法的内容和体系，对国际私法的自我完善起到了积极的作用。因此，现代国际私法学的内容普遍出现了冲突法、程序法、实体法三者密切结合的趋势。所以，最近我国著名国际私法学家韩德培教授把这三者的关系形象地比喻为"主体和两翼"，即主体为冲突法，两翼为实体法和程序法，三者是密不可分，不应断然加以割裂的。

（二）对国际私法的各个分支学科的研究日益得到重视

随着国际民事商事关系的不断发展，国际私法调整范围的不断扩大和内容的不断充实，国际私法的各个分支学科必然也相对独立地发展起来。在早些时候，一本国际私法著作可以把所有的国际私法问题都包罗进去，而现在，即使仍有这类书籍，也只能起到"概论"性质的作用了。国际私法的许多问题，因实践和制度已向前大大发展和丰富了，都需要进行专门的研究。因而如专门研究冲突法基本理论和制度的专著，专门研究国际私法上的物权和知识产权的专著，专门研究国际私法上的合同的专著，专门研究国际私法上的侵权行为的专著，专门研究国际私法上的婚姻家庭问题的专著，专门研究国际私法上的遗产继承的专著，专门研究国际民事诉讼法的专著，专门研究司法协助的专著，专门研究国际商事仲裁制度的专著，专门研究区际法律冲突问题的专著，以及专门研究国际私法统一化运动的专著，国内外均已陆续问世，因此，一个学者要想成为熟悉国际私法所有内容的通家已是越来越难以实现了。这主要是因为随着国际私法实践的不断扩展和深化，即使是在各个传统领域，许多过去仅仅用一个条文便可规定的对象，现在已经需要用一个规范群来加以调整了，而且还因为科技的飞跃发展，不断出现新的国际民商事生活领域，在传统的国际私法学中是不可能找到现存答案的（如国际上为贯彻关于限制和减少二氧化碳排放量的国际公约而由一些国家提出的"联合履约"，它就既得解决好应适用的法律，也得确定一旦出现争议时法院管辖权的问题）。在国际私法和国际私法学领域，知识更新的速度大大加快了！

今日的国际私法学正在逐渐成为一个由诸多分支学科组成的内容不断增加的学科群。在国际私法学中以下十几个领域正在形成具有相对独立性的分支学科：

（1）国际私法史（含立法史、学说史，立法史中又可分各国国内立法史和国际立法或统一化运动史）；（2）比较国际私法和比较国际私法学；（3）外国人法和外国人待遇制度；（4）国际私法上的国籍和住所（还含居所、习惯居所以及法人的营业所等）；（5）冲突法的基本理论和基本制度；（6）国际私法上的自然人和法人；（7）国家及其财产在国际私法上的地位；（8）国际私法上的法律行为和代理；（9）国际私法上的物权法；（10）国际私法上的知识产权法；（11）国际私法上的合同制度（国际私法上的种种无名合同日见增加）；（12）国际私法上的侵权行为（国际私法上的各种特殊侵权行为日见增加）；（13）国际私法上的赔偿之债（不当得利和无因管理）；（14）国际私法上的婚姻家庭制度；（15）国际私法上的遗产继承制度；（16）国际统一私法和统一国际私法（前者指各种统一实体民商法，如现代商人法，后者如海牙国际私法会议一百年来在程序法和冲突法上所制定的各种公约）；（17）国际民事诉讼法；（18）国际商事仲裁制度；（19）区际私法。

（三）国际私法的趋同化倾向日益明显①，比较国际私法学得到迅速发展

在当今国际社会，和平与发展已成了时代的两个主旋律，其中发展更具有决定性意义。而各国要谋求发展，必须创造一个有利于国际民商交往的国际国内法律环境。国际私法的作用本在于协调不同的法律体系以及它们所体现的不同政策，找到解决或消除它们之间的冲突和矛盾的方法，因此，不但许多世界性和地区性的国际组织，如联合国及其有关机构、海牙国际私法会议、欧洲共同体、美洲国家组织都致力于国际私法的统一化工作，为解决法律冲突和管辖权冲突，发展彼此间的司法协助关系的双边活动，也越来越受重视。而且许多实行市场经济和开放政策的国家，还在国内立法中十分注意吸收和采用国际社会的普遍实践，据以改善自己的法律制度，积极创造能促进国际民商交往的软环境。所以完全可以肯定，国际经济一体化的趋势乃是当代国际私法趋同化倾

---

①　由于当代国际经济联系和一体化进程的不断加强，各国为解决许多社会持续发展的问题而共同努力以协调国际社会的民商法制，由此所产生的法律趋同化倾向，在国内一些论著中，也被称为法律的"国际化倾向"。

向不断加强的内在的根本的原因。

在国际私法趋同化倾向不断加强的进程中，各国法律思想、法律文化的相互交流和影响也是起了不可忽视的作用的。这是因为，要实现国际社会国际私法的协调发展，比较法是必不可少的。

在国际私法的学说中，一向存在着普遍主义（或国际主义）和特殊主义（或国家主义）两种倾向。普遍主义者以先验的国际私法理论解决法律冲突，从自然法演绎出国际私法原则，认为原本有一个统一适用于世界各国的国际私法体系。这显然是不切合实际的。特殊主义者则认为各国对国际私法的内容，只应根据国家主权原则自主决定，国际私法都只是各个国家的国内法，并对内国法与外国法在适用上采取不平等态度。这对发展国际交往显然是不利的。因此，第二次世界大战以后，作为"第三学派"的比较国际私法学派应运而生。这个学派从肯定各国有不同的冲突规则的事实出发，采取比较方法进行研究，以期发现其异同，并予以协调。他们还主张就各国的实体法进行比较研究。这样做，既有利于认识国际私法的性质和目的，也有利于找到合适办法使涉外民商事争议问题得到公平妥善的解决。因此，比较国际私法学也是具有越来越广阔的前景的。

（四）受国际私法趋同化的影响，对传统冲突法和冲突法学说的改造正不断深化

传统的冲突法是一种管辖权的选择方法，强调法律适用的前后一致性和稳定性。它常利用一个法定的空间连结点指引一个特定的法律，但被指引作为准据法的法律，不一定为法院所了解，也不一定切合案件的合理解决，带有相当大的盲目性，可能导致对当事人不公正的后果。因此，许多国家的学者主张对传统冲突法加以改进，即通过各种途径和手段，把法律适用上的一致性、稳定性和灵活性与合理性结合起来考虑，而以实现公正、合理地解决冲突为追求的主要目标，以便使传统的冲突法能够适应现代科学技术的发展所带来的国际经济、民事关系日益复杂化的形势。综合各国改进冲突法的方法，主要有：（1）用灵活性的开放性冲突规范代替僵硬的封闭性冲突规范，即逐渐把过去只在合同关系中适用的意思自治原则和最密切联系原则，扩大适用于其他领域的法律选择；（2）增加连结点的数量从而增加法律的可选性，或采用多元连结点，以协调采单一连结点国家之间的立场；（3）对同类法律关系进行划分，依其不同性质规定不同的连结点；（4）对一个法律关系的不同方面进行分割，给不同部分或不同环节规定不同的连结点。

改造传统的冲突法的理论基础的研究工作也在许多国家有了长足的发展。

过去的"法则区别说"、"法律关系本座说"、"既得权说"及"本地说法"等均被认为已是历史上的陈迹,我国国际私法学界提出的"平等互利说"已越来越呈现出强大的生命力。

（五）国际私法的国内立法，日益向法典化方向发展

国际私法是在人类社会发展到一定阶段随着国际经济交往愈趋频繁而发展起来的一个法律部门。从18世纪末开始,国际私法进入了立法时期,只是大都采取分散立法方式。直到19世纪末期,才出现在民法典中设专编专章的立法模式。20世纪以来,随着现代科学技术的日益发达,各国经济的相互依赖性不断增强,涉外民商事关系的范围日见扩大而内容也愈趋复杂,涉外民商事争讼也大量发生,国际私法的国内立法法典化就成为越来越迫切的要求。在这种形势下,欧洲大陆法系许多国家以及拉丁美洲一些传统上属大陆法系的国家,经过多年的努力和长久的研究讨论,已陆续正式颁布了几个规模颇为宏大的新国际私法典,还有包括法国、意大利等国在内的许多国家,也正在进行这一项工作。由于判例法制度固有的弊端,英美法系国家也开始了国际私法的立法工作,由其权威学者编纂的"重述"或"汇编",也颇似法典。越来越多的亚、非国家也有了自己成文的国际私法。因此,国际私法的法典化已成为世界范围内的普遍趋势。

当然,不同国家对法典化的认识是不一样的,如大陆法系国家标榜理性法,它们主张制订一个合乎逻辑、自成系统的法典,以表达能够建立起一种理想的法律制度的一般性原则,而将它们运用于具体案件时,由法官去处理具体细节。而英美法系国家主张经验法,它们认为法典化的目的是把支配人类关系的现行规则固定成一种容易被接受的形式,这种法典化方法,只不过是一种法律的技术性方法,或者说是规则的"汇总"。不过,新出现的法典已越来越趋于详细完备。

三、中国国际私法学近期发展基本态势

改革开放以后,国际私法学已越来越受到党和政府的高度重视,国际私法在整个国家法律体系中的地位已大为提高,中国国际私法理论研究工作也有了很好的发展,但对国际私法学缺乏认识即使在法学界内部仍有人在。因此,必须首先解决这样一个认识问题,即在和平和发展已成为当今国际社会两个主要潮流的时代,在我国确立以建立社会主义市场经济体制作为经济改革的目标以后,国际民商事关系必将不断发展,并日益扩大其规模,而国际私法这个直接以这种国际民商关系为自己特有的调整对象的法律部门,它的地位和作用是其

他任何法律部门所不能取代的。

市场经济是一种按经济自身规律运行和发展的经济，人们所能作的只是顺应其客观规律，采取各种客观调控措施并以各种公法和私法手段，为它提供种种顺畅而有序运作的条件而已。完全可以肯定地说，在 21 世纪，市场经济将为全世界更多的国家所采用。而且，由于新的世界贸易组织的成立，国际社会的自由贸易将得到进一步的发展，市场一体化的程度也势必越来越高。而市场经济，从法律的角度看，本来就是架构于民事权利义务基础之上的，商品生产的一切要素的配置以及整个市场的运作，全都得以民事流转形式进行。虽然由于科学技术的发达和可能影响市场的变数会大大增加，国家对市场的宏观调控和行政管理在下一世纪也必然会加强，但其目的将更加明确地集中于实现国家的经济职能，而绝不会削弱、限制甚至否定以民法为核心的整个私法（包括国际私法在内）在调整市场经济中的基本法的作用。在 21 世纪，各个国家将会更加重视以民法为核心的私法的作用，还由于经济的发展应以推进社会的全面发展为终极目的，而社会的发展又必然会以人的全面发展为核心。人的社会生活最基本的是民事生活，人的最基本的社会关系也是民事关系，随着人的全面发展的推进，物质生活和精神生活的领域将更为拓展，民事生活的内容也将更加丰富，更加复杂。因为民商法作用的加强，主要以国际民商法律关系为调整对象的国际私法，不但在各国民商法律体系，而且在整个国际法律体系中的地位的进一步提升，自然是不可改变的发展趋势。而中国国际私法学的研究必将更为国家所重视，也应是毫无疑议的。

在近期，我国国际私法学的发展，将呈现出以下基本态势：

1. 在广泛吸收国际社会先进理论和普遍实践的基础上，将进一步形成具有中国特色的国际私法和国际私法学

在下一时期，市场经济体制的建立和对外开放的扩大将加快我国经济与国际经济的衔接，加快我国国内市场与国际市场的接轨，从而必然会推进我国国际私法与国际社会的普遍实践的衔接，使我国的国际私法与国际社会的普遍实践保持同步发展的态势。对此，根据邓小平同志提出的和平与发展已成为当今国际社会的两大主流的理论，早在"七五"末期，我们就提出了"国际私法趋同化倾向将不断加强"的论断。此后，又在国家社科基金和国家教委哲、社博士点基金项目中，开展了"中国与国际私法统一化运动"和"市场经济与当代国际私法趋同化问题研究"两个课题的研究工作。国内探讨这种趋势的论文也已陆续见到。在实践中，我国在不断加强和改进国际私法的国内立法的同时，于 1987 年加入了海牙国际私法会议，并陆续加入了几个重要的国际

私法公约，从而使我国国际私法的国内法源和国际法源呈出互为补充、互相渗透的局面。完全可以肯定，随着我国市场经济的进一步发展和发达，国际条约、国际惯例和国际社会的普遍实践在我国国际私法法源中将进一步增加，作用也将不断加强，在此基础上，具有中国特色的国际私法规范体系和学说体系必将逐渐建立起来。受主客观条件的限制，我国以前的国际私法学主要介绍外国的立法、司法实践和理论学说。近些年来，这种状况已有了很大的改变。但是所谓具有中国特色的国际私法和国际私法学，绝非仅仅是在国内立法中，结合中国的国情，采纳一些国际社会的普遍实践和增加国际条约和国际惯例在我国国际私法法源中的比重便可以实现。笔者认为，首先还必须有观念上的更新，必须探讨国际私法是否应该以及如何从传统观念和传统制度的束缚中进一步解放出来。美国的"冲突法革命"一度曾甚嚣尘上，而现今却沉寂下来，根本原因恐即在此。

2. 我国国际私法学在加强基本理论研究的同时，将特别重视我们国家和国际社会实践的紧密结合

作为独立的法学学科，国际私法学在其发展过程中，经过了许多不同的理论形态，如法则区别说、国际礼让说、法律关系本座说、既得权说、本地法说等等。这些理论对不同时期都产生过很大的影响。有的学者甚至认为，从 13、14 世纪国际私法产生的时候起，直到 18 世纪上半叶，国际私法本是以各个时期的理论形态存在和发展的，虽说已是一个法律部门，但还处于"学说法"的阶段，即使 18 世纪以后，国际私法开始出现制定法，但学说对各国的立法与司法实践仍有很大影响。在英美法系国家，权威学者的学说的影响就更大了，它们至今仍是国际私法的一个重要渊源。正是因为有如此丰富的理论和学说，国际私法才充满活力。在我国，国际私法学的研究虽已有了很大的发展，但具有世界水平的学术专著还不多见。因此，我国国际私法理论界应该在加强基础理论研究的同时，特别重视对我国法制建设和当代国际社会共同面临的重大实践问题的研究。我国国际私法在改革开放以来之所以能取得很好的发展，最重要的一点，就是国际私法界的理论工作者和立法司法工作者有这样一个共识，即国际私法必须为国家改革开放服务，必须为保障和促进国家的对外开放政策与国际经贸关系的发展服务。今后，我国国际私法的生命力仍然取决于这一点。在早几年，我国国际私法还几乎均以介绍外国的学说和判例为主，而近年来，研究中国与国际社会国际私法种种重大理论问题和具体制度的著作已越来越多，从而已使我国国际私法更贴近我国的实际生活，更贴近国际社会的实际生活。

3. 在进一步加强中国国际私法研究的基础上，根据国际形势的发展和人类面临的诸多共同问题，面向 21 世纪，国际社会应如何通过国际私法建立起协调和谐的国际民商法新秩序的课题，将逐渐成为学术界关注与研究的热点

国际私法本来就是在国际民商交往活动大量发生的历史环境中产生的，但后来长期囿于国际私法只是各个国家的国内法和仅在相互冲突或抵触的两个或多个法律之间选择其中之一加以适用为己任的传统观念。尽管在过去，有些国际私法学家也提出应以追求判决结果的一致为目的，但各个国家出于自身的利益，仍然自行其是，不但法律冲突未能解决，反而又出现了"冲突规范的冲突"。这在有越来越多的国家实行市场经济之后的今天和未来世纪，已成为国际民商事活动的重大障碍。我国国际私法学界已开始在思考，既然国际公法和国际经济法都以建立国际政治经济新秩序为崇高目标，国际私法当然也应该以建立起协调与和谐的国际民商法新秩序为崇高目标。

根据以上基本态势，中国国际私法理论界关注的热点课题，将主要分布如下：

1. 市场经济与中国国际私法立法、司法进一步完善的问题改革开放以来，我国国际私法立法尽管取得了很大的进展，但它是在计划经济体制尚未完全破除的历史条件下形成的，打下了计划经济思想的许多烙印。所以，我们应该在充分肯定和高度评价已有的立法司法成果的前提下，进一步探讨市场经济与国际私法的关系，研究我国国际私法立法的历史发展和现状，阐明完善我国国际私法的基本思路、基本原则和基本取向，并在借鉴国外国际私法新发展的基础上，结合我国建立市场经济体制和司法实践的需要，对国际私法的基本制度和基本内容逐一进行归纳、总结和检讨，进而提出明确具体的立法司法建议，进一步确立完善而系统的中国国际私法立法司法体系。

2. 21 世纪国际私法发展趋势的问题。国际私法从国际民商事关系发展到一定阶段而产生以来，随着国际经济交往的不断扩大，已走过了传统国际私法（纯粹冲突法）到现代国际私法（除冲突法外，还包括各种有关的实体法和国际民事诉讼法与国际商事仲裁制度）的演进历程。但是它基本上还停留在各国国内法的阶段；它的基本功能也仍主要在于就相互抵触的法律在适用上作出选择。在未来国际社会，因国际经济一体化进程的进一步加强，适应国际化大市场运作的需要，它必将呈现出许多新的特征，并将以求得国际民商事法律的新秩序为自己追求的目标（正如国际公法和国际经济法以追求实现国际经济新秩序为目标一样）。这种趋势目前已露端倪，在近期的重点课题中，这个问题的研究应占有一定地位。

3. 国际私法的统一化、趋同化问题的研究。20 世纪 20 年代以来，国际私法的统一化运动有很大的发展，国际私法统一法源不断增加。我国政府对参加这种私法的统一活动也是持明确肯定的态度的。国际私法统一化进程的加速表明国际私法趋同化倾向大大加强。因此，中国国际私法学的任务之一是持续对这种国际私法统一运动作追踪研究，为政府参加有关国际立法活动提供理论咨询，并且从理论和实践两个方面解决中国法律如何与已有的国际公约协调、中国法律如何与已形成的国际惯例接轨、中国法律与外国法律的冲突问题，以及中国如何更好地借鉴、吸收外国先进的国际私法制度。理论工作者还应进一步剖析国际私法趋同化倾向加强的原因、特点、表现形式和实现方式等问题，并要以跨越世纪的眼光来构思符合世界潮流的中国国际私法制度。

4. 比较国际私法的研究。国际私法既是解决不同国家民商法适用冲突的，因而从其诞生起，它就直接建立在比较法的基础上。正是基于这一特性，一些外国学者曾称“比较法乃国际私法之父”。用比较的方法来研究外国法，就其他许多部门法学来说，大多只在于如何借鉴和吸收外国法中好的理论和制度，而就国际私法而言，则是它自身得以存在和发展的根基。

近些年来，国内国际私法方面的比较法论著，虽已有所见，但因受外文资料不足及部分研究人员外语水平的限制，应该说还是严重滞后的。因此，“九五”期间应大力扶植几个有重大理论和实用价值的比较国际私法课题。必须认识到，对国际私法的基本理论、基本制度、基本规则进行比较，进而对有关国家的民商实体法进行比较，并从立法、司法实践和学说理论等角度多层次地进行全方位比较研究，从而揭示各国国际私法和有关国家的民商法的一些共同点和发展趋势，这是加强国际私法基础理论问题研究的有效途径。

5. 冲突法、国际民事诉讼法、国际商事仲裁制度实证分析由于国际私法涉及广泛而复杂的生活领域，并容易受到国际政治和经济活动的影响，因此，不管成文法如何发达完备，都不可能完全消除法院或法官造法（judge-making law），更何况我国的国际私法立法还不完善。因此，判例的作用在我国国际私法学研究中是不可或缺的。我们必须通过大量的调查研究，系统总结和归纳我国法院的司法实践，并着重探讨国际私法上各种制度、规则和理论在我国法院是如何运作以及应该如何运作，从而不断加强和丰富中国国际私法领域内的实证研究。

6. 在“一国两制”下，中国不同地域法律或法律程序的协调与合作的问题。香港已回归祖国，澳门也即将回归，台湾总有一天也会与祖国大陆实现统一，我国不同地区的法律冲突问题，自然会应运而生。因此，分析我国不同地区法律冲突的特点，讨论其解决步骤和方法，研究不同地区法律程序（包括法院管辖权以及民事、刑事、行政司法等程序）的协调与合作，不仅是一个很重要的理论问题，还是一个十分重要的现实问题。目前国际私法学界仅限于研究私法冲突和民事司法协助，显然是不够的，必须适当扩大领域，以求得在"一国两制"下，我国不同地域法律与法律程序的充分协调与合作。如果说，在未来世纪，国际社会也在争取实现国际民商法律协调和合作的秩序，在祖国大家庭中，国际私法理论工作者更应担负起这一光荣任务，以实现由这四大法域地区组成的"经济圈"更大规模的腾飞。

第三章　重构国际民商新秩序中的
国际私法趋同化问题

第一节　重构国际民商秩序中的国际私法

20 世纪与 21 世纪之交，不应被认为只是一般的世纪之交，它很可能标示着人类社会的一次根本性的历史转型，标志着人类社会从内部的连绵不断的战争、对抗与残杀转入到真正作为一个整体，通过各种协商、协调与合作的机制，谋求全人类共同、全面、持续的发展。面对这样一个伟大的时代，调整各种国际关系的各个国际法律部门，必将进一步完善其功能，大大提升其地位，并表现出许多新的走势。以国际民商关系为调整对角的国际私法，也将如此。这里将结合这一时代特点，着重讨论以下几个问题：（1）趋同性是国际私法蕴含的一个本质特征；（2）国际私法趋同化进程历史的现实的社会生活基础；（3）重构国际民商法律新秩序中的国际私法。

一、趋同性是国际私法蕴含的一个本质特征

法律的趋同性是指不同国家的法律在发展过程中所表现出来的相互协调、相互接近以至趋于一致的特征。在动态发展上，它表现为法律的趋同化。而"所谓法律的趋同化，乃指不同国家的法律，随着社会需要的发展，在国际交往日益发达的基础上，逐渐相互吸收，相互渗透，从而趋于接近甚至趋于一致的现象。其表现是在国内法律的创制和运作过程中，越来越多地涵纳国际社会的普遍实践与国际惯例，并积极参与国际法律统一的活动等等"①。法律趋同化的前提首先是存在有不同的法律制度，趋同化就是指随着社会的发展，法律制度间的差异性逐渐减少，而共同的因素相对增长的这种趋势。值得注意的

---

① 李双元主编：《市场经济与当代国际私法趋同化问题研究》，武汉大学出版社 1994 年版，第 3 页。

是，法律趋同化只是指法律发展的一种趋势，并不意味着它会使各国法律完全趋于一致，相反，只要主权国家存在，各国法律的差异就会永远存在。正如德国法律社会学家约瑟夫·科勒（Joseph Kohler）所认为的，每种文明形态都必须去发现最适合其目的和意图的法律，没有永恒的法律①，同样也没有绝对普遍适用的法律。马克思主义认为，作为上层建筑的法律都植根于一定的社会政治经济基础，社会政治经济基础不同，法律也必然会表现出差异性。然而这并不能否认法律从整个历史发展趋势上所表现出的趋同性。

国际私法趋同化是国际社会法律趋同化的重要表现。趋同性是国际私法发展进程中的一个重要特征。国际私法趋同化是历史的必然。

首先，国际私法趋同化的根本原因在于各国经济贸易交往的需要。列宁在1921 年曾写道："有一种力量比任何一个敌对的政府或阶级的愿望、意志和决定更强大，这种力量就是普遍的、全世界性的经济关系。"② 社会越进步，文明越发达，国家间经济交往的愿望就会越强烈，而各国法律的差异是国际经济交往顺利进行和不断发展的一个障碍。国际经济交往不断扩大要求尽力消除各国法律（尤其是处理国际民商事法律关系的法律）间的冲突。这是国际私法趋同化经济上的基础和动力。

其次，国际私法的趋同化也是它从自身局限性中解脱出来不断向前发展的必然要求。国际私法之所以在 13、14 世纪产生，就是为了解决具有跨国或国际性质的民事商事关系的法律适用问题的。但是国际私法从其诞生直至今日，却以（或主要以）各国国内法的形式存在和运作，就是说，它实际上是以国内法制度来解决国际性质的法律关系的一个法律部门。它的这种局限性也只有在不断趋同的过程中才可得到解脱。

再次，由于国际私法处理问题的国际性，使得各国通过协商缔结国际条约的办法来协调各国国内法之间的冲突有了可能性。国际条约表现出来的便是各国之间基本一致的立场，它促进了国际私法趋同化的进程。而且由于国际私法主要是调整平等主体之间财产关系与人身关系的，较少直接涉及到国家主权与重大政治利益，因而也有利于各国在某些问题上相互妥协而达成某种一致。

另外，各国间法律文化交流也促进了国际私法趋同化。法律文化交流增进

①　博登海姆著：《法理学——法哲学及其方法》，邓正来、姬敬武译，华夏出版社1987 年版，第 113 页。

②　转引自隆茨著：《国际私法》，袁振民、刘若文译，中国金融出版社 1987 年版，第 1 页。

了各国对不同法律的认识和理解，人们不再只思考自己社会的法律制度，而是吸取全人类共同文明成果。法律文化交流为各国法律采用共同的被证明为行之有效的方法创造了条件；同时法律文化交流也展示了各国法律之间的冲突，为了保护正常的国际交往，也促使各国去发现它的共同因子，并寻求一致的解决冲突的方法。英国法学家约翰·奥斯丁（John Austin）指出："一些较为成熟的法律制度的概念结构，具有许多相同或相似之处。"① 实际上成熟的法律制度之间相同与相似之处是不断增加的，法律文化交流对国际私法趋同化起了重要推动作用。

国际私法的趋同化主要表现在两个方面：一是表现为国际社会通过条约形式制定统一实体法、统一程序法与统一冲突法，它表现为各国在国际私法上的直接统一；二是表现在各国国内立法中采取相同或相近的规则或原则。

二、国际私法趋同化进程的历史的现实的生活基础

由于种种条件的限制，早期的国际私法理论形态——"法则区别说"，虽建立在自然法基础之上，带着浓厚的普遍主义——国际主义色彩，但其后的趋同化进程却缓慢而曲折，经历了不断的普遍主义与特殊主义、国际主义与国家主义的斗争，只是到了 20 世纪七八十年代以后，才逐渐显出强劲的势头。

这其中最初是封建制度下绝对属地主义的阻滞，封建领主和王公们均不允许在他们统治下的法律关系受到外国法效力的影响。而后到了 15、16 世纪，又有近代主权国家的兴起和新兴国家对主权原则的重视。16 世纪法国政治哲学家让·博丹（Jean Bodin）发表了《国家六论》，认为国家主权是不受法律限制的、永恒的、不能转让的，在国内是至高无上的②。他第一次对国家主权原则进行了详尽的阐述。主权原则顺应了中世纪后欧洲主权的、独立的、民族的国家兴起这样一个历史潮流。这些国家都力图使自己从普遍的中世纪帝国的统治中解放出来，而主权原则为新兴国家提供了反对建立普遍神圣帝国和其他国家可能干涉的武器。表现在国际私法上就是荷兰的"礼让说"对意大利法则区别说所必然蕴含的普遍主义（或趋同性）观点提出了严重的挑战。但是，必须强调指出的是，国家主权原则的进一步确立和主权国家的大量涌现，也使

---

① 博登海默著：《法理学——法哲学及其方法》，邓正来、姬敬武译，华夏出版社1987 年版，第 113 页。

② 张宏生、谷春德主编：《西方法律思想史》，北京大学出版社 1990 年版，第 79~80页。

国际私法在更多的国家以至在全世界的范围内得以成为一个重要的法律部门，而且促使国际私法学家抛弃自然法和先验论的观点，转而到现实生活中去探寻国际私法趋同化进程的新路子。

国家主权原则的确立，并未导致国际私法趋同性的根本否定，还可以从同样作为"礼让"学派代表人物的斯托雷和英国"既得权"说的创立人戴西的理论中得到佐证。英国是继荷兰之后的海外殖民大国，在海外拥有十分广泛而重要的利益；美国是个移民国家，独立后不久，资产阶级一方面要排挤英、法等大国在美国的工业和贸易优势，另一方面又要抵抗欧洲"神圣同盟"的威胁①，因而斯托雷继承胡伯的属地原则和戴西创立"既得权说"都是顺理成章的。然而斯托雷同时认为，如果没有为所有文明国家承认的调整民商事权利义务关系的一般规则，就会产生一些至关重大的危害和冲突②。这表明他对国际私法的趋同性也很重视。戴西在他 1896 年出版的《法律冲突论》中写道：虽然法律具有严格属地性，但为了保护法律关系的稳定性，对于依外国法有效设定的权利，应该加以维护。他甚至认为，每个文明国家的全部冲突法，都是建立在这样一个基础上，即根据一国法律正当取得的权利，必须也为任何国家承认和保护③，从而表明戴西也在追求冲突法的目标和基础的统一，而这正是国际私法趋同性的重要表现。

更值得注意的是 19 世纪的德国法学家萨维尼和意大利法学家兼政治家孟西尼（过去亦译为马志尼）的观点。尽管二人在理论上的差别是十分重大的，但他们都主张建立一种能为各国都采用的国际私法制度，只有这样，才能使案件不论在何国提起诉讼，都能适用同一个法律，得出一致的判决结果。萨维尼反对礼让说，并且认为在处理涉外民商事关系时，适用外国法的基础，不在于对外国主权表示尊重，而是在于能给各国的当事人带来的利益④。而孟西尼更认为，国际交往的结果，已经产生了统一的法律社会，各国不能只从独立主权和利益的角度去考虑外国法的适用问题。在这种思想指导下，从上世纪中叶起，孟西尼就积极致力于通过召开国际会议制定国际公约来统一各国的国际私法，并且在欧洲，100 多年以前便有从事统一国际私

①　张翔宇：《现代美国国际私法学说研究》，武汉大学出版社 1986 年版，第 15 页。

②　张翔宇：《现代美国国际私法学说研究》，武汉大学出版社 1986 年版，第 15 页。

③　李双元：《国际私法（冲突法篇）》，武汉大学出版社 1987 年版，第 92 页。

④　马丁·沃尔夫著：《国际私法》，李浩培、汤宗舜译，法律出版社 1988 年版，第 93 页。

法工作的国际会议或国际组织。其后又有美洲国家组织和国际联盟等开展这项工作。

因此，可以说，直到 20 世纪 80 年代，国际私法的趋同化进程，之所以十分缓慢，原因在于，尽管国际私法是顺应国际经济交往的需要而产生的，但在过去相当长的历史时期中，人类的生存和生活，基本上还被分割在地区、民族和国度的范围之内，人类的全球和整体意识还未得到充分的发展。国家主权观念与人类整体意识之间的矛盾还未发展到必须解决这一矛盾的时代，或者说，国际社会的现实生活基础还没有提出通过国际私法性质与功能的转换，重新构筑国际民商法律新秩序的要求。而本世纪 80 年代以后，国际私法趋同化倾向之所以迅速加强，也主要得之于以下几方面情势的变化：

首先，在人类经历过两次世界大战和随后几十年的冷战对峙之后，全世界越来越多的人民和政府开始认识到必须建立一个和平、稳定的国际政治环境。本世纪的两次世界规模的大战曾给人类带来前所未有的深重灾难，而高新科技和核子武器的迅猛发展，使任何一次新的大规模战争的发生都必将严重威胁整个人类社会的生存。在未来的世界大战中，已不可能再出现什么世界市场的重新划分，也不可能有胜利者和失败者之分，而只能是整个地球和人类的毁灭。而长期的军备竞赛，也只会消耗掉大量宝贵的资金和财富。这种前景，推动国际格局逐渐由军事对抗和冷战对峙转入到协调与对话，大国之间意识形态的对立渐趋缓和。

其次，由于高新科技的迅猛发展，人类社会开始进入后工业化时期。在这一时期，以信息产业居主导地位的社会生产力更具有了全球的规模、全球的联系、全球的协作和全球的效应，个人与个人、民族与民族、地区与地区、国家与国家之间的相互依存、相互制约的关系更大为加强。而交通、通讯技术与信息产业的高度发达，又大大缩小了地理上的距离，人类生存、生产和生活的许多方面都日益国际化起来，国家的经济职能日益加强。这就为国际经济一体化进程的加快创造了有利的条件。

加之近十几年来，国际社会已有越来越多的国家由计划经济、封闭经济转向开放的市场经济，而市场经济天生就要求冲破一切妨碍资金、技术、人员自由流动的障碍，因此在一定意义上讲，市场经济也是一种无国界的经济，每个国家的市场经济的进一步发育和成熟，也就是向国际大市场、世界大经济进一步的融入。

国际经济一体化的趋势与国际大市场的不断发展，必然要求建立与之相适应的国际法律环境。这种国际法律环境，一部分由国际公法所构成——它保障国际政治新秩序的确立和运作；一部分由国际经济法所构成——它保障国际经济新秩序的确立和运作；一部分毫无疑问，当由国际私法所构成——它保障国际民商新秩序的确立和运作。当今国际私法趋同化倾向之所以得到不断加强，正是国际社会在新时期人类整体意识得到发展的必然产物。

三、在建立国际民商新秩序中国际私法的重构

由于国际私法趋同化倾向的加强，在其重新构筑国际民商法新秩序的任务方面，它必将发生一些重大的变化，并从这些变化中表现出以下基本走势：

第一，国际私法趋同化的进一步发展，必将引起国际私法性质的重大改变。正如上文所指，国际私法自其产生以来，对其性质，主要观点仍然认为它是国内法。对于这种观点，在我国实行改革开放政策以后，不少学者并不完全赞同。例如我国有些学者早就指出，国际私法是一个内容复杂的法律部门，对它的性质，不允许作出非此即彼的结论，而应实事求是地对之作出科学的概括，因而认为国际私法目前虽然主要是各个国家的国内法，但它也已经包含了许多国际法的成分，而且在国际化的方向上发展前途是很广阔的[1]。根据这种观点，人们进一步指出，给国际私法以科学的定性，必须具有历史的和发展的眼光，认为国际私法的整个发展过程是从国内法向国际法转变的漫长过程，认为国际私法越发达，其国际因素就越强[2]。应该说，这种观点是比较科学的。

从国际私法趋同化角度来说，到目前为止，它无疑已完成了由国内法向兼有国内法和国际法性质的转变，但它要变成完全意义上的国际法，尚存在着两种障碍因素：其一是，统一规范从其通过程序来看虽带有国际法的性质，但并没有国际审判组织，因此即便缔结了统一法公约，也会由于它由不同国家的司法机关适用，因而并不能保证它在适用上的统一性；其二是，各国在冲突法领域虽可达成统一，但它指引的实体法往往是各国的国内法，而各国国内法是不可能完全统一的；而在实体法领域，由于尚不可能在所有民商法领域达成统一，它总会留有空白，这些又只能借助冲突规则指引的国内

---

[1]　李双元主编：《中国与国际私法统一化进程》，武汉大学出版社1993年版，第148～149页。

[2]　黄进、肖永平：《中国国际私法领域内重要理论问题述评》，载《中国冲突法研究》，武汉大学出版社1993年版。

法来解决①。因而国际私法在可预见的将来并不会完全脱离国内法制度。但随着人类社会的进步，随着趋同化进一步发展，国际私法的国际法性质将会逐步加强，而趋向于以国际法为主要性质。这是国际私法趋同化的必然结果。

第二，国际私法的功能随着它的新目标的确立，也必将从主要着眼于解决个案的法律选择适用转入到构筑适合国际大市场运作的民商法新秩序，从而实现在人类全球或整体意识不断加强的要求下赋予自己的重大使命。

第三，正是由于要构筑这样一个国际民商法新秩序，国际私法在范围上也必将进一步突破传统的观点。国际私法的范围问题本是国际私法领域一直未能得到解决的一个问题，争论的焦点在于国际私法的主要规范是哪些，是否包括统一实体法规范？对此我们早就指出，讨论国际私法范围，必须抓住两个问题，一是抓住法律冲突这个核心问题，另一个是要有发展的观点，从而认为，虽然没有冲突法就没有国际私法，但国际私法发展到今天，已不允许得出国际私法就是或只是冲突法的结论，因为这个结论不能使国际私法真正发展成为一个全面地、有效地调整含有外国因素民事关系的法律部门，不能使它随着国际经济民事生活的迅速发展而得到发展②。事实证明，这种思考问题的方法是科学的。国际私法是随着解决各国之间法律冲突的需要而发展起来的，其根本目的在于消除调整涉外民事关系的国际民商法律的冲突，因而凡是与解决各国法律冲突有关的法律规范，我们没有理由把它们排除在国际私法的范围之外。而且对任何事物我们都须持发展的观点，因此，就本世纪以来国际私法趋同化的进程与结果来看，国际私法的范围必然会包括统一冲突法和统一实体法，而且从某种意义上说，统一实体法更符合国际私法的本意。随着未来国际私法的进一步趋同，国际私法的范围将逐渐转向以统一实体法为主，统一冲突法和各国国内冲突法的作用和地位将会逐渐下降，成为起补充作用的规范。

事实上，从调整国际民商关系、建立国际民商新秩序的任务和目的出发，今天的国际私法早已超出传统上仅限于冲突法的范围，而且也早非仅有一种国内法源。其内容的基本结构和法源已呈如下形态：

---

① 李双元：《中国国际私法理论研究和实际工作中的几个问题》，载《中国冲突法研究》，武汉大学出版社1993年版。

② 徐国建：《国际统一私法公约的保留》，载《中国社会科学》1995年第4期。

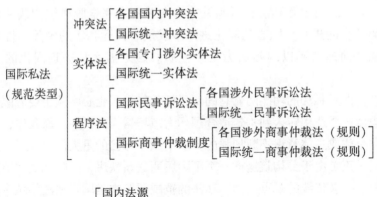

第四，传统国际私法的各项基本制度也将发生重大的变化。传统国际私法上的公共秩序、外国法的查明、识别、反致和法律规避等都是由于把国际私法看成是冲突法的结果。这些制度对于正确适用冲突规范，弥补冲突规范本身的不足，是有积极意义的。但随着未来国际私法的趋同化，这些制度的作用或会相对减弱，或会以不同的形式表现出来。如关于公共秩序保留制度，便将一方面因各国实体民商法的接近或趋同而减少其运用的几率，另一方面公共秩序的衡量标准也将注入许多国际公认的因素，并在保障人类社会的全球与整体利益上也发挥其作用；在识别制度上，"不诚实的识别"将进一步受到谴责以至有关国际立法的明确限制；因有关统一冲突法、统一实体法和统一程序法的增多，法律规避将得到有效的防止，而且不承认规避外国法的行为的效力也将为更多国家所接受。随着国际私法功能的根本转换，尤其是信息高速公路的发展和国际法律文化与资料的交流规模与途径进一步扩大，查明外国法将是很便捷的事，因而传统国际上的外国法查明制度也必然会出现新的变化，而且直接就有关国家的实体法进行法律选择的方法将大为增加。接受反致或不接受反致之间的差别与对立，也会随着观念的变化而淡化下去。

此外，由于统一法的范围不断扩大，在国际私法中还将出现一些与统一法适用有关的制度，如统一法的解释、统一法的保留制度等。

总之，传统国际私法的性质、功能和制度，早因其不能适应变化了的国际社会的需要而不断地受到检讨，在美国甚至发生过一场国际私法的"革命"（或"改革"），这场革命中的激进派曾主张根本抛弃传统国际私法。我们认为，一个法律部门的产生或存废，取决于社会生活关系，只要有国际民商事关系存在和发展，调整这种社会生活关系的国际私法就必然会存在和发展，而且随着时代的进步，未来的社会民商生活关系将更加发达，国际私法的地位和作用在国内、国际法律体系中均将进一步提升。关键在于国际私法应随着时代的进步，使其性质、功能、目标及制度发生相应的变化。

此外，还必须指出的是，在我们讲到因社会的进步，人类的全球和整体意识已不断加强，从而推动国际私法趋同化的进程时，我们丝毫也不是认为在未来国际社会，社会制度的多样性、法律制度的多样性、法律文化的多样性均不复存在。没有多样性，就没有世界；没有多样性，人类社会就会停滞而走向衰败。企图消灭多样性，过去是奉行"雅利安文化"的希特勒法西斯主义的鼓吹，后来多为各种各样的政治霸权主义、文化霸权主义所继承。我们所讲的国际私法趋同化，正是在承认民族国家将长期存在，不同的法律文化、法律制度将长期存在的前提下，为求得国际大市场的正常有序的运作，为求得各个国家在越来越广泛的国际民商事交往中减少彼此的法律冲突从而建立一种良好的国际民商法律秩序而出现的一种历史走势，是一种不断发展的历史过程。

第二节　建构国际民商新秩序与国际私法的性质与功能转换问题

在国际私法产生以前，处理涉外民商事关系时，要一国的统治者或法院去承认并适用与自己的规定不同的外国法是很难想象的。时代发展到今天，在处理涉外民商事关系时，如果认为还有完全拒绝承认和适用外国民商法的国家也是不可想象的了。但是这一本来是国际民商事关系发展到一定阶段才产生的法律部门的性质，在它的发展历程中，长时期被认为仅属于各个国家的国内法。尽管学者中屡屡有人主张国际私法应以追求同一案件不管在哪一国家审判均可得到同一的判决结果为目标，从事统一冲突法、统一程序法和统一民商实体法的国际活动也从上世纪中后期即已开始，可是真正把这一目标付诸实践，可谓举步维艰；随着国际政治经济关系的变化，在稍有进展之后，往往又经历一个停滞的时期；直至人类经历过两次世界大战，这种追求国际私法统一化的运动才开始迈出新的步伐。但国际私法是否仍然只应是各国的国内法？作为国际私法的本体部分的冲突法是否仍然只着眼主权优位就相互抵触或冲突的几个国家的民商法中选择或指定其一加以适用，而不能像国际公法和国际经济法那样，也以实现各国民商法的协调和建立起国际社会民商法律的新秩序为目的呢？在和平和发展成为国际社会不可逆转的主流之后，人类社会正在争取进入共同持续发展的历史新阶段，是不是应该对国际私法的种种古典的、传统的理论和基本制度重新加以检讨和认识？从本世纪中叶以来，无论在大陆法系或英美法系国家中，国际私法都在酝酿着一场新的变革，如何来评价这场变革？是不是认为"最密切联系原则"的广泛采用及当事人意思自治的权利进一步推广就算这场变革已胜利完成了呢？对于这些问题，如果没有一个新的认识，不能根据根本变化了的形势给出正确的答案，国际私法的统一化进程仍将是缓慢的。中国唐代永徽律中的那条著名的冲突规则①，曾标志着中国国际私法早于西方几百年就诞生了，但此后却在漫漫的封建社会里几乎销声匿迹。而今，我们国家正以豪迈的步伐迅速步入世界经济一体化的进程，中国的社会将变得越来越开放，它的国际私法是不是有可能再度走向辉煌？对于这些问题，作者在近年相继出版和发表的《中国与国际私法统一化进程》、《市场经济与当代国际私法趋同化问题研究》、《中国和国际社会法律趋同化问题》以及《21世纪国际社会法律发展基本走势的展望》等论著中已有过背景性的讨论。这里将进一步通过对国际私法从传统上立足于主权优位到强调平位协调的转换来探讨国际私法发展的规律。

一、立足主权优位的传统国际私法的产生、发展及其局限性考察

从国际私法的起源来看，它是在涉外民商事关系大量出现以后，以解决不同国家（或城邦）之间民商法律冲突为根本任务的。自民商法律冲突存在以来，在解决涉外民商法律问题时，曾有种种不同态度。最初，主权者根本不承认外国法，此时冲突之解决方法是一概适用内国法。正如罗马时代西塞罗把罗马法同喀古士、德拉科和梭伦制定的法律进行比较时所说的："除了我们的市民法外，所有其他的市民法是怎样的粗制滥造和几乎达到可笑的程度，是难以想象的。"② 在这种观念支配下，根本不可能产生国际私法。后来，当历史推进到十三四世纪时，亚平宁半岛北部城邦国家开始形成，在日益频繁的商业交往中，各主权者如仍坚持只适用自己的法律，市场活动就无法维持，因而各主权者不得不考虑改变对待外国法和依外国法产生的权利的态度，渐渐注意在处理涉外民商关系时，就相互冲突或抵触的本国法和外国法作出选择，从而开始产生国际私法。但由于时代的局限，国际私法从一开始就未能摆脱"主权优

---

① 即"诸化外人，同类自相犯者，各依本俗法；异类相犯者，以法律论"。

② 参见马丁·沃尔夫：《国际私法》，李浩培、汤宗舜译，法律出版社1988年版，第43页。

位"的观念的束缚。"主权优位",即指主权者通过立法或司法途径解决法律冲突时,总是努力选择自己的实体法,减少或排斥外国实体法的适用机会。

在国际私法的最早理论"法则区别说"中,在解决法律冲突时,首先就把"法则"区分为实体法和程序法,指出凡涉及不同城邦的程序性的法则必须适用法院地的程序法。这种区分,几百年来一直把国际民事诉讼法完全限制在国内法的范围内,从而在很大程度上妨碍了它的发展。然后,它又在实体法中区分出人法和物法,强调在主权者领域内自己的物法的绝对优先适用。外国的人法只在有限的场合才得以适用(如认为那些"令人厌恶的人法法则"是不具有域外适用的效力的)。因此,尽管当时的法则区别说从一开始就是针对(1)城邦的法则能否适用于域内的一切人(包括非居民)和(2)城邦的法则能否适用于城邦以外这样两个具有普遍性的法律冲突的基本问题的,其解决方法也带有"普遍主义"色彩①,但是这一理论既然建立在自然法和内外国法律平等的基础上,未能针对当时社会尚未摆脱封建制度、现代主权平等观念还未确立,以及不同统治者民商法规定的不同的背后存在着尖锐的利益上的矛盾的现实,也就难为各国所接受。

到 17 世纪荷兰学者优利克·胡伯为代表的"礼让说"的诞生,在国际私法中引进了"主权"概念,把解决法律冲突的问题完全置于不同主权者的利益冲突之下,原本带着普遍主义基因问世的国际私法终于被法律适用上的属地主义观念所充斥,从而构筑了以"礼让说"为外壳的"国内法"优先的主权优位理论。这一点在胡伯归纳的"礼让学说"的三原则②中表现得淋漓尽致。不少学者指出,荷兰礼让派已完全从意大利法则区别学派的普遍主义——国际主义的立场倒退到特殊主义——国家主义的立场,把国际私法完全当作主权者的国内法对待,它甚至否定国际私法要就内外国相互冲突的法律作出选择适用的功能,而仅仅认为对国外已实施的法律,只是根据礼让原则,而且必须以不损害自己的主权权利和臣民的利益为条件,才可以承认其在自己境内仍然保持效力,更何谈追求国际社会法律的协调和统一?

---

① 人们曾经指出,这一学说是"国际的",因为它试图完满地回答为什么要适用外国法的问题;同时,这一学说也是"普遍主义的",因为它试图提供一些普遍适用的冲突原则。

② 胡伯三原则:(1)任何主权者的法律必须在其境内行使,并且约束其臣民,而在境外则无效;(2)凡属住在其境内的人,包括常住的和临时的,都可视为该主权者的臣民;(3)每一国家的法律已在其本国实施,根据礼让,主权者也可以让它在自己领域内保持效力,但得以这样做不至损害自己的主权权力及臣民的利益为条件。

正是在主权优位思想影响下，荷兰礼让学派的观点也被美国的斯托雷、英国的戴西等人接受，而且发展到不承认外国法为法律而只是一种事实。根据意大利法则区别说所提出的诉讼程序只适用法院地法的原则，在司法实践中，还把许多问题识别为程序问题，以尽可能扩大国内法的适用的范围。即使在 20 世纪 40 年代至 70 年代发生的美国冲突法革命中，库克和劳任森的"本地法说"、柯里的"政府利益分析说"、艾伦茨维格的"法院地法说"，仍然继续夸大法律的属地性，从而形成了一股在法律适用上的"回家去"（go home）的反改革潮流。在大陆法国家，像法国的尼波耶这类学者，也竭力把大量带有政治和意识形态色彩的东西带入国际私法，甚至不但主张国际私法纯为国内法，而且属于国内公法，并认为冲突法首先是由大量指定适用内国法的单边冲突规范所构成。在他们的眼中，外国法仍只被当作一种"事实"，而不是与内国法具有平等的地位，仍坚持主权优位的观念。

在主权优位的国际私法的发展过程中，一套辅助性的国际私法制度，如识别、反致和转致、公共秩序保留、法律规避、外国法的查明等，也相继发展起来，并被用作从不同侧面保证国内法优先适用的有力工具。

但是，必须指出的是，尽管在国际私法的历史上从理论到实践，均认为它完全是国内法，并且在法律选择上必须保证国内法优先适用的特殊主义占据了优势，但是，法学家中鼓吹普遍主义，主张内外国法律平等并且应求得法律适用的公正和协调的，仍代代有其人。

如德国 19 世纪上半叶著名法学家萨维尼所提出的"法律关系本座说"，就将"存在一个相互交往的国家的国际社会，因而同时有诸多平等的国家的法律"奉为国际私法的出发点。因而他的这一理论，虽公认在客观上有利于国际社会自由贸易的发展，却难为当时德国统治者所接受①。但是他的关于追求建立普遍适用的冲突规范体系及内外国法平位的思想却永久闪烁着光芒。

其后德国学者巴尔又提出了国际私法的目的本是为不同国家的国内法创造有利的共存条件，断然反对把国际私法归入国内法中，认为国际私法的国内法制度是受国际社会共同体（International Community）这一事实所决定的②。法国的毕耶则提出，如果国际私法在国际范围内得不到统一，就等于法律不存

---

① 德国民法施行法在制定过程中，完全拒绝按萨维尼的理论，而将诸多指定适用德国法的单边冲突规范列入该法。

② 参见巴尔：《国际私法》（1882 年）、《国际私法的理论与实践》（1889 年）。

在①。荷兰学者杰特（Jitta）还认为国际私法本是被用来帮助个人在普遍的环境中作为"人类共同体"的成员而生活的一种法律。他不但试图提出一些调整法律冲突的普遍适用的冲突规范，而且还试图提出一整套适应人类共同体及人类生活国际化需要的实体规范②。其中最值得提到的是19世纪中叶的意大利政治家兼法学家孟西尼，他更直接致力于欧洲冲突法的统一化运动③。孟西尼将适用外国法当作一种国际法上的义务。因为从主权独立来看，国家虽可拒绝适用外国法，但国际经济交往的发达已产生了一个统一的法律社会。故于1866年后，他便投身于促进国际私法的统一化活动。他在1874年国际法学会提出的一件备忘录中发表了他的纲领，该纲领的标题是《论通过一个或几个国际公约使国际私法的某些一般规则拘束所有国家，从而使这种民法和刑法间的冲突得到一致解决所可能发生的利益》④。这些法学家的思想，表明国际私法学界在那时已开始强烈要求站到国际社会法律平位协调的高度来从根本上解决各国的民商法的冲突问题。但是，直到"二战"结束以前，国际私法统一化运动一直是步履维艰的事实和过程，至少表明国际私法从体现主权优位发展到追求平位协调还不具备相应的社会生活条件，思想和理论准备也还不足。

总之，纵观"法则区别说"以后的国际私法，始终未摆脱单纯着眼于从相互抵触的不同国家的国内法中选择其一、且往往优先选择国内法加以适用的传统，不能把国际社会民商法律平位协调定为自己追求的主要目标，原因主要在于国际私法的发展早期，主权者之间民商交流的发达程度还不高，经济上相互依赖、相互制约还停留于较小的范围和较低的程度，即使适用法律不当，造成的影响也还不严重；法律文化交流的手段和规模还很有限，要了解和适用外国的法律确实存在困难；到后来，争夺殖民地和海外市场的斗争使他们更不愿意过早地在法律生活中达到种种的协调和统一，而宁可借助"礼让"或"既得权"等理论，既不关上适用外国法的大门，又可把是否适用外国法完全置于自己的控制之下。

毫无疑问，向主权优位倾斜的法律选择作为解决民商法律冲突的基本方法比原始的无视外国法要先进，但它也有着显然的局限性。首先，向主权优位倾

---

① 参见毕耶：《国际私法原理》（1903年）。
② 参见杰特：《国际私法的方法》（1896年）。
③ 参见马丁·沃尔夫著：《国际私法》，李浩培、汤宗舜译，法律出版社1988年版，第63~64页。
④ 参见马丁·沃尔夫著：《国际私法》，李浩培、汤宗舜译，法律出版社1988年版，第63~64页。

斜的法律选择不仅肯定了国际民商法抵触的现实合理性，且以非善意（或称对抗）的态度对待外国法，制约了主权者间民商法律的合作。其次，主权者坚持主权优位，极易导致冲突规范向国内倾斜并造成冲突规范的冲突，使国际民商法律冲突复杂化。再次，立足主权优位的法律选择，往往把主权者的利益目标置于最显要的地位，并不惜动用识别、反致或转致、公共秩序保留等手段扩大内国法的适用，而使当事人的利益目标受到冷落（尤其是相关主权者及其属民的利益目标受到忽视），这势必挫伤当事人参与国际民商交流的积极性，从而妨碍国际民商资源的流动与优化配置。

正由于传统国际私法中法律的选择坚持主权优位具有上述局限性，当国际社会民商事交流日益繁盛，科学技术日益发达，相互依赖、相互制约大大加强时，主权者的国际社会观念也发生了变化，国际私法也就由立足主权优位向追求平位协调发展。

二、当代国际私法追求平位协调的必然性探究

20 世纪第二次世界大战以后，特别是 80 年代以来，国际社会政治、经济形势已发生了诸多重大的变化。我们认为，这种变化必然会导致以解决国际民商法律冲突为己任的国际私法的性质和功能的重大变化，即国际私法由着眼主权优位向追求平位协调发展。所谓平位协调，乃指：各主权者对国际民商法律冲突的解决，立足各国法律平等，通过消除不同法律的抵触或减少、避免法律冲突来实现国际社会民商法律的协调。

第一，冷战结束后，国际社会政治、经济新格局的出现以及各主权者追求新型的政治、经济秩序，促进了主权者间的协商与对话，势必会进一步推动不同主权者对国际民商法律冲突进行平位协调的追求。

两次世界大战给各国人民留下了血的教训，主权者在吸取国际联盟失败的惨痛教训基础上，重建了普遍性国际组织——联合国，为各主权者的冲突和斗争提供了协商的机会。战后一大批新兴民族国家的崛起，使发展中国家成为新兴的重要国际力量，并且有着共同的困难和目标，汇聚成追求新的政治、经济新秩序的支柱力量。因相互交流的日益频繁，特别是民商因素的国际交流愈来愈发达，使国际社会中的不同主权者形成了复杂的相互依赖、相互制约关系。在相互依存性日增的国际关系中要维护稳定的和平和持续的发展，必须有相互作出种种妥协的勇气，以达到在协调的基础上建立起国际社会的各种新秩序。作为新的国际秩序的重要组成部分的国际民商法律秩序，也必须以妥协与平位协调为基础。历史的经验教训及现实力量的组合都表明，通过把一种制度、一种文化、一种法律强加于别的国家的手段来构建国际社会新秩序，都只会导致和平和发展的破坏。在国际民商法律秩序中也是这样。

第二，随着国家职能的新发展，各国都极为关注国内经济的发展。经济力量的比较已成为综合国力评估中极其重要的指数，追求经济高速发展的政策取向成为推动主权者站在平位协调的高度来解决国际民商法律冲突的动因。

经济利益成为各主权者决策取向的核心目标，改变了传统主权者以军事和地域征服为首要目标的取向。众所周知，国际民商交流的状况制约着国际经济因素的流动，也制约着主权者利用国际因素发展经济。国际与国内经济因素的交流效益的实现以交流规则为中介，即依赖于各国民商法规则和调整民商法律冲突的国际私法。为了减少交流成本支出，主权者及相关当事人必须考虑民商事交流规则的特性，因为立足主权优位的过于保守、封闭的民商规则和国际私法规则易于引起相关主权者及属民在选择准据法时的抵触，势必增大成本支出和丧失交流机会。因此，主权者经济效益的渴求必然推动各主权者减少民商法律对抗和冲突。

当经济因素的交流以市场经济体制为载体时，价值规律、供求规律、优胜劣汰规律及资源优化配置规律等决定了市场经济的开放性、统一性，这就要求经济因素冲破一切地域的限制，使国内市场与国际市场一体化。这种一体化推动主权者站到国际社会的高度调整自己的市场规则，使之与国际接轨，大大减少了与市场经济相关的民商法冲突的发生，有助于体现国际民商新秩序中平位协调之精神。

随着市场经济体制日益普遍化和市场竞争与协作的国际化的深入，各主权者为充分保护和发展自身利益，重视集团化、地域化和专门化合作组织的建立以对抗竞争对手。其中集团化、地域化和专门化组织内部民商法律和民商法律冲突中的平位协调便为全球性的国际协调作了铺垫。如欧洲共同体内部贸易市场规则的一体化、知识产权保护制度的协调，不仅发展了局部性协调，且可作为更广泛的国际性平位协调的借鉴。当今各种国际性的组织蓬勃兴起，也促进了各主权者对主权优位的削弱和向全球性平位协调的发展。

第三，随着科技的高度发展，国际空间日趋狭窄，各主权者不得不更加慎重地采取行动和适当收缩意志延伸的空间；而全球共同关注的问题日增，不但要求主权者相互妥协，更需要相互间的合作，这也成为推动以解决民商法律冲突为己任的国际私法追求平位协调的重要动力。

现代科技的高度发达造成的国际空间日趋狭窄，使得各主权者已随时和到处可以进行接触，于是主权者发生冲突的机会越来越多；与此同时，经济和军事力量的普遍提高，各国人民社会和政治因素的调动，许多小国家的实力和能力的增强，使得即使主要大国在作出决策和采取行动时，也不能不考虑这些可能引发不易解决的冲突的因素①。这就驱使主权者在更为广阔的意志空间慎重抉择和适当收缩，以减少冲突发生的可能性和降低冲突的烈度。同样，民商事领域也未尝不如此。主权意志在国际民商领域的收缩，必然减少相互抵触，弱化主权优位，强化国际私法解决民商法律冲突时对平位协调的追求。

在高科技、高生产、高消费的进一步发展过程中，人们已意识到全球资源的有限和匮乏，了解到非主权性资源开发利用的重要性及其中斗争的复杂性，如何共享，如何加以保护，已成为跨国性的问题；资源的浪费、地球生态环境的恶化和跨国环境污染已引起世人瞩目；知识产权，产品责任的跨国协调，跨国公司的地位和权责的明确，也随技术、物资、资本的发展与交流涌上了国际议事日程等等。在本世纪的最后几十年，认为国际问题仍受各主权者本国权力的约束是极为荒诞的，即使其中具有民商性的国际问题也非某个主权者所能解决。国际社会共同关注的问题要求各主权者在解决国际民商法律冲突问题时，不能简单地只顾及自己的利益，也不能仅靠单方的努力解决共同的法律冲突，而是不仅需要协商和妥协，更需要合作，即需放弃主权优位的思想，通过平位协调来解决法律冲突。

第四，法律文化的内在演进机制表明了国际私法由立足主权优位走向强调平位协调，是在现代法哲学重视法的社会效益及各国法律文明在交流与比较过程中优化选择、交互影响下推进的，是法律文化的社会化、国际化的结晶。

现代法哲学，尤其是西方法哲学，诸如复兴自然法学、新分析法学、社会法学、法律经济学、批判法学的共同发展趋势是重视法的社会化及社会效益。复兴自然法学派已意识到"挥舞抽象的、狂热的正义论不但不能改善事态，相反地，愈要不陷入恶化的境地，就愈要考虑人类的事实上的状态。"② 他们还将与古典自然法的"空间上的绝对性"相对立的"全人类性"大肆发挥，排斥国家主权论。复兴自然法学大师马里更是世界主义的大师③。后崛起的社会法学中博采众家之长的庞德认为，正义意味着对关系的调整和行为的安排，

---

① 参见卡尔·多伊奇著，周启朋等译：《国际关系分析》（中译本），世界知识出版社 1992 年版，第 276 页。

② 参见布伦纳：《正义》（1943 年）；转引自吕世伦主编：《西方法律思潮源流论》，中国人民公安大学出版社 1993 年版，第 210 页。

③ 参见吕世伦主编：《西方法律思潮源流论》，中国人民公安大学出版社 1993 年版，第 210、212 页。

以最小限度的阻碍和浪费来尽可能满足相互冲突的利益，公开批判"机械主义法学"，强调法律的社会目的和效果①。法律经济学更是把经济效益作为最基本的原则，正如波斯纳的总结："从最近的法律经济学研究中获得的一个最重要的发现是，法本身——它的规范、程序和制度——极大地注重于促进经济效益。"②

法哲学重视法的社会化和法的社会效益必然影响到各部门法的研究和发展。当以重社会化和社会效益的法哲学为背景时，各国国际私法立法者和法学研究者也就日益重视比较各国民商法律的差异和优化自己的民商法律制度。本世纪下半叶兴起的比较法学为这种比较塑造了理论和方法媒介。恰如国际比较法学会主席保罗——A. 克雷波指出："比较法通过了解外国制度使人们能更好地评价本国制度在政策或水平上，或同时在这双重水平上相对的优缺点"，"这种方法还有助于消除法律制度间的壁垒。这种壁垒常常是建立于错误的假定、无知或民族的偏见基础上"③。当民商法律及国际私法的比较在丰富的法律文化交流过程中进行时，以法的社会化和追求社会效益为内驱力，各主权者在比较中选择、优化自身民商法律、国际私法制度，势必促成各国民商法律冲突的减少和冲突解决时体现平位协调的精神。

此外，国际私法统一化的理论及实践的进一步发展，尤其是海牙国际私法会议 1951 年确立了它作为常设国际组织的地位以及"私法统一协会"等全球性的国际私法统一化组织，推动了国际私法在解决民商法冲突中强调平位协调。

另外，从调整国际民商事关系的机制特征看，以追求平位协调为目标的国际私法较立足主权优位的国际私法有更强的适应性和生命力。（1）从法律冲突中相关主权者的利益分析与选择看，平位协调是在特定主权者尊重相关主权者的意志（即平位）的基础上作出的利益分析和选择；或是在主权者平等的基础上取得意志的一致或妥协，从而利益的分析和选择是多种利益目标的妥协与综合，排除了立足主权优位的选择无视或歧视相关主权者的利益目标。因此，体现平位协调的国际私法更能适应相互依存、相互制约的新型国际关系。

---

① 参见吕世伦主编：《西方法律思潮源流论》，中国人民公安大学出版社 1993 年版，第 210、212 页。

② 波斯纳：《法律经济分析》（英文版），1977 年，第 517 页。

③ 克雷波：《比较法、法律改革与法律编纂》（中译文），载沈宗灵主编：《比较法学的新动向——国际比较法学会议论文集》，北京大学出版社 1993 年版，第 102 页。

（2）从国际私法是以私法冲突之解决为己任看，能体现平位协调的冲突规范结构改造（意思自治原则、最密切联系原则的推广、双边冲突规范的增加等）、冲突规范的统一化、统一实体法、国际惯例及现代商人法等均给当事人以更多的"意思自治"机会，当事人的利益目标受到更充分的尊重，减少了因主权优位可能扼制当事人的利益目标的情形的发生，有助于促进国际民商因素的交流和保证国际私法体现其立足私法之本质。（3）平位协调的国际私法在改造传统冲突规范的同时，追求冲突规范的统一化，并推广统一实体法、国际惯例和现代商人法，因而其调整机制颇具弹性、开放性。正如尼克拉斯·路曼（Niklas Lumann）所指出的：当科技、经济高度发展，国际社会结构日益复杂化，与其相应的法律体系已不能仅以规模之指标来判断该体系的适应性，而应以法律体系的结构来判断其适应性①。同样，国际私法在解决国际民商法律冲突的适应性上，也不能局限于具有浓厚的主权优位色彩的传统冲突规范及其辅助制度的事实上，而应在体系结构的灵活化和多元化上着手，以求得弹性化和灵活化。可见，国际私法追求平位协调既是二战以后国际社会诸因素变化的结果，也是以追求平位协调的国际私法的内在生命力为基础的。

三、国际私法强调平位协调的诸种表现形式之实证分析

国际私法从立足主权优位向追求平位协调发展，主要表现为：冲突规范体系的内部改造及冲突规范统一化的加强；统一实体法所占领域的进一步拓展；国际惯例的日益受到关注及现代商人法的崛起；国际社会公共秩序在国际民商法领域中的地位日渐突出等。

（一）各国冲突规范体系的内部改造及冲突规范的统一化加强

在 20 世纪五六十年代以后出现的新冲突法典，如 1964 年捷克斯洛伐克《国际私法和国际民事诉讼法》，1966 年波兰国际私法，1975 年德意志民主共和国《国际民事、家庭和劳动法律关系及国际经济合同法律适用条例》，1979年奥地利国际私法法规，1979 年匈牙利国际私法、瑞士联邦冲突法草案，1982 年南斯拉夫冲突法等，都注重冲突法中具体冲突规范的改革②，这些改革反映了追求平位协调的精神。

首先，大都倾向采用双边冲突规范，前民主德国 1975 年的法律适用条例

---

① See Niklas Lumann, A Sociology Theory of Law, 1985, p. 257.

② 参见李双元：《冲突法的立法新发展》，载韩德培主编：《中国冲突法研究》，武汉大学出版社 1993 年版。

与 1896 年的德国民法施行法相比较，就是有力的证明。双边冲突规范把内、外国法置于了真正的平等基础之上，是平位的选择，体现了民商法律冲突之解决的平位协调精神，一反单边冲突规范立足主权优位的选择。

其次，意思自治原则的适用领域大大推广。尽管在某些合同中有限制当事人选择法律的倾向，诸如劳动合同、消费购销合同等，但综观新近的冲突法立法，意思自治原则已大大越出合同领域，延伸到婚姻、家庭、继承等传统冲突法严禁自治的领域。如 1981 年 3 月 25 日荷兰的一项法律对婚姻问题就规定可以让当事人自己选择法律，他们可以选择他们的共同本国法，如其中一方与该法没有实际的社会联系而不适用该法，也可选择荷兰的法院地法①。1987 年瑞士国际私法有关于继承问题允许当事人意思自治的规定②。意思自治原则，是主权者授权当事人选择某一法律或规则作为其民商事关系的准据法，排除了主权者通过立法或司法机关的直接规定向主权优位倾斜之嫌，显然极为利于平位协调的体现。

再次，最密切联系原则越来越受到重视。诸如美国《第二次冲突法重述》、1978 年奥地利国际私法、1982 年南斯拉夫法律冲突法和土耳其《国际私法和国际诉讼程序法》等都在不同程度上体现了该原则，有些国际公约也采纳了该原则。最密切联系原则在体现追求平位协调上有以下特点：其一，它避免了直截了当的有主权优位倾向的单边指向规范，也不采纳双边指定，而是根据案件的客观情况来进行选择，因此它不仅放弃了公开化的主权优位，也企图避开双边冲突规范有僵硬的立法者主观意志色彩的影响。这种客观化的具体因素更易为各相关主权者接受，因为它反映了追求多元化的平位协调的意图。其二，最密切联系原则，还为当事人利益目标的顾及留下了余地。因为对最密切联系的裁定，法院也须考虑当事人的公正期望，减少了当事人对先入为主的立法选择的某些忌讳。当然，最密切联系原则也需有科学的约束，否则，极易导致法院地法优先——又回到了主权优位的选择。

在各国冲突规范体系内部结构改造的同时，冲突规范统一化也得到了加强。一方面是各主权者主动调整自身冲突规范而致冲突规范的冲突规范趋同化。如属人法方面一些大陆法系国家的国际私法典一改过去仅以当事人本国法为属人法，而兼采住所地法与本国法，有的还大胆地接受了习惯居所地法。在

---

① 参见肖永平：《中国冲突法立法研究》，武汉大学出版社 1996 年版。

② 参见韩德培：《国际私法晚近发展趋势》，载《中国冲突法研究》，武汉大学出版社 1993 年版，第 28 页。

物权方面许多国家抛弃了"动产随人原则"，转而主张不分动产或不动产，一概适用物之所在地法。遗嘱方式的准据法选择也都走向宽泛和灵活等等①。另一方面，世界规模的冲突规范统一化运动大大发展，海牙国际私法会议最富成效，迄今为止海牙国际私法会议已制定了 30 多个公约。另外，区域性冲突规范统一化运动方兴未艾，如欧洲经济共同体，比、荷、卢统一国际私法组织，斯堪的纳维亚国家统一国际私法组织，以及美洲国家组织，都在不同程度上取得了统一化的成果②。

冲突规范的统一化中各国的趋同化反映了各主权者协调的共同愿望，而有组织签订冲突规范的国际公约，更是各主权者放弃主权优位、追求平等协商、相互妥协、谋求一致的反映，是国际私法强调平位协调的最重要的表现形式之一。

(二) 统一实体法所占领域的进一步拓展

统一实体法，又称为"统一私法"或"现代万民法"（jus gentium moderne），是指直接调整国际民商事关系的实体规范，主要形式为国际民商实体法公约。统一实体法虽早在 19 世纪中后期已出现，但发展一直较缓慢。自本世纪五六十年代以来，统一实体法的发展有了新的特点：（1）从参与的国家及影响范围看，由传统的局部性、区域性公约向真正的全球性方向发展。在本世纪初及其以前的一些统一实体法很多是立足于西欧地区或美洲国家地区，而新的公约，尤其是在联合国协调下的会议或组织订立的公约具有广泛的全球性。（2）公约的内容由传统的婚姻、家庭、国籍、海事、运输和知识产权等领域向日益繁盛的国际贸易、投资、技术转让等领域延展。（3）为适应全球性的需要以吸引更多国家参加，公约普遍重视内容规制上的灵活性及强制效力的弹性化，还往往以最低保护标准，或借助当事人选择适用来弹性化，以增强公约的适应性。这些特点表明了统一实体法正以新的姿态向更为广阔的领域拓展。

统一实体法是由各主权者共同协商一致的结果，其采纳和接受意味着各主权者在该领域民商法律差异性的减少或消除。也意味着各主权者在该领域主权优位思想的放弃。因而，统一实体法的进一步发展，必然推动国际私法由主权优位向强调平位协调的方向发展。

---

① 参见李双元主编：《中国与国际私法统一化进程》，武汉大学出版社 1993 年版，第 171~177 页。

② 参见李双元主编：《中国与国际私法统一化进程》，武汉大学出版社 1993 年版，第 181~191 页。

　　当然，我们也应该看到统一实体法的局限性。首先，传统的民族性和主权性仍将是妨碍统一实体法拓展的天然屏障，而只能在国际性与民族性、主权性进行拉锯战的过程中，缓慢地拓展其领域。其次，众多主权者实体法的统一化还可能导致法律的僵化，因为它抑制各国调整法律以适应不断变化的社会经济条件的能力，还可能严重减弱国家对社会经济变化的反应能力，因此势必抑制国家为最好地解决社会问题的竞争力①；此外，统一的规则还往往相互重叠，并且日益与未统一的国内法规则相冲突②。

　　（三）国际惯例的日益受到关注及现代商人法崛起

　　国际惯例发展历史悠久，自国际民商事交流存在以来就产生了，发展到现代高度发达的民商事交流阶段，其地位日益突出。这主要因为：一方面，各种民商事行业组织努力推动国际惯例的明确化、系统化，并适应国际民商事发展不断修订传统惯例，如《华沙—牛津规则》、《托收统一规则》、《跟单信用证统一惯例》、《国际贸易术语解释通则》等都几经修订，内容不断更新和完善，影响越来越广泛。另一方面，各主权者也意识到自己的民商法律已不可能毫无遗漏地、有效地约束所有的民商事行为，不得不适应国际民商事交流频繁的需要，广泛认可国际惯例的约束力，并开始注意共同制定一些贸易方面的条例作为惯例由当事人选用。

　　现代商人法的界定尚有争议，一般认为，它是指第二次世界大战以后，国际私法学界的某些学者不满于国际贸易合同受制于彼此相异的各主权者国内法的状况，而积极寻求一种独立适用于日益发展变化着的国际贸易事业，且能够反映国际贸易活动特征的法律制度。其宗旨在于，创建一种独立于国内或国际法制之外的支配双方当事人为私人或法人的一般性国际合同及当事人一方为私人或法人而另一方为国家的所谓国家合同或特许协议的法律制度。最早提出现代商人法概念的是1961年英国法学家施米托夫和前南斯拉夫法学家歌德斯汤各自的独立撰文。随后，法国国际私法学界表示了极大的兴趣，德、奥、瑞虽后起，却不甘示弱。即使曾持冷淡态度的美国法学界在近几年也表现出前所未有的兴趣，土伦大学法学院松—威曼比较法中心于1989年召集了一次以现代

---

　　①　参见海因·科茨：《比较法在欧洲普通法发展中的作用》（中译文），载沈宗灵主编：《比较法学的新动向——国际比较法学会议论文集》，北京大学出版社1993年版，第62~83页。

　　②　参见海因·科茨：《比较法在欧洲普通法发展中的作用》（中译文），载沈宗灵主编：《比较法学的新动向——国际比较法学会议论文集》，北京大学出版社1993年版，第62~83页。

商人法为主题的讨论会。此外，北欧、东欧的法学家也积极地参与了现代商人法的讨论①。

尽管各国学者对现代商人法的性质、渊源及效力有不同的认识，但不容忽视，已有法国、奥地利明确承认了这一自律性质的合同法律制度。就依据现代商人法作出的国际商事仲裁裁决所得到的承认与执行而言，到目前为止，世界上还没有哪一国的法院仅以仲裁裁决是根据现代商人法作出的为理由便拒绝承认这种裁决的法律效力②。由于现代商人法具有非个别主权意志的特征，同时又具有比普通国际惯例更强的约束力，因此，我们相信现代商人法具有强大的生命力。

国际惯例和现代商人法的发展，体现了各主权者在国际民商事领域法律冲突问题上日益重视和强调平位协调。因为两者都表明了各主权者已认识到在商事领域作主权意志收缩的必要性，并通过这两种具有超国家性和非个别主权强制性的途径来实现回避不同民商法律冲突的现实发生，求得法律的平位协调。国际惯例和现代商人法都是以各主权者宽泛许可为基础，并由当事人自主抉择约束其民商事关系的准据规则，回避了选择个别主权意志性的法律，易于达到消除主权者之间的对抗，也受当事人欢迎。

诚然如此，两者仍伴生了天生的不足。首先，它们都以回避主权者法律冲突为基础，但一旦主权者通过公共秩序等来干预时，法律冲突便会现实化。其次，因其约束力的强制性有限，可能影响国际惯例及现代商人法的有效运用。再次，它们在解决民商法律冲突的范围上也有局限。虽然商事领域有滋生惯例和现代商人法的沃土，但在婚姻、家庭、继承等领域则很难有它们施展"才华"的空间。即使在商事领域也会发生对不同利益的当事人利益不均的缺点。

（四）国际社会公共秩序在国际民商事领域中的地位日渐突出

公共秩序的含义颇富弹性，诸如公共政策、法律秩序、善良风俗、法律基本原则、社会公共利益等均可称为公共秩序③。尽管在各国的立法和司法实践中，对公共秩序有不同的表述和理解，但其本质是一国法律和道德的基本原则

---

① 参见李双元主编：《市场经济与当代国际私法趋同化问题研究》，武汉大学出版社1994年版，第193~197页。

② 参见李双元主编：《市场经济与当代国际私法趋同化问题研究》，武汉大学出版社1994年版，第219页。

③ 参见李双元：《国际私法（冲突法篇）》，武汉大学出版社1987年版，第211页。

或该社会的根本利益①。各主权者对其运用，旨在通过灵活的司法裁量工具来维护自身及其相关的重大利益。

正如前文所述，自本世纪 50 年代以来，国际社会有了新的发展，主权者间的关系出现了一系列的新特点。相互依赖相互制约的加强，使得各主权者不得不像在国内社会需要公共秩序一样，在国际社会也需设置国际社会公共秩序，以维护相互依存的国际社会之良好秩序。国际社会公共秩序根源于国际社会具有某些共同的重大利益和原则。在国际民商事领域需要考虑的国际社会公共秩序，主要源于两个方面：

一是国内民商事领域需要的公共秩序的自然延伸，如保护基本人权，民商事主体要坚持诚信原则，不得违反良好的道德风尚等等，这是当国内民商事交流延伸到国际民商事交流时，也必须坚持的准则或必须维护的公共利益。否则，国际民商事交流无法有序地进行，国际民商事法律秩序难于稳定。该类型的国际社会公共秩序在国内法院或商事仲裁机构引为裁决依据时，既可能称为违背了国内（行为地、法院地）公共秩序，也可能直接称为违背了国际社会公共秩序。如 1957 年国际商会仲裁院有一个典型案例。该案被告是一个在阿根廷设有办事处的英国公司，原告是一个善于钻营的阿根廷人。被告为获得阿根廷政府的建造一个电站的合同，与原告协议，通过原告贿赂阿根廷政府达到中标的商业目的，后原告与被告为有关中介服务的酬金发生争议，双方协议将争议递交国际商会仲裁院在巴黎进行裁决。独任仲裁员拉格内格伦认为，通过贿赂政府来达到商业目的，既与仲裁地——法国的公共政策相抵触，也与阿根廷的法律相抵触，但他并不停留于此，而是指出："这种腐败行为是国际性的罪孽，它有悖于良好的道德和对于国家共同体具有普遍性的国际公共政策。""通过查核证据，我可以确信，这种案件蕴含了对良好道德和国际公共政策的违背，不能在法国和阿根廷的法院得到支持，也不能在任何其他文明国家法院或仲裁机构得到支持。"②

二是直接源于国际社会共同关注的问题和利益，如国有化应当给予适当的补偿、非主权性资源的共同开发和利用等。这些国际社会公共政策不仅国际民商事当事人必须遵守，各主权者也应信守，这种类型的国际社会公共秩序将越

---

① 参见黄进：《国际私法上的公共秩序》，载《武汉大学学报（社科版）》1991 年第 6 期，第 95 页。

② Julia D. N. Lew, Applicable Law in International Commercial Arbitration, New York, 1978, pp. 553-555.

来越重要。这是由于民商事主体的行为领域越来越广泛，而且随着民商事主体中规模化、集团化的跨国公司、国际银行团等力量的日益强大，他们的民商事行为已不局限于影响相关的当事人，而且足以影响相关主权者的安全、非主权性资源的保护，甚至动摇国际民商法律秩序的稳定，危及国际社会的和平和发展，倘没有国际社会公共秩序这一灵活而重要的安全阀，这些特殊民商事主体的行为很难受到约束，何况他们不是国际法主体，不能作为国际法院的诉讼当事人，也就很难受到某些国际法制度的约束，国内法亦不便规制，更不可一概适用国内公共秩序。

国际社会公共秩序地位的提高，意味着国际私法追求平位协调的强化。因为国际社会公共秩序是以国际本位为基础的，即强调对国际社会重大公共利益的维护，因此随着国际社会公共秩序地位的提高，势必减少主权优位思想对国际民商法律冲突解决的影响。

四、当代国际私法追求平位协调的发展思考及其影响前瞻

自本世纪 50 年代以来，当代国际私法的发展虽然呈现了从立足主权优位向追求平位协调发展的必然之势，但平位协调精神在国际私法各领域中的体现和延伸却是一个渐进的过程。

这种渐进性主要表现在以下两方面：其一，在整个国际民商事领域中，体现平位协调有不平衡性。如婚姻、家庭、继承则不能同商事领域相提并论；即使商事领域的合同与公司领域也不能同步，相较而言，前者更易体现平位协调，后者因公司领域具有一定的公法性而相对困难。这种不平衡性从某个侧面反映出渐进性。其二，具有全球性规模的平位协调，往往以局部性、区域性的推进为前奏。如知识产权领域统一实体法发展的历史就是一个明证。知识产权早在 1886 年就出现《保护文学艺术作品的伯尔尼公约》，参加国主要为欧陆国家，在其出台后不久，以美国为首的美洲国家签订了《美洲国家版权公约》，旨在与《伯尔尼公约》分庭抗礼。但经过半个多世纪后，两个对抗的同盟中间终于出现了 1952 年《世界版权公约》，虽然它没有取代《伯尔尼公约》，却大大缓和了地区性对抗，为知识产权领域的平位协调由局部地区走向全球架起了桥梁。局部性的协调，虽然在某一个时期造成几个区域的对抗，但最终有利于消除主权优位的倾向，有利于全球规模的平位协调。

对于国际私法追求平位协调的认识，我们必须与"法律的世界化"及"法律的统一化"区别开来。关于"法律的统一化"理论可追溯到 19 世纪的"法律重新统一运动"。进入 20 世纪以后，随着国际交往、国际贸易的不断发展及比较法的广泛深入，"法律统一"日益受到关注。如法国比较法学家勒内·达维德和勒内·罗迪埃有着共同的思想，即"世界法律统一主义"，"涉及国际的法律关系的法在国际上的统一，毫无疑义是我们时代的主要任务之一。"① 这种理想即使在孟德斯鸠的角度"统一是一种自然的现象，并没有一个制度凌驾于另一个制度的霸权主义，而是通过相互让步，使不同的制度趋于一致"② 也很困难，因为只要国际社会是主权者的社会，主权者的意志冲突就不可能彻底消除，体现主权意志的民商法律统一也就很难想象。

　　有鉴于此，对当代国际私法追求平位协调而导致的法律差异和抵触减少，我们宁可称为"趋同化"，也不愿用"国际化"或"世界化"。"趋同化"显然立足于主权者意志间的差异性，而且有平位的相互进行协调而趋于一致之意。"趋同化"还蕴含了丰富的过程性。相反，"国际化"就有自始即树起"世界法律统一"或"世界化"之嫌，未对现实的主权属性及与此相伴生的诸多社会因素的差异性予以足够的重视。

　　当代国际私法追求平位协调的渐进性和复杂性是由诸多因素制约的。主权者的意志差异性是根本的制约因素，各主权者在参与国际民商法律平位协调时，每迈出一步都会慎重权衡坚持自主利益优位与平位协调两者的得失大小，同时也会受主权者占统治地位的代表阶层的认识能力、把握国际利益得失等主观因素影响，这种现象在发展中国家的统治阶级中尤为容易发生。各主权者的生产力发展水平和经济制度间的差异性也是追求法律平位协调的阻碍因素之一，譬如高度发达的美国市场经济规则，显然就不能照搬到中国这种尚处于由计划经济体制向市场经济体制转轨过程的国家来，即使立法者有此举之勇气，也将导致法律移植停留于白纸黑字上。诸如商事领域的贸易、技术转让等方面存在的协调障碍，很大程度上根源于生产力发展水平的差异。法律文化的历史性、继承性塑造了各具特色的法律文明，因此各主权者在平位协调的过程中，不得不根植于独特的民商法律文明，需要考虑其妥协和谋求一致能否适应其民商法律文化的传统和取得民族心理的支持与认同。此外，体现追求平位协调的诸途径固有的局限性，一定程度上妨碍了主权者对平位协调的追求。

　　诚然，主权者追求平位协调受到了诸多因素的制约，其发展呈现出渐进

---

① 转引自孙笑侠：《论市场经济社会法的民族化与国际化》，载《杭州大学学报（社科版）》1993年第4期，第79~84页。

② 孟德斯鸠著：《论法的精神》（下册），张雁琛译，商务印书馆1987年版，第14页。

性，但不容忽视，当代国际私法强调平位协调，将对国际私法的未来走向有重大影响。

第一，当代国际私法强调平位协调，将使解决民商法律冲突的方法更加多层次化、系统化，其中能灵活表现主权者意志以适应新的国际形势的方法将更受普遍重视。由于主权者的相互依存与制约关系的加强，各主权者强调平位协调的同时，也需为主权利益的保留提供灵活而有效的保障机制，因而诸如最密切联系原则等方法，既体现了平位协调精神，又能借助司法裁量维护主权者的重大利益，必然颇受各主权者青睐。可以预见，最密切联系原则在下个世纪将有新的发展，并且类似的原则和方法将不断滋生。

第二，国际私法强调平位协调，在国际民商事交流中当事人的利益将更加得到重视。国际私法产生的意义，一方面在于解决主权者间民商法律的冲突，另一方面也在于促进国际民商事交流的发展，后者往往取决于对国际民商事当事人的积极性的调动。强调平位协调的国际私法诸方法，尤其是冲突规范灵活化中的意思自治及国际惯例、现代商人法都普遍反映了对当事人利益目标的重视。随着国际私法强调平位协调的进一步发展，国际民商事当事人的利益目标将更加受到关注。

第三，国际私法由立足主权优位向平位协调的发展，需要我们更新对于"国际私法范围"的认识。传统国际私法是以立足主权优位的法律选择为核心，因此，20 世纪以前的国际私法学者普遍认为国际私法就是冲突规范的总和。这主要缘于体现追求平位协调精神的其他国际私法方法尚不够发达，另一方面也由于误认为统一实体法的引入意味着民商法律冲突的彻底消除——动摇了国际私法的基石，这是没有看到统一实体法发展的渐进性，甚至可谓无限性所致。历史发展到今天，国际私法追求平位协调之基本精神要求我们更新观念，"否则，就无异于墨守几百年前意大利'法则区别说'的成规，且不利于国际私法发展成为一个能有效调整涉外民商事关系的法律部门"。① 国际私法关系是社会关系中的一个大系统，解决和调整它的法律制度、法律方法也应构成一个有机的大系统。

第四，国际私法强调平位协调将促进国际私法性质的发展和变化。关于国际私法的性质问题大致有四种不同的观点②。认为国际私法是国内法的观点，主要是受传统国际私法以主权优位为中心的基本精神影响所致，因而不论是冲

---

① 李双元：《国际私法（冲突法篇）》，武汉大学出版社 1987 年版，第 23~24 页。

② 参见李双元主编：《国际私法》，北京大学出版社 1991 年版，第 15 页。

突规范的制定还是识别、反致或转致、外国法的查明等等都只需立足本国利益即可。这种做法在当代相互依存和制约性极强的国际关系中是无法适应的。追求平位协调的国际私法需要各主权者着眼于国际社会主权者之间的平位和相互妥协与谋求一致地解决民商法律冲突、冲突规范结构的改造、冲突规范的统一化、统一实体法的进一步发展、国际惯例和现代商人法的地位日益突出及各主权者愈来愈关注国际社会公共秩序，推动了国际私法的性质由国内法向国际化的方向发展。

第五，国际私法强调平位协调，势必推动各国民商法律的趋同化。法律的趋同化，是指不同国家的法律，随着社会需要的发展，在国际交往日益发达的基础上，逐渐相互吸引，相互渗透，从而趋于接近甚至趋于一致的现象，其表现是在国内法律的创制和运用过程中，越来越多地涵纳国际社会的普遍实践与国际惯例，并积极参与法律统一的活动等等①。国际私法强调平位协调，涵纳了各主权者对统一实体法、国际惯例和现代商人法的重视，也意味着各主权者更加平等地关注和学习外国民商法律制度，这显然会促进各国民商法律的趋同化。

第六，国际私法追求平位协调，将大大强化各主权者及各国人民的国际本位观念。平位协调是以消除和减少主权优位及主权对抗为基础的，体现平位协调精神的冲突规范的统一化及统一实体法都是各主权者共同协商和加强共同利益目标的重要纽带，也是相互协作的重要契机，有助于国际共同体观念的强化。而国际社会公共秩序的愈来愈受重视，则更加推动了主权者放弃主权本位，树立国际本位意识。

第三节　法律趋同化的法理考察

国家是制定、颁布和实施法律的基本单元，各国法律的制定都有其特定的政治、经济、文化和社会历史背景，因而各国法律制度必然各具特点，从而呈现出强烈的差异性或多样性。同时，各国法律在职能上毕竟有其相同或相近之处，不同国家的法律所赖以存在的政治、经济、文化和社会历史背景也难免会有某种程度的相似性，加之国际交往的存在，因此各国法律制度有时会呈现趋同化倾向。尤其在当今世界，在和平与发展已成为时代主题的政治经济背景之

---

① 参见李双元主编：《市场经济与当代国际私法趋同化问题研究》，武汉大学出版社1994年版，第3页。

下，随着科学技术的突飞猛进以及国际交往的日益频繁，国际社会的法律发展已呈现出强劲的趋同化走势。如何认识法律的趋同化尤其是当今国际社会法律发展的趋同化问题，成为法学研究不容忽视的重要课题。下面就法律趋同化的成因、法律趋同化概念的科学内涵等作粗浅探讨。

一、法律趋同化的成因

所谓法律的趋同化，是指不同国家的法律，随着社会需要的发展，在国际交往日益发达的基础上，逐渐相互吸收、相互渗透，从而趋于接近甚至趋于一致的现象，其表现是在国内法律的创制和运作过程中，越来越多地涵纳国际社会的普遍实践与国际惯例，并积极参与国际法律统一的活动等①。法律趋同化并非一种新的现象，罗马私法体系被后世许多国家所继受、《拿破仑法典》广泛传播并成为许多国家制定民法典的蓝本、各大法系的形成及相互交融等等，都是法律趋同化的典型例证。而当今世界，随着国际经济技术合作与交流的不断扩大和国际间法律文化的相互传播，国际社会法律发展的趋同化走势更为明显，其广度与深度均属史无前例。国际社会法律发展的趋同化现象并非偶然，相反有着深刻而且复杂的成因，要者在于：

第一，各国法律在职能上的共同性，为国际社会法律的趋同化提供了必要的前提。

马克思主义认为，法是统治阶级意志的体现，阶级镇压职能是法律的重要职能。从国际范围来看，不同阶级本质国家的法律固然有截然不同的阶级职能，而在阶级本质相同的国家间法律的阶级职能当然具有相同性或相近性。基于阶级职能的相同性或相近性而导致的法律趋同化现象，在"冷战"时期至为明显。"二战"后至50年代，以前苏联为代表的社会主义阵营与以美国为首的资本主义阵营相继形成。在两大阵营之间，存在着政治、经济、文化、军事以及意识形态领域的尖锐对峙；而在各阵营内部，国际间的交流与合作却十分频繁。而且，两大阵营的尖锐对立，促成了各阵营内部更加紧密的团结与合作。这种情形在法律领域自然有其反映与表现，各阵营内部的国家间不仅通过缔结条约来实现法律的国际统一，而且各国的国内法也相互趋近，前苏联法律制度对东欧各国法律制度所产生的广泛而深刻的影响是有目共睹的。

法律不仅具有阶级职能，而且具有社会管理职能。恩格斯在论及国家的政

---

① 参见李双元主编：《市场经济与当代国际私法趋同化问题研究》，武汉大学出版社1994年版，第3页。

治统治职能和社会管理职能的关系时，曾明确断言："政治统治到处都是以执行某种社会职能为基础，而且政治统治只有在它执行了它的这种社会职能时才能持续下去。"①法律的阶级职能与社会职能的关系也是如此。法律的社会职能，体现为对社会公共事务的管理和对社会秩序的维护。各国在运用法律管理社会公共事务和维护社会秩序的过程中，彼此之间会产生一些共同要求，由此衍生出国际间法律上的通行做法，出现法律的趋同化现象②。

我国法学界对法的本质曾进行过长时间的探讨，其中有一种观点只强调法律的阶级性，否认法律的社会性或共同性，只强调法律的阶级职能，否认法律的社会职能。这种主张的逻辑结论必然是，否认法律的可继承性和可移植性，从而否认了法律趋同化的可能。这种主张貌似正统，然而并不符合世界各国法律制度发展的历史实际，以其指导我国的立法实践，也不利于社会主义法制的健全与完善。西方学者在抹煞法律的阶级性方面固然有其局限性，但在强调各国法律的共同性方面也不无道理。边沁曾指出："所有国家的法律，甚至是任何两个国家的法律，假若在所有的观点上都一致，那是必不可取的，因为这是不可能的；可是，在所有文明国家的法律中，一些最重要的观点，应该是相同的，而且亦没有什么不便之处。"③ 我国台湾地区有学者指出："人类之良知虽因所处社会之地理环境，宗教信仰及生活习惯之不同而有小异，但在基本上则属相同，如无故杀人，人人知其不可；非份取财，各国皆有禁律。……故纵闭关立法，其结果亦必然与其他国家大同而小异。"④ 如果说上述论断还只是静态地揭示了各国法律必然具有共同性的话，那么罗迪埃则进一步从法律的共同性中推断出了法律趋同化的结论，他认为：尽管各个集体有各自的历史发展情况，构成物质环境的各种条件有不可消除的地方特性，以致各种法律制度有着明显的差异，但是它们之间存在着一个共同的基础，我们能在宏观上看到法律有国际性统一的前景⑤。

---

① 《马克思恩格斯选集》第 3 卷，人民出版社 1995 年版，第 219 页。

② 参见李双元主编：《市场经济与当代国际私法趋同化问题研究》，武汉大学出版社 1994 年版，第 22 页。

③ 边沁：《道德与立法原理》，转引自《西方法律思想史资料选编》，北京大学出版社 1983 年版，第 499 页。

④ 陈玮直：《论近代法律趋向》，载《法律之演进与适用》，台湾地区汉林出版社 1977 年版，第 103 页。

⑤ 参见勒内·罗迪埃著：《比较法导论》，徐百康译，上海译文出版社 1989 年版，第 56 页。

在当今世界，和平与发展已成为时代主题，其中发展又是带有根本性的问题。在这种国际大背景之下，各国都把发展经济放在首位，法律的社会管理职能尤其是经济管理职能普遍加强。加之，现代国际社会中各种跨国流动和对外交往增加，全人类共同关心的问题越来越多。这一切不仅为各国法律制度的共同性奠定了更为坚实的基础，而且为国际社会法律的趋同化开辟了更为广阔的前景。

第二，法律所调整的社会关系在空间范围的扩张，要求法律制度由分散走向统一，从而有助于法律的趋同化。

法律是社会关系的调节器，法律的调整对象就是人与人之间在相互交往的基础上结成的社会关系。人际交往所形成的社会关系，其广度与深度受着社会生产力的发展水平和社会经济形态的制约。在生产力水平低下的古代农业社会，在自给自足的自然经济条件下，人们的生产与生活空间十分狭窄，社会关系带有极其明显的地缘性。这种社会关系极其明显的地缘性，有时会造成法律制度的分散与不统一。欧洲中世纪，许多国家缺乏统一的国内法制度而在各地实施不同的习惯法制度，一个重要原因便在于封建割据的闭锁经济所造成的社会关系显著的地缘性。随着社会生产力的发展和科学技术的进步，自给自足的自然经济终被打破，人们的生产与生活空间不断扩大，社会关系的地缘性逐渐被克服。就某一个国家而言，社会关系在空间上的扩张有助于国内法制由分散走向统一，"大部分欧洲国家到19世纪才实现法律统一"① 的事实恰恰发生在资本主义自由经济关系全面取代封建割据的闭锁经济关系之后。当然，我们说社会关系在空间上的扩张有助于国内法制由分散走向统一，决不是说它是制约一国法律分散或统一的唯一因素，联邦制国家法制不统一状况是由其他因素造成的，在此不予赘述。

就世界范围而言，社会关系尤其是经济关系在空间上的扩张早已打破了国界。马克思指出："资产阶级，由于开拓了世界市场，使一切国家的生产和消费都成为世界性的了。……过去那种地方的和民族的自给自足闭关自守状态，被各民族的各方面的互相往来和各方面的互相依赖所代替了。……资产阶级，由于一切生产工具的迅速改进，由于交通的极其便利，把一切民族甚至最野蛮的民族都卷到文明中来了。"② 尤其在当代，科学技术和信息革命方兴未艾，

① 勒内·罗迪埃著：《比较法导论》，徐百康译，上海译文出版社1989年版，第78页。

② 《马克思恩格斯选集》第1卷，人民出版社1995年版，第254~255页。

越来越多的国家实行开放经济，国际间经济技术交流日益频繁，世界经济正在朝着一体化方向迈进。在这种经济背景之下，任何一个国家的经济都不可能离开世界经济的大格局而独立地发展，而且任何一个国家在参与国际经济技术合作与交流时都不得不积极参与国际间的法律合作。这种合作不仅要求各国积极参与国际统一立法活动以便为各种跨国法律问题提供妥善的解决办法，而且要求各国克服其国内法的狭隘性与民族性以减少国际交往中的法律障碍。可以认为，社会关系尤其是经济关系在空间范围的扩张并打破国界，有助于推动国际社会法律的趋同化。

由于社会经济关系在空间范围的扩张而导致国际社会法律趋同化的例证颇多，在此我们仅以区域性统一法律运动为例来加以说明。战后世界经济的一个重要特点是区域化发展趋势，围绕着区域经济一体化的目标，各区域集团普遍加强了区域性统一立法工作。如，欧洲共同体、北美自由贸易区、安第斯集团、加勒比共同体、拉美自由贸易协会、拉美经济体系、亚洲开发银行、非洲开发银行、拉美开发银行等组织的组织条约，无不以有关促进区域内经济、贸易、金融、货币等合作的条款为基干内容。而且，欧洲共同体国家在根据马斯特里赫特条约创建欧洲联盟以后，不再以追求经济领域的合作为唯一目标，而是以建立政治、经济联盟为双重任务。马斯特里赫特条约已明确规定，相对于各成员国而言，欧洲联盟在教育、文化、医疗、保健、环境保护等方面拥有最后决定权。从欧洲一体化的实践来看，区域一体化的前景极为广阔，由此而导致的法律趋同化走势也将更为明显。

第三，法律上层建筑从根本上说受着社会经济基础的制约，不同国家间经济发展水平的相近以及经济运行体制的趋近，有助于国际社会法律的趋同化。

马克思主义经典作家虽未从经济基础决定上层建筑的历史唯物主义原理中直接明确地推导出法律趋同化的结论，但经典作家的某些论述的确对我们认识法律趋同化有指导意义。恩格斯在论及罗马法时，曾将其称为"商品生产者社会的第一个世界性法律"，并认为罗马法对"简单商品所有者的一切本质的法律关系"作了"无比明确规定"①。从上述论断中，我们至少可以合理地推出以下两个结论：其一，罗马法，尤其是规定商品经济关系的罗马私法，不仅是罗马国家的法律，而且由于它对后世许多国家的法律产生了深远影响，因而也是一个世界性法律；其二，同属商品经济社会的国家，其法律制度可以具有某种共同性。

---

① 《马克思恩格斯选集》第4卷，人民出版社1995年版，第248页。

在西方学者中，边沁较早地提及了类似的问题。他认为，处在经济发展相似阶段的国家需要相似的解决办法来处理它们的共同问题①。罗迪埃对于相同经济结构国家法律的趋同问题则有更为明确的断言："通过学理解释和司法解释把外国的法律体系接受过来，也可以使我们建立起新的体系。出现这种情况的条件是：法律没有明文规定，但是相同的社会思潮，相同的经济结构使一个国家承认的规范输出到另一个国家去。"②

综观当今国际社会，尽管各国经济发展水平参差不齐，现代化程度有高有低，而且南北差距有扩大的迹象，但各国的经济运行体制已明显趋近。不仅原苏联和东欧国家在背离了社会主义之后由计划经济体制转向了市场经济体制，包括中国在内的一些社会主义国家也在建立社会主义市场经济体制。而且，发展中国家"有一个日益统一的认识：小企业，而非中央计划的经济，才是真正的走向繁荣之路"③。此外，传统的市场经济国家在坚持市场经济的同时，也吸收了计划经济体制的有益成分，以至于"在西方国家里，社会主义思想的发展使对同一个经济现象采取同样的措施，并都带有国家社会主义的色彩"。④ 计划经济与市场经济两大体制相互对立的消失以及市场经济体制在世界各国的普遍确立，不仅有助于国际经济技术的交流与合作从而推动法律在国际间的统一，而且由计划经济体制向市场经济转轨的国家在建立与市场经济相适应的法律体系时也完全可以而且有必要移植或借鉴传统市场经济国家的一些通行做法。乔石同志曾指出：为加速建立社会主义市场经济法律体系，我们必须"立足于中国国情，大胆吸收和借鉴国外经验。……对于国外立法中比较好的又适合我们目前情况的东西，我们都应当大胆吸收。它们走过的弯路，也值得我们借鉴。有些适合我们的法律条文，可以直接移植，在实践中充实、完善。"⑤

第四，法律作为制度上层建筑的重要组成部分与同样作为制度上层建筑重

---

① 参见埃尔曼著：《比较法律文化》，贺卫方等译，三联书店 1990 年版，第 13 页。

② 勒内·罗迪埃著：《比较法导论》，徐百康译，上海译文出版社 1989 年版，第 43 页。

③ 奈斯比特、阿伯丹著：《2000 年大趋势》，贾冠颜等译，中国人民大学出版社 1991 年版，第 317 页。

④ 勒内·罗迪埃著：《比较法导论》，徐百康译，上海译文出版社 1989 年版，第 77 页。

⑤ 《建立社会主义市场经济法律体系框架——中共中央政治局常委、全国人大常委会委员长乔石答本刊记者问》，载《中国法律》1994 年 12 月创刊号，第 6 页。

要组成部分的政治是相互影响的，政治因素可能成为推动国际社会法律趋同化的力量。

列宁曾指出："国家的一切基本法律和关于选举代表机关的选举权以及代表机关的权限等等的法律，都表现了阶段斗争中各种力量的实际对比关系。"①因此，政治对法律的制约关系是显而易见的。这种制约关系表现在：政治关系的发展变化影响法律的发展变化；政治体制的改革制约法的内容和发展变化；政治活动的内容制约法的内容和发展变化。② 从国际范围来看，当上述制约因素在不同国家间具有共性的时候，便可能成为推动国际社会法律趋同化的力量。

罗迪埃对政治革命导致法律趋同化问题进行过分析，指出："假如说革命的法律是导致分歧的一个因素，那么当它趋向普遍化时，它将成为统一的因素。激励 1789 年法国大革命的理想导致它的法律制度向外输出。'法兰西大革命'这一事件导致法律的某种统一，实际上已使之向深度发展，至少在人民的公法方面。苏联的法律也同样有普遍化的倾向，因为苏联的革命标志着第三国际总运动的开始。"③ 苏联的解体并不必然否定政治革命导致的法律趋同化现象，因为苏联法律制度的普遍化现象毕竟历史地存在过。

在当今世界上，各国的政治体制虽还有君主政体与民主政体之分，但从发展前景来看，民主政体无疑具有更强的生命力。对政治民主的共同追求，是推动法律趋同化的重要力量。不仅资本主义各国在建立资本主义民主的过程中，法律的移植与借鉴十分常见，而且社会主义国家也完全可以借鉴资本主义国家民主政治建设的一些经验。我国有学者对反映民主政治的法律原则和规范的可移植性予以明确肯定，指出："社会主义国家和资本主义国家从政体上都是民主政治。资产阶级在长期的民主政治建设中积累了大量以公民权利制约国家权力、权力制约权力以及保障权力运行秩序和效率的经验，诸如代议制、选举制、权力划分、权力制衡、立法机构的组织和立法权力的运行程序、行政程序、公民各种政治权利规定、国家赔偿制度等。这些制度和规定中有许多是民主政治的必然要求，反映了政治权力运行的一般规律。我们在实行社会主义民

---

① 《列宁全集》第 2 版，第 17 卷，人民出版社 1985 年版，第 320 页。

② 参见沈宗灵主编：《法理学》，高等教育出版社 1994 年版，第 159 页。

③ 勒令·罗迪埃著：《比较法导论》，徐百康译，上海译文出版社 1989 年版，第 23页。

主政治的过程中，理所当然地要批判地借鉴和采纳。"①

第五，社会意识形态因素，也可能成为推动国际社会法律趋同化的力量。

马克思主义认为，法律不仅是以经济发展为基础的，而且法律的发展也受到哲学、道德、宗教等意识形态的制约。恩格斯指出："政治、法律、哲学、宗教、文学、艺术等的发展是以经济发展为基础的。但是，它们又都互相影响并对经济基础发生影响。并不是只有经济状况才是原因，才是积极的，而其余一切都不过是消极的结果。这是在归根到底不断为自己开辟道路的经济必然性的基础上的互相作用。"② 因此，从国际范围来看，哲学、道德、宗教等意识形态因素有时会推动法律的趋同化。达维德在论及西方两大法系的趋同现象时，特别强调了社会意识形态诸因素的重要作用。他指出："在很长的时期中，属罗马日耳曼法系的国家与属普通法系的国家彼此有很多共同点。两者的法都受到基督教道德的影响，自文艺复兴时期以来，风行一时的哲学理论都把个人主义、自由主义和权利的概念提到了最重要的位置。普通法至今还保留着非常不同于罗马日耳曼各国法的结构，但法律所起的作用增加了，两个法系所用的方法趋于接近；尤其是对于法律规定的观念，普通法系的国家与罗马日耳曼法系的国家越来越趋于一致。至于在实质方面，两个法系的法对于问题的解决办法常常是极相似的，因为这些办法都受到同样的正义观念的启示。"③

应当承认，在世界范围内，哲学、道德、宗教等社会意识形态因素纷纭复杂，民族特色与阶级特色极为浓厚。但是，也应看到，当今世界正处于"冷战"后时期，随着"两极"格局的被打破以及东西方两大集团军事对峙和经济封锁的消失，国际社会中意识形态领域的对立也相对缓和。各国更主要地是从有利于经济发展的角度出发，积极参与国际交往，而社会意识形态的差异较少成为国际交往的障碍。国家间应相互尊重社会制度的选择和社会意识形态，已成为大多数国家尤其是广大发展中国家的共识。在这种形势下，尽管国际范围内社会意识形态的分歧仍然而且必将长期存在，但是国家间在相互尊重各自社会制度选择和意识形态的基础上达成共识的可能性明显增加。具体到法律领域，国际社会中意识形态对立的相对缓和也将推动法律的趋同化。

第六，法律文化的交流与传播，各种国际组织旨在实现国际法律统一的主

---

① 张文显：《论立法中的法律移植》，载《法学》1996 年第 1 期。

② 《马克思恩格斯选集》第 4 卷，人民出版社 1995 年版，第 506 页。

③ 勒内·达维德著：《当代主要法律体系》，漆竹生译，上海译文出版社 1984 年版，第 27 页。

观努力，比较法学的兴起与发展等，也是推动国际社会法律趋同化的重要力量。

（1）法律文化的交流与传播。法律不仅是作为有实践价值的制度或规范而存在，而且同时也作为一种文化现象而存在。当我们把法律作为各个国家实践着的规范或制度来看待时，它严格地隶属于国家的立法主权和政治疆域，具有严格的属地性。从这个意义上来理解，主权国家间法律的趋同似乎是困难的。当我们把法律作为一种文化现象来理解时，国际间优秀法律文化的相互影响与传播又是十分自然的，因为"文化的本质是'传播'。"正是从这种意义上说，"法律的趋同化是通过法律文化的相互交流来实现的。"[①] 埃尔曼在论及法律的发展趋向时也是从文化角度来谈的，他指出："在某些时候，不同国家间的法律文化会呈现出愈来愈大的差异，而在另一些时候，他们之间的趋同性又会十分明显。"[②] 法律文化的交流与传播，对法律趋同化的影响是显而易见的。假如没有国际间法律文化的传播与交流，而任由政治的、经济的、社会意识形态的各种因素自发地发挥作用，那么国际社会法律的趋同化虽不无可能，但其进程却将大为减缓。如果说当今世界各国法律的社会职能普遍加强、国际交往日益频繁、各国经济体制相互趋近、政治民主化成为时代潮流、意识形态对立相对缓和等对国际社会法律趋同化提出了客观要求并提供了现实可能的话，那么当今世界各国间法律文化交流的日益广泛与深入又为法律趋同化提供了实现的途径。而当今时代，新技术革命和信息革命方兴未艾，交通通讯工具日新月异，信息交流与处理手段日益多样，为国际间法律文化的相互交流开辟了广阔的前景。

（2）国际组织旨在实现国际法律统一的主观努力。国际社会法律趋同化走势的形成，受到国际组织旨在实现国际法律统一的主观努力的有力推动。自19世纪中叶常设性国际组织产生以来，现代国际关系的一个重要特点便是国际组织在数量上爆炸性的增长。据统计，目前影响较大的国际组织已达4000多个，其中政府间的重要组织已超过500个，以至有人将20世纪称作"国际组织的世纪"[③]。国际组织尤其是政府间国际组织对于国际法律统一的作用不

---

① 李双元主编：《市场经济与当代国际私法趋同化问题研究》，武汉大学出版社1994年版，第5页。

② 埃尔曼著：《比较法律文化》，贺卫方等译，三联书店1990年版，中文版序言第3页。

③ 参见梁西著：《现代国际组织》，武汉大学出版社1984年版，第16页。

容低估，"因为成员国法律在某些问题上的近似是特定组织的一个必要目标。"① 况且，在各种国际组织中有一部分是专门从事国际法律统一或以此为主要任务之一的。如，海牙国际私法会议在统一各国的国际私法方面，取得了一系列引人注目的成果②；而罗马统一私法协会在统一各国民商事实体法方面也取得了一些重要成果。

（3）比较法学的兴起与发展。比较法学的兴起与发展也是推动国际社会法律趋同化走势形成的一个重要因素。从历史上看，法律趋同化现象固然可以是由于有关国家被军事征服或武装占领后被强迫实施征服者的法律而造成的，但更通常的是有关国家自觉地吸收外来法律文化和有选择地移植外国法律造成的。而当今时代，军事征服和武装占领已为现代国际法明文禁止，法律趋同化基本上是有关国家自觉接受外来法律文化的结果。任何一个国家对外国法律的移植、吸收或借鉴都不可能是盲目的，相反必须对有关外国法的内容、精神、立法依据与背景、实施效果等进行充分的比较研究，这当然有赖于比较法学的理论与方法。而且，比较法学的一个主要目的在于"统一法律以及实现所有文明人类所共同享有的普遍法"③。

综上所述，国际社会法律趋同化的成因是多方面的，也是十分复杂的，我国自党的十一届三中全会以来，确立了经济建设这一中心，实行了对外开放政策，开始了建立社会主义民主政治的政治体制改革，确立了建立社会主义市场经济体制的战略目标，也加强了对外经济、技术和文化交流，中国法律的趋同化走势也十分明显。改革开放以来中国的立法实践已经并将继续证明，在正确认识国际社会法律趋同化走势的前提下，自觉地吸收、借鉴甚至移植外国法律，是加快我国法制建设的一条有效途径。

二、法律趋同化概念的科学内涵

法律趋同化现象由来已久，在世界各国法律制度发展的历史上，"一个制度介入另一个制度的现象是不胜枚举的。……各种制度的输入就像天然产品一样。"④ 尽管如此，我们把国际社会法律发展过程中出现的相互趋近甚

---

① 《牛津法律大辞典》，光明日报出版社 1988 年版，第 904 页。
② 参见李双元主编：《中国与国际私法统一化进程》，武汉大学出版社 1993 年版。
③ 《牛津法律大辞典》，光明日报出版社 1988 年版，第 189 页。
④ 勒内·罗迪埃著：《比较法导论》，徐百康译，上海译文出版社 1989 年版，第 14 页。

至一致的现象界定为"法律趋同化"在理论上究属一种尝试。为了加深对法律趋同化现象的理解与研究，有必要揭示"法律趋同化"这一概念的科学内涵。

第一，"法律趋同化"这一概念本身内含着承认各国法律制度差异性或多样性的逻辑前提。

从静态上看，各国法律制度既有差异性的一面，又有共同性的一面。从动态上看，各国法律制度差异性内容随时间推移而不断扩大，表现为法律的多样化，而各国法律制度共同性内容随时间推移而不断扩大则表现为法律的趋同化。因此，我们把国际社会法律发展过程中出现的相互趋近甚至一致的现象界定为"法律的趋同化"，并不否认各国法律制度的多样性或差异性。相反，从逻辑上讲，趋同化的概念正是在承认多样性的前提下提出的，没有差异性或多样性，也就无所谓趋同化。

然而，长期以来，在法学研究中存在着一种把各国法律制度的差异性或多样性予以绝对化的倾向，从而直接或间接地否认了各国法律制度的共同性和趋同化。孟德斯鸠以地理环境决定论来解释各国法律制度的差异性，把气候条件、土壤性质等自然环境因素视为决定各国法律内容的根本力量，认为："不同气候的不同需要产生了不同的生活方式；不同的生活方式产生了不同种类的法律。"[1] 他虽然没有直接否认法律的趋同化，但却在实际上就一个民族的法律制度对另一个民族的合用性表示了怀疑论观点[2]。他断言："为某一国人民而制定的法律，应该是非常适合于该国的人民的；所以如果一个国家的法律竟能适合于另外一个国家的话，那是非常凑巧的事。"[3] 诚然，作为古典自然法哲学的杰出代表，孟德斯鸠的确主张存在着基于人类理性的超国家的普遍的自然法，然而与其他自然法学者一样，他所主张的自然法是与国家制定法即实在法相独立的一个抽象体系。萨维尼特别强调法律的民族性，认为："法律随着民族的发展而发展，随着民族力量的加强而加强；最后也同一个民族失去它的民族性一样而消亡……由于文化的进步，民族习性变得越来越明显越清楚

---

① 孟德斯鸠著：《论法的精神》（上册），张雁深译，商务印书馆1961年版，第235页。

② 参见埃尔曼著：《比较法律文化》，贺卫方等译，三联书店1990年版，第13页。

③ 孟德斯鸠著：《论法的精神》（上册），张雁深译，商务印书馆1961年版，第6页。

了。"① 他甚至认为，用修改的方法求得法律的统一与合宜是有害的②。上述观点在强调各国法律制度的多样性方面虽不无道理，但把这种多样性予以绝对化从而否认法律的趋同化又失之偏颇。在我国，虽还没有人对法律趋同化表示明确否定，但是单纯强调法律阶级性的传统的极"左"观点仍可能成为正确认识法律趋同化问题的观念障碍。为此，在承认各国法律制度的差异性和多样化的前提下，加强对各国法律制度共同性与趋同化的研究就显得十分必要。

第二，法律趋同化是一个动态的概念，它揭示的是国际社会法律发展与演进过程中各国法律制度共同性内容不断增多的动态现象。因此，法律趋同化既不以各国法律制度中共同性内容多于差异性内容为成立前提，也不以实现世界法律大同为终极目标。

法律趋同化这一概念固然内含着承认各国法律差异性这一逻辑前提，但它不是在简单地比较各国法律制度中共同性内容与差异性内容量的比例的基础上提出来的，而是针对各国法律制度中共同性内容不断增多这一动态现象提出来。因此，当我们断言当今国际社会的法律发展已呈现强劲的趋同化走势时，并不意味着当今世界各国的法律制度中共同性内容已经多于差异性内容，只是说各国法律制度中共同性的内容正在不断增加并形成为一种趋势。正如罗迪埃所言："如果我们拿大量的存在差异的法规去和少量的统一法规相比，前者自然压倒后者，但后者有美好的前景。"③

法律趋同化的概念既然只揭示各国法律制度中共同性内容不断增多的运动过程，因而，从中并不必然引申出法律趋同化的终极状态是世界法律大同这一结论。在笔者提出法律趋同化这一概念不久，就有同志强调指出："从整体上看确实存在着国际社会法律趋同化倾向，但这只是世界法律发展史上的一个方面。另一方面我们也应清醒地认识到法律趋同化的终极不可能是法律在全球范围内的同一，世界法律在交融过程中将始终贯穿着种种冲突和纷争。"④ 其实，把法律趋同化这一概念与世界法律大同联系在一起是一种误解。法律趋同化并不意味着法律终将实现世界统一的观点，笔者在提出法律趋同化概念之时已作

---

① 萨维尼：《论当代立法和法理学的使命》，转引自《西方法律思想史资料选编》，北京大学出版社1983年版，第527页。

② 萨维尼：《论当代立法和法理学的使命》，转引自《西方法律思想史资料选编》，北京大学出版社1983年版，第535页。

③ 勒内·罗迪埃著：《比较法导论》，徐百康译，上海译文出版社1989年版，第125页。

④ 邓晓俊等：《国际私法的趋同化及其障碍》，载《中国法学》1995年第1期。

过阐述①。马克思主义认为，法律和国家一样，也是一种历史现象，终将走向消亡，法律的消亡有其自身的规律。当法律在世界范围内消亡之时是否已实现了全球统一的问题，就像国家在世界范围内消亡之时是否已形成了一个世界政府一样，不是法律趋同化问题的研究范围。

第三，法律趋同化是一个宏观的范畴，在这一宏观范畴下，法律趋同化的形式不是单一的，在不同的法律领域和不同国家以及同一国家的不同历史发展阶段趋同化的程度也有别。

就法律趋同化的实现形式而言，大体可分为两种。其一是直接的形式或途径，即通过缔结或参加有关国际条约或援用有关国际惯例，在缔约国之间或有关法律关系中实现法律的统一。其二是间接的形式或途径，即通过把国际社会的普遍实践纳入本国的国内立法，从而对有关国内法进行改造，使之与国际社会普遍实践相协调、相接近或者相一致②。相较而言，直接的实现形式由于实现了缔约国有关法律的完全统一，因而较为彻底，但难度也较大；在间接的实现形式中，有关国家在吸收、借鉴或移植外国法时难免要针对本国的具体情况进行必要的改造，因而往往不尽彻底，但却较为便捷。

尽管我们断言当今国际社会的法律发展已呈现出强劲的趋同化走势，但在不同的法律领域和不同的国家以及同一国家的不同历史发展阶段，趋同化的进程并不一致。考虑到促成法律趋同化的各种因素在不同的法律领域，不同国家以及同一国家的不同历史发展阶段会有程度不同的表现，这种不一致也是完全可以理解的。一般认为私法领域的趋同较公法领域容易，商事法较婚姻、家庭及身份法趋同容易。正像科特威尔所言："对法律从一个社会到另一个社会的'移植作用'的研究也显示出：哪怕是从一个具有迥然相异文化的社会里引进，但只要引进的法律与实际事务有关（如商务活动），那国外法律原则的引进可以是很成功的，因为实际事务具有强烈的诱导因素促使接受这种变革。但是，这些研究也证明，那些社会关系表现很强的文化价值的地区（如家庭关系），往往对引入的，反映着不同文化假设的法律原则所产生的影响具有强大的抗力。"③ 此外，不同国家以及同一国家的不同历史发展阶段，由于对外开

---

① 参见李双元主编：《市场经济与当代国际私法趋同化问题研究》，武汉大学出版社1994年版，第4~5页。

② 参见李双元主编：《市场经济与当代国际私法趋同化问题研究》，武汉大学出版社1994年版，第一章，第三节。

③ 罗杰·科特威尔著：《法律社会学导论》，潘大松等译，华夏出版社1989年版，第28页。

放的程度不同、参与国际经济技术交流的广度与深度不同、对待外来法律文化的态度不同，因而法律趋同化的进程也会不同。

第四，法律趋同化的概念有着严格的方法论依据。

法律趋同化这一概念是在对各国法律制度发展过程中所出现的各种趋同现象进行理论抽象的基础上产生的，各种客观存在的具体的法律趋同化现象是法律趋同化这一概念的实证的和经验的依据。而在对各种法律趋同化现象进行理论抽象尤其是在揭示法律趋同化现象的成因的基础上，法律趋同化这一概念又获得了理论上的必然性。因此，从方法论上说，法律趋同化概念首先是经验（实证）分析与理性思维相结合的产物。此外，法律趋同化的概念既以承认各国法律制度的差异性或多样性为逻辑前提，不承认差异性或多样性就无所谓趋同化，因此法律趋同化概念又是辩证思维的结果。再者，法律趋同化这一概念所揭示的仅仅是发生在法律这一特定领域内的现象，与西方学者所鼓吹的"趋同论"有本质的区别。这种区别最突出地表现在，西方学者所鼓吹的社会制度"趋同论"具有明显的阶级调和色彩，而法律趋同化作为一个严格法律意义上的概念并不否认法律的阶级性。因为，同一条法律规范或同一项法律制度为不同阶级本质的国家所利用因而发挥完全不同的阶级职能的情况并不罕见。从这种意义上说，法律趋同化这一概念与马克思主义的阶级分析方法并不矛盾。

除了上述几个方法论特点以外，法律趋同化作为比较法上的一个概念，比较法学是其重要的方法论依据之一。法律趋同化概念既是对国际社会法律发展走势的一种抽象，自然有赖于对不同国家法律制度的比较研究。不过，从比较法学的角度而言，法律趋同化概念仍有以下特点：

首先，法律趋同化概念建立在对各国法律制度横向与纵向相结合的立体化比较研究的基础之上。比较法研究可以纵向地进行，也可以横向地进行。对某一个国家的法律制度进行纯粹纵向的比较研究，可以了解该国法律制度独特的发展历史；对若干个国家的法律制度进行纯粹横向的比较研究，可以了解到这些国家的法律制度在某一时点上的异同。把上述纵向比较方法与横向比较方法有机结合起来，对不同国家法律制度的发展进程进行纵横对比，才可能了解到国际社会法律发展的趋势并进而提出法律趋同化的概念。与单纯的纵向比较方法或单纯的横向比较方法相比，这种纵横相结合的立体化比较方法的科学性是毋庸置疑的。

其次，法律趋同化概念建立在对各国法律制度宏观与微观相结合的综合比较研究的基础之上。比较法研究可以宏观地进行，也可以微观地进行。各种各样的法律趋同化现象都是具体的，并通过具体的法律规范和法律制度的趋同表现出来。因此，法律趋同化研究首先要从对各国法律制度中具体的规范和制度的微观比较研究入手，揭示各种具体的趋同现象。同时，法律趋同化概念作为对国际社会法律发展走势的一种抽象，又是一个宏观的范畴。尤其是当我们断言当今国际社会的法律发展已呈现强劲的趋同化走势时，主要是从宏观意义而言的。

最后，法律趋同化概念是针对比较法研究中长期存在的倾向于寻找区别点的研究方法提出来的。从理论上说，比较法研究最直接的目的在于揭示各国法律制度的异同。然而，考察比较法学的历史便不难发现，人们关注的焦点往往在于各国法律制度的不同之处，而相对忽视对其共同点的研究。孟德斯鸠便是这种倾向于寻找区别点的比较法研究方法的突出代表，他"特别关心法律体系之间的差异，有甚于它们之间的相同点。"[1] 其实，这种倾向于寻找区别点的比较研究方法是片面的。有人以大陆法系和英美法系的比较研究为例说明了这种研究方法的缺陷，指出："比较研究总是倾向于寻找区别点，于是法学家们辛勤比较的结果终于带来了这样一个印象——似乎两大法系差别是越来越大了，两大法系的区别点是越来越多了。这种理论研究的印象恰恰有违于事实。在当代，两大法系的独特性实际上已不如过去那样明显，两者之间的具体差别日益缩小，许多方面逐渐走向融合。"[2] 与这种传统的研究方法不同，法律趋同化概念在承认各国法律制度差异性的逻辑前提之下，更侧重于揭示各国法律制度的共同性因素，而这恰恰是国际社会法律发展过程中长期为比较法研究所忽视的一个方面，从这层意义上说，法律趋同化研究固然离不开比较法学，同时法律趋同化研究又有利于比较法学的完善与发展。

第四节　比较法与国际社会法律的协调发展

比较法作为一门法学学科，其主要目的之一就是要通过比较不同法律体系的法律制度和法律规则，揭示出所有法律体系中的一般法律规则，以寻求实现法律的最优发展。在国际经济交往十分发达的今天，寻求有关国家之间法律的协调，无疑也是实现国家法律最优发展的一项重要任务。特别是近十几年来，

---

[1]　勒内·罗迪埃著：《比较法导论》，徐百康译，上海译文出版社1989年版，第48页。

[2]　董茂云：《大陆法系与英美法系的根本区别》，载《法学研究》1987年第1期。

随着国际交往的频繁和各国经济、技术、文化等方面合作的深入发展，意识形态对法律制度的影响相对减少，法律的普遍的社会职能日益增强，尽管世界各国的法律制度仍具有不同的历史的民族的特点，但是寻求彼此法律制度之间的结合点的努力却大大加强，国际社会法律制度越来越呈现出协调发展的重大趋势。所谓法律的协调发展，就是指不同国家法律之间相互吸收、相互渗透，从而趋于接近或趋于一致的现象，故也可称之为法律的趋同化①。它具体表现为两方面：一是国内立法中的相互吸收、借鉴乃至移植的过程；二是通过国际法源的形成直接实现法律的统一和一致。本节拟着重讨论比较法在国际社会法律协调发展过程中的重要地位和作用。

一、比较法的性质和功能

早在 19 世纪中叶，比较法就被一些法学家自觉或不自觉地、系统或零散地作为一种独立的法学理论和方法加以运用和研究。进入 20 世纪以后它更获得了国际社会的普遍重视，得到了极为广泛的发展。对于比较法的作用，各国比较法学家也有大同而小异的认识和主张。如法国著名比较法学家勒内·达维德认为比较法有助于法制史或法哲学的研究，有助于更好地认识与改进本国的法律，有助于国际间的相互了解以及在国际社会中建立更好的制度②。德国著名法学家康拉德·茨威格特、海因·克茨在其名著《比较法概论》一书中认为比较法有四种特别的作用，即"对立法者的帮助，作为解释（法律）的工具，作为大学和法律学校课程的一个组成部分和对于法律的有系统的统一化的贡献"③。前苏联学者 B. A. 图马诺夫则把比较法的作用分为对法律科学本身、对法律教育、对立法工作、对审判和仲裁实践以及对法律的统一和协调等五个方面④。

尽管各国学者们有着这些不同的认识和主张，但是概括起来，比较法无非有理论上、司法上和立法上三个方面的作用：（1）有助于法学理论的研究和法学教育；（2）有助于律师或法官认识和了解国外的法律情况，以更好地适用和解释法律；（3）有助于改进或完善本国法律制度，以及实现国际法律的

---

① 参见李双元等：《中国法律趋同化之研究》，载《武汉大学学报》1994 年第 3 期。

② 参见 [法] 勒内·达维德著：《当代主要法律体系》，漆竹生译，上海译文出版社1984 年版，第 9 页。

③ 参见 [德] 康拉德·茨威格特、海因·克茨：《比较法的效用和目的》，载《法学译丛》1982 年第 1 期，第 25 页。

④ 参见正泉等译：《国外比较法学论文选辑》，群众出版社 1986 年版，第 23 页。

协调或统一。其中比较法在立法上的作用是比较法最根本的价值所在。英国著名法学家梅因曾这样写道："有资格的法学家普遍承认，推动立法和法律的实际改善，即使不是比较法的唯一任务，也是它的主要任务。"①

比较法也正是在立法领域中才充分地显示出它无与伦比的独特价值。由于国际社会已经进入到一个信息时代，科学技术日新月异，国际竞争日趋激烈，既不需要也不允许人们事事都经过自己的试验，立法自然也不例外。而且比较法的兴起和发展，也使得那种"夜郎自大"、"闭门造车"的心态或做法渐被抛弃。通过比较法发现的各国的立法实践给人们提供了丰富的法律手段和方法，它们比那些即使最富有想象力，但是只懂得本国的法律制度的法学家在一生中所能想象出来的还要丰富得多。通过对各国立法的比较研究，不仅可以向本国立法者提供可资选择的立法改革模式，而且可以避免某种代价昂贵的法律试验，避免重蹈覆辙，走上已为他国实践证明是错误的歧途。因而，有人把他国的法律实践形象地称之为"真理的学校"，是扩大和充实"解决办法的仓库"②，或称为立法的"天然实验室"③。正是基于这种认识，英国早就专门创立了一个法律委员会，负责"搜集该委员会认为可能有助于完成其任何一项任务的其他各国法律制度的情报"，以便于法律改革工作的进行④。德国、美国的刑事立法改革也是在对包括社会主义国家刑法在内的许多国家的刑法进行详尽的比较研究的基础上开展的。在现代各国的法律制度中，从来不吸收外国经验或借鉴外国模式的是极为罕见的，甚至可以说是不存在的。通过对不同法律制度的比较，吸收借鉴乃至移植他国的法律制度已成为改革和完善各国立法的一条富有成效的捷径。

吸收借鉴他国的法律制度是指通过对国外法律制度正反两方面的比较，吸取其中有益的精神或原则，用不一定相同的法律概念、条文或立法体例表达出来。而移植他国的法律制度，则是一种直接引进外国法律制度的方法。它往往不仅仅是个别法律条文的引进，更主要的是指一种"规范群"的移植。这是因为，法条只有在一定法律价值观念统帅下组成一个规范单元，才能发挥其适当的功能。这种法律移植同样也离不开比较法的运用，这首先是因为法律移植

① 转引自李放主编：《比较法教程》，吉林大学出版社 1993 年版，第 66 页。
② ［德］康拉德·茨威格特、梅因·克茨：《比较法的效用和目的》，载《法学译丛》1982 年第 1 期，第 25 页。
③ 正泉等译：《国外比较法学论文选辑》，群众出版社 1986 年版，第 41 页。
④ ［德］康拉德·茨威格特、梅因·克茨：《比较法的效用和目的》，载《法学译丛》1982 年第 1 期，第 25 页。

是有选择性的，要从"解决方法的仓库"中经过比较，筛选出那种最好的或现实可行的办法；其次是因为法律移植与受移植国的经济、政治、历史文化、法律传统等社会因素息息相关，这就要求移植的法律应能与这些社会因素相适应、相协调。比较法研究正是将法律与社会环境联系起来而展开的，因而，只有通过比较法的研究和运用，人们才能作出这种理想的抉择。

总之，通过对不同法律制度的比较研究，相互吸收借鉴他国的有益经验，才能促进法律的发展并实现法律的现代化，这已为世人公认，而且日益普遍，已经成了一条实现国内立法和国际社会法律协调发展的普遍而有效的途径。因而，一位法国学者曾这样写道："模仿法律（即指吸收借鉴和移植——引者注）无疑是使各国的法律规则和制度趋于统一的首要因素。"①

然而，就实现国际社会法律的协调而言，相互吸收借鉴移植的国内立法途径毕竟只能是一种间接的方式，无疑要受到各国政治制度、经济形态、阶级状况、道德价值观念、传统文化以及立法技术等多方面因素的影响，并不能实现国际社会法律制度的真正统一。随着现代社会生产力的高速发展和世界经济的一体化进程不断加强，国际领域中的交流和合作达到了空前的高度和广度，以至于人们不得不认为"国际关系比国内关系更加要求统一法律，因为统一是取得安全的源泉。"② 从而国际社会法律的直接统一日益为人们所注重。这更得借助于比较法的兴盛和发展。

早在 1900 年第一次巴黎国际比较法大会上，大会的两位发起人法国学者朗贝和萨莱伊就曾提出，比较法的目的就是要减少那些并非由于各国政治、道德或者社会性质而是由于历史上的偶然性或者由于暂时的情况而形成的法律上的分歧，揭示出各种法律制度中所潜藏的"共同基础"，由此制定出一种"普遍的自然法"、"文明人类的共同法"③。尽管在民族国家仍然存在的社会里，这种企求制定"普遍的自然法"或"文明人类的共同法"来实现全世界各国法律制度的完全统一，只能是痴人说梦，但是，在这些"自然法"、"共同法"概念的背后，也确实包含着一种合理的内核，即通过各国法律的比较研究，揭示出它们之间的内在联系和共同规律。这是使得世界各国能够较顺利地实现国

---

① 参见［法］勒内·罗迪埃尔著：《比较法概论》，陈春龙译，法律出版社 1987 年中译本，第 11 页。

② 参见［法］勒内·罗迪埃尔著：《比较法概论》，陈春龙译，法律出版社 1987 年中译本，第 117 页。

③ 参见《法学译丛》，1983 年第 3 期，第 1 页；1983 年第 2 期，第 16~17 页。

际法律统一的一项重要因素。因而我们甚至可以说，没有比较法的研究和运用，就不会有现代国际社会法律的直接统一。这从比较法在实现国际社会法律统一的三大法源即国际条约、国际习惯和一般法律原则的形成过程中的作用，就可见一斑。

首先，国际条约作为国际统一法的最主要渊源，它总是基于长期大量的比较研究而最后制定出来的。正如康拉德·茨威格特和海因·克茨曾经指出的那样，统一的国际条约并不是人们就某一个问题单凭"乌托邦"式的幻想，创立出某种理想的模式所能实现的，而是人们通过比较研究，寻找出有关各国共同具有的东西，然后把它们综合整理出来的结果。在这里，比较法的研究和运用是绝对必要的，否则，人们就不能在世界各国法律制度中发现一致和不一致的地方，更不用说确定现行的或者建议的各种解决办法中哪一个是最佳的了。因而，诸如联合国国际贸易法委员会、罗马国际统一私法学会和海牙国际私法会议这样一些长期从事私法国际统一工作的国际组织，在准备和制订某一国际私法统一条约时，往往尽可能多地邀请有关各国参与这种准备和制订工作，收集各国的有关立法情况，给各国提供发表自己意见的机会，以确保能更好地反映各国法律制度的共同点。《联合国国际货物销售合同公约》就是通过这种协商、比较的方式最后形成的，也正因如此，它一经制订，就开始在世界上产生广泛的影响。

其次，国际习惯作为国际法律的另一个主要渊源，它的确立也有赖于比较法。国际习惯是国际上通行的"不成文"法，必须有充分的证据，才能确立某种国际习惯法原则、规则的存在。而这种证据需从各国的外交文书、国际机构和国际会议的实践材料、各国国内立法司法行政等方面的有关文件之中去寻找。因而如果没有比较法的研究和运用，一方面，人们难以找到某一规则已被接受为法律的普遍而一致的实践证据，另一方面，即使人们发现了某些实践证据，如果没有比较法，人们也无法确认这些证据所反映的共同事实或规则已证明了某项国际习惯的存在。因而，可以说国际习惯的确立也是比较法研究的结果。

再则，作为国际法律又一渊源的一般法律原则的确认更是比较法用于实现国际法律统一的一个极为显著的表现。在法律发展史上，从本世纪初开始，人们就一直把揭示有关各法律体系中一般法律原则作为比较法研究的重要任务之一。而一般法律原则，在法无明文规定的时候，无论在国内或国际法院，都是可援用为判案的根据的。但是这种一般法律原则往往是隐藏在各国颇有歧异的法律制度之中的，因而也只有通过对不同国家的法律制度进行分析比较之后，才能揭示出各国国内法中共同存在的一般法律原则。

总之，比较法的兴起和发展，与国际社会法律的协调发展之间有着极为密切的关系，它为法律的协调发展提供了一种不可取代的理论基础和手段，对法律的协调发展起到了极为重大的推动作用。

值得一提的是，我们这里所说的法律的协调发展是以法律的国别性、多样性为基础的。它既承认法律有国别性、多样性的一面，也认为法律有共同性、可协调发展的一面。这种共同性的法律不是凌驾于各国法律之上的，相反，它是寓于各国法律之中的。因而我们这里所讲的当代国际社会法律的协调发展，完全不同于比较法兴起之际所欲克服的那种欧洲中世纪所形成的超越于各民族各地方法之上的"普通法"的统一局面，它是在承认法律的国别性、民族性、多样性的基础上，借助于比较法的研究和运用，寻找出各国法律制度间的内在联系和结合点，以减少国际社会法律制度的冲突、对抗和斗争，实现法律的最优发展。比较法的任务根本不在于消极跟随在历史的后面，满足于在理论或知识上从古今中外、各地区、各民族法律的比较研究中找到法律发展的一般规律和共同基础，而是更应努力去发展一些实现法律结合和协调的方法，在一些切实可行的领域内通过国际社会法律的相互吸收、相互融合的结合方式创造出普遍的法律。即便在那些尚难求得结合和一致的领域内，也应通过国际立法和国际统一立法建立一个协调的框架，找到种种普通处理的途径，将法律的冲突和抵触降低到最低限度。由此也体现出了比较法发展的"否定之否定"的规律。

二、比较法与法律的协调发展

在我国历史上，国内立法工作中也早就运用了比较的方法。据载，春秋战国时期，李悝便是"集诸国刑典，造法经六篇"[1]。但近代意义上的比较法研究，则是从清末修律开始的。修律大臣沈家本认为，西方资本主义法律"彼此之善者，当取之，当取而不取，是之为愚"，并提出了"参考古今、博辑中外"，以"模范列强为宗旨"的工作方针，使中国法律"与各国无大悬绝"，从而开创了我国研究和运用比较法的先河，中国法律也由此迈进了与国际社会法律协调发展的立法轨道[2]。但新中国成立以来，我国与国际社会法律的协调发展却经历了一个艰难曲折的过程。由于一度片面强调法律的阶级性，否定各国法律制度的可比性与可借鉴性，对西方法律制度采取一种排斥和否定的态

---

① 《唐律疏义》，第 1 卷。

② 参见张晋藩：《清律研究》，法律出版社 1992 年版，第 218~221 页。

度，从而中断了法律协调发展的道路，比较法也遭到了严重的挫折。直到党的十一届三中全会以后，随着改革开放的发展和深入，尤其是党的十四大确立了发展社会主义市场经济的改革目标，我国与世界各国的交流和合作更为密切，我国的市场经济体系日益国际化，成了国际市场上不容忽视的一部分，我国的立法工作才重新回到了与国际社会法律制度协调发展的道路上来，我国比较法研究才终于进入了一个新的发展时期，在完善和改进我国法律制度，以及与国际社会法律制度的协调发展中，发挥出日益重要的作用。

然而，对我国立法工作是否应以与国际社会法律协调发展作为基本取向的问题，当前人们的认识却不尽一致，不仅仍有人对是否应大胆吸收借鉴移植西方发达资本主义国家中行之有效的法律制度心存疑虑，而且也有将法律的协调发展同建设有中国特色社会主义法律体系对立起来的。这既不利于我国市场经济法律体系的建立和完善，也会妨碍我国法律制度与国际社会法律协调发展的进程。

一些人之所以否定法律的协调发展，无非是仍然强调法律是阶级意志的体现，具有鲜明的阶级性和民族性。在他们看来，法律是"特定时空的产物"，在具有不同社会制度、具有不同历史文化传统的国家之间，法律更是不可能相互吸收、借鉴、移植、协调发展的①。诚然，当我们从民族国家的角度看待法律时，法律作为一种"民族关于冲突和忧患的规范性表达"，"特定希冀和愿望的反映"以及"该国家经验的反映"②，必然具有各自具体社会环境所赋予的阶级、文化、历史和经济等方面的特殊性和民族性。生存环境、政治经济制度、社会价值观念、历史文化传统等方面的差异都会导致法律性质上或形态上的不同。尤其是当我们把自己禁锢于一种封闭的环境之中时，就像我国五六十年代那样，这种法律的民族性、特殊性，就有可能被片面地夸大，甚至夸大到否定各国法律的任何共同性。

但是，如果我们转变一个角度，从世界的范围来看，则会发现不同国家的法律制度又具有许多共同性的东西。维护世界的和平与发展已经成为当今世界的首要问题，而且各国作为"地球村"的一员而共处于一个地球上，共同面临着人口剧增、资源过度消费、环境污染和生态破坏严重以及许多种刑事犯罪

---

① 参见赛德曼夫妇著：《评深圳移植香港法律的建议》，赵庆培译，载《比较法研究》1989年第3~4期。

② ［美］格伦顿等著：《比较法律传统》，米健等译，中国政法大学出版社1993年中译本，第7页。

的国际化等诸如此类的全球性重大问题。这些问题都不能不受到各国法律制度的关注，它要求人们必须不断地加强国际间的法律合作，要求人们在国内方法方面必须采取一些共同准则，要求各国在立法中对那种只顾及自己或本民族的局部的暂时利益的作法加以某种限制或制约。另外，我们从某一特定的历史阶段进行研究，同样会发现各国法律制度具有共同性的一面，由于共处于同一个时代而富有同时代的精神。像现代社会各国的法律制度都表现出韦伯所称的"形式合理化法律"以及市场经济所要求的"法治"特征①。一位法国学者也曾说过，法律规则既是各国某种历史发展和全部物质需要的产物，又是该国时代精神倾向的产物。由此可见，法律制度既有共同性的一面，也有特殊性的一面，是共同性和特殊性的矛盾统一体。同时，法律制度的特殊性和共同性，也不是固定不变的，而是相对的，是随着时代、社会的发展变化而不断地发展变化的。一方面，一个国家某个时候独自具有的法律制度，到另一个时候，则可能因为它已完成了特定的历史任务而失效，从而不再成为该国特殊的法律制度，如我国曾实行的《土地改革法》，因其时过境迁而失去其存在价值；也可能因为被其他国家吸收借鉴移植而成为各国共同适用的法律制度，从而很大程度地失去了它独特的国别性或民族性，如美国于 1890 年制定的《谢尔曼反托斯法》所确立的法律制度，在当时是举世无双、独一无二的，但现在已为国际社会共同采用，成为各国调整市场经济普遍采用的重要法律手段。另一方面，曾为世界各国共同适用的法律制度，也可能由于时代的发展变化而为各国新的法律规则所替代，从而归于消失，如古代法中的同态复仇制度，被后来的赔偿制度所取代而在当今人类社会制度中消失了；也可能为一些国家所废弃，而仅为少数国家所拥有，从而由共同性的东西转化为少数国家所独有的法律制度。因而，"从世界法制史中可以看出，各种法律体系有两类因素交替出现，并在不同时期中按照不同的比例不断互相搭配：一类是多样化因素，另一类是趋于统一的因素"②。世界法律制度的发展也同样遵循着"分久必合，合久必分"的哲学之道。

　　正是法律的这种特殊性和共同性的矛盾，构成了各国法律制度协调发展中的一大理论顽症。英国著名法学家阿兰·沃森曾这样写道："法律向我们展示

---

　　① 参见王晨光：《不同国家法律间的相互借鉴与吸收》，载《中国法学》1992 年第 3 期。

　　② ［法］勒内·罗迪埃尔著：《比较法概论》，陈春龙译，法律出版社 1987 年中译本，第 8 页。

了许多悖论。其中最不可思议的一个或许是，一方面一个民族的法律可以被看作专属于它自己的，是该民族认同的一种符号，而且事实上，即使是两个来往密切的国家，它们的法律在一些重要细节上也有着极为明显的差别；但是另一方面，从有记载的最早历史时期起，法律移植，即一条法规，或者一种法律制度从一个国家迁移至另一个国家，或从一个民族迁移至另一个民族的现象，却一直是屡见不鲜的。"一位美国学者也曾指出，在某些时候，不同国家间的法律文化会呈现出愈来愈大的差异，而在另一些时候，它们之间的趋同性、协调性又会十分明显①。但是从另一方面来看，法律协调发展中的理论症结恰恰证明了比较法的价值所在。如前所述，比较法的作用和目的就在于比较不同国家的法律制度，发现它们之间的共同点和分歧，揭示出它们之间的内在联系，以此为据逐渐消除或减少分歧点，扩大共同点，实现法律的协调发展。就是说，比较法的存在，正是以法律的共同点和分歧点为依托的。如若法律的各个方面都是共同的，或者都是不同的、独一无二的，则比较法也就不存在了。但是，比较法的价值并不因此仅限于揭示法律的异同，更重要的是要以此为基础，尽可能地缩小各国法律之间的分歧点，以寻求法律的协调发展。就当前而言，我国法律与国际社会法律制度表现出了较为显著的协调发展趋势。首先，我国业已确立了建立社会主义市场经济体制的改革目标，昔日那种计划经济与市场经济相互对立的法律体系已被根本打破。市场经济作为一种资源配置形式，它要求冲破一切地域性的限制，不仅应建立起统一的国内市场，而且要求国内市场与国际市场相接轨，变成国际市场的一部分。其次我国作为"地球村"的一员，也与其他成员一样，同样面临着诸如人口、环境等方面的全球性问题，为使人口、经济、社会、环境和资源相互协调地发展，也迫切需要与他国扩大交流与合作。

自党的十一届三中全会实行改革开放以来，由于比较法在我国重新兴起，向我们打开了一个世界法学的宝库，展示出世界各国不同的解决问题的方法，开阔了人们的视野，使我们从昔日那种盲目的闭关自守的心态中清醒过来，意识到了法律制度也是有共同性的，吸收借鉴乃至移植他国的法律制度不仅是可能的，也是现实的。尤其是当改革是由于物质的或观念的需要，以及本土文化对新的形势不能提供有效对策或仅能提供不充分的手段的时候，这种吸收、借鉴和移植就显得更为突出和必要了。

---

① Alan Watson. Legal Transplants: An Approach to Comparative Law. 福吉尼亚大学出版社 1974 年英文版，第 21 页。

　　有鉴于此，我国党和国家领导人已多次指出立法要同"国际标准"或"国际规范"或"国际规则"接轨和靠拢。乔石委员长在全国八届人大常委会第一次会议上就明确指出："制定社会主义市场经济法律时，要大胆吸收和借鉴国外立法经验。人类社会的文明成果，包括西方发达国家的立法经验，都要结合我国实际加以改进、吸收，为我所用。市场经济已有几百年的发展历史，尽管在不同的社会制度下会有一些不同的特点，但它的运行的基本规律，如价值规律、供求规律是相同的，竞争机制、资源配置原则也是相同的。当今的世界经济已经发展到这样的阶段，它使一个国家统一和开放的市场体系，必然具有国际化的倾向，因此，在制定市场经济方面的法律时，必须借鉴国外经验，注意与国际上的有关法律和国际惯例相衔接。"

　　还值得一提的是，我们强调我国法律应与国际社会法律制度协调发展，并不是要否定我国法律体系的"中国特色"。这二者之间并不存在一条不可逾越的鸿沟。正如"法律体系的对立在很大程度上比法律体系的相近更可以成为比较的目标"一样，各国法律的协调发展也正意味着现在的各国法律制度间存在着差异或分歧，具有各自不同的民族特色。可以肯定地说，在民族国家仍然存在的社会里，各国法律制度的民族特色必将长期地存在着。因为法律作为一种文化的表现形式，不能不受到各国的历史传统、宗教信仰、道德价值观念、政治制度等多种因素的影响。"任何两个国家的法律制度都不可能完全一样"，即使是像英国和美国这样两个可归于同一类法系的国家也不例外，更何况我国社会主义法律制度同西方资本主义法律制度。

　　所以，我们所强调的法律的协调发展过程，实质上是一个"求同存异"的过程，一个"扬弃"的过程，一个既有吸收、借鉴、移植，又有进一步消化、创新的过程，一个注重法律规则"本土化"的过程。勒内·达维德曾写道：引进某项法律制度的国家，"为了使这项改革适应本国的特殊情况，或者为了对它加以改进，或者为了把它更完美地纳入本国的法制，在引进时（必然）作了这样或那样的改动。"我国立法实践也是这样做的。如规范我国市场经济主体的《公司法》，不仅吸收借鉴了国外公司立法的有益经验，规定了大量的国际上通行的法律制度，在许多方面实现了与国际法律制度的接近或一致，而且它从我国实际出发，结合我国具体国情，以大胆创新的精神和务实的作风对公司法中一些重要问题作出了具有"中国特色"的立法规定。因为我国实行公司制度有着与西方国家完全不同的社会环境：西方国家公司制度萌芽于工场手工业时期，产业革命以后开始得到了迅速的发展，它是在私有制和个体经济的基础上，通过自觉和自发的方式，逐步实现个体经济的联合而形成发展起来的；而我国现行的公司制度是改革开放以后，为适应市场经济的要求以及改革国有企业运行机制需要，才从西方国家引进的，此时，我国早已实现了生产的社会化和生产关系的公有化，因而，我国公司制度又有着与西方国家不同的特色。如，公司法不仅在第 7 条对国有企业改建为公司作出了规定，而且在第二章第 2 节对"国有独资公司"作出一些特殊规定。又如，公司的设立登记制度也实行着与国际上通行的准则主义或严格准则主义不同的直接申请登记和必要的审批相结合的制度。我国近年通过的即便是具有"很强的国际性"的《海商法》、《对外贸易法》，也有着与他国不同的规定。如《海商法》中关于海上货物运输合同适用范围和《对外贸易法》中的外贸经营者的许可制度的规定，等等。公司法、海商法、对外贸易法这样一些直接调整市场经济关系的法律尚且如此，其他一些如宪法、行政法、婚姻法等的"中国特色"就更不用说了。因此，我国与国际社会法律制度的协调发展，同建立有中国特色的社会主义法律体系之间并不是相互排斥、相互否定、火水不容的关系。相反，"中国特色"只有在与国际社会法律制度的既有差异又相一致的比较发展中才能建立和显现出来，没有比较借鉴也就不会有特色和差异。因而，我们认为所谓法律体系的"中国特色"，它不仅仅是中华民族法律文化积淀的产物，更应当是中华民族主体意识创造性的产物，一种在吸收借鉴世界法律文明的基础上勇于创新、勇于突破的产物，也只有如此才能不断赋予"中国特色"以新的进步的内容。正如美国学者埃尔曼也曾指出："中国的法律制度仍然是独特的，但是这种独特性不再是由于像以往那样独立地寻找解决其问题的乌托邦式方案所导致，而是因为它为了实现现代化、高效率和公正的全面目标而博采西方、日本的民法、（前）苏联法律以及中国传统法律等因素并将其融为一体。"

此外，我们还应注意到，世界各国法律制度的协调发展，是一个相互双向吸收的过程，而决不是单向的。因为包括西方发达国家在内的世界任何一国的法律体系都不可能是最完善最完美的法律模式，它们都有一个吸收借鉴乃至移植他国法律制度的问题。更何况社会是不断发展变化的，会不断地产生新的问题，出现新的情况。因而，在法律的协调发展过程中，也完全不应该妄自菲薄，放弃建立具有"中国特色"的法律体系这一目标。只有这样，才更有利于对国际社会法律的进步和协调发展作出我们国家和民族的重要贡献。在我国法律现代化的过程中，在我国法律与国际社会法律的协调发展过程中，尤其在目前起步阶段，我们需要从西方引进种种进步的法律思想和法律制度，但也决不应该是我国法律完全"西方化"的过程，而只应该是一个通过把引进的法律制度加以"本土化"（或曰把它们与中国的具体国情有机地结合起来），使我国传统的或具独特性的法律制度更现代化起来，从而更减少我国法律与国际社会法律冲突的过程。中华民族是一个有悠久文化的民族，也曾有过灿烂的中华法律文化；中国当代也有一个越来越壮大的既懂中华法律文化，又深谙西方法律文化，且甚具创新、进取、开放意识的法学研究工作者队伍，在国家和政府日益重视我国法制现代化的既定路线下，通过比较法学的发展和繁荣，我们国家是完全能对国际社会法律制度的进步和协调发展作出创造性的贡献的。

总之，如前所述，我国立法工作中运用比较法学已取得了很大的成绩，我国立法工作也已日益自觉地纳入了国际社会法律制度中出现的协调发展的潮流之中。吸收借鉴乃至移植国外法律制度已逐步为人们所接受，成为一个较为稳定的立法观念，并逐步变成了我国立法工作中一种普遍的实践活动，这反过来又同时促进了我国比较法学的发展和繁荣。这是一个互动的过程。然而，在当今中国，无论是比较法的重新兴起，还是立法工作重新回到与国际社会法律协调发展的实践中，两者的时间都不很长，因而有着许多值得注意和研究的问题。其中，最为重要的就是在比较研究中，应注意特别重视功能比较方法的运用。

目前我国的比较法研究还处于一种规范比较的低级阶段，主要表现为比较法仍局限于对国外立法情况的简单介绍和了解，仅仅罗列出法律表面形态的种种异同而已，很少去考虑和了解国外立法的社会背景及其实施效果，更少去研究法律的发展趋势。这种简单的就事论事、就规范研究规范的研究方法，虽然说也是一种比较，但它充其量只能是一种低层次的比较。必须认识到，比较法学不等于法律规范的比较，在方法论上，它应有着更高层次的要求，它的性质也决定了应当广泛深入地运用功能的比较方法，即从具体问题出发，综合研究各国用来解决问题的法律规范（有时还应涉及有关道德规范、宗教规范等这些功能等值物）及其存在的社会条件和实践效果，揭示出法律发展的一般规律，才能实现法律的最优发展。功能比较是一种以问题为中心的研究方法，一种社会学的方法。它包含有两个关键的概念，即功能和联系。如果不理解法律规则、制度或体系的功能就不能比较它们；如果不把它们放到法律的、经济的、文化的联系之中，就不能了解它们是如何发挥功能的①。这种方法极大地

---

① E. Rabel, Aufgabe and Notwenddigkelt der Rechtsverqleidhung（1925），quoted in M. A. Glendon, M. W. Gordon, C. Osakwe, Comparative Legal Traditions, West Publishing Co. 1985, p. 11.

克服了规范比较研究中以规范为中心的狭隘性和局限性，大大地拓宽了比较法的视野，摆脱了在规范比较中容易受到的本国法律概念的限制，因而更能给本国立法以借鉴和启示。这一方面是因为法律不仅是一种行为规范或规则，从动态的角度看，它也是"从法律的制定到实施的整个过程或事业"①；另一方面也是因为对于相同的一个问题，在某些国家可能是用法律的手段来解决，在另一些国家则可能借助道德规范、宗教规范或其他非法律手段来解决。所以，我们运用比较法吸收借鉴国外的有益经验时，不仅应注意研究国外的法律规范、法律制度，而且应注意进行法律文化的比较研究，了解国外法律规则、制度形成的社会背景及其运作环境和结果；也不仅应注意比较研究各国"书本上的法"，而且也应注意研究"行动中的法"，由此将我国比较法研究提高到一个新的水平。

第五节　法律形式的历史演进与法律趋同化

我们已就法律趋同化问题作了多方位的考察。这一节将专就法律形式的历史演进来进一步论证法律趋同化乃历史的必然。

一、法律形式及其历史演变规律

在法理学上，"法律形式"是一个多义词，它既可以与法律所反映的经济关系内容相对而言，也可以与法律所体现的统治阶级意志这一法的本质规定相对而言，还可以单纯指法律规范借以存在或表现的形式②。不过，在最通常情况下，人们对法律形式一词多取其最后一种含义，在这种意义上，法律形式上也常被称为法律渊源或法律的形式渊源。在把法律形式限定在这种意义上以后，中外学者对其定义也就大同小异。上海辞书出版社出版的《法学词典》（增订版）将"法律渊源"定义为："法的创制及表现形式，即法由何种国家机关创制和表现为何种法律文件形式。"③《牛津法律大辞典》将"法律形式"定义为："调整社会行为和国家在国际社会中的行为的规则所表现的不同形

---

① 参见沈宗灵：《从〈中国 21 世纪议程〉看法律的作用》，载《中国法学》1994 年第 5 期。

② 参见北京大学法学系法理教研室编：《法学基础理论》（新编本），北京大学出版社 1984 年版，第 33 页。

③ 《法学词典》（增订版），上海辞书出版社 1984 年版，第 613 页。

式。"①　本文也是在这种最一般的意义上使用"法律形式"一词的。

考察古今中外法律制度，法律形式错综复杂，历史演进中的连续与变迁、国别间的差异与统一、法系间的共性与个性等纵横交错。基于探讨法律趋同化的目的，本文仅从宏观的角度揭示各国法律形式历史演进的一般规律。

梅因较早地从宏观的角度对法律形式历史演进的规律进行了探讨。我国台湾有的学者对梅因的有关观点进行了概括，指出："据梅因说，各民族法律的进步分为三个时期：第一是神授法时期，第二是习惯法时期，第三是成文法时期。"②　应该说，这一概括没有曲解梅因的本义③。但是，这种观点并非没有疑问。通常情况下，"神授法"是与"人定法"相对应的概念，将其视为法律的一种形式渊源并使之与习惯法和成文法相提并论，似不合逻辑。再者说，尽管人类最早的法律的确大都披有"神授"的外衣，但它们要么采取习惯法的形式，要么采取成文法的形式。剔除梅因所谓的"神授法时期"，梅因关于法律形式历史演进的观点便是由习惯法时期到成文法时期。

我国著名马克思主义思想家李达同志也曾从历史演进的角度探讨过法律的形式，他认为："法律的形式，最主要的是习惯法、判例法与成文法。从历史的见地来说，法律的形式是由习惯法发展到判例法到成文法。"④　这一观点与梅因看法之间的异同一目了然。这种看法也有可商榷之处。首先，判例法主要只是英美普通法系国家的一种法源，在大多数非普通法系国家，判例从来不曾成为一种独立的法律形式，因而将判例法视为由习惯法演进至成文法的一种中间形式不具有普遍意义。其次，即使在英美法系国家，学说上也有将判例法归入不成文或成文法的。梅因就曾指出："英国的判例法有时被称为不成文法"，其实，"英国法律是成文的判例法，它和法典法的唯一不同之处，只在于它是用不同的方法写成的"。⑤

关于法律形式历史演进的争论有如上述。鉴于判例法只存在于英美法系国家，而且判例法究属成文法或不成文法难以贸然定论，因此，我们不妨对英美法系国家和非英美法系国家法律形式的历史演进分别加以说明。

---

① 《牛津法律大辞典》，光明日报出版社 1988 年版，第 346 页。
② 王伯琦：《习惯在法律上地位的演变》，载梅仲协主编：《法律学》，我国台湾地区正中书局 1962 年版。
③ 参见梅因著：《古代法》，沈景一译，商务印书馆 1984 年版，第一章"古代法典"。
④ 李达：《法理学大纲》，法律出版社 1983 年版，第 119 页。
⑤ 梅因著：《古代法》，沈景一译，商务印书馆 1984 年版，第 8 页。

第一，在各国法律制度的历史演进过程中，无论英美法系国家还是非英美法系国家，都经历了一个以习惯法为唯一法源或为主要法源的历史阶段。法律起源于原始习惯，在人类由原始社会进入阶级社会以后，萌芽中的国家认可原始习惯并赋予其国家强制力，使之成为习惯法，这是各国法律起源的通例。古代国家大都曾以习惯法为唯一法源，后来随着文字的产生以及社会进步，才有成文法产生。这种以习惯法为唯一法源的阶段有时相当长，中国从"夏有乱政，而作禹刑"到子产"铸刑鼎"公布成文法便历时1600余年。即使在成文法出现以后，习惯法也曾在相当长的时期内发挥主要作用。如，雅典的成文法肇始于德拉古立法，而数百年后的亚里士多德仍认为习惯法比成文法更为重要。他指出："积习所成的'不成文法'比'成文法'实际上还更有权威，所涉及的事情也更为重要。"①

第二，在经历了一个或长或短的以习惯法为唯一法源或主要法源的时期以后，在非英美法系国家，成文法的作用日渐突出并最终成为主要法源，一些现代国家甚至已不再承认习惯法是一种独立的法源而以成文法为唯一法源。当然，历史的发展并非单纯的直线运动，要详细地描述这一演变过程几无可能。不过，一般认为，中国自封建社会即已以成文法为主要法源。而西方的情况较为复杂，由于希腊罗马文明曾因蛮族入侵而中断发展，其法律形式的演进也就比较曲折。在古希腊、古罗马以及希腊化地区，"几乎普通地在'共和政治'史的初期就获得了一个法典"②。尤其是古罗马法律的"法典化"程度曾达到一个极高水准。但是，欧洲中世纪却又是一个"习惯法的世纪"③。而自拿破仑立法始，欧洲大陆真正步入了成文法时代。《拿破仑法典》所掀起的法典化浪潮不仅迅速席卷整个欧洲大陆，而且波及世界许多国家，致使大陆法系以及受大陆法系传统影响的国家大量制定成文法。许多国家正是在这场近代法典化浪潮的冲击下才由习惯法时代进入成文法时代。

第三，在英美法系国家，法律形式的历史演变经由了一条特殊的路径。在经历了一个以习惯法为唯一法源或主要法源的阶段后，普通法系国家进入了以判例法为主要法源的阶段。尽管有将判例法归入不成文法或成文法的主张，但考虑到判例法的特殊性，我们毋宁将其视为英美法系国家一种独立的法源。英

①　亚里士多德著：《政治学》，吴寿彭译，商务印书馆1983年版，第169~170页。
②　梅因著：《古代法》，沈景一译，商务印书馆1984年版，第一章"古代法典"。
③　安德逊语，转引自何勤译：《西方法学史》，中国政法大学出版社1996年版，第90页。

美法系的判例法传统首先是在英国形成的。在 1066 年诺曼人入侵以前，不列颠群岛实行盎格鲁撒克逊习惯法，这与欧陆的日耳曼习惯法无大区别。自诺曼人入侵至 14 世纪，英国在各地习惯法的基础上形成了通行全国的普通法，这种所谓的"普通法"表现在法官判决中，故而称判例法。后来，受英国法传统影响的美国和其他一些国家也建立了自己的判例法体系。尽管迄今为止判例法仍为英美法系国家的重要法源，但是近世以来，与"判例法"相对应的"制定法"① 的作用愈益重要。勒内·达维德指出：在当今英国，"再也不能把法律与条例看成只起次要作用了。事实上它们的作用同这些法源在欧洲大陆所起的作用相等。"② 埃尔曼也曾指出："今天，包括普通法系国家在内的所有法律制度都将立法作为其法律生活的主要依靠。"③ 考虑到判例法仍在英美法系国家发挥重要作用，上述论断不免有点言过其实。不过，在英美法系国家，制定法日益重要也是不争之事实。

综上所述，法律形式的历史演进可以简单地概括为：在英美法系国家，法律形式的历史演进是由以习惯法为唯一或主要法源到以判例法为主要法源，近世以来制定法又日益重要；在非英美法系国家，法律形式的历史演进是由以习惯法为唯一或主要法源到以成文法为主要或唯一法源。

二、法律形式历史演进与法律的国内统一

在以往的有关论著中，我们一直把"法律趋同化"这一概念界定为法律在国际间的渐趋接近和一致，这在很大程度上倾向于揭示当今世界法律发展的基本趋势。如果从更宏观的历史视野来考察，在法律的国际间趋同以外，还存在一个法律的国内统一问题。

各国的国内法律统一情况不尽相同。一方面，各国国内法律统一化进程的起点不同。由于历史的原因，各民族国家产生之初都存在法制不统一状况，但这种不统一的程度因国而异。另一方面，各国国内法制统一化进程的起步有早有晚。中国在封建社会初期就已基本建立了国内统一法制，而"大部分欧洲

---

① 人们常把英美法上的"制定法"与大陆法上的"成文法"视为同一概念，其实这不够准确。在大陆法系，"成文法"固然等同于"制定法"，但在英美法系，"制定法"是与"判例法"相对应的概念，而"判例法"属"成文法"还是属"不成文法"仍存在争论。

② 勒内·达维德著：《当代主要法律体系》，漆竹生译，上海译文出版社 1984 年版，第 344 页。

③ 埃尔曼著：《比较法律文化》，贺卫方译，三联书店 1990 年版，第 50 页。

国家19世纪才实现法律统一"①，仍有许多国家迄今尚未实现国内法制的基本统一。此外，就当今世界来看，各国国内法制统一化程度存在明显差异，有的国家几乎已在所有法律领域中实现了法律的国内统一，而仍有许多国家只在部分领域中存在全国统一法律。造成一国国内法制分散抑或统一的原因广泛而且复杂，各国的经济发展水平、单一制或联邦制的国家结构形式、各国特有的历史及自然地理环境等当然是最基本的原因。马克思和恩格斯曾说过："不应忘记法也和宗教一样是没有自己的历史的。"② 这句话就着重强调了法律历史发展背后所隐藏的经济原因。不过，单就法律本身的历史演进而言，法律形式的历史变迁和各国国内法律的渐趋统一之间还是存在着密切联系的。

经验的观察表明，法律形式由以习惯法为主到以成文法为主或由以习惯法为主到以判例法为主的历史变迁本身就伴随着各国国内法制由分散走向统一。中国自封建社会建立至秦王朝建立中央集权的封建帝国，既是中国法律的成文化过程，也是中国封建法律的统一化过程。英国自11—13世纪在习惯法的基础上形成普通法（判例法）的过程，也在较大的程度上伴随着法律的国内统一③。欧洲19世纪的法典化浪潮，不仅实现了法律形式的成文化，而且这一法典化运动在很大程度上是为了实现法律的国内统一，《拿破仑法典》、《德国民法典》、《瑞士民法典》等著名法典无不以实现国内法制统一为主要目的之一。在当今联邦制国家，成文法更是实现国内法制统一的基本形式，《美国统一商法典》对统一美国各州商事法的作用便有目共睹。

法律形式的历史变迁与国内法律渐趋统一之间的内在联系难以否认。那么，究竟是法律形式的历史变迁促进了法律制度的统一，还是统一的法律制度导致了法律形式的变迁，对此，不能作出非此即彼的武断结论。根据唯物史观，无论法律形式的历史变迁抑或法律制度的渐趋统一，都根源于社会物质生活条件的变化。此外，在法律形式的历史变迁和法律制度的统一这两者之间，也必须首先承认法律内容对法律形式的决定作用。但是，我们也不能完全忽视法律形式的能动性。"法律的内容，对于法律的形式，虽然具有规定性，但在另一方面，法律的形式，对于法律的内容，又具有能动性。"④ 承认法律形式

---

① 勒内·罗迪埃著：《比较法导论》，徐百康译，上海译文出版社1989年版，第78页。

② 《马克思恩格斯选集》第1卷，人民出版社1995年版，第70页。

③ 陈盛清主编：《外国法制史》，北京大学出版社1982年版，第99页。

④ 李达：《法理学大纲》，法律出版社1983年版，第121页。

对法律内容的能动性，就不能否认法律形式的历史变迁对各国国内法制的渐趋统一必有积极影响。

既然决定一国国内法制分散或统一的原因是多方面的，而且终极原因不在法律本身，所以，尽管法律形式的历史变迁与国内法制的渐趋统一之间存在一定的关联，但也必须承认法律形式的历史变迁并非国内法制渐趋统一的决定性因素。不过，法律形式的历史变迁对国内法制统一的影响既属客观存在，当然也不能忽视。具体地说，习惯法本身具有个别性和分散性，在以习惯法为主要法源的历史时代或法律领域，各国的国内法制以存在地区分散性为通例；相对而言，成文法或制定法具有普遍性，因此，统一的国内法制以采成文法形式为通例。"在习惯法、判例法和成文法方面，也可以看到个别性、特殊性和普遍性的相对性。习惯法对于成文法，是相对的个别性的规范，判例法对于成文法，是相对的特殊性的规范。成文法国家的成文法虽然是网罗习惯法、判例法与法理等而构成的，但也只是相对的普遍性的规范。"① 关于习惯法的个别性和成文法的普遍性，人们多从对事效力上来理解，其实这是不全面的。从历史的角度来看，习惯法的个别性和成文法的普遍性还应该从法律的空间效力上来理解。当我们承认在空间效力上习惯法的个别性和成文法（或制定法）的普遍性时，法律形式的历史变迁对国内法律渐趋统一的影响便易于理解。

三、法律形式历史演进与国内法律在国际间的趋同

在当今世界，随着国际经济关系的发展，适应便利国际交往的需要，各国在国内法律的创制和运作过程中越来越多地涵纳国际社会的普遍实践与国际惯例，从而导致了国内法律在国际间的趋同，尤其在民商法领域，这种趋同走势极为强劲。比较各国的商贸实体法、国际私法、国际民商事诉讼和仲裁程序法，不同国家间国内法制的差异日益缩小②。与法律的国内统一问题相类似，导致国内法制在国际间趋同的根本原因也不能从法律自身来寻找。"法的关系正像国家的形式一样，既不能从他们本身来理解，也不能从所谓人类精神的一般发展来理解，相反，它们根源于物质的生活关系。"③ 所以，从根本上说，国内法律在国际间的趋同是由国际经济关系的飞速发展和日益扩展的国际经济

---

① 李达：《法理学大纲》，法律出版社 1983 年版，第 130~131 页。

② 关于国际私法的趋同化，参见李双元主编：《市场经济与当代国际私法趋同化问题研究》，武汉大学出版社 1994 年版。

③ 《马克思恩格斯选集》第 2 卷，人民出版社 1995 年版，第 82 页。

交往需要决定的。同时，也与法律的国内统一问题相类似，法律形式的历史演进对法律在国际间的趋同也有一定程度的影响。理由在于：

第一，法律形式的历史演进有助于各国国内法制由分散走向统一的理由已如上述，而法律的国内统一又为法律的国际间趋同提供了便利。罗迪埃在论及法律统一问题时，就一并讨论了法律的国内统一和国际统一两个方面，并把法律的国内统一视为国际统一前的一个必要步骤。他指出："每当一个法律制度很好地建立起来，并扩大其影响时，在这一个范围内，世界法制中就减少了一份杂质。因此，统一就前进了一步。……在实现国与国之间的统一之前，每个国家首先应该把自己的法律制度统一起来。"① 罗迪埃所谓的国与国之间法律的统一，不单纯指通过国际统一立法所实现的统一，也包括国内法律创制过程中的趋同。他把北欧国家航空法之间差别很小视为法律统一的例证即是很好的说明②。

第二，法律文化的交流与传播是导致法律在国际间趋同的一个重要原因③，而法律形式由以习惯法为主到以成文法为主（或者在英美法系由以习惯法为主到以判例法为主，而后制定法又日趋重要）的历史演进，有助于法律文化在国际间的交流与传播。埃尔曼在论及大陆法系私法制度时，就曾特别提到法律成文化对法律文化的交流与传播的重要意义。他说："拿破仑时代的法典给这一族系的法律制度带来了一种新的系统化以及一种更为紧密的纽带。在私法的重要领域内，1900 年新的德意志帝国的法典以及瑞士 1907 年民法典则确立了一种堪与法国民法典相竞争的现代化形式。……在整个民法世界中，这几部法典或被单独模仿，或被融汇效法。由于文词简洁以及便于携带的形式，这些法典已经表明很适宜于从一国输出到另一国。"④ 当然，只要简单考虑一下文字本身所具有的文化传播功能，成文法更便于国际间交流与传播的问题便可以更直观地加以理解。

第三，如果说法律文化的交流与传播为国内法律在国际间趋同提供了必要前提的话，那么各国立法机关在立法活动中相互仿效则是实现法律国际间趋同

---

① ［法］勒内·罗迪埃著：《比较法导论》，徐百康译，上海译文出版社 1989 年版，第 78 页。

② ［法］勒内·罗迪埃著：《比较法导论》，徐百康译，上海译文出版社 1989 年版，第 93 页。

③ 李双元等：《法律趋同化：成因、内涵及在公法领域的表现》，载《法制与社会发展》1997 年第 1 期。

④ ［美］埃尔曼著：《比较法律文化》，贺卫方译，三联书店 1990 年版，第 50 页。

的直接途径，而成文法较之习惯法更便于仿效的道理是很浅显的，从法律产生的方式而言，习惯法是立法机关对自发形成的习惯加以认可而产生的，这一认可过程中极少能动性；而成文法或制定法是由立法机关制定的，尽管"无论政治的立法或市民的立法，都只是表明和记载经济关系的要求而已"①，但创制成文法活动本身毕竟具有一定的能动性。梅因曾就习惯法的自发性和成文立法的能动性作为比较，指出："当原始法律一经制成'法典'，所谓法律自发的发展，便告中止。……有了'法典'就开始了一个新纪元。在这时期以后，当我们追溯一个法律变更的经过时，我们就能发现这些变更都是出于一种要求改进的、有意识的愿望，或者无论如何，是出于一种具有一定目的的有意识的愿望。"② 习惯法的自发性和成文立法的能动性，决定了它们在仿效立法中的不同作用。

罗迪埃特别重视仿效在法律趋同中的作用，指出："仿效是各种法律制度之间相互靠近的连续因素。"③ 他还特别比较了习惯法与成文法在仿效立法中的不同作用，并明确指出，成文法成为主要法源有助于各国法律的趋同。他说："仿效法在国家机关有意识地制订法规时所起的作用，要比在人的行为中自发产生的规范更有活力。后者随着人的需要行事，不考虑和其他方面的协调，以调整随时发生的情况。前者则从全面考虑，制订出法律和法规，剩下的便形成习惯。习惯比法律更为多样。这是因为立法者审慎地了解情况，或者事实上只是了解别处发生的情况。过去只到邻国去了解，现在直到很远的地方去了解。现在占优势的法源是法律，这个现象是人所共知的，就是在普通法的国家里也已开始成为事实。……因此，法律几乎成为唯一的法源，它所起的作用日益增强，势将导致法律制度的统一。"④ 对这段文字融汇贯通，便不难理解，罗迪埃所称"习惯"实指"习惯法"，他所称的"法律"则指"成文法"或"制定法"，而他所谓"法律制度的统一"显然指国内法律的国际间趋同。

四、国际法的渊源与国际法律统一

将国际法等同于国际公法并将其界定为调整国家间关系的法律，是法学界

---

① 《马克思恩格斯全集》第 4 卷，人民出版社 1958 年版，第 121~122 页。

② ［英］梅因著：《古代法》，沈景一译，商务印书馆 1984 年版，第 13 页。

③ ［法］勒内·罗迪埃著：《比较法导论》，徐百康译，上海译文出版社 1989 年版。

④ ［法］勒内·罗迪埃著：《比较法导论》，徐百康译，上海译文出版社 1989 年版，第 18~19 页。

长期流行并被广泛接受的观点。由于这一主张把国际法的主体限定为国家、国际组织、争取独立的民族组织等，所以事实上把调整跨国的私人间民商事关系的国际统一法律排除在国际法的范畴之外，而这实质上割裂了国际关系的整体性。针对这种流行观点的局限性，美国有学者提出了跨国法的概念，并把调整国家间关系的法律、调整跨国私人关系以及调整国家与外国人关系的国际统一法律统统纳入国际法的范畴。我国有学者也针对将国际法等同于国际公法这一传统观点的局限性，提出了"宏观国际法"的概念，并将国际公法规范、国际私法以及国际经济法中的国际统一法律规范一并纳入宏观国际法的范畴。本文在论述国际法的渊源与国际法律统一问题时，也坚持这种宏观国际法观念。

前文所论及的法律形式的历史演进，是针对国内法而言的。较之于国内法，国际法是一个相对独立的法律体系，其法律渊源也有自身特点。关于国际法的渊源，最权威的说明莫过于《国际法院规约》第 38 条，该条列举了国际条约、国际惯例、一般法律原则、司法判例，权威学说五种国际法院裁判依据，学者们一般将其理解为国际法的五种渊源。其中，国际条约与国际惯例被公认为国际法最主要的渊源。从与国内法律渊源相对应的角度来说，国际条约属成文法范畴，国际惯例则属习惯法或不成文法范畴。诚如日本学者所言："在国内法方面，成文法和不成文法被称为法的渊源；在国际法方面，条约法和习惯法被称为法的渊源。"①

在国际法方面，不成文法与成文法的关系即国际惯例与国际条约之间的关系也经历了一个历史演进过程。在中世纪以前的古代国际法中，国际习惯法占绝对比重，以条约形式存在的成文国际法极为罕见。"习惯一般说来是法律的较古老的和原始的渊源，特别说来也是国际法的较古老的和原始的渊源。"②而从近代古典国际法发展到现代国际法，条约作为国际法渊源的重要性显著增加，致使许多权威学者认为条约已取代国际惯例而成为国际法最主要的渊源。"《奥本海国际法》便断言："条约是国际法的第二个渊源，而且近来已经成为最重要的渊源。"③ 菲德罗斯也认为："协约的国际法逐渐对国际习惯法

①　日本国际法学会编，外交学院国际法教研室译：《国际法词典》，世界知识出版社1985 年版，第 521 页。

②　王铁崖、陈体强译：《奥本海国际法》第一卷第一分册，商务印书馆 1989 年版，第 18 页。

③　王铁崖、陈体强译：《奥本海国际法》第一卷第一分册，商务印书馆 1989 年版，第 19 页。

取得优势。"① 即使有学者不承认条约已取代了国际惯例的优势地位，但也不能不承认："条约是国际法第二个主要渊源，其重要性正在增加。"② 所以，与国内法渊源由以习惯法为主到以成文法为主的历史演进相类似，国际法的渊源也经历了由以习惯国际法为主到以成文国际法为主的演进。所不同的只在于，与国内法相比，习惯法在国际法领域更具活力。"当前在国际法的内容上国际习惯仍然占着较大的比重，而且在现有的国际法原则、规则和制度的形成中，国际习惯起着重要的作用。"③

　　国际法形式渊源的历史演进与国际法的发展进步密切相关。在中世纪以前以国际惯例为主要渊源的古代国际法阶段，国际法的发展相当缓慢，不仅某些习惯规则的形成有时需要长达数百年的时间，而且数千年的历史发展尚未使古代国际法形成一个完整的体系。而近现代以来，国际法形式渊源的成文化趋势日益强劲，国际法的发展进步也极为迅速。在国际公法领域，有意识的法典编纂运动极大地促进了国际公法的进步与发展，1899 年和 1907 年两次海牙和平会议即已开始大规模编纂国际法，而国联和联合国所主持的国际法编纂工作更取得了引人注目的重要成果，签署了一系列广为接受的国际公约。在民商私法领域，肇始于 19 世纪末叶的国际法律统一运动也不能不采取成文法的形式。无论海牙国际私法会议、罗马统一私法协会等国际性组织所从事的国际性法律统一活动还是欧共体等区域性组织所从事的区域性法律统一活动，均卓有成效地推动了国际法律的统一。当然，与国内法问题相同，国际法形式渊源的成文化并非国际法发展进步的主要原因，相反国际法形式渊源的成文化趋势只有通过国际法的发展进步才得以体现。而且，从根本上说，无论国际法形式渊源的演进抑或国际法的发展进步都根源于国际关系的发展以及日益频繁的国际交往需要。但是，从近现代国际法的迅速发展和巨大进步在很大程度上不得不借助于成文法形式这一事实本身不难看出，国际法形式渊源的成文化趋势对国际法的进步与发展还是有着能动的影响。尤其在现代条约法迅速发展的情况下，日益系统、明确、规范的条约法制度为国际组织以及国家间利用条约形式发展国际关系并推动国际法的进步提供了便利。可以预见，随着条约法制度的不断完善，国际社会借助条约形式发展国际法的前景将更为广阔。

　　国际法本身属于国际统一法律，国际法的进步与发展意味着国际统一法律

---

① ［奥］菲德罗斯等著：《国际法》，李浩培译，商务印书馆 1981 年版，第 182 页。

② 沈克勤：《国际法》，台湾地区学生书局 1991 年版，第 40 页。

③ 《中国大百科全书·法学卷》，中国大百科全书出版社 1984 年版，第 195 页。

的丰富与发达。分而析之,调整跨国私人间关系的私法条约本身具有统一各国私法制度的功能,其对国际社会法律趋同化的意义不言自明。调整国家间关系的公法条约虽然较少导致各国公法制度的统一,但是从世界法制总体而言,国际公法条约的发展毕竟意味着世界法制总量中统一性因素的增加,从这种意义上说,国际公法形式渊源的成文化趋势以及国际公法的发展进步也是世界法制趋同的一个重要方面。

总之,法律形式的历史演进与法律趋同化之间的联系是客观的,其相互制约关系也是复杂多样的。在牢记马克思主义经典作家关于法没有自己历史的唯物主义论断并坚持从经济生活中寻找法律变迁历史规律的同时,承认法律形式一定程度的能动性并探讨法律形式历史演进对法律趋同化的能动影响,符合辩证唯物的法历史观。

第四章　在重构国际民商新秩序中国际私法若干基本制度的再探讨

第一节　传统国际私法中的反致制度在现代社会中的新发展

一、反致制度概述

一国法院在处理任何涉外民事法律关系案件时，在确定具有司法管辖权后，即开始以下三个步骤的选法过程：第一，决定争讼案件的法律性质，将其归入特定法律范畴。即"识别"（qualification）过程；第二，在识别基础上，依本国冲突规则的指引选择可适用于案件的准据法（lex causea; applicable law）；第三，适用所选的准据法，解决纠纷。其中，在第二阶段有一特别问题产生：如所选准据法为法院地法，法院当然适用其实体法予以裁判；但若所选准据法为外国法时，法院将面临一个复杂的情形，即该外国法是指其实体法抑或指其整体法制——包括其冲突法在内？对这一问题不同的回答，产生不同的解决方法：

1. 认为所选准据法仅为外国的实体法，即"实体规则指引（sachnormver-weisung），则最终完成了选法任务，不产生以下的反致（renvoi）情形。

2. 认为所选准据法包括外国的整体法制，即"整体指引"（gesamtverweis-ung），亦即采反致主义（the dotrine of renvoi）。这时仍未最终完成选法任务，审案法院仍须追随该外国冲突法的指引。具体地又有以下几种细节：

（1）该外国的冲突规则和法院地国的冲突规则的规定相同，毫无冲突，故最终适用该外国的实体法，并无反致问题产生。

（2）该外国的冲突规则返指回法院地法，这便是一种反致情形。此时的反致被称为狭义反致或一级反致，其德文名为 rückverweisung，法文名为 renvoi au premiere degrè，英文名为 remission。

（3）该外国的冲突规则转指向第三国法，这时的反致情形被称为二级反致或转致，其德文名为 weiterverweisung，法文名为 renvoi au second degrè，英文名为 transmission。

（4）上述被转指的第三国的冲突规则又指引回至法院地法，这种"绕道回到起点"的情形被形象地称为间接反致。其英文名为 indirect remission。

另外，应该提及的是，英国有一独特的反致学说，即"外国法院说"（ro-reign court theory）。依此说，英国法院在适用外国法时，将完全追随外国法院审理同一案件所欲采取的方式，即不仅适用该外国冲突规则所指引的法律，还进一步适用该外国冲突规则中有关反致的规定①。由此，又产生了反致分类的新标准：即法院在适用外国法时，是仅依该外国冲突规则的规定抑或还依该外国反致规则的规定。依这一标准，可将反致形态分为"单一反致"（single ron-voi）或称"部分反致"（partial renvoi），以及"双重反致"（double renvoi）或称"全部反致"（total renvoi）两类②。这些术语也是源于形象的称呼：如法院仅依外国冲突规则的指引，则内外国之间仅会发生一层致送关系，故被称为''单一或部分"的反致；而若兼适用外国的冲突规则和反致规则，则在内外国之间会发生两层致送关系，故被称为"双重或全部"的反致。

这里论述的反致乃广义概念，包括了以上各类反致形式。

由上可见，反致的产生依赖于两个条件：第一，内国法将对外国法的指引视为包括其冲突规则在内的整体指引；第二，该外国的冲突规则不接受内国冲突规则的指引，而指向其他法律，即内外国冲突规则之间存在着冲突。其中，前者是反致产生的逻辑前提，后者是反致产生的现实原因。两项条件的实现皆发生于冲突法的运行过程中，使反致的产生与冲突法的性质紧密相联。

首先，冲突法是间接调整法。与实体法不同，冲突法并不直接规定当事人权利义务关系，而是通过设计连结点（其典型形态是单个、固定的）将某类法律关系与某一法域（legal unit）联系起来，从而将该法律关系交由该法域的法制支配管辖，并不关心该法制的具体内容。这种"分配法"（allocation methods）或"立法管辖权的选择方法"（legislative jurisdiction selecting methods），旨在通过设置机械运作流程，着重维护法律适用的确定性、可预见性，以及在自信地认为其他国家也采相同的设计方案的基础上，力图实现判决

---

① 参看日本国际法学会编：《国际法辞典》中文译本，世界知识出版社 1985 年版，第 206 页"外国法院说"词条。

② 参看刘铁峥：《反致条款与判决一致》，载马汉宝主编：《国际私法论文选辑（下）》，台湾地区五南图书出版公司 1984 年版，第 475~476 页。

一致①；而把法律适用的公正合理目标全系于对事先设置的连结点的充分信赖上。冲突法的这种性质与反致的联系在于：第一，这种以连结点为中介分配立法管辖权的机械流程，必然包含对外国法整体指引的内涵，从而为反致的产生提供了逻辑前提。第二，冲突法在机械运作过程中，面临着两大功能偏差的情形，需要辅助性的调节制度，反致技巧则应运而生。具体而言，一方面，各国冲突规则的差异使单靠一国冲突法去实现判决一致性的努力落空；另一方面，预设的单个连结点固然在一定程度上反映了法律关系与法域间的实质联系，但未免过于简单和僵化，实现具体案件结果的公正合理的功能受到了损害；而整体指引则提供了回旋空间，在一定程度上对上述功能偏差予以了补救。

其次，冲突法是涉外性的国内法。就现实法源而言，除了少量的国际条约，绝大多数的冲突法是由各国立法机关依本国利益政策指导而制订的。作为涉外性的国内法，冲突法应体现出在国内立法自主性基础上的国际法律平等合作的精神。因此，冲突法产生于各国的法律冲突，又致力于协调这些冲突。冲突法的这种性质与反致的联系在于：第一，各国冲突规则之间的冲突为反致的产生提供了现实基础；第二，反致本身又作为一种调节技巧，协调这种冲突，即追随外国冲突规则的指引，求得判决一致的实现。

因此，反致是冲突规则适用过程中的必然产物，是冲突法体系中一种必要的辅助性调节制度。

反致的实际产生，始于各国的判例实践。早在 1652 年和 1663 年法国鲁昂高等法院的几个判决中出现了反致萌芽，但是反致产生于内外国冲突规则的冲突，必然要以国际社会中冲突规则发展的相对丰富为前提。因此，直至 19 世纪中后期，反致才常见于一些国家的判例中，如 1841 年、1847 年和 1877 年英国法院的三个判决，1861 年德国法院的一个判决等等。但这些判决都没有使用反致这种表述，也没有引起法学界的注意和探讨；直至 1878 年法国福果案（Forgo Case），才引起了广泛的争论和明确的重视②，从而揭开了反致制度在各国法制中理论演进和实践发展的序幕。

---

① 美国现代冲突法学者曾指出：传统冲突法理论历来认为：判决结果的确定性、可预见性和一致性，要比在具体案件中作出恰当的判决重要得多，对前者价值的强调程度，可能达到了顶点；并且，传统理论还自信地认为其制度设计已为实现前者价值作出了承诺。See Von Mehren &. Trautman, The law of Multistate Problems, 2nd ed, 1981, p. 26.

② 参见［英］马丁·沃尔夫著：《国际私法》，李浩培、汤宗舜译，法律出版社 1988 年版，第 282 页。

二、反致制度的法制考察

(一) 海牙公约中的反致制度

就海牙公约作为各国冲突规则的统一规则的性质而言①，公约一般是排除反致制度的。首先，在缔约国之间，因适用公约中的统一冲突规则而适用同一实体法，消除了反致产生的基础。其次，在缔约国与非缔约国发生冲突规则的冲突现象时，为维护缔约国之间法律适用的一致性，缔约国将继续适用公约中的统一冲突规则，而不考虑非缔约国的不同的冲突规则，也排除了反致。

然而，海牙公约以尽可能协调各国冲突法的差异为宗旨，它的出发点必然是经验的、而非先验的，它并不绝对排除反致，在某些特定情形下为实现特定目的，仍例外地采用反致制度。对例外的特定情形，学者们将其分为两类：第一，当在某些特定事项上，冲突规则存在差异的相关国家对制定统一规则，尚不能达成充分一致意见时，公约会设置有限反致条款，以提供一个在统一规则外适用其他规则的例外机会，作为存异求同的折中；第二，当案件涉及缔约国和非缔约国时，如果当事人和非缔约国有密切的联系，那么依从非缔约国冲突规则的指引。与其处理方法保持一致，可更好地保护当事人在该非缔约国所获得的利益，这一目标可能优越于在缔约国间维持适用法律一致的目标，从而使反致应运而生②。以下便通过有关海牙公约中的反致条款对上二类情形分别进行例证说明。

例证一，第一批海牙公约产生于 1900 年至 1902 年间的第三届海牙会议。当时，反致现象仅在少数国家的立法和案例中零星散布，学说中流行的观点是持反对态度③。这明显影响了公约起草者的态度，这批公约一般都排除了反致。但《婚姻法律冲突公约》(convention regulating the conflicts of laws in matters of marriage，1902) 中仍引入了反致条款。该公约遵循当时欧陆国家通行的处理民事身份关系的基本原则——当事人本国法原则，第 1 条就规定："缔

---

① "国际私法的统一"一般包含三种含义：其一是对传统国际私法即冲突法所进行的国际统一，海牙国际私法会议是从事这一统一实践最为重要的国际组织。其他为对实体私法以及对实体私法和冲突法即广义的国际私法所作的国际统一。

② See J. Georges Sauveplanne, International Encyclopedia of Comparative Law, Vol. Ⅲ. Chapter 6. Renvoi，1990，p. 12.

③ 如 1990 年国际法学会对于反致曾有明确拒绝的决议。参见刘铁峥：《反致条款与判决一致》，载马汉宝主编：《国际私法论丛（下）》，台湾地区五南图书出版公司 1984 年版，第 524 页，注九四。

结婚姻的权利，依当事人各自本国法的规定。"同时，为了与一些缔约国所采的住所地法原则相协调，又在第一点中设置了一段但书："但依其本国法规定应适用其他法律者，不在此限。"这样，反致制度便成为调和冲突规则的冲突的一种方法。

出于相同的原因，在国际联盟主持制定的 1930《关于汇票和本票法律冲突的公约》（converntion for regulating certain conflicts of laws in matters of bills of exchange and promissary notes）和 1931 年《关于支票法律冲突的公约》（convention for regulating certain conflicts of cheques）中，规定对当事人票据行为能力事项适用其本国法，也允许反致①。

例证二，1978 年第十三届海牙会议制定出《关于夫妻财产法律适用公约》（convention on the law applicable to matrimonial property regimes）。针对本国法原则和住所地法原则之间的冲突，公约设置了一套协调机制：首先，赋予当事人有限的"意思自治"权；其次，在无选法条款时，一般适用夫妻婚后第一共同惯常居所地法；但是，在特定情形下，通过公约中的反致机制，当事人共同国籍国法将取而代之。具体规定是：当夫妻在某非缔约国有共同国籍，而该国冲突规则主张适用夫妻共同本国法，并且，上述夫妻共同惯常居所地的冲突规则也持相同的主张时，则应适用夫妻共同国籍法。在这里设置反致制度的意图在于：遵从与当事人有密切联系的国家（共同国籍国和共同惯常居住地国，尽管都是非缔约国）的冲突规则指引，求得判决一致性，保护当事人在这些国家所能取得的利益。

出于同样的考虑，在 1988 年第十五届海牙会议通过的《死亡人遗产继承法律适用公约)）（convention on the law applicable to succession to the estates of deceased person）中，尽管其第 17 条明确规定"法律"系指"一国现行法律，但不包含其冲突规则"，但第 4 条又规定了例外的反致条款："如果根据第 3 条适用的法律为某一非缔约国的法律，第 3 条指引的法律为当事人惯常所地或其他有更密切联系的法律，而该国的冲突规则……指示适用另一国非缔约国的法律，且该另一国也适用自己的法律时，则该另一非缔约国的法律应予适用。"

众所周知，属人法体系中本国法原则与住所地法原则的分歧是海牙会议统一冲突法的努力中的一大障碍。一战后，作为遵从严格住所地法原则的典型代

---

① 参看韩德培主编：《国际私法》，武汉大学出版社 1983 年版，第 69 页。

表的英国加入当时被誉为"本国法原则大本营"的海牙会议组织①，使得这一冲突更为显目。而且，到50年代，主要产生于属人法这两大原则冲突基础上的反致问题，在不同的国家受到不同的处理，形成的差异也有待统一。鉴于以上情况，在二战后恢复召开的第七届海牙会议，便努力寻求在普遍层次上通过制定一个统一的反致规则，协调两大原则的分歧。努力的成果是1955年《解决本国法与住所地法冲突的公约》（convention for regulating the onflicts between national law and the law of the domicile），即《反致公约》。以下予以简要介绍和评述。

1. 反致条款

公约的实质条款集中在前3条。第1条规定：如果当事人的住所地国规定适用当事人本国法，而其本国规定适用住所地法，凡缔约国均应适用住所地国的国内法规定。第2条规定：如果当事人的住所地国及其本国均规定适用住所地法时，凡缔约国均应适用住所地国的国内法规定。第3条规定：如果当事人的住所地国及其本国均规定适用当事人本国法时，凡缔约国均应适用其本国的国内法规定。

在以上条文中，后两条涉及的情形是内外国冲突规则指引相同，并无冲突，也就无产生反致的可能；而在第1条中，内外国冲突规则相互指引，这种消极冲突正是反致的基础，因此该条才是公约的反致条款。

2. 分析与简评

（1）明显地，公约试图从普遍层次上解决本国法原则与住所地法的冲突，因而对于管辖的案件种类，并未明确限定，一般以属人法事项居多；此外，公约仅在于解决两大原则的消极冲突，对于积极冲突情形——即本国法规定适用本国法而住所地法规定适用住所地法——则未有规定。

（2）曾有台湾地区国际私法学者认为：该公约采用的反致为部分反致（single renvoi）而非全部反致（total renvoi）。这种结论似不妥。从上述条文可看出，公约调和冲突的方式为：当内外国冲突规则相互指引时，以适用住所地实体法作为最终结果，即从特定结果引导和终结致送过程，从而包含了部分反致和全部反致的双重可能性。另外，公约的目的之一是提供一个统一的反致规则，在英国已参加海牙会议的情况下，似不能说公约会忽视英国司法实践中引人注目的"双重反致"现象。

---

① 参看日本国际法学会编：《国际法辞典》中文译本，世界知识出版社1985年版，第150页，"本国法主义"词条。

公约的立法意旨甚佳，但至今尚未生效①，以下所列举的公约的缺陷或许是主要障碍。

第一，公约的第 1 条体现的"住所地法优先"原则，是本国法原则对住所地法原则所作的一大让步，虽有一定合理性（因为住所地常比国籍与当事人有着更密切的联系），但此不易为采本国法原则的国家所接受。

第二，为确保判决一致的实现，还需对各国间不同的住所概念予以统一。公约第 5 条规定："本公约所称的住所，是指某个人经常居住的住所，但以其住所并不取决于他人的住所或机关的所在地为限。"在这里，住所概念采"惯常居所地说"，尽管是一种进步趋势，但与一些国家的规定相左，使得这些国家在公约门前裹足不前。如英国即为典型一例。英国国际私法委员会已指出：在可预见的未来不可能修正有关住所概念，也早就不再建议英国批准该公约②。

第三，公约规定以冲突规则指引的法律是缔约国的法律作为适用公约的前提（第 7 条），这就大大限制了公约的适用机会，阻碍了公约目的的达成。晚近所签订的海牙公约，多已废止了此种相对原则的适用。

第四，公约实质条款只有三条（第 1、2、3 条），但除有公共秩序保留条款（第 6 条），还设置三条条约保留条款（第 8 条），从而大大削弱了公约效能。

通过以上分析可见，尽管公约意图及所作的协调努力不乏良善合理之处，但其实际效能却长久落空，其根本原因，除了公约自身一些技术性缺陷外，关键在于：在国际范围内制定普遍性的统一反致规则必然面临着协调的艰难性，在相关国家对该问题未达成充分的共识之前，无论如何妥协，总难免顾此失彼，难得圆满。看来还得期望反致制度在各国法制中进一步发展、成熟，以逐步呈现出统一的因素。

（二）国内法制——典型分析

1. 法国法

法国国际私法的体系，是在民法典第 3 条的基础上，主要由判例构成的③，因而必须在判例体系中分析反致的发展。

---

① 该公约规定须有五个国家批准方可生效，但直至 1993 年，仅有三个签字国（法国、卢森堡、西班牙），二个批准国（比利时、荷兰），See International & Comparative law Quarterly Vol. 42, Part, 3, July, 1993, p. 650。

② See Dicey and Morris. The Conflict of laws, 2nd ed, 1987, Vol. I. p. 89, Note 90.

③ 参见刘铁峥：《反致条款与判决一致》，载马汉宝主编：《国际私法论文选辑（下）》，台湾地区五南图书出版公司 1984 年版，第 502 页。

（1）动产继承领域——反致的起源与初步发展。

福果案（Forge's case）是最早引起对反致进行热烈争论的案件。该案涉及一个巴伐利亚公民的动产继承问题，死者虽然从 5 岁起一直居住于法国，但并未依当时法国规定的程序取得法定住所①，因而其法定住所仍被法国法视为在巴伐利亚。对于该死者的动产继承事项，法国冲突规则指引死者住所地法即巴伐利亚法。法国最高法院在 1878 年的一个判决中，决定依从巴伐利亚冲突规则——动产继承依被继承人事实住所地法——的指引，接受从巴伐利亚向法国法的反致，适用法国实体法②。当时判决未特别说明接受反致的理由，以后的学者则指责其目的显然在于扩大法国内国法的适用，并因此而实际获益（法国实体法将遗产作为无人继承财产，收归法国国家所有），但损害了当事人正当期望（巴伐利亚实体法规定该遗产可由死者母亲的旁系亲属继承）。表面看来似乎如此，但细加分析则未必尽然，当时法国法对外国人在法国获得住所，规定了严格的"法定许可"条件，使得事实上定居法国的外国人的动产继承仍不受法国的支配，确有不合情理之处：福果案判决正是通过反致来规避这一苛刻而不合理的规定，对其动机似不应过多非难。

在 19 世纪末和 20 世纪初，这项判决以及后来仿效的其他判决，遭到了法国学者的坚决反对，但基于实际需要，判例还是坚决采用反致。1910 年苏利叶案（Soulie case）也是一起有关事实上居住于法国但未获得法定住所的外国人的动产继承案件，法国最高法院对该案作了类似于福果案的处理，并在判决中明确宣布："法国国际私法绝不会受到损害；相反，任何冲突就此消除，并且法国根据其自己的观点调整在其领土上产生的利益。这只能有好处"。在这样一种现实主义观念影响下，法国最高法院于 1933 年和 1938 年再次在动产继承案件中适用反致。

1927 年、1938 年和 1945 年有三个法令，废除了民法典第 13 条关于外国人设立住所的严格规定，使外国人在与法国人相同条件下取得在法国的住所，即其事实居所地可视为住所。这样，事实居住于法国的外国人的动产继承可依

---

①　法国民法典第 3 条仅以三款条文分别确立警察法（涉及公共秩序法）、属物法、属人法，构成冲突法的总体原则，从而给法国法院留下补充和创造立法的广阔空间。在判决中必须说明判决理由的制度，以及最高法院统一解释法律的职能，促成了一个事实上的判例法体系的形成。参见［法］亨利·巴迪福、保罗·拉加德著：《国际私法总论》，陈洪武等译，中国对外翻译出版公司 1989 年版，第 376~379 页。

②　参见［法］亨利·巴迪福、保罗·拉加德著：《国际私法总论》，陈洪武等译，中国对外翻译出版公司 1989 年版，第 249~250 页。

法国的冲突规则指引直接适用法国实体法，无需绕道反致。但是在其他领域，采用反致的判决却在增多。

（2）民事身份领域。

对民事身份领域的法律适用，法国坚持本国法原则，这就与其他国家坚持的住所地法原则以及行为地法原则构成冲突，为反致的产生提供了广阔的空间。

最初在该领域采用反致的是 1939 年的比查尔案（Birchall case），该案是一起在法国有住所的英国夫妻的离婚案，法国最高法院接受从当事人本国法（法国法）向住所地法（法国法）的反致。此后，在 1953 年一起波兰人亲子关系案、1954 年一起英国夫妻离婚案、1973 年一起玻利维亚夫妻离婚案等判决中，最高法院连续采用反致，逐渐减少和几乎消除了下级法院的分歧。

在上述案件中，最高法院都是依据法国冲突规则指引当事人本国法后，继续追随当事人本国法冲突规则的指引，或是适用法国实体法，或是适用第三国实体法。这种情形，在学说中似乎可找到一个对应物——"本国法优先说"。这种学说是本世纪前半期大陆法系国家一些学者作为支持反致的论据而提出的。该说认为：当事人的本国法，原为与其有首要关系的法律，应优先适用（即本国法原则），但若其本国认为应适用其他法律，自有其独到见地和特别利益，他国应予尊重（即应适用反致）。该学说仍带有先验的印记，倒是 50 年代初一个法院判决似乎道出了其中实质理由——该判决在解释接受从本国法向住所地法的反致的理由时，指出：住所地是当事人社会和法律重心所在地，与国籍相比，与当事人有着更密切联系，因而适用住所地法是合理的。这种注重反致实际功能的观点十分可贵，扩展开来，可以为法院接受从本国法向住所地法或其他法律的致送，提供一个功能论的解释或指导（即注重通过反致实现特定政策或结果选择的主张）。

在此还需要再提及上述玻利维亚夫妻离婚案，在该案判决中，最高法院依从当事人本国法（玻利维亚法）向婚姻举行地法（西班牙法）的转致，支持了先前几个下级法院的做法，使转致成为反致制度中的一部分。

（3）其他领域。

第一，不动产继承。《法国民法典》第 3 条第 2 款规定："不动产，即使属于外国人所有，仍适用法国法律。"法院判例将一单边冲突规则解释为双边规则：不动产适用物之所在地法。有判例表明，法国最高法院在不动产继承案件中适用物之所在地法时，接受由物之所在地法向被继承人本国法的反致，以使法国国民位于国外的不动产的继承由法国法支配，使实现判决一致的目的和适用法院地法的意图在具体案件中得到统一。

第二，合同。在合同领域适用当事人意思自治法，这一原则在 16 世纪就由法国学者杜摩兰（Demoulin）所倡导，并于 19 世纪由一些判例作了明确表达，至 1910 年法国最高法院给予最明确的说明，最终确立了它的原则与地位。在该领域没有适用反致的案例。学者们指出，适用反致与意思自治原则相违背：第一，当当事人有明示的法律选择时，由于"意思自治"是绝大多数法制共同承认的首要原则，因而冲突规则相同，无从产生反致。第二，若当事人并无明示选择而须推定其默示意思时，冲突规则的精神在于根据全部案情实现合同的客观场所化，即确定与合同联系最密切的场所，这样的场所本质上只有一个，也须排除反致。第三，判决结果的确定性和可预见性在合同领域有着十分重要的优先价值，这也要求拒绝反致以避免所衍生的不确定性。另外，自 16 世纪以来，法国的判例和学说一直将夫妻法定财产制解释为一种默示合同，也适用意思自治原则，基于上述同样的理由，也排除了反致的适用。

第三，行为形式有效性。行为形式的有效性依行为地法，是古老的法谚"场所支配行为"的含义之一。它在 1804 年《法国民法典》的婚姻（第 170 条）、遗嘱（第 999 条）等事项方面得到体现，1891 年又被最高法院宣布为："在法国始终得到遵守，并在任何时候都未曾被否认的法律。"在该领域，判例和学说一般排除反致的适用，因为这种场所支配行为规则的基本含义是：某一文书只要遵守作成地的法律，在形式上就是有效的，适用反致会挫败这种目的。但例外的情形仍然存在：基于对当事人方便的考虑和对一般社会利益的考虑所占比重不同，场所支配行为规则被划分为"任意性"和"强制性"两类：前类规则（主要涉及遗嘱形式、合同形式的有效性）是着重于为当事人提供方便的考虑，即使未得到当事人的遵守，也可被能使行为形式有效的其他相关的法律所替代，不需反致制度的调节；后类规则，着重于对社会利益的考虑，必须得到当事人遵从（婚姻必须遵守婚姻举行地法是这类规则的代表），这类严格规则使得法院有必要诉诸反致制度作为变通手段，如接受婚姻举行地法向其他能使婚姻有效的法律的致送。法国最高法院 1982 年的一个判决即为明证——该判决通过接受从婚姻举行地法向当事人本国法反致，认定两个信仰犹太教的叙利亚人在意大利由犹太教教士主持举行的宗教婚姻为有效（本来依意大利法则无效），并声称："这种反致的运用在本案中是有道理的，因为它导致摩西法律的适用，当事人本来就希望按照该法规定的仪式举行婚姻，而且反致使得他们的结合有效"。

第四，侵权。法国最高法院多次明确侵权行为适用侵权行为地法。在该领域也很少有适用反致的判例，学说也一致反对适用反致。或许判例和学说都认为侵权行为地法也是一个得到普遍遵守的规则，不会产生反致问题。

（4）一般性结论

自福果案始，反致制度虽然最初受到学者的激烈反对，司法实践却一直在不同领域、不同的程度和不同形式上予以承认。目前，对于反致应处于何种地位的问题，仍有两派学说争论。一派认为原则上应拒绝反致，只有在下列例外场合才予适用（简称例外说）：第一，民事身份领域从本国法向住所地法的反致；第二，案件与法国冲突规则指引的某外国有着排他的联系（如不动产与物之所在地国的联系），而该外国冲突规则又指引他国法；第三，某些行为的形式有效性需要反致技巧予以维护。这种观点实际是对具体案例在具体层次上的反映。另一派则在普遍层次上归纳有关判例，主张反致作为普遍适用的制度（简称普遍说），仅在特殊领域（如合同）以及适用反致不能实现其目的的场合（如冲突规则为选择性规则），才予拒绝。后一观点在 1967 年《关于补充民法典的国际私法的法令草案》中得到体现，该草案第四章"关于国际私法的法律适用总则"第 2284 条规定："适用外国法的时候应考虑其冲突规则，它或者导致法国国内法的适用，或者导致其冲突规则接受这种指定的第三国内国法的适用。——但是，在合同、夫妻财产制及行为方式方面，不应考虑外国的冲突规则，同样，当遗嘱人选定了本国法，……也不考虑其冲突规则。"

但是，在实际中例外说却占了上风，连普遍说的主要代表巴迪福"（Batiffol）也承认："除了某些例外，原则上拒绝反致的做法却得到更多的人的支持。" 1977 年法国最高法院的一个判决似乎完全证实了这种看法，它赞成适用外国实体法，"如果没有提到从该法向另一国法律反致的话"。另外，在法国国际私法"现代化"趋势中，在民事身份领域里选择性规则得到广泛采用，这也限制了反致的适用范围①。

可见，在现代法国多数派的见解中，反致是一种在例外场合予以适用，以达到一特定结果的调节手段。

2. 德国法

1896 年德国颁布了世界上最早的一部国际私法单行法规——《民法施行法》，但其条文不多，只有 25 条，许多国际私法规则仍由深受学说影响的判

---

① 该法官方说明书对此列举两点理由：其一为减少本国法主义与住所地法主义的冲突，其二为扩大德国法的适用。参见刘铁峥：《反致条款与判决一致》，载马汉宝主编：《国际私法论文选辑（下）》，台湾地区五南图书出版公司 1984 年版，第 480 页。

例构成。1986 年，前联邦德国颁布《联邦德国国际私法》，代表了当代德国实践。以下便根据上述法源对德国反致制度予以分析。

（1）《民法施行法》时期。

尽管法国福果案被认为是最早引起争论的反致案件，但德国有更早的判决：1861 年律培克上诉法院在一起继承案中认为，适用外国法时应将外国法作为一个整体，包括其冲突规则。这种"整体指定（gesamtverweisung, referring foreign law as a whole）的思想在《民法施行法》的最初草案中得到体现，该草案规定广泛采用反致以实现判决一致和扩大适用德国法。但这种建议受到强烈反对，在最后草案第 27 条中规定，反致的范围限于在五类属人法事项（即人的行为能力、结婚、夫妻财产制、离婚和继承五类事项，分别规定于第 7 条、第 13 条、第 15 条、第 17 条、第 25 条）中，接受从当事人本国法向德国法的反致。然而，未规定的未必是被排除的，立法者把空白留给学者和法院去进一步探索。

在《民法施行法》中列举的可接受反致的上述五类事项中，所适用的冲突规则都是双边规则，这在以界定德国法适用为目的，从而大量采用单边规则的《民法施行法》中，是一个例外（这个例外可以说明为何仅在上述五类事项中规定反致制度，因为反致的产生以双边规则为前提）。单边规则与双边规则相比，管辖范围狭窄，调整功能微弱，因而法院在实践中普遍地进行了对单边规则的"双边化"解释。在这解释过程中，"外国法作为整体适用"的思想也得到了贯彻。对此，早期德意志帝国最高法院和后来的联邦共和国最高法院都予以确认，从而扩大了适用反致的范围。实践中，适用反致的案例常见于民事身份、家庭关系和继承领域中，在这些领域德国采本国法原则，常常是从本国法向住所地法反致；在有关夫妻财产制和继承事项中，也可能产生从本国法向物之所在地法的反致。

另外，"将外国法作为整体适用"思想的彻底贯彻，必然使反致并不限于狭义的反致（对法院地法的反致），实践中转致也同样被接受。对于如何终结反致，依具体案情而定：一般而言，当被转致的第三国仍有意向第四国法指引时，法院会忽视这种指引而适用第三国的实体法，当该第三国法指引回至德国冲突规则初次指引的法制时，或指引至德国法时，这些指引将被最终接受。这样实际上将转致局限于二级转致，尽量地简化司法任务。

尽管法院宣称"外国法作为整体适用"是一般原则，但这样的宣称太过宽泛，实际上有些领域不适用这一原则。例如在合同领域，当事人已选择法律时，反致被拒弃；当事人未选择法律时，是否采用反致，在法院实践中曾有分歧，但占绝大多数的意见认为，根据一个客观连结点将"合同场所化"（将合同与其有最密切联系的场所连结），从而指引准据法时，反致也被拒弃。又如在侵权领域，是否适用反致仍有争论，判例的立场也不一致，联邦最高法院也未表明态度。但在萨维尼"侵权行为适用法院地法"思想影响下，法院多适用法院地法，或将法院地法与侵权行为地法、当事人共同本国法重叠适用，故实际较少发生反致情形。

（2）新法中的反致条款。

1986 年联邦德国颁布的《联邦德国国际私法》取代了 90 年前的《民法施行法》，新法共五节 36 条，在总结实践经验基础上，积极接受现代国际私法发展新趋势的影响，将旧法绝大多数条文废弃和更新，反致条款也得以改造，其第一节（总则）第 4 条规定：

"①若适用外国法，应适用该国的冲突法，除非适用此冲突法违反适用外国法的意图。如果该外国法反致德国法，适用德国实体法。

②当事人有权选择准据法时，只选择一国的实体法。"

作为一般规则，反致（包括转致）得到了接受，这实质是传统的"外国法作为整体适用"思想的体现，但又被附加了现代功能分析观的限制——反致不得违反德国冲突规则的意图（即适用外国法的意图）。根据新法的官方评论，这种意图分为明示和暗示两种。前者如合同领域的法律适用，仅限于一国的实体规则；后者如法律行为的形式（第 11 条，包括第 26 条规定的遗嘱形式）的法律适用，因采取了选择性规则，也排除反致。这些对适用反致的拒绝也正是传统司法实践的一贯做法。

在现代国际私法发展新趋势的影响下，新法大量采用"灵活开放"的冲突规则，实际上限制了反致的适用。第一，在家庭法（第 3 节）领域，有关结婚、婚姻的一般效力、离婚、婚生子女和非婚生子女的地位、后继婚姻的准正、子女收养等绝大多数事项的法律适用，都采纳了选择性规则（有些事项的最后备选规则甚至为法定自由裁量的最密切联系原则），从而在这个传统的适用反致的领域中逐弃了反致。第二，在合同领域，新法将《1980 年欧洲经济共同体关于合同义务法律适用公约》中的冲突规则予以植入，即采意思自治原则和最密切联系原则相结合的模式，这也要求拒绝反致。第三，对侵权事项，新法第 38 条规定：对于发生在外国的侵权行为，不得对德国公民提起比德国法律规定更高的赔偿请求。这一规定与其说是一条完整的侵权行为准据法的规定，不如说是一条没有主要条款的但书，实际许可了法院实践中曾出现过的选择适用侵权行为地法、法院地法、当事人共同本国法的情形。这种灵活近于空白的规定，也无需反致的调节。

由于以上的限制，只有在自然人法（第 2 节）和继承法（第 4 节）的领域里（除去行为形式事项），还存在着适用反致的可能。

在反致制度技术设计方面，新法贯彻"外国法作为整体适用"的思想，将转致也包含于反致中，并以适用德国实体法终结一级反致中的循环指引，这种处置有一定合理性；但对于转致的过程未有控制，是个缺陷。

总之，新法中的反致制度，重申了"外国法作为整体适用"的传统原则，在很大程度上反映了法院的实践；又引入了对冲突规则目的进行功能分析的思想，使得反致原则的普遍适用只是一个价值宣示，实际受到具有特定目的和政策的冲突规则以及现代灵活开放选法方式的限制。这样，反致制度在其恰当的辅助地位上，与其他传统规避技巧和现代选法方式一起，发挥着对传统冲突规则进行"软化处理"的调节功能。

3. 奥地利法

奥地利最初的国际私法是以 1811 年民法典中的三条冲突规则为基础的，20 世纪初又以《德国民法施行法》为模式予以增补；一些单行法规中，也有零星的冲突规则；立法的简陋使得大部分冲突规则是由学说指导下的法院判例构筑的①。对于反致问题，仅 1941 年《关于婚姻法第 4 号实施条例》规定了狭义反致。

奥地利旧的国际私法在世界法律体系中地位甚微，而 1978 年颁布的新法——《奥地利联邦国际私法法规》却有重要意义。新法是在欧陆国家国际私法学说受到美国冲突法革命的影响（尤其是"最密切联系原则"的影响）的时候颁布的，代表了欧洲国家接受最密切联系原则的一种模式②。并且，新

---

① 参见上海社会科学院法学研究所编译：《国际私法》，知识出版社 1982 年版，第 238~239 页。

② 最密切联系原则在各国立法中有三种模式：其一为自由裁量式，由法官根据案情自由裁量何为与案件有最密切联系的法律；其二为规则推定式，即推定传统冲突规则指引着与案件有最密切联系的法；其三为规则推定与自由裁量相结合式，即推定传统规则指引的法律与案件有最密切联系，但根据具体案情，法官有权自由裁量还存在一个与案件有更密切联系的法律，以对推定规则的机械性予以调节。三种模式一般都为接受最密切联系原则的国家同时采纳，但就侧重点而言，它们各自的主要代表分别为美国模式、奥地利模式、瑞士模式。参见邹志鸿：《国际私法上的最密切联系原则及其发展》，载《武汉大学学报社会科学版》1992 年第 6 期，第 58 页；并参见后文的"瑞士法"、"英国法"部分。

法还设计出富有特色的反致制度。以下便在介绍新法的最密切联系原则模式基础上，分析新法中的反致条款。

新法在总则第 1 条中开宗明义地指出：与外国有连结的事实，在私法上，应依与该事实有最强联系的法律裁判。即声称最强联系原则（最密切联系原则在奥的代名词）是法律选择的总原则。但是，上述宣言后又附有一条但书：本联邦法规所包括的适用法律的具体规则，应认为体现了这一原则。该但书正是该模式特色所在：新法的具体规则，有着许多以单个连结点构成的传统冲突规则；而将这些传统规则推定为体现了最强联系原则，则使最强联系原则——本来是由法官自由裁量的弹性原则——硬化地固定于传统机械规则中，丧失了弹性功能，仅具有"价值宣示"功能，表明立法者对该原则的赞同和对具体规则的自信。这样，在单点冲突规则存在的领域，具体选法仍依赖传统机械规则，使得对传统规则起调节作用的反致制度——在最密切联系原则下本无立足之地①——仍有着产生的可能性和必要性。

新法不仅未拒绝反致，反而在各国所不及的程度上予以采纳。

新法第 3 条"外国法的适用"规定：外国法一经确定，应由法官依职权并按该法在原管辖内那样适用。这里表达了与德国的"外国法作为整体适用"相似的思想，为广泛地采纳反致论奠定逻辑基础。这一思想又似乎与作为英国全部反致基础的"外国法院理论"相近，但有学者指出并非如此："新法典已于第 5 条明文规则采用一般欧陆国家所惯用之部分反致理论，……故其（指上述第 3 条条文）功能充其量亦不过限于对第 5 条之部分反致理论加以补充和更明确之指示而已。"②

新法第 5 条规定反致包括狭义反致与转致。其第 1 款规定：对外国法律的指定，也包括它的冲突法在内。在这里反致被宣称为普遍适用的原则。其第 2 款规定了对反致过程的控制：其一，如外国法反致时，应适用奥地利内国法（不包括其冲突法）；其二，如外国法转致时，则对转致亦应予以尊重，但当某国国内法并未指定任何别的法律，或在它被别的法律首次反致时，则应当适

---

① 根据最密切联系原则逻辑，与案件有关的最密切联系地只能有一个，因而所选的法律也只能是该地法制中实体法。从而排除了反致。参见卢松：《论最密切联系原则》，载《中国国际法年刊》1989 年版，第 175 页。另外，最密切联系原则本质上是一种灵活开放式现代选法方法，无需适用反致作为调节手段。See kahn-Freund, General Problems of Private International law, 2nd ed, 1980, p.290.

② 参见陈隆修：《比较国际私法》，台湾地区五南图书出版公司 1989 年版，第 187页。

用该外国的国内法。这一条文并未限制转致的级数，而是设置了两个机制：一是某被转致国与其前一转致国冲突规则相同，视为接受转致，终结致送，这也是各国的通例；另外新法创造了一个控制机制，即当转致国相互循环指引时，则适用转致过程中被他国首次反致的国家的内国法，终结致送。

尽管新法在总则中声称将反致作为一种普遍适用的原则，但在各具体领域，新法吸收了大量灵活的开放的现代选法方式，对反致适用有明示和暗示的限制。

（1）合同领域。总则第 11 条第 1 款明确规定：当事人对法律的协议选择，不包括被选择法律的冲突法。若当事人未对法律予以选择，新法是以被认为与合同有最强联系的客观点将"合同场所化"，从而指引准据法（第 7 章第 36—45 条）；而按照最强联系点只有一个的逻辑和最强联系概念的灵活性，不应适用反致。

（2）法律行为形式有效性领域。新法设置了灵活的选择性冲突规则（第 8 条），也排除了适用反致的必要。

（3）不当得利、无因管理等准合同之债以及侵权领域。新法采取以传统冲突规则指引为主、最密切联系原则例外纠偏这一确定性和灵活性相结合的选法方式（第 7 章第 46—48 条），赋予法官一定的自由裁量权，无需适用反致。

（4）亲属的领域（涉及婚姻关系、子女与父母关系、监护与保佐、第 3 章第 16—27 条），选择性冲突规则被普遍适用，从而在这个传统的适用反致的领域，也排除了反致。

经过上述限制，被声称普遍运用的反致制度只在新法的属人法（第 2 章）、继承法（第 4 章）、物权法（第 5 章）等主要适用传统形式的冲突规则的领域中，才有产生的可能和必要。与德国新法中的反致制度命运一样，奥国新法的反致制度和其他传统规避技巧以及各种现代选法方式一起，共同构成对传统规则进行"软化处理"的调节机制。

4. 瑞士法

瑞士最早的冲突规则主要是 1891 年《关于有住所或居所者民法关系的联邦法》，该法主要适用于瑞士州际法律冲突，又只涉及民事身份、亲属、继承等有限事项，已被认为是"过时的和不完善的"。经过一番争论，学说判例从该法几个条文中确立了一个传统惯例，即住所地法优先原则。瑞士法院对于属人法事项，一般适用当事人住所地法——这与欧陆国家通行的本国法主义是不同的；当住所地法另有指引时，则仅接受其对瑞士法的指引，即接受狭义反致，拒绝转致①。

1987 年瑞士联邦议会通过《瑞士国际私法法规》，共计 13 章 200 条。新法不仅采取全新结构——对每一类事项都作出了有关法院管辖、法律适用及对外国判决和仲裁裁决的承认和执行等三部分的规定，而且内容先进——大量引进了各种对传统冲突规则予以"软化处理"的现代选法方式，可谓是欧陆国际私法制度自身演进与美国冲突法革命冲击相结合的新产物。这里联系新法有关的法律适用条文分析新法中的反致制度。

新法第 1 章（总则部分）第 14 条第 1 款规定：反致（包括转致），只有在新法有规定时才予以考虑。这是一种对反致基本予以拒绝的态度，其原因主要有下列几点：

（1）接受反致，与新法法律适用的基本原则——最密切联系原则相违背。新法在采纳美国冲突法革命学说中的最密切联系原则时，有着独特的模式——瑞士模式。尽管瑞士立法者也通过大量的传统形式的具体冲突规则把这种一般性原则予以"硬化"，以保证法律适用的确定性，但同时也认识到，不可能预见一切可能出现的情形。为了避免传统规则的机械性，立法者又以最密切联系原则为基础设置例外场合起作用的避开机制。其第 15 条规定：根据所有情况，如果案件与本法指定的法律明显地仅有松散的联系，而与另一国法律却具有更密切的关系，则作为例外不适用本法所指定的法律。这样就通过赋予法官一定程度的自由裁量权，避免机械选法的缺陷，从而使适用反致并无必要。

（2）反致的调节功能为大量的现代选法方式所替代。新法在各个领域广泛采取灵活开放的现代选法方式，除上述提及的最密切联系原则外，主要有以下二类：一为当事人意思自治原则，为加强法律适用的确定性和可预见性，新法将意思自治原则从合同领域扩展至婚姻财产制、继承、动产利益等领域，而该原则的立法政策与适用反致是相冲突的；另一为选择性冲突规则，它的广泛采用，也使反致并无存在的必要。

（3）反致与住所地法优先原则相矛盾。新法继承了传统的住所地法优先的观念，即认为与欧陆国家流行的连结点国籍相比，住所地与当事人有更密切的联系；因而对属人法事项的法律适用，多指引住所地法。而按密切联系的要求，这种指引一般而言应指住所地法的实体法，除非另有其他立法政策要优先实现（参见下文例外接受反致的情形）。

---

① See Stephen Mccaffrey, The Swiss Draft Conflicts law, in Am. J. Comp. L, Vol. 28, 1980, p. 238.

尽管在一般层次上拒绝反致，但新法仍规定在例外场合接受反致。

（1）在民事身份领域，外国法对瑞士法的反致予以考虑（第1章第3节第14条第2款的规定）。这条规定是对上文所提及的传统的反致实践的反映，它使得在该领域里优先适用住所地法的政策、扩大适用法院地法的动机和取得一致判决的愿望得到统一：即在一般情形下，适用当事人住所地实体法，以保证适用法律与当事人之间联系的密切性；而当住所地法指引瑞士法时，则适用瑞士实体法，以使适用法院地法和实现判决一致性相统一。基于上述目的，新法仅接受向法院地法的反致而拒绝转致，似有意牺牲本可通过转致所能实现的判决一致性，以确保住所法地法优先原则的实施。这种规定，体现了立法者对反致的实用性质的深刻理解。

（2）在新法列举的特定事项方面，反致（包括狭义反致和转致）得到接受（第1章第3节第14条第1款但书条款的规定）。第一，对自然人姓名事项，新法规定：住所在外国的人的姓名由其住所地国的国际私法规则指定的法律支配（第2章第37条）；第二，对于婚姻财产制与第三人间的法律关系的效力事项，新法首先规定适用法律关系产生时配偶的住所地法；又但书规定，如果第三人在法律关系产生时知道或理应知道适用婚姻财产制的法律，该效力仍由此法律支配（第3章第3节57条）。该但书条款目的在于保护第三人对法律适用的合理预见；这种预见可能是从配偶住所地法的冲突规则的意图中产生，因而存在适用反致的可能。第三，对最后住所在外国的人的继承事项，新法规定，适用被继承人最后住所地国的国际私法指定的法律（第6章第91条）。在上述事项中，适用反致的主要目的在于取得判决的一致，因而对一级反致与转致都予以接受。但该规定对转致过程未设置控制条件，是一个缺陷。

总之，新法注意到了在各个具体领域里，特定的冲突规则的立法政策和现代选法规则的广泛选用对反致制度的限制和取代现象，也未忽视在个别场合利用反致实现特定立法目的（如取得一致判决，扩大适用法院地法）的必要性，并在总则中作了恰当的反致——即对反致的基本拒绝和例外采纳的统一，可谓较准确地把握了反致作为一种辅助调节手段的本质。

5. 英国法

众所周知，英国判例中的反致制度以其在"外国法院说"（the doctrine of foreign court）基础上的"双重反致"（double renvoi）形态而引人注目，在此通过一系列案例的说明，对这种独特的反致理论及形态的历史发展作一个简要回顾，继而分析其现状、地位，探讨其适用范围。

柯利瓦诉利瓦兹案（colier v. Rivaz，1841）是英国法院最早适用反致的案例。该案涉及遗嘱形式有效性事项，基本事实是：一个英国国民（依英国法规定已在比利时取得住所，而依比利时法其住所仍在英格兰），生前立下一份遗嘱和六份附件，该遗嘱和其中两份附件是按比利时实体法规定的形式作成的，其他四份附件则按英国实体法要求作成，但不符合比利时实体法规定的形式。詹纳法官（Jenner J.）声称："审理此案的法院必须设想自己是在比利时审理这一特殊案件"，从而首次提出了"外国法院说"。该法官然后对前三份遗嘱文件依英国冲突规则指引，适用了使之形式有效的比利时实体法，又对后四份文件接受比利时冲突规则反致，适用了使之形式有效的英国实体法。此后，在与该案相似的弗日尔诉弗日尔案（Frere v Frere，1847）中，詹纳法官同样采取了上述主张和方式①。

这两个最初的有关反致的判决受到了英国学者们的纷纷责难：第一，詹纳法官并未考虑到比利时法院也可能接受英国法的反致而适用比利时实体法，并非彻底贯彻"外国法院说"；第二，该案判决同时适用比利时的实体法和冲突法，是一种实用主义的选择，不合逻辑，仅能适用于遗嘱形式有效性事项，不能适用于遗嘱实质有效性或无遗嘱继承事项，因而不能作为支持反致普遍适用的论据②。的确，该案判决是将反致作为一种规避手段而适用的，旨在避开支配遗嘱形式有效性事项的刻板的英国冲突规则（只规定适用遗嘱人最后住所地法），而利用欧陆国家灵活的冲突规则（可选择适用遗嘱人的属人法或遗嘱制作地法），以维护遗嘱的形式有效性，保护遗嘱人真实意愿③，并无意创立完满和普遍适用的逻辑体系。

考虑到上述批评，这两个判决在案情与之基本相似的布雷默诉弗里曼案判决（Bremer v Freemen，1957）中遭到否定。它是由枢密院（Pricy Council）在审理一件来自英格兰—宗教法院的上诉案时作出的，因而被认为是在反致问题上唯一的有"上诉审权威的英国判决"（English decision of appellate authority），应是一件具有拘束力的先例（a binding precedent），但该判决关于反致问题的推理复杂模糊，以至于在后来的判决中，既有引之作为支持反致论据的，也有

---

① See Dicey and Morris, Conflict of laws, 11th ed, 1987, pp. 76-77；Cheshire and North, Private International law, 11th ed, 1987, pp. 66-67.

② See Dicey and Morris, Supra ［56］, p. 76.

③ See Cheshire and North, Supra②, p. 66；参见［英］马丁·沃尔夫著：《国际私法》，李浩培、汤宗舜译，法律出版社1988年版，第298页。

引之作为反对反致论据的。

布雷默诉弗里曼案导致 1861 年的金斯唐勋爵法的通过，该法为英国国民的动产遗嘱提供了四种可选择适用的法律。但这种宽容的规定并未能完全消除英国冲突规则的刻板性（如它未像欧陆国家一样承认被继承人的本国法可作为准据法），因而在后来另一件涉及遗嘱形式有效性事项的拉克瓦案（In bonis lecroix. 1877）中，法官仍觉得有必要同时适用外国法的实体规则和冲突规则，才能使所有遗嘱文件的形式有效性得到推广。

此后，适用反致的案例扩展至遗嘱实质效力和法定继承事项。涉及前者的是特鲁福特案（Re Truffort，1887），该案判决中，法官接受从法国冲突规则向瑞士法的转致；涉及后者的是约翰案（Re Johnslon，1903），在该案判决中，法官第一次使用了反致（Remission）这个词。

值得提及的是，上述所有判例中的反致形态，都是在"外国法院说"旗幌下的"单一反致"——法官只考虑外国的冲突规则，而不考虑外国的反致规则。直到 1926 年安妮斯列案（Re Annesley，1926），"外国法院说"才得以彻底贯彻。

安妮斯列案涉及遗嘱实质有效性事项，基本案情为：一英国妇女（依英国法规定在法国获得了住所、而依法国法却并未获得法国住所），生前立下处置财产的遗嘱，该遗嘱依英国实体法实质有效，但违反了法国法关于遗产"必继份"的规定。拉赛尔法官（Russell J.）在遵从"外国法院说"基础上，通过以下推理过程，最终适用法国实体法。

首先，英国冲突规则指引被继承人住所地法，即法国法；

其次，假设法国法官将依法国冲突规则指向英国法，这时该法国法官面临着英国冲突规则指引回至法国法的情形。

最后，经过专家对法国反致规则的证明，发现"单一反致"在法国得到了承认，因而认为假想中的法国法官将接受英国法对法国法的反致，从而适用法国实体法①。

就这样，拉赛尔法官"三渡英吉利海峡"，彻底追随法国法官的选法方式，并首次展现了"双重反致"的过程。尽管拉赛尔法官并没有为此方式引证任何判例依据或理由，但这实际上是彻底贯彻"外国法院说"的必然结果。正如有位英国学者指出：这位博学的法官要不是认为他自己受到一些先例的拘束，本可以采取另一种更简单的方式直接适用法国实体法。

---

① Morris and North, Cases and Materials on Private International law, 1984, pp. 655-657.

自安妮斯列案始，"双重反致"成了"外国法院说"的代名词，得到了许多案例的响应。

罗斯案（Re Ross，1930）也是涉及遗嘱实质有效性的案例，该案事实与安妮斯列案基本相似，只是英国冲突规则指引的住所地法为意大利法。卢格斯英尔法官（Luxmore，J.）赞成安妮斯列案判决，声称"英国法院即使不是一贯的话，也是一般地将住所地国的法律视为该国的全部法律"，从而把"外国法院说"夸张为普遍适用原则；接着，在查证意大利的反致规则后，认为意大利法拒绝反致，从而最终适用英国实体法。值得注意的是，该法官还道明了采"外国法院说"的现实理由：英国法院应努力查实并追随意大利法院处理该案的方式，以求得判决的一致，因为作为该案标的物的财产处于意大利法院的实际控制之下——这一理由对于安妮斯列案而言也是十分重要的。

阿斯科案（Re Askwe，1930）涉及非婚生子女准正事项。在该案判决中，毛甘法官（Maugham，J.）遵循安妮斯列案和罗斯案判决所采取的方式，在依英国冲突规则指引德国法后，查明德国法反致规则是承认"单一反致"的，从而最终适用德国的实体法。值得注意的是，毛甘法官首次明确将适用反致与外国法的证明联系起来："英国法官从来不会考虑适用反致制度，除非外国法专家证明该制度是住所地法的一部分"。这一声称较罗斯案判决中卢氏法官的夸张的声称显得更为现实，因为在英国司法实践中，外国法是被视为事实看待的，其适用需当事人举证，而有关外国的反致规则是最难举证的。在论及反致规则的证明困难时，毛甘法官与安妮斯列案中的拉塞尔法官一样，尽管在具体案件中适用了反致制度，却表示个人宁愿直接采用外国实体法的简单方式（在该两案中，这种简单方式与通过反致的复杂方式在法律选择的效果上是相同的），因为"关于外国法反致规则的专家证明常常是令人置疑和相互冲突的"。

在以上三个判决中，尽管法官对于反致制度地位的意见并不一致，但都彻底贯彻了"外国法院说"，使英国反致制度呈现了独特的"双重反致"形态，以后的反致判例全都效仿。如涉及法定继承的俄基夫案（Re O'keefe，1940），涉及遗嘱实质有效性的科提亚诉纳哈斯案（Kotia V. Nahas，1941）和韦林顿公爵案（Re Duke of Wellington，1947），涉及遗嘱形式有效性的富特地产案（Re Fuld's Es tate，1968）。

尽管1841年首次采用反致的判决就倡导的"外国法院说"在1926年安妮斯列案中得到彻底贯彻，使得英国的反致制度出现"双重反致"形态，以后所有适用反致的判例采取相同的方式，学说也纷纷予以确认。但是上述所有判决都不能作为有拘束力的先例，因而将"双重反致"作为英国反致制度的表现形态，只是一个说服力较强的推定，尚有待于能作出有拘束力判例的高级法院的审查和明确表明。

面对着一大堆并无拘束力的适用反致的案例，如何确定反致制度在英国冲突法体系中的地位呢？英国学者也曾为此争论不已，各自从中得出支持或反对反致制度的相对立的主张[①]。然而早期大部分关于反致学说讨论的基础，都是认为在一切案件中所要选择的是要么完全接受反致，要么完全拒绝反致，这与司法实践并不相符。正确评价反致制度的地位，应注意英国法院把外国法视为事实的惯例：与成百上千个直接适用外国法的实体规则的案例相比，反致案例显得为数甚少；而大多数未适用反致的案例，可以这样的原因来说明，即当事人并未主张证明法院必须适用外国法的冲突规则；因此，从判例中归纳出一条有关反致的普遍规则——无论是完全支持，还是完全反对——都不免过于夸张。

目前英国学者已认识到了这一点，在其传统的经验主义立场上，他们认为：整个反致问题不应取决于一个先验推理，而应根据权宜原则对各种案件进行个别分析。在某些场合，反致学说是方便的，并且能促进公正，"例如法院想要确认一个形式上无效的婚姻，或是处理一起死者在多国留有动产的继承案件时想要实现分配上的统一，或者在审理一起涉外个人身份的案件时想要避免与住所地法的冲突，那么，反致说有时候可能成为用来获得所期望结果的有用工具，虽然是比较麻烦的工具"。另一方面，考虑到适用反致所带来的理论和实践上的困难，不应普遍适用，除非很清楚，将指定适用外国法解释为适用外国法的冲突规则，更符合英国冲突规则指定适用外国法的目的。

上述观点在英国冲突法的权威教科书《戴赛和莫里斯冲突法》（Dicey and Morris on the Conflict of Laws）一书中得到了反映，书中指出："在英国冲突规则中，一外国法律，通常是指该国的实体法，有时是指该国法院处理相同案件时将会适用的实体法。"

这样，反致制度在英国冲突法体系中，是一种在例外场合适用的、有用的、合理的权宜之计。

由上可知，反致在英国被视为一种在例外情形下对冲突规则予以调节的工具。把反致制度的这一性质与英国冲突规则的目的，以及判例中的实践经验结

[①] 支持派主要代表为戴赛（Dicye）和韦斯特莱克（Westlake），反对派主要代表为戚希尔（Cheshire）和莫里斯（Morris）。

合考虑，英国学者就某些适用反致的事项和不适用反致的事项达成了较为一致的认识。

（1）位于外国的财产的权利事项。英国法院在处理该类事项时，无论该财产为不动产或动产，都适用物之所在地法，并考虑将物之所在地法广义解释为物之所在地法院所会适用的法律。理由是：当财产处于物之所在地法院实际控制之下时，实现法院地法院与物之所在地法院间的判决一致就具有重要意义，即可增强判决在物之所在地的执行力。这也可能说明英国反致案例大都发生于继承领域，并且在继承的实质问题上皆采"双重反致"的现象。也有学者指出，这种理由在动产事项上，并不如在不动产事项上那么有力，因为动产可以从外国法院的管辖下取走。

（2）家庭法事项。曾有三个案例在家庭法领域的一些事项中涉及反致。其中一个适用反致的案例是有关非婚生子女准正事项，即上述的阿斯科案；另一个表明可能适用反致的案例涉及婚姻能力事项，即伯仁特伍德婚姻登记官案（Re. Bremtwood Marriages Registrar，1968）；还有另一个表明可能适用反致的案例是有关婚姻形式有效性事项，即塔克扎诺斯卡诉诺扎诺斯基案（Taczanowska V. Taczanowski，1975）。前两个案例判决表明法院可通过反致技巧，就民事身份事项协调英国奉行的住所地法原则与其他国家奉行的本国法原则的冲突，后一个案例表明法院可借助反致技巧，避开英国刻板的冲突规则的指引（如其规定婚姻形式通常依婚姻举行地法，而相邻的欧陆国家却实行灵活的选择性规则），达到某种所期望的结果（如维护婚姻形式有效性），这也正是英国最早的几个反致判决涉及遗嘱形式有效性的关键原因。以上三个案例共同表明了，在该领域里适用反致，必须确实必要和合理。

此外，还有不适用反致的事项，这主要有：

（1）合同事项。在合同的法律适用方面，自1760年曼斯菲尔德法官（Mansfield J.）将意思自治原则引入英国普通法以来，英国判例逐步确立了灵活开放的"合同自体法"理论（the doctrine of proper law of contract），即合同受当事人选择的法律的支配，若当事人意图并未明示，又不能从环境中推测时，则适用与合同有最密切联系的法律。大多数学者和法官认为，在这种制度下，为确保交易的可预见性、安定性和所选法律与合同的最密切联系性，适用的法律仅为一国的实体规则，反致应被排除。最近，两个可作为有拘束力的先例的判决正式确认："在合同领域不适用反致"；另外，英国是其中当事国之一的欧洲经济共同体1980年的《关于合同义务法律适用公约》第15条也明文规定排除反致。

（2）侵权事项。关于侵权事项的法律适用，英国传统冲突规则是 1870 年菲利普诉艾利案（Phillip V. Eyre）中确立的"双重可诉性规则"（rule of double actionability），即以法院地法为主，行为地法为辅，重叠适用两法。这样消除了适用反致的可能性，司法实践中也确实并无适用反致的案例。倒是苏格兰高级民事法院在判决中声称：侵权行为地法仅指侵权行为地实体法。学者们普遍赞成这种观点，尽管目前尚无有拘束力的先例表明立场。值得注意的是，自 1971 年博伊斯诉查普林案（Boys V. Chaplin）始，英国有关侵权事项的冲突规则正经历一场革命：即以"最密切联系"原则为基础的"侵权自体法"（the proper law of tort）这个灵活开放的冲突规则正在日益广泛地补充甚至替代"双重可诉性规则"，这也将使反致在该领域并无产生的必要。

当然，以上关于适用反致和不适用反致事项的列举都并非穷尽列举。反致制度毕竟是一种在具体案件中例外适用的调节手段，它的适用范围不可能绝对限定，尚有"未发现"的领域，可以相信，只要方便、必要和合理，英国的法官和学者们会"发现"的。

6. 美国法

美国冲突法制度因其国家的年轻而显得年轻，但其各州享有立法权的独特的联邦制结构，为冲突法的发展提供了一个宽阔的舞台。20 世纪五六十年代至七十年代初，美国冲突法学界爆发了一场"革命"，这场革命使得美国冲突法的现代制度和传统制度的区别泾渭分明，而二部民间冲突法典——《第一次冲突法重述》（restatement of the laws, first, 1934）和《第二次冲突法重述》（restatement of the law of Conflict of laws, sencond, 1971），则成为传统制度和现代制度各自的学说里程碑①。在此，以两次重述为样板，分析它们各自所代表的两个冲突法时代对反致的态度和实践，最后分析另一重要的现代学说——"利益分析"学说在反致问题上的新思想。

（1）《第一次冲突法重述》的反致观。

1934 年，美国著名冲突法学者比尔（Beale）教授——作为英国著名学者戴赛（Dicey）"既得权理论"（vested right theory）的主要传播者和发展者——以"既得权理论"为基础，编订美国《第一次冲突法重述》（以下简称《第一次重述》）。但是，在反致问题上，比尔却表现出与其理论先驱戴赛截

---

① 美国冲突法学者冯·梅伦（Von Mehren）曾指出：《第二次冲突法重述》是近数十年来美国选法思想基本改变的里程碑，转引自高凤仙：《美国国际私法之发展趋势》，台湾地区商务印书馆 1980 年发行，第 14 页。

然不同的态度。本来按照戴赛的"既得权理论"，"任何依据文明国家法律有效取得的权利，依英国法可予以承认，一般也予以执行"，而这创设权利的法律是指某一国的包括冲突规则在内的整体法①。比尔对此观点却附加了强烈的属地主义的限制："可适用的冲突规则只能是法院地的法律……"② 这种观点反映在《第一次重述》中，即基本拒绝反致的态度，其第 7 条第 6 款规定：被适用的外国法是外国实体法而非冲突法；对此仅有两个例外，其第 8 条规定：对土地权利事项适用物之所在地法和对离婚判决有效性事项适用住所地法时，包括这些法制中的冲突规则。这种对反致深深敌视的态度实际反映了传统时代美国司法实践和学说在反致问题上的普遍意见。

1919 年，纽约州一法院在托马基案（Re Tallmadge）中声称："反致制度不是纽约州法律的一部分"；甚至在 1964 年，纽约州另一法院仍然认为："反致原则不为纽约州所遵守，在美国它也没有得到普遍接受……"其他州法院在有关判决中也表达了相近观点。

当时美国绝大多数学者，甚至包括比尔教授的"既得权理论"的主要反对者库克（Cook）教授、劳伦岑（Lorenzen）教授，都普遍赞同比尔基本拒绝反致的观点，只有反致问题专家格里斯伍德（Griswold）是当时唯一的辩护士。当然，这些主要活跃于本世纪 20—40 年代的学者不免或多或少受到当时风行于冲突法领域的概念主义法学方法论的影响，所持论据基本都是以"教条论"为主，"技术论"为辅，如适用反致是否有损主权、是否会造成无限循环、是否会陷入逻辑困境、是否能实现判决一致性、是否具有技术可行性等等；本章前文已指出，在以概念主义为基础的论战中，反对派占上风是不足为奇的③。

既然比尔教授基本反对反致，又为何主张涉及土地权利和离婚判决事项时可例外适用呢？在《第一次重述》中，比尔教授并未对此提供详细说明。次年，他在一部名著中解释道："……因为各州以同一方式对待婚姻关系有着巨大的社会重要性，法院地法试图通过规定依由其指引的外国法处理同一案件时

---

① 这是戴赛在其名著《冲突法》（Conflict of laws）第一至第五版中表达的观点。在第六版中，戴赛作了一个修正：即对创设权利的法律附加了依英国冲突规则指引适用的条件，但对外国法整体指定的思想并未改变。See Smitthoff, The English Conflict of laws, 3rd ed, 1954, p. 8.

② See Beale, Conflict of laws, 1935, p. 56.

③ 关于美国学者围绕反致展开的论战，See Gramton, D. Currie, kay. Conflict of laws：Cases-Comments-Questions, 4th ed. 1987, pp. 65-70, The Renvoi Problem。关于"教条论"、"技术论"的内容，详见前文。

将采取的同一方式来处理案件，以便为这种同一对待提供保障……这种理由同样适用于对外国土地权利事项的处理；既然只有物之所在地州有着最终的控制权，这项权利在任何地方都应在物之所在地州将采取的同一方式下得到处理，这对于保护当事人的利益是非常重要的。"

可见，比尔是以传统理论所追求的主要目标，即判决一致性作为例外适用反致的理由。然而，既然对比尔而言，判决一致性在整个冲突法领域都十分重要，为何不能作为支持广泛适用反致的理由呢？从这一思路出发，有学者批评比尔对反致的反对态度与其所持的"既得权理论"之间存在着强烈的对立关系①。另有学者则对这两个例外进行了扩伸解释②：第一，土地属于财产的范畴，若因其处于物之所在地的实际控制下，而主张以依物之所在地法将采取的同一方式处理土地权利事项，那么这一理由同样也应适用于动产权利事项。尽管动产与土地不同，可以从物之所在地移走，减损了这种理由的说服力，但在任何时候，只有物之所在地法才能证明财产权利的有效性和效力，在这一关键点上，动产权利和土地权利性质是相似的。第二，离婚判决有效性属于民事身份范围，各相关法域以同一方式对待离婚关系的重要性，同样也应适用于其他各种民事身份事项，因为对于后者，同样也应依法院地法所指引的法制所欲采取的相同方式予以处置。这样看来，在强调判决一致性目标时，比尔教授无意间播下了扩大适用反致的"种子"。

（2）适用反致的实践。

曾在 1919 年托马基案判决中明确宣布反致制度不是纽约州法一部分的纽约法院，在 1956 年的谢雷德地产案（Re Schneider's Estate）中改变了立场，在现实中实践了《第一次重述》中例外适用反致的一个规定。该案涉及一美国公民在国外的不动产遗嘱继承事项，法院依纽约州冲突规则指引物之所在地法时，面临着如何确定"物之所在地法"含义的问题，即该法是仅指物之所在地法的实体规则，还是指包括其冲突规则在内的整体法制？法院通过分析构成该冲突规则基础的立法理由来确定它的含义。鉴于其主要立法理由为物之所在地法的立法与执法机关对其领域内的土地有绝对排他的管辖权，为了判决能为物之所在地法院承认与执行，法院决定将自身置于该外国法院的位置，宛若该外国法院处理同一案件，将指引准据法解释为包括其冲突规则在内的整体法指定，最终接受物之所在地冲突规则对纽约州法的反致，适用纽约州的实体

① See Griswold, Renvoi Revisited, 51 Harvard, 1. R, 1938. p. 1165, p. 1187.

② See Levontin, Choice of law and Contlict of laws, 1976. pp. 55-59.

法。在上述适用反致的判决推理中，比尔教授在《第一次重述》中关于对土地权利事项适用反致的主张、格里斯沃德为反致所作的辩护，被法院引为权威的支持论据①。

虽然一般认为反致制度不构成合同法的一部分，但美国的一部民间商法典《统一商法典》(Uniform Commercial Code) 却列举了一系列应考虑反致适用的场合。该法典第 1—105 条第 1 款规定商业交易适用"当事人意思自治"原则后，第 2 款又规定，当本法下列任何条款对适用法作出规定时，应按条款之规定适用有关的准据法；相反之协议，只在所规定的适用法（包括其冲突规则）允许的范围内才有效。其后例举上述优先适用的条款涉及债权人对已售出货物的权利 (rights of creditors against sold goods)、银行存款和收款 (bank deposition and collection)、大宗转让 (bulk transfer)、投资证券 (investment securities)、担保交易 (secured ransactions) 五类事项；在第 8—106 条（投资证券的法律适用）和第 9—103 条（担保权益完善的法律适用）中又具体规定法典指引（以传统冲突规则形式指引）的适用法包括其冲突规则②。

以下对上述规定试加分析，上述列举的事项都是合同关系和财产权利（包括有形财产及有价证券、担保权益等无形财产）混合交错的情形，其中财产权利的性质占据主导地位，因而法典指引的准据法是"物之所在地法"（针对有形财产，第 9—103 条第 2 款，第 5 款）、或与之相近的对证券发行组织有管辖权的法（针对有价证券，第 8—106 条）、或"债务人所在地法"（针对一般性无形财产或移动性货物，第 9—103 条第 3 款）；为保护上述财产所在地、证券发行地、权利证书产生地的交易安全、当事人正当期望，以及为加强判决在上述地域的执行力，从而将上述适用法指引规定为整体法制指引，以获得判决结果的确定性、可预见性和一致性。这实际仍是在《第一次重述》中所表达的、例外适用反致的传统理论的论据。

在涉及侵权领域的理查德诉联邦政府案 (Richard V. United States, 1962) 中，联邦最高法院出于一种与传统的追求判决一致性完全不同的动机，适用了反致，为反致的发展开辟了一条新道路。该案涉及联邦侵权赔偿责任事项，依

---

① See Cramton, D. Currie. Kay, Supra［56］. pp. 58-62. 另应指出的是，纽约州法院在该案判决中虽采取类于"外国法院说"的态度，但并未彻底贯彻，仅考虑外国的冲突规则而未考虑其反致规则，因而仍是"单一反致"形态。

② 《统一商法典》为美国法律学会于 1958 年编定的一部民间统一法典，经 1972 年、1979 年两次修订，现已为美国各州在不同程度上采纳。关于其中文译本，可参见潘琪译：《美国统一商法典》，中国对外经济贸易出版社 1990 年版。

1946 年的《联邦侵权求偿法》（The Fedleral Tort Claims Act）的规定，联邦侵权责任适用侵权行为（包括过错行为和疏忽行为）发生地法。最高法院则认定对侵权行为地法的指引是包括其冲突规则在内的整体法指引。该案适用反致的动机在于：传统冲突规则指引的侵权行为地法的实体法并不能给受害人公正处理，因此借助反致技巧规避这种机械指引，以求得一个合理公正的选法结果。

应该在更广阔的背景下理解这个案例表现出的适用反致动机转变的意义：该案正值美国现代冲突法革命浪潮兴起之际，现代理论对传统理论的重大变革之一便是以注重具体案件结果的公正合理取代片面追求判决结果的确定性、可预见性和一致性，"适用较好法"和"结果选择"的思潮盛行一时，现代学说也为之提供了种种激进或温和的方式。但是，在司法实践中，当传统冲突规则仍然存在时，以反致作为避开机制确实是一种必要和可行的措施。联邦最高法院发现了反致这一功能并予以利用和昭示，使反致制度在新时代获得了生机。

（3）《第二次冲突法重述》的反致观。

在二十世纪三四十年代就在美国冲突法领域潜生暗长的对传统制度进行变革的细流终于于五六十年代汇成汹涌的浪潮，百家争鸣，新说纷呈；而里斯（Reese）教授主持编写的《第二次冲突法重述》（以下简称《第二次重述》）则是对各种新说的折衷反映，也是冲突规则传统结构和各种新型选法方式相融合的产物；该重述对于反致制度也有了新的认识。在此通过分析该重述的选法模式，考查其中的反致条款。

《第二次重述》的理论基础是"最密切联系原则"（the doctrine of the most significant connection），而指导该原则实际运作的中枢条款是第 6 条规定的"法律选择的原则"。该条文列举了有关法律选择应考虑的七大因素，体现了对传统理论和现代理论所提倡的主要的、合理的选法价值观的兼容并纳，法律适用的确定性和灵活性的辩证统一是其中的基本思想。

在上述中枢条款的基础上，《第二次重述》为"最密切联系原则"实际运作设计了以下几种方式：其一，仍采用以单一固定的连结点指引准据法的传统冲突规则，但推定其体现了"最密切联系原则"，可称之为规则推定方式；其二，不设连结点，而授权法官在中枢条款指引下，自由裁量选择与案件有最密切联系的法律，可称之为自由裁量方式。上述方式在具体领域的应用情况为：第一，在合同领域（第八章）、侵权领域（第七章）各设两套机制，即首先在总则部分规定适用自主裁量方式；其次对特殊事项或重要问题，以规则推定方式作为主要规则，又辅之以自由裁量方式作为"避开条款"（escape clause），以调节可能出现的偏差；对一些不易设置固定连结点的事项，则采自由裁量方式，等等这些，排除了适用反致的可能。第二，在财产领域（第九章），总则部分虽声称适用"最密切联系原则"，但在处理具体问题时，对涉及不动产的全部事项以及动产部分事项，则只设置了规则推定方式，并未配置自由裁量方式作为调节措施，因而，为避免机械指引，有适用反致的必要。第三，在身份领域（第十一章），对所有事项都适用自主裁量式方式，无疑也排除了反致。

重述第8条为"另一州法律选择规则的可适用性（反致）规定"。具体条文为：

"1. 除第2、3款的规定外，在本州的法律选择规则指明应适用另一州的'法律'时，法院适用该另一州的本地法（其第4条规定'本地法'指除冲突法外的规则，即实体法）。

2. 如特定法律选择规则的目的在于使法院就案件事实得出的结果与另一州法院审理该案时得出的结果相一致，则法院可适用该另一州的法律选择规则，但须考虑实际可行性。

3. 如法院地州与特定问题或当事人无实质联系，而各利害关系州的法院会一致选择某个适用于该问题的本地法规则时，法院通常将适用该规则。"

可见，与《第一次重述》相似，《第二次重述》以实现判决一致性为理由例外适用反致，但这却是一个范围广泛的例外，因为对例外的范围未作具体的限制。以下依据《第二次冲突法重述评论》（以下简称《评论》），对其范围作些探讨。

对于上述第8条第2款的规定，《评论》第8条第2款考虑了两类情形："a. 另一州在案件中明显地有重要利益，并且案件依该州法院将采取的方式得到处理时，该利益会得到促进；b. 存在着一种强烈的要求，要求各州以同一法律处理某一类问题。"《评论》又以对土地利益转让事项和动产权益继承事项适用反致为例，分别作为上述两类情形的证明。应该指出的是，这里的例证并非穷尽例举，如《重述》在第九章（财产）中，对每条传统冲突规则配置了反致机制——依某某法院将予适用的法律[1]，并且以上每条反致条款都附加

---

[1] 这样的条款，几乎适用于涉及不动产的所有事项：如转让（第223—225条），依法转移（第226条），抵押和留置（第228条、第230条），权力（第231—232条），夫妻财产（第233—234条），衡平法上的权益（第235条），继承；也适用于涉及动产的某些事项：如转让前既有动产权益的效力（第245条），体现动产所有权或其他权利的证券转让或证券利益的转让对非转让双方当事人的效力（第248条第2款第（1）—（2）项；第249条第2款第（1）—（2）项），留置或抵押事项中，动产移至另一州后的交易对担保权益的影响（第253条），权利事项（第255条），继承事项（第260—265条）等。

一条限制性规定：法院通常适用其本地法决定此类问题。这一但书是一个创造性的规定，它表明了重述起草人尽管将适用反致的例外扩大化，但仍注意到了司法实践中适用反致是少见例外的情形；也反映了起草人并不机械追求判决一致，而是给法官提供一个例外场合下自由裁量的机会，根据反致实现判决一致的必要性、合理性和可行性确定是否适用反致，从而使反致作为例外适用的权宜技巧的司法实践特征得到了公开的"立法性"承认。

《评论》第 8 条（1）款 i 项还考察了在有关诉讼时效事项的"援借规则"（borrowing statutes）领域中适用反致的可能性，即在指引另一州的诉论时效法规时是否包括其冲突规则？这种可能性取决于法院地"援借"法规所欲达到的特定目的①。这样，在实现判决一致的名义下，反致可为某种"结果选择"服务。

《评论》第 8 条第（1）款 j 项指出：在合同和侵权领域，反致被完全排除②。我们在上述"《第二次重述》的选法模式"中已说明了这点：因为在这两领域，全部适用灵活开放的选法方式，反致并无产生的可能和必要。出于同样的原因，在身份事项，这个原属于反致传统阵地的领域，也排除了反致。

还应注意，第 8 条第（2）款提出了适用反致的"实际可行性"的前提。这实际是考虑到了重述的中枢条款（第 6 条）规定的"将适用的法律易于确定和适用"这一选法因素，同时旨在避免法院在适用反致时陷入无限循环的困境或迷失于繁琐的外国法证明的歧路。

对于第 8 条第 3 款的规定，《评论》并未作更多的说明。依笔者意见，从字面意义看，该款涉及的反致多为转致；进一步分析，该款带有美国现代理论中流行的"利益分析"思想的色彩。利益分析理论（the theory of interest analysis）的创始人柯里（Brainerd. Currie）以相关州的政府利益为标准，对案件中的法律冲突作了较细划分并提出相应的解决方法。首先是"虚假冲突"与"真实冲突"的划分，在"真实冲突"中有一种情形便是：法院地州本身与案

---

① 援借法规（Borrowing Statutes）是一种比喻称呼，表明这样的情形：法院地将诉讼时效问题识别为实体法问题，从而可指引（即援借）外国诉讼法时效法予以适用。其实质目的在于：如果根据诉讼原因发生地的法律，诉讼已因时效届满被禁止，那么它也不得在法院地进行。

② 值得注意的是，《第二次重述》第 187 条第 3 款规定：无相反意思表示时，当事人所选择的法律为该州的本地法。这一条款与绝对排斥反致适用的规定相比，理论上更具灵活性，但实际效能无甚差别，因为在实际中很难想象，当事人会选择冲突这种间接性调整方法支配其合同。

件无实质利益，利益冲突发生于法院地以外的州之间。柯里对此的解决方法为：法院本应援引"非便利法院"（Forum Non Convenient）而放弃管辖权以回避这个问题；如不能回避，则应适用法院地法——直到有人提出更好的建议①。第 3 款规定的解决方法可以被认为"提出了更好的建议"，它可实现合理程度上的判决一致，并可避免盲目法院地法主义。②

总之，由于实践发展和理论变革的推动，《第二次重述》改变了《第一次重述》对反致的态度，广泛扩大了例外适用反致的可能，而且在设计质量上达到了一个较高水平。它在保留传统的反致目标"实现判决一致性"的同时，又设置了法官自由裁量是否适用反致的机制，使这一目标的实现须考虑其必要性、合理性和可行性，使反致成为选法过程中灵活的例外性调节工具。

（4）"利益分析"思想的反致观。

美国著名法理学学者博登海默（Edgar Bodemheimer）曾指出："我们在研读近代司法发展过程时，可以得到一种概念，即在美国司法制度中，最受重视的是政府利益的分析，而次重要的才是重述中的方法论。"③ 的确，各种现代学说一个最根本的基础是柯里教授首倡的"利益分析"理论。这是较早就对传统理论予以猛烈攻击并最具震撼力的学说，虽然其中盲目法院地法主义倾向和完全抛弃传统规则的过激主张受到了强烈批评，但其基本思想——即提倡通过分析相关州在案件中所涉政府利益的有无或强烈程度，来判定"虚假"和"真实"冲突，以及选择利益优先的州的法律以解决"真实"冲突——不仅引导了一个影响甚广的利益分析学派的兴起和扩大，甚至几乎或多或少地渗透于各种现代学说中。因此，分析"利益分析"思想对反致的新见解，有助于更好地认识反致在美国法制中的实际运行状况。

利益分析选法方式的一个最基本的步骤是：分析每一相关州的法律中的政策信息，以考察其法律适用与案件的利益关系。而一州的冲突规则作为该州整体法制的一部分，也负载着政策信息，利益分析学说又是如何对待它们的呢？对于这个问题，利益分析学派中一分支学说（"功能分析说"）的代表冯·梅伦（Von Mehren）和温特劳布（Wentraub）作了较系统的探讨，提出了关于

---

①　See Brainerd Currie, Comment on Babcock V. Jackson, 63 L. R., 1963, pp. 1233-1234.

②　See Weintraub. Commentary on the Conflict of Laws, 2nd ed, 1980, p. 71.

③　参看陈隆修：《美国国际私法新理论》，台湾地区五南图书出版公司 1987 年初版，第 8 页。

反致问题的新见解:

这种新见解的出发点是将外州冲突规则分为传统机械方式和现代功能分析方式(利益分析方式之分支)两类,区别对待。对于前者,两位学者指出:外州的僵化的传统冲突规则,就其性质而言,只是对法律适用进行地理分配,并没有事先考虑其所指引的实体法的内容及基本政策,试图从这样的传统规则中推导出任何功能性信息是错误的,因而当机械规则和功能规则各据一边时,反致并不能成为一种有用的技巧。对于后者,他们则认为:在一个充分完善的功能性冲突规则体系中,许多重要的信息载于一州的冲突规则中;这种冲突规则将相当精确地表明该州法律是否希望管辖某一争议,以及依据何种条件管辖;它还可用于辨别是否有"真实"冲突存在;在"真实"冲突存在的场合,它将有助于准确界定该冲突,并将表明该州的主要利益,"从而反致(指接受外国冲突规则所载信息的指导)不再似乎是将构成处理冲突法学说中的一个怪异的成分,而将成为功能分析过程中正常和必要因素"。

以上见解是从在利益分析过程中接受外州冲突规则所载的政策信息指导这层意义上理解反致的,有学者称这种反致为"指导性反致"。司法实践中也有几个案例,对以上见解作了实证说明。

以上新见解在《第二次重述评论》中受到了批评。《评论》第 8 条第 (2) 款 k 项认为:考察一州的冲突规则所载信息以分析其政府利益,与反致并无关联;严格意义上的反致,仅发生于依法院地法冲突规则已确定某一州的法律应予适用之后,到再接受该州的冲突规则指引的过程之中;而"指导性反致"却发生于通过利益分析确定哪一州的法律应予适用的过程之中。而一旦确定某州有优先利益使其法律适用于案件,自然是指其实体法的适用;"指导性反致"并非严格意义上的反致,两者产生的机制、阶段和作用各不相同,仅仅在形式上相似:都考虑了外州的冲突规则。故而"指导性反致"被称为"虚假反致"。应该说《评论》中的观点较为科学。而且除上述理由外,还应认识到:反致本是法院用以克服传统规则的机械性的调节工具,在灵活开放的利益分析选法方式中,它并无存在的可能和必要。当然,注重对外州冲突规则所载信息的考察,不盲目接受其指导,这种辩证分析的观点,对于灵活运用反致技巧,也有借鉴意义。

70 年代以后,美国冲突法革命的浪潮已呈消退状态;目前,大多数法院已采取现代学说推荐的灵活开放选法方式(其中主要为利益分析说或《第二次重述》或二者的混合),其余仍有十余州的法院尚维持《第一次重述》中的传统方式,因此,反致在美国司法实践中既不会被普遍接受,也不会被普遍反对，在必要时，它被用于规避传统规则的机械指引，实现某种"结果选择"。近年来仍出现一些适用反致的案例①。

（三）国内法制——浮光掠影

在以上典型分析之外，下文将对世界其他国内法制中的反致制度的现状作一浮光掠影的介绍，以扩展实证分析的背景。

1. 欧洲国家法制

（1）比荷卢国际私法统一草案。比利时、荷兰、卢森堡三国曾签署《国际私法统一法草案》（1951 年签署、1969 年修订）。在该草案中，反致制度被用于解决本国法与住所地法的冲突，在身份、婚姻及继承事项，草案规定适用本国法，但当外国人在法院地有住所、其本国法的冲突规则又指引住所地法时，则接受反致适用住所地法；当外国人在法院地国之外有住所，其本国法的冲突规则和其住所地法的冲突规则都规定适用住所地法时，也最终适用住所地法（实际为转致情形）。以上规定体现了住所地法优先的思想，虽然整个草案从未生效并最终被放弃，上述设计仍通过草案起草者、荷兰学者梅叶（Meijers）教授的中介作用，对 1955 年海牙反致公约（梅氏也参与该公约的起草）和荷兰法都有相当影响。

（2）荷兰法。荷兰尚无专门国际私法法规。荷兰学者和法官们曾经几乎普遍拒绝反致，在上述草案产生后，态度才完全改变，反致在学说和实践中得到了承认：狭义反致被认为构成荷兰国际私法的一项规则，转致也为学说所接受，尽管并无案例发生。司法实践中，反致常成为达到某一结果选择的工具：即在协调本国法与住所地法冲突时，利用反致技巧优先适用住所地法，只要在具体案件中，住所地法比本国法与案件有更强的联系、对当事人更有利或与法院地法相重合。

（3）比利时法。比利时无专门的国际私法法规，主要由判例构成的具体制度也未受到上述比荷卢国际私法统一法草案的影响。在判例中，狭义反致时常发生并得到了确认，转致的判例极为个别。反致的适用范围限于民事身份、婚姻财产和继承事项；但也有个别事例，如对交通事故事项，通过反致技巧，

① 如对"侵权行为适用侵权行为地法"这一传统规则进行规避的两个反致案例：[1] Hensley V. United States, S. D. Fla. 1989, quoted by P. John Kozyris, Symeon c. Symeon, in Choice of law in the American Courts in 1989, Am. J. Comp. 1, Vol. 37, 1990, p. 64; [2] Burgio V. McDonnell Douglas INc, S. D. N. Y. 1990, quoted by larry Kramer, in Choice of law in the American Courts in 1990, Am. J. comp. L. Vol. 38, 1991, p. 489。

以当事人共同本国法取代了传统的侵权行为地法规则的适用，以避免后者适用的僵化性。

（4）意大利法。意大利1865年《民法典》中的法律适用规定并未涉及反致，在学说和判例中流行的意见是反对反致。1942年修订的《民法典》第30条正式确认了上述意见：适用外国法时，仅适用其实体规则，不考虑其冲突规则。有学者指出，这种反对反致态度的一个主要原因在于：意大利立法者力图顽固地维持在属人法事项上适用本国法的传统。

（5）希腊法。希腊采取了与意大利相同的作法。1946年修订的《民法典》第32条规定：在应予适用的外国法中，不包括该国的冲突规则。

（6）西班牙。西班牙1974年修订的《民法典》第12条第2款规定：指引外国法时，不考虑该国冲突规则向西班牙之外的其他法律的指引。即只接受狭义反致，拒绝转致。

（7）葡萄牙法。葡萄牙1966年修订的《民法典》有关法律适用的专门章节中，包括了一组极其复杂的反致条款：第一，反致并未作为普遍原则被接受，而是作为实现判决一致性的技巧，因而狭义反致和转致都得到了承认（第17条第1款和第18条第1款）；第二，判决一致性并未被视为绝对目标，如在民事身份领域，葡萄牙冲突规则的目的在于确保属人法（本国法或住所地法）的适用，因而适用反致就受到了限制，如指向非属人法的适用法（如行为地法）的转致不被接受（第17条第2款，第18条第2款）；另外，当事人在葡萄牙领土上有惯常居所时，转致也不被接受，但狭义反致却被接受（第17条第2款，第18条第2款）；若当事人在第三国有惯常居所，而该第三国法指引其本国法的实体法时，从其本国法导引的转致也不被接受（第17条第2款）；然而，即使当事人在葡萄牙领土上无惯常居所，只要其本国法和惯常住所地法的冲突规则都指引葡萄牙法，这样的反致也予接受（第18条第2款），在此，由于能导致法院地法的适用，判决一致性目标又占优先的地位。最后，对家庭法和继承领域涉及不动产的事项，如果当事人本国法又转指不动产所在地法，而后者也适用同样规则时，为求得判决一致和加强判决效力，也接受这样的反致（第17条第3款）。值得一提的是：反致制度还服务于"使交易有效"（favorne gotii）这一目标：若涉及法律行为（包括遗嘱）形式有效性，从行为地法向任何其他法的反致都会被接受，只要这种反致能使法律行为形式有效（第36条第2款，第65条第1款）；另一方面，如果直接适用某国实体法能使某交易有效或使某身份合法，而反致会挫败这种结果时，则不接受反致（第19条第1款）；若当事人有权自由选择法律适用时，反致也被排除

（第 19 条第 2 款）。在以上复杂灵活的机制中，反致的多种功能——实现判决一致、适用法院地法以及选择"较好法"——都在相应的场合得到了恰当的体现。

（8）土耳其法。土耳其 1982 年颁布的《国际私法和国际诉讼程序法》第 2 条规定：若被指引适用的外国法的冲突规则又指引他国法，后者的实体法应予适用。即狭义反致和转致都被接受，但转致只限一级转致。

（9）前苏联法。前苏联并无专门的国际私法法规。司法实践中，并不普遍反对反致，甚至有通过反致扩大法院地法适用的现象，但在国际商事领域，一般排除反致。

（10）匈牙利法。匈牙利 1979 年颁布的《关于国际私法的法令》第 4 条规定：如果本法令规定适用外国法，就应适用该外国的实体规则；但是，如果该外国法规定应适用匈牙利法，就应适用匈牙利法。即仅接受狭义反致，拒绝转致。

（11）波兰法。波兰 1965 年颁布的《国际私法》第 4 条规定：①本法规定适用的外国法反致波兰法时，则适用波兰法。②本法规定适用的外国法转致另一外国法时，则适用该另一外国法。即狭义反致和转致都被接受。

（12）前南斯拉夫法。前南斯拉夫法 1982 年颁布的《关于解决在某些问题上与其他国家法律规则的法律冲突法》第 6 条规定：①如依本法的规定应适用外国法，应考虑其选择准据法的规定。②如该外国选择准据法的规定指引南斯拉夫法，则应适用南斯拉夫法而无需考虑南斯拉夫的选择准据法的规则。即狭义反致和转致得到了接受，并明确规定以适用法院地法的实体规则终结狭义反致过程中的致送关系，但对转致未规定如何控制。

2. 拉美国家法制

（1）阿根廷法。早在 1920 年的一个判例中，阿根廷最高法院曾拒绝适用反致，但后来赞成反致的意见渐占上风。1974 年拟订的《国际私法条例》第 5 条规定：如果指定外国法适用于一项争议，在可能的情况下，应按该法律的本国法官的同样方式适用之。即以类于英国"外国法院说"的方式接受反致，但似乎并不会真正贯彻这一方式以形成"双重反致"形态。

（2）巴西法。巴西 1942 年颁布的《民法适用法》第 16 条仿效意大利民法典的规定排除反致，但学说与司法实践中流行的观点赞成反致，因此 1970 年拟订的《法律适用法典》（草案）规定接受反致，包括狭义反致和转致，转致直至另一国法律最终接受指引为止（第 78 条）。

（3）墨西哥法。在墨西哥，学说和司法实践的观点一般是拒绝反致，但是 1976 年颁布的《航海和海商法》却规定在某些事项上接受一级反致（第3 条）。

（4）秘鲁法。秘鲁 1984 年修订的《民法典》"国际私法篇"第 2048 条规定：法官依本法规定，适用外国实体法规则，即拒绝反致。

（5）委内瑞拉法。在委内瑞拉，学说和司法实践流行的观点是接受反致，1965 年拟订的《国际私法法规（草案）》接受反致，包括狭义反致和转致，转致至第三国接受指引为止。

3. 亚非洲国家法制

（1）非洲国家法制。在一些对反致有立法规定的非洲国家中，有的规定接受狭义反致，如塞内加尔 1972 年颁布的《家庭法》第 852 条，多哥 1980 年颁布的《家庭法》第 727 条等；有的对狭义反致和转致都予接受，如加蓬 1972 年颁布的《民法典》第 29 条等。

（2）中东国家法制。中东国家普遍拒绝反致，如埃及 1948 年颁布的《民法典》第 27 条规定：在指引外国法时，仅指引其实体规则，排除其冲突规则。相似的规定也可见于伊拉克 1951 年的《民法典》，叙利亚 1949 年的《民法典》，科威特 1961 年的《国际私法》，约旦 1976 年的《国际私法》等等；在其他无成文国际私法的中东国家，情况基本同上。这种现象的一个重要原因被解释为：在民事身份这一适用反致的主要领域，以上国家的国际私法主要处理基于不同宗教、种族而产生的人际冲突，适用反致是不妥的。但是近年来情况有所改变，1984 年有 20 个成员国的阿拉伯联盟（Arab league）拟订的统一法典草案第 87 条规定：当外国冲突规则反致回至法院地法时，适用法院地法，即接受狭义反致。

（3）日本法。日本 1898 年颁布的《法例》深受德国早期的《民法施行法草案》的影响。关于反致，《法例》第 29 条规定：应依当事人本国法时，如依其本国法应依日本法，则依日本法处理。即在指引当事人本国法的条件下，承认狭义反致。而在《法例》中，指引当事人本国法的条文涉及行为能力：禁治产和准禁治产、各种婚姻关系和家庭关系以及继承等事项。另外，1932 年和 1933 年分别制订的《汇票本票法》和《支票法》规定，当事人票据行为能力受其本国法支配，并对由此产生的狭义反致和转致都予接受。1990 年日本颁布了历经修订而成的新《法例》，其第 32 条（反致条款）保留了旧《法例》第 29 条的规定，但由于在上述原指引本国法的具体领域事项上引入了灵活的选择性规则，实际减少了反致的适用范围。

（4）韩国法。韩国 1962 年颁布的《涉外民事关系法》第 4 条有关反致的规定，与上述日本旧《法例》的有关规定相似。

（5）泰国法。泰国 1938 年的《法律冲突法》第 4 条规定：在适用外国法时，如依该外国法应适用泰国法，则适用泰国国内法，而不适用泰国冲突规则。即仅接受狭义反致。

（6）菲律宾法。菲律宾尚无有关国际私法的专门法规，其最高法院在 1963 年的一个判例中，接受了狭义的反致。

三、反致制度的发展综述和技术分析

（一）反致制度发展的一般趋势

通过以上对反致制度在学说争论和具体法制两层次上的比较分析，对其发展趋势可归纳为以下几点。

1. 普遍采纳的趋势

从前文汇集的资料看，目前，反致制度在绝大多数国家的冲突法学说、判例和立法（尤其是二战以来的新近立法）中最终得到了采纳，尽管具体细节并不相同。至今尚立法明文拒绝反致的国家数量极少，如欧洲的意大利、希腊、美洲的秘鲁，以及一些非洲国家和中东国家（但如上文所述，中东国家现已有转变立场的迹象）。

这一世界范围内对反致普遍予以采纳的趋势，其根本原因可归因于反致制度本身的性质和功能：即反致制度是传统冲突法体系的必然伴生物，对传统规则机械性起着例外的调节作用。

2. 实用化倾向

在经验论的法哲学方法论基础上，现代各国在普遍地采纳反致制度时，并非为达致某一抽象目标而机械适用，而是附加了一些条件和限制，将其作为在特定场合获得某种具体结果的调节工具。这种对反致制度实用化处理的倾向，主要表现为以下几点：

（1）例外适用性。对普遍适用的冲突规则而言，反致只是一种辅助性的调节措施。首先，在大多数情况下，相关法制间的冲突规则相同或被推定相同，法院地国的冲突规则可以顺利地直接实现其立法目的和政策，并无产生反致的可能和必要；其次，选择性冲突规则、意思自治原则、最密切联系原则以及结果选择等灵活开放选法方式的发展，极大限制了反致的原有空间；最后，与其他传统和现代调节机制相比，反致显得极为复杂和不便。因此，反致被认为是在极有必要的例外场合，才予求助的最后的救济手段。

（2）目标综合性。在适用反致过程中，反致服务于三项综合目标，其传

统的实现判决一致的目标得到了继承和恰当的评价及限制；一直潜滋暗长的对适用法院地法和适用"较好法"的追求，得到了弘扬和重视，居于中心地位。经常可见的情形是：在实现判决一致的名义下，达到了适用法院地法或适用"较好法"的目的。三个目标的权衡取舍及实现，构成了适用反致的合理前提。

（3）操作可行性。由于反致制度本身固有的技术难度和复杂，操作可行性便成了适用反致的一个前提。一般维护可行性的措施为：在难以查明外国冲突规则乃至反致规则的真实内容时，推定其与法院地法相关规则相同，"有疑从法院地法"；设置终止机制，适用法院地法或某种"较好法"终止循环反致过程。

在以上必要性、合理性、可行性的条件和限制下，反致成为一种例外适用的调节工具。

3. 适用领域的趋同性

与上述实用化倾向相联系，各国在普遍采纳反致制度时，都予以一定限制。这种限制由于各国传统不同而有极大差异：或是作为一般原则采纳，例外排除；或是原则上排除，例外采纳。尽管有着上述表面的差异，各国在实际适用反致的过程中，呈现出其适用领域（可适用和不可适用领域）的趋同性。

在具有成文法传统的民法法系国家，由于反致被视为国际私法逻辑体系中的总则部分的一个因素，因而大多数国家在立法中采纳反致制度时，是将其作为一般适用的原则来对待的。对此又可细分为两类方式，一类是对以一切连结因素为基础所成立的准据法，或基于一切法律关系所成立的案件均适用反致；另一类是仅对以某特种连结因素为基础所成立的准据法，或仅对某特种法律关系所成立的案件才适用反致。第一类方式所体现的将反致普遍适用的原则，似乎只是一种表明对反致制度予以接受的善意宣示，实际并非普遍适用。在司法实践中，反致常被适用于民事身份、各种婚姻关系、继承等属人法事项，以调节本国法主义和住所地法主义的冲突，求得同一判决，增强判决的执行力，而在其他领域则很少被适用。在第二类方式中，反致或适用于指引本国法而产生的致送关系（如日本、韩国现行立法），这正涉及各种属人法事项；或适用于某些特定法律关系事项，具体为民事身份领域（如瑞士新国际私法），以及各种婚姻关系、家庭关系及继承（如德国民法施行法）等属人法事项。可见，两类方式对反致原则适用范围的规定，虽然表面有差异，但实际效能是相似的。

在具有判例法传统的普通法系国家，反致是偶然出现于判例中的，并且直接适用冲突规则所指引的实体规则的案例远比适用反致的案例多得多，因而反致被视为例外采纳的制度。这种例外适用的范围并未完全界定，而是在具体案例中逐步明朗化。实践表明，较多适用反致的领域也大都集中于民事身份、各种婚姻关系和家庭关系、继承等属人法事项。这样，在两大法系的司法实践中，有关可适用反致的领域方面呈现出趋同性。

在下列领域内和事项上，各国一般排除反致：

（1）合同领域。在合同领域，不适用反致已是普遍意见。绝大多数国家在立法中明文规定了这一点，欧洲经济共同体 1980 年通过的《关于合同义务法律适用公约》、海牙国际私法会议 1985 年通过的《国际货物销售合同法律适用公约》各自的第 15 条也有同样的规定。其原因在于合同领域中流行的"当事人意思自治"原则和"最密切联系"原则与反致是相抵触的：第一，在这个十分注重法律适用的确定性、可预见性的领域，很难想象当事人在选择法律时，会希望适用该法中的冲突规则，而开始从一个法制向另一个法制的不确定的"旅行"①；第二，在适用"最密切联系"原则时，按照该原则的内在逻辑，最密切联系地只有一个，依此所选择的法律也只能是一国的实体法②；况且该原则本身是灵活开放的选法方式，无需反致技巧作为调节工具。

（2）侵权领域。由于现代灵活选法方式逐步补充和替代传统的"侵权行为依侵权行为地法"规则，适用反致的情形较少发生。有个别国家，如美国，为规避机械的传统规则的指引，适用反致以达到某种特定结果选择。

（3）法律行为有效性事项。对该事项，有些国家最初为实现"尽量使行为有效"的目的，曾利用了反致技巧；但当现代选法方式广泛介入该事项后，反致情形也大大减少。

以上适用领域的趋同性，反映了在民事身份、婚姻家庭、继承等事项上，存在着易产生反致情形的世界法制环境（如本国法主义与住所地法主义的冲突），以及相应的各国适用反致的传统；反映了现代灵活选法方式兴起对反致地位的冲击；也从一个侧面表明了，现代反致制度不是选法过程中某种机械的逻辑要求，而是实现具体案件公正合理审理的辅助性调节工具。

（二）现代冲突法新发展对反致制度的影响

从历时性角度看，反致制度较充分发展的时期，正是从本世纪中后期以

---

① See Kahn-Freund. The General Problem of Private International law 2nd ed. 1980. pp. 290-291.

② 参见卢松：《论最密切联系原则》，载《中国国际法年刊》1989 年，第 175 页。

来，冲突法的理论和实践以现代方式冲击和逐步取代传统方式的时期。因此，分析现代冲突法理论和实践的新发展对反致制度的影响，或许能揭示上述反致制度发展趋势的深层原因，阐明反致制度在冲突法新时代的地位、作用及未来的命运。

1. 方法论的积极影响

现实冲突法发展的一个重要法哲学基础是重视法律为现代服务的经验主义方法论，这种方法论对反致制度的发展有着重要的积极影响，在前文反致制度的学说争论篇中，已对此作了较具体的说明，以下仅作一简要回顾。

（1）从先验论向经验论的转变。在经验主义方法论的视角下，没有任何先验或预定的原则，法律的任务是服务于不断变化发展的现实，"法律的生命不是逻辑，而是经验"，这句名言精确地表达了这一点。在经验论的指导下，反致学说跳出了逻辑论战的混乱处境，反致制度在具体案件中所发挥的各种调节功能得到了公开和充分的合理性、必要性说明，从冲突法制度的幕后走到了幕前。

（2）综合价值观的确立。冲突法现代理论和实践在强调冲突法为现实服务的功能的同时，也认识到这种功能所服务的价值乃是多元价值对立统一的综合体：实现判决一致性、确定性和可预见性的传统目标在得到继承的同时，其可行性和重要性也受到了恰当的评价和限制；具体案件结果公正合理的现代目标，得到了弘扬和重视，并居于价值体系的中心地位。这种灵活多元的价值体系，为反致的多种功能（实现判决一致、适用法院地法、适用"较好法"）提供了支持论据。

（3）比较研究方法的倡导。比较研究方法是现代理论和实践的认识工具。绝大多数传统理论很少利用比较研究方法，这固然是由于当时比较法学尚不发达，但一个重要原因还在于传统理论本身的局限性。曾有现代比较法学者指出：无论是萨雅尼还是比尔——作为欧美冲突法传统理论的各自代表——似乎都自信地认为，与法律选择问题有关的所有的法律体系都接受了作为他们理论根据的主张；并且，传统理论所重点追求的判决一致性目标的实现，依赖于其理论体系被普遍接受和得到一致理解，这就巩固了上述理想化的国际普遍主义信念；这种信念必然忽视比较研究的必要性，也必然认定内外国冲突规则相同，从而忽视了反致产生的可能性①。现代理论大力提倡比较研究方法，开拓

---

① 参见［美］阿瑟·范麦伦著：《比较法对国际私法理论与实践的贡献》，陶德海译，载《法学译丛》1987 年第 1 期，第 71 页。

了反致制度的生存和发展空间：第一，比较研究方法摒弃传统理论过于理想化的普遍主义信念，强调实证研究，展现了各国法制的纷繁差异，揭示了反致必然产生的现实环境。第二，比较研究方法既是发现差异的方法，也是协调差异的方法；并且，反致本身也是比较方法的一种，即通过反致的适用，对相关法制特定冲突规则的立法政策进行比较调查，为从中选择适用一规则提供合理根据，同时也为反致多样化功能的实施提供实证指导。其三，随着比较法学家们的努力所促成的比较研究方法的渐趋完善，也会使反致适用过程中的技术困难逐步减少。

2. 新机制的消极影响

反致产生于两个以单一固定连结点为基础所成立的冲突规则之间的消极冲突，这种单点冲突规则正是传统冲突规则的典型代表。现代冲突法发展出许多新机制，对上述僵化、片面的传统规则予以改造，从而对反致产生了消极影响。

（1）灵活开放性冲突规则的兴盛。20世纪以来，"当事人意思自治"原则、"最密切联系"原则乃至"利益分析"、"结果选择"方法等现代选法方式逐步兴盛。在这些选法方式中，冲突规则并无固定的连结点，充满了灵活开放性，因而当这些新型冲突规则从合同延伸至侵权甚至其他领域时，也相应地减少了反致产生的空间。

（2）选择性冲突规则的普及。选择性冲突规则指包含了多个可供选择适用的连结点的冲突规则，它在传统时代是较少出现的，因为它并不利于传统时代片面追求的判决结果的确定性、可预见性和一致性的实现。在现代灵活正义目标的倡导下，选择性冲突规则得到了广泛普及。通过这种简单而有效的方法，法院可灵活选择适用使法律行为或法律关系有效成立、或较能反映法律关系重心所在、或有利于实现国家特定政策的法律，不必求助于繁琐困难的反致技巧。

（3）冲突法统一化趋势的发展。本世纪中后半叶是冲突法统一化运动蓬勃发展的时期，因而，现代冲突法的发展历程，也是各国冲突法制度在自我完善的基础上不断统一的发展历程，这个发展历程主要在以下两个方面对反致产生重要影响。

第一，统一冲突规则条约的大量增加和扩展。

自"二战"以来，在以统一冲突法为主要目标的海牙国际私法会议的努力下，统一冲突规则的成果大量增加。而且，海牙国际私法会议的工作重点，已从亲属法、继承法等传统民事关系领域，逐渐扩展及于国际商事关系、特殊侵权行为责任等新兴领域，并有向更广领域扩展的趋势。而统一条约一般排除反致的适用。

第二，对立的连结点的协调。

反致产生于两个冲突规则间的消极冲突，这种冲突实质是冲突规则中连结点的对立。属人法的两个连结点即国籍和住所的对立是最著名的一种情形，这正是反致产生的广泛基础。诚然，这种对立的形成有着深层历史原因，两个连结点也各有优势，但两者的协调是统一化运动中必经步骤。"二战"以来，国际社会里出现了以下协调迹象：其一，在一贯坚持本国法原则的欧陆国家逐渐出现了以住所替代国籍作为连结点的趋势，这是由于在现代社会，双重国籍者、无国籍者和难民增多，由不同国籍的人形成的亲属关系日益普遍，产生和增加了国籍认定的困难；同时，注重所适用的法律和当事人之间密切联系的思想也渐风行，从而形成了住所优于国籍的观念，这在一定程度上缓和了两大法系间的反致现象。其二，"习惯居所"（habitual residence）概念的流行。为了消除各国间关于"住所"概念的歧义，使之便于认定，也为了使之更能代表与当事人有更密切关系的地域，国际社会创造出"习惯居所"概念。这个概念去掉了住所概念中严格的程序规定和对意向因素的强调，只要求"经常在某地居住"的事实这一明晰的要件。它首次出现于海牙国际私法会议1955年通过的《解决本国法和住所地法冲突的公约》（即《反致公约》）中，被用以协调国籍和住所的冲突以及不同国家住所规定的冲突。其后，在有关婚姻、家庭继承等事项的一系列海牙公约中，"习惯居所"已成为"海牙国际私法会议喜欢采用的术语"[1]，大陆法系和英美法系大部分国家也已或多或少接受其作为属人法的连结点，因而"国籍与住所之冲突不若以前之激烈，故而反致技巧之重要性亦随着减少。"[2]

总之，现代冲突法的理论和实践的发展，一方面以其经验主义的方法论为反致制度的发展提供了丰富的必要性、合理性和可行性说明；另一方面，其各种灵活的新机制的产生和普及又大大挤占了反致的生存空间。这一表面矛盾的现象是由现代冲突法体系中传统规则和现代规则并存，并且现代规则起主导作用的格局所决定的。它进一步揭示了反致制度的本质及其未来命运：反致不是某种预定不变的原则，也不是服务于某种抽象目的手段，而是为在具体案件中

---

[1]　See J. H. C. Morris, The Conflict of Law, 3rd ed, 1984, pp. 35-36.

[2]　参见陈隆修：《比较国际私法》，台湾地区五南图书出版公司1989年印行，第114页。

实现某种目的而产生的众多的传统和现代冲突法调节机制中的一个组成部分。在传统规则尚存的阶段，它是有用的和不可缺的，但并非唯一的——考虑到其适用过程中的实际困难，甚至是最后的救济手段①；伴随着现代冲突法新机制的不断发展和普及，它的生存空间和作用也将不断地受到限制。

（三）反致制度设计分析及借鉴

以下从技术性角度，依据前文提供的广泛的实证材料，对各国的反致制度设计作一比较分析，从中得出一些借鉴性结论②。

1. 反致形态的选择

各国所采纳的反致制度可分为两种形态："单一反致"（部分反致）和"双重反致"（全部反致），前者为各国的通例，后者一般被认为由英国独家采用，形成这种形态差异的原因很大程度上可归于各自的国际私法（冲突法）历史传统的不同，无可厚此薄彼，而分析其中的法律技术成分，则必有收益。

（1）共同的逻辑基础。反致制度本身的一个前提即是把指引外国法当作"整体指引"，其中自然包含了"外国法院说"的内涵——"外国法院说"因为英国法官经常地明示实行，几乎成为"双重反致"的同义词——即法官意欲适用外国法院如果受理本案将会适用的那些法律规则来判决本案。这样，"外国法院说"实质是两种反致形态的共同逻辑基础。如前文"英国法"部分中指出：在"外国法院说"的同一旗帜下，英国法官经历了"单一反致"和"双重反致"两个历史阶段；英国冲突法学者马丁·沃尔夫也指出："外国法院说"构成欧洲大陆国家的反致判决（"单一反致"）和英国的反致判决（"单一反致"和"双重反致"）的逻辑理由，只不过欧洲大陆国家和1926年以前英国早期判决都未将该说彻底实施而得出其逻辑上的结论，而是在第一次反致时就停止了（即采"单一反致"）③。又如前文"奥地利法"部分也提出，奥地利新国际私法第3条宣称"外国法院说"是一项普遍原则，但其反致条款仍采"单一反致"。

（2）各自的功能及优点。两种形态在运作过程中的功能及优缺点的差异，取决于是否注重他国的反致规则。"单一反致"并不关注对方的反致规则，而

① See J. Georges Sauveplanne. The International Encyclopedia of Comparative Law, Ⅲ. Chapter 6. Renvoi, 1991, p. 34.

② 本节的分析材料都依据前文的广泛描述，故在此重提及具体条文时，不一一指明出处，请参看前文相应各国法制的介绍。

③ 参见［英］马丁·沃尔夫著：《国际私法》，李浩培、汤宗舜译，法律出版社1988年版，第293~294页。

仅追随其冲突规则的致送，故而极易造成适用法院地法；在对方也反致的情形下，这种运行方式避免了循环反致的尴尬处境，扩大了适用法院地法的机会，减少了司法任务，具有一定的合理性。其缺点在于，在扩大适用法院地法的同时，也丧失了获得判决一致性的机会。"双重反致"不仅考察对方的冲突规则，也考察对方的反致规则，因而能实现完全的判决一致性目标，避免了倾向适用法院地法的褊狭态度。其缺点在于，当对方也采相同方法时，则陷入了循环反致的困境；而且对他国反致规则的证明也是非常困难的。

（3）理想的选择。鉴于两种形态有着共同的逻辑基础、各自的功能和优缺点，结合考虑反致制度的实用性质，较理想的设计方式或许是：摒弃带有历史传统烙印的两种形态间的严格界线，在将外国法作为整体指引的基础上，兼采两种形态，赋予法官一定的自由裁量权，由其在具体案件中，在冲突法综合价值体系指导下灵活选择某一种适用，如在外国反致规则较易证明、判决一致性在案件中有优先价值，并且不会造成循环反致时，可采"双重反致"；其他场合可采"单一反致"。具体的反致条款对这一设计可概括地声称："对外国法律的指引指对其整体法制指引，包括其冲突规则和反致规则在内……"进一步的反致过程的控制则依具体情况作不同的规定，以下便分析对反致过程的控制。

2. 反致过程及其控制

综观世界各国的反致制度，大概可分反致（一级反致）和转致两种。一级反致（又称狭义反致）指法院只接受外国法向法院地法的反致，而拒绝转致。立法和实践中采一级反致的国家有西班牙、匈牙利、阿尔巴尼亚、比利时、日本、泰国、韩国以及一些非洲国家。在一级反致制中，反致不仅被用来追求判决一致性的实现，更服务于扩大适用法院地法的目的，是对一直存在于司法实践中而在晚近尤其显明的"回家去"趋势的反映，有着一定的必然性和合理性；同时，通过适用法院地法终结可能产生的循环反致，可简化司法任务。但是，反致制度运作本身是依循外国冲突规则的指引，只承认它对内国的指引而忽视它对第三国的指引，有碍反致逻辑的纯粹性，破坏了内国、外国和第三国间判决一致的实现，有违各国法制环境的平等开放精神。因此，大多数国家兼采一级反致和转致。转致包括一级转致和多级转致。

一级转致制。一级转致指法院在适用转致过程中，只承认从某外国向第三国指引的第一层转致，即直接适用被转致国的实体法，不继续考虑其冲突规则的指引。根据现有资料，这种方式只为土耳其立法采纳。这种方式中虽然可避免多级转致过程中出现的对多个外国法内容查明的困难，以及多国间循环反致的困境，但未免显得过于谨慎。另外，这种方式虽然反映了实践中的通常情形，但其对被转致国冲突规则的忽视，同样违反反致制度的逻辑纯粹性，损害了多国间判决一致性目标，亦应予修正。

大多数承认转致的国家都采取多级转致制，即允许外国冲突规则间的指引可层级转递，直至某一被转致国的冲突规则接受这种转致（即不再指引其他法）才予终止，以求得反致理论的逻辑澄澈性和多国间判决一致。这项方式的具体设计一般是：在承认转致时，并不规定其转递级数和终结条件，但根据反致的逻辑，在某一被转致国接受转致时，自然是指终结致送过程。如前联邦德国、瑞士、前南斯拉夫、波兰等国的立法。

在多级转致过程中，会出现以下两种恶性循环的情形：其一，某一被转致国的冲突规则又指向法院地法，似又回到了"多国旅行"的起点，将导致多国间周而复始的循环指引；其二，某一被转致国的冲突规则返指回至前一级致送国法，将导致两外国间的循环指引。对此，中国台湾地区及奥地利提供了较好的控制措施。对于前一困境，台湾地区规定以适用法院地法终结致送关系，也是依循"有疑从法院地法"的古谚。对于后一困境，奥地利的立法规定："在转致过程中，当某外国法律被别的法律首次反致时，则应适用该外国的内国法"（奥地利《联邦国际私法法规》第5条第2款）。即在两个相互指引的外国法之间，适用最初指引国的内国法，终结致送关系，这实质类于在一级反致中以法院地内国法终止致送关系。

应该提及的是，上述反致过程控制设计，是各国以明确立法形式所建立的机械性、普适性调控机制，旨在保障适用反致过程的确定性、可预见性，并主要致力于判决一致性的实现。然而，反致制度本身是一种例外适用、实用性很强的灵活调节工具，即使是涉及立法规定适用反致的事项，法官是否应适用反致，以及如何在反致的多元功能体系（实现判决一致、适用法院地法和适用"较好法"的统一体）中进行权衡取舍，都必须在具体案件中才能作出恰当的判断。因此，适用反致的过程，绝不能只依赖严格的立法规则的机械调控，尽管这种调控机制是必不可缺和通常适用的机制，还应依赖于法官临事而制的自由裁量的灵活调节，以通过自由裁量对严格规则的补充指导，达到法律适用的确定秩序性和灵活正义性的统一。这样，设置概括性的价值指导条款（value-oriented clause）是十分必要的。一些国家新近的先进国际私法立法的反致条款中都作了如此规定：如前联邦德国的"符合德国冲突规则的意图"的规定，前捷克斯洛伐克的"对案件作公平合理的处理"的规定，美国《冲突法第二次重述》的"实际可行性"的规定，以及该重述中在规定采纳反致制度后又附加的"法院通常适用某某州实体法"的规定，……以上规定，从各个方面为反致制度的运行，提供了必要性、合理性、可行性的价值指导。

四、我国反致制度立法建议

（一）我国反致制度立法现状

目前，我国冲突法立法中有两条涉及反致制度的条款，一条是有关具体事项的明确规定，一条是有关总则的模糊规定。前者指最高人民法院 1987 年发布的《关于适用〈涉外经济合同法〉若干问题的解答》第二部分第〈五〉条规定："当事人协议选择的或人民法院按照最密切联系原则确定的处理合同争议适用的法律，是指现行的实体法，而不包括冲突规范和程序法。"即在合同领域排除反致的适用，这实际是对国际通行作法的采纳，也是该领域法律适用特殊性的必然要求，并不能表示我国立法对于反致的一般态度。

后者指《民法通则》第八章并无反致制度的规定，在最高法院的发布的《关于贯彻执行〈中华人民共和国民法通则〉若干问题的意见》（以下简称《意见》）中，有一涉及反致的模糊条文，其第 178 条第 2 款规定："人民法院在审理涉外民事关系的案件时，应当依照民法通则第八章的规定来确定适用的实体法。"

对这一模糊的总则性条文，我国国际私法学界有两派意见，一种意见认为"确定适用的实体法"这一语句表明了对外国冲突规则的排除，从而表明了明确拒绝反致的态度[1]。另一派意见认为从中并不能得出拒绝反致的结论[2]。笔者赞同后一种意见，理由如下：其一，从语义角度看，该款条文与其上一款条文共同对《民法通则》第一章第 142 条第 1 款"涉外民事关系的法律适用，依本章规定确定"作语义解释，其中上一款条文确定何谓"涉外民事关系"。而该款条文则具体解释"……法律适用，依本章规定确定"的文义，并表明法律选择的最终结果是选择某一国的实体法，为涉外民事关系提供直接调整规范；而并没有提及法律适用过程中所必然发生的外国法是整体法（包括冲突

---

① 参看李双元主编：《中国与国际私法统一化进程》，武汉大学出版社 1993 年版，第 18 页。

② See Zhang Wan Ming, A Study of the problem Involved in the Applicability of the law in Product liability Cases with Foreign Elements, in Social Science in China, Vol. 4, 1993, p. 152.

规则）还是单一实体法的判断和选择，因而并未明确拒绝反致。其二，从立法背景看，在《民法通则》起草过程中，曾有采纳反致（包括转致）的规定，当时即有支持和反对两派激烈争论；立法机关最终在《民法通则》正本中，对反致问题留下了空白，主要原因是受到流行的"立法成熟论"思想的影响①；时隔仅一年有半，《意见》出台，当时国内关于反致的理论和实践仍不成熟，并且反对派的观点也未占上风，更有二战以来国际社会普遍立法采纳反致的趋势显目可见；在这些背景下，将《意见》中意图解释为明文拒绝反致，似为不妥。其三，从实际效果看，考虑到反致是一种有用的调节制度，并受到各国普遍采纳这一事实，将这一条款解释为并未对反致作出明确规定，可为以后在立法中明文采纳反致减少许多阻力，因为对立法空白作出补充规定总比修改立法要容易得多；另外，还可为法院在具体案例中，创造性地尝试适用反致提供一个可能的机会。

以上论述了反致制度在我国立法中，总则性规定空白和合同领域明文拒绝的情形；以下则考察现有立法所涉及的涉外民事关系每一个领域的冲突规则，进一步分析这些冲突规则是否提供了反致制度运行的法制环境。

《民法通则》及《意见》吸收了晚近各国先进立法经验，大量采纳了冲突法的现代机制，因而，除了在合同领域反致已被明文拒绝外，在现代机制适用的领域，反致实际上也被驱逐。

如"最密切联系原则"这一本质上需要法官自由裁量的现代规则，在我国得到了广泛采纳，就实体民事关系而言，其适用领域从合同事项延伸至父母子女、夫妻以及其他亲属间的各种扶养关系事项（《意见》第189条），因而也在扶养领域排除了反致。又如选择性冲突规则这一灵活方式也在我国得到普及运用，涉及当事人行为能力、侵权、监护等事项（《意见》）第179、180、181条），在这些场合，无需适用反致。

经过上述两方面的排除，在剩下的领域，即不动产、结婚、离婚（其中财产分割问题）及继承等领域——这正是在国际社会中反致制度通行的场合——尚采用单个固定连结点构成的传统硬性冲突规则，这些传统规则既为反致产生提供了可能性，又需要反致技巧的"软化处理"。因此，它们构成了反致制度运行的法制环境，进一步说明了我国采纳反致制度的必要性和合理性。

---

①　参看朱学山：《从〈民法通则〉看立法缺口》，载《安徽大学学报·哲社版》1990年第1期，第36页。

（二）我国反致制度立法建议

当前，我国国际私法学界已较普遍地注意到了国际社会普遍采纳反致的一般趋势，以及各国现代理论对反致制度的必要性、合理性论证，较为一致的观点是：反致从冲突规则之间的消极冲突中产生，又是解决这种冲突的一种有效手段；它能本着协商精神促进判决一致，并能增加法律选择的灵活性，有利于涉外民事纠纷的妥善解决；我国立法也应采纳这种制度①。当然，由于合同法领域法律适用的特殊性，在该领域拒绝适用反致的规定仍应坚持。

根据前文的分析，一个理想的反致条款似乎包含以下几个要件：第一，在外国法整体指引基础上兼采"单一反致"和"双重反致"两种形态；第二，具备一套详尽的、对整个反致过程予以监控的严格规则；第三，具备一组对上述严格规则予以补充调节的价值指导条款。考虑到这些一般要件和合同领域法律适用的特殊性，具体条文可以拟为：

反致条款

1. 对外国法的指引是指对其整体法制的指引，包括其冲突规则和反致规则。

（1）依外国的冲突规则指引回法院地法时，若能证明该外国的反致规则在本案事项上接受反致，则适用该外国的实体法；反之，则适用法院地的实体法。若该外国的冲突规则指引至第三国法，对该转致也予尊重；当该第三国的冲突规则返指回至前一致送国，则适用该致送国的实体法；若该第三国的冲突规则指引法院地法，则适用法院地的实体法。

（2）以上过程须考虑法院地法冲突规则的意图、判决结果的公正合理，以及适用法律的实际可行性。

---

① 这种观点可见于徐国建：《人民法院确定涉外继承准据法的几个问题》，载《法学译丛》1985年第5期，第48页；金宁：《论反致与我国国际私法的立法》，载《安徽大学学报·哲社版》1988年第3期，第142页；李双元：《国际私法（冲突法篇）》，武汉大学出版社1987年版，第210页，等等。

另外，我国司法实践面临着适用反致的可能，例如在《中华人民共和国和法兰西共和国关于民、商事司法协助协定》中，规定拒绝承认和执行法院裁决的情形之一为："在自然人的身份或能力方面，请求一方法院没有适用按照被请求一方国际私法规则适用的法律，但其所适用的法律可以得到相同结果的除外"（见该协定第22条第2款）。这样，我国法院为加强判决在法国的执行力，至少必须考虑法国冲突规则适用的结果；如无其他方法可达成上述"相同结果时"，就必须适用法国的冲突规则，即采反致。

2. 法院通常适用该外国法的实体法。

3. 在合同领域，对外国法的指引仅指对该外国实体法的指引。

这一总则层次上的示范性条款除在合同领域有明确规定外，并未特别提及反致的适用领域或范围。这样设计是考虑到，在普遍适用的总则部分，例举反致的适用领域或范围，正如上文分析欧陆一些国家这样的立法模式所揭示的，与反致的性质——例外适用的灵活性调节工具——并不相符：一方面，这样的例举不可能穷尽适用反致的领域或范围；另一方面，即便在例举的适用领域或范围中，实际存在大量不需或不应适用反致的情形。

当然，我们也注意到了各国在实际适用反致的过程中所呈现出的其适用领域趋同性，但在分则层次上对反致条款的设计，是必须以对我国未来国际私法典各分则部分的冲突规则的意旨、类型、功能等详尽研究为基础的，因而这一工作只能留待以后完成了。

第二节　现代国际私法中公共秩序制度的回顾与前瞻

我们知道，国际私法赖以存在的基础之一就是在涉外民商事关系中承认外国法的域外效力并根据冲突规则适用外国法，而公共秩序作为国际私法中的一项基本制度则从法院国的角度，着眼外国法的内容及适用结果，在一定情况下排除外国法的适用。一方面是适用外国法，另一方面是限制或排除外国法的适用，这是一对矛盾。然而，我们只要回顾国际私法的发展历史就可以发现，国际私法的发展正是在以适用外国法为一端，以排除或限制外国法的适用为另一端这一矛盾天平上运行的。或者借用国际贸易术语更通俗地讲，国际私法是随着"法律准入"（适用外国法）和"法律准入壁垒"（公共秩序制度等）这一矛盾的彼长此消而不断向前迈进的。综观其历史，这一矛盾总的运行趋势是平等地对待外国法的适用这一端砝码的份量越来越重，而传统公共秩序的理论与制度却一直是一个严重的障碍。因此，传统公共秩序理论和制度的突破直接关系着国际私法的革新。正基于此，本文将在回顾历史、考察现实、着眼未来的基础上着重谈谈公共秩序制度的以下几个问题。

一、公共秩序的概念和性质

"公共秩序"这个词有动态、静态两种含义。从静态来考察，它是指一国国家或社会的重大利益或法律和道德的基本原则①；从动态来考察，它专指国际私法中一项可排除被指定适用的外国法的基本制度，即公共秩序制度，简单地讲，就是运用静态意义上的公共秩序来排除外国法的域外效力。

公共秩序不但在各国的称谓互不相同，法语中称 ordor public，英美法称为 public policy，德国法中称"保留条款"或"排除条款"，在我国则谓"公共秩序保留"或"公共秩序"②，而且对其基本含义也存在广义和狭义两种理解。持广义观点的学者认为，公共秩序既包括对外国法否定的一面，即它可以排除依国内法或国际私法条约中冲突规范的指引本应适用的外国法的效力及拒绝承认依外国法产生的权利，也包括对内国法肯定的一面，即本国法律中的某些规定，因其体现国家重大利益、基本政策和道德与法律的基本原则，从而必须在涉外民事关系中予以运用（无需顾及本国冲突规范的效力）。狭义论者则仅在前一种制度上来理解，他们认为二战以后随着国家职能的改变及其对社会经济生活的干预加强，那种可以撤开传统冲突规范的援引而直接适用于涉外民事关系的具有强制力的国内法规范日见增多，如果说在本世纪以前，由于这类规范数量很少，把它放入公共秩序中考虑并无太大不妥的话，那么到了当代，这类日益庞大的法律规范远非公共秩序制度所能容纳，因而他们提出了一种崭新的理论，即"法律直接适用说"，把那些可以称之为"自我定界"的规则统统归入"直接适用的法律"这个概念中。

我国学者在讨论公共秩序制度时，虽然迄今为止，一直沿用传统的狭义上的定义，但他们又基本上是从广义上理解这一制度的。一般都认为公共秩序涵纳了以下三重含义：（1）在依法院国或国际私法公约中的冲突规范本应适用某外国实体法作准据法时，因其适用与法院国的重大利益、基本政策、道德的基本观念、或法律的基本原则相抵触而可排除其适用；（2）法院国认为自己的某些法律具有直接适用于涉外民事关系的效力，从而也可以排除外国法的适用；（3）法院被申请或请求承认或执行外国法院所作出的发生法律效力的判决或外国仲裁机构作出的裁决，如其承认或执行将违反法院国的公共秩序，则可不予承认或执行③。由于（1）、（2）两点都涉及外国法的适用，从而归纳

---

①　黄进：《国际私法上的公共秩序问题》，载《武汉大学学报（社会科学）》1991年第6期。

②　黄进：《国际私法上的公共秩序问题》，载《武汉大学学报（社会科学）》1991年第6期。

③　李双元著：《国际私法（冲突法篇）》，武汉大学出版社1987年版，第211、233、129页。

地讲，公共秩序问题主要产生于适用外国法及承认与执行外国法院的判决两种情况，不过适用外国法中的公共秩序问题与承认执行外国法院判决中的公共秩序问题基本内容是相同的，因而在国际私法或冲突法著作中，往往着重研究前一种情况下的公共秩序，对于其后一种情况，大多只在讨论判决的承认与执行时附带予以旁及①。

公共秩序的理论，萌芽于十三四世纪时意大利"法则区别说"，已有600来年的历史。公共秩序作为国际私法中的一项制度，自1804年《法国民法典》在第3条和第6条率先作出规定起，已被各国立法及司法实践所肯定，也有了近200年的历程。可以说，无论在理论上还是在实践中，公共秩序制度都得到了普遍的承认。但是，究竟什么是公共秩序的本质内涵以及在什么情形之下可以援用公共秩序条款，不仅理论界长期争论不休，实践中也作法各异。很多学者认为，公共秩序本身是一个含糊的概念，公共秩序制度是一个弹性制度，我们没有必要也不可能要求在政治制度、社会结构和历史文化传统等方面都不相同的各个国家对公共秩序有一个共同、统一的理解②。还有人认为公共秩序不仅仅是一个法律概念，而且更是一个政治概念，公共秩序保留条款的目的和实质在于贯彻和执行内国的现实政策③。尽管观点各不相同，但隐含在各种观点中至少有一点是相同的，即一般都把公共秩序制度称之为国际私法中的安全阀——用以消除隐含在国际私法中的某种危险性。

正因为公共秩序制度是一种弹性制度，其直接的后果就是给予了法官以适用公共秩序条款的广泛的自由裁量权，因而导致的进一步后果则是公共秩序制度常常被滥用，成为一种法官任意排除外国法适用的工具。法国的法院就长期"滥用公共秩序这个概念"，拒绝承认外国法律规定更多的离婚问题上的自由和已婚妇女的财产权利，否认社会主义国家国有化法律的效力④。公共秩序制度滥用的直接后果是大大降低了国际私法在协调各国法律冲突中的价值，导致的更进一步的后果就是妨碍了国际民事交往的稳定和安全，这样就相悖于当今世界政治、经济一体化的大趋势。值得欣慰的是，"国际社会是一个以互利和公益为基础的社会。任何一个国家过分利己的行为都会受到来自国际社会的压

---

① 黄进著：《区际冲突法研究》，学林出版社1991年版，第194页。

② 韩德培主编：《国际私法》，武汉大学出版社1989年版，第73～74页。

③ 参见姚壮、任继圣著：《国际私法基础》，中国社科出版社1981年版，第30～37页。

④ 隆茨著：《国际私法》，袁振民、刘若文译，中国金融出版社1987年版，第62页。

力。而且一个国家即使仅为本国利益着想，也不愿将此种行为放纵至为所欲为的地步。现在，对公共秩序保留的适用加以限制已成为国际社会较为普遍的要求"①。"二战"后，特别是近几年来，随着国际经济、政治形势的变化和发展，各国在公共秩序保留问题上出现了积极的变化，公共秩序制度的限制适用已成为越来越多的国家的共识。

二、公共秩序制度限制适用的具体表现

综观当今各国国际私法的立法与司法实践，限制适用公共秩序制度的趋势主要表现在以下几个方面。

第一，有关国内立法及国际公约的措辞体现了限制公共秩序制度的精神，反映了国际社会限制公共秩序制度的普遍意向和努力。1982 年土耳其《国际私法》第 5 条规定，"当应适用于个别案件之外国法律条款明显违背土耳其之公共秩序时，不适用之"②。1986 年《国际货物销售合同法律适用公约》（简称为 1986 年《海牙公约》）第 16 条规定："凡依本公约规定所适用的任何国家的法律，只有其适用明显违背法院地国的公共秩序时，方可予以拒绝适用。"不论是土耳其国际私法还是《海牙公约》，均强调援用公共秩序制度排除外国法适用的严格条件——"明显违背"法院国的公共秩序，尽管这种"明显违背"的措辞仍然是一个弹性的措辞，但从中我们仍然可以感受到国际社会限制公共秩序适用的普遍意向，而且这种意向已经实实在在地规定在立法之中。

第二，越来越多的国家在立法和司法实践中认同运用公共秩序制度标准的客观说或结果说，认为不能仅仅因为要适用的外国法的内容与内国公共秩序相矛盾，就运用公共秩序保留手段，只有当适用该外国法的结果危及内国利益时，才能运用公共秩序保留。而所谓的运用公共秩序制度标准主观说则强调若外国法本身之规定有悖法院国公共秩序或善良风俗原则，法院地国法院即可排除该外国法之适用，而不问该外国法适用于具体案件的结果是否对法院国的公共利益造成实质性的损害。显然，采用客观说限制公共秩序的运用是合理的，因为外国法的内容与内国公共秩序相抵触，并不必然导致其适用的结果也与内国公共秩序相违背，有时，其适用恰恰维护了内国的公共利益。所以外国法内

① 沈涓著：《冲突法及其价值导向》，中国政法大学出版社 1993 年版，第 129～130 页。

② 刘铁铮著：《瑞士新国际私法之研究》，台湾地区三民书局印行，第 332、293 页。

容与内国公共秩序相抵触，并不一定妨碍该外国法的适用（关于这一点，可详细参考李双元著《国际私法（冲突法）篇》第235页）。正基于此，当今各国正逐渐摒弃主观说而采客观说或结果说。比利时、荷兰、卢森堡有关国际私法之统一法第22条规定："例外不依本法规定适用应适用之法律，如适用外国法抵触公共秩序时，或因公共秩序反对外国法之适用，或因其要求比、荷、卢之法律应予适用"，显然，这条规定是客观说在国际私法国际渊源上的具体体现。巴迪福在其所著的《国际私法总论》中曾指出，"只有当被法院地冲突规则所指定的外国法的适用在受理案件的法官看来无法容忍时，才会产生排除该外国法的结果"①，这种结论是合乎逻辑的。

第三，区分国内民法上的公共秩序与国际私法上的公共秩序，严格公共秩序的内涵以限制公共秩序的适用。瑞士法学家布鲁歇曾从萨维尼把强行法分为两部分的观点出发，提出了"国内公共秩序"和"国际公共秩序"的概念，指出只有属于"国际公共秩序"的强行法才具有排除外国法适用的效力。《布鲁斯塔曼法典》也在第3条使用了国内公共秩序法和国际公共秩序法的概念，把法律和规则分为三类：（1）属人法或国内公共秩序；（2）属地法、当地法或国际公共秩序法；（3）任意法或私的秩序法。该法典第4条进一步规定了"宪法上的法则属于国际公共秩序法"②。尽管该法典所称的"国际公共秩序"仍是国内法律的一部分，但这种区分注意到了国内民事关系与国际民事关系的区别，严格了公共秩序的适用条件，有利于国际民事交往的发展。从理论上来说，毕竟国际私法上的公共秩序的适用对象是涉外民事法律关系而国内法上的公共秩序的适用对象是纯国内民事关系，前者比后者在范围上狭窄，在适用条件上理应严格一些，两者的适用标准自然也应有所区别。因此，在实践上也就有必要将两者区分开来，反之，如果不对两者加以区别而滥用公共秩序制度，势必抹煞涉外民事法律关系与纯国内民事法律关系的客观区别，无异于动摇了国际私法存在之基础。

第四，运用公共秩序排除本应适用的外国法后，并不可一律代之以法院地国的内国法，可类推适用与该被排除适用的外国法最近似而又与内国公共秩序不相抵触的第三国的内国法，从而间接地遏制了公共秩序的滥用。原因很简单，如果滥用公共秩序的结果并不一定导致内国法的适用，那么法官适用公

① 巴迪福等著：《国际私法总论》，陈洪武等译，中国对外翻译出版公司1989年版，第491页。

② 参见李双元主编：《国际私法》，北京大学出版社1992年版，第149页。

秩序的积极性就会受到限制。过去，在排除外国法适用的情况下，一般均倾向于以法院地法取而代之，如匈牙利、原西德、秘鲁、塞内加尔等国就明确规定适用内国法。但目前许多学者均主张应尽可能限制法院地法取代的作法，因为只有这样才更符合国际私法的基本精神。从冲突法的精神看，既然有关的法律关系应适用外国法作准据法，就表明它与有关的外国有更多的联系，用外国法解决更为合适。从近年国际私法的立法实践看，已有些国家开始对法院地法的直接适用有所限制，如《土耳其国际私法和国际诉讼程序法》第 5 条规定："应适用外国法时，如果外国法的规定违反土耳其的公共秩序，则不适用该外国法的规定。必要时，可适用土耳其法律。""必要时"这三个字就反映了对法院地法适用的限制。

以上各种对公共秩序限制适用的方法和措施之所以出现在各国的立法及司法实践中，其原因并不是偶然的，相反，它根植于当今国际政治、经济形势的变化，同时也基于国际私法自身价值取向的进一步发展和完善。

首先，法律趋同化特别是各国民商法的趋同化部分地削弱了公共秩序制度存在和发生作用的客观基础。国际私法中公共秩序制度赖以存在的基础是各国民商法律的严重冲突，随着法律的趋同化，特别是各国民商法及作为民商法适用法的国际私法的日趋一致，各国法律之间冲突的概率和程度自然会日益弱化，公共秩序这个"安全阀"的地位和作用也随之削弱，尤其在统一实体法缔约国之间，相关民商事领域的法律冲突将不复存在，公共秩序制度也就失去了存在的意义。当然，我们也应当看到，法律的趋同化并不是指法律的大同，即使在法律的普遍性作用很强的民商法领域，各国的法律冲突仍不可避免，所以公共秩序制度仍有存在的基础，只不过这个基础日益削弱而已。

另外，国际私法价值取向本身也要求对公共秩序制度的适用进行严格的限制。从国际私法产生和发展的历史考察，它正是从保障、发展超国家的经济贸易关系及其他民事交往关系这一基点出发，确认了在一定条件下承认外国法的效力和依外国法创设的权利的一系列规则和制度。所以，国际私法的最高价值取向在于通过公正、合理地调整涉外民事法律关系，促进国际间民事交往的稳定和发展；或者说，国际私法的任务还包括促进国家对外经济关系在平等互利基础上的发展，促进各国人民的友好往来①。然而，过分模糊、弹性的公共秩序制度往往容易造成公共秩序制度的滥用，导致在适用外国法方面的反复无常

① 参见韩德培、李双元：《应该重视对冲突法的研究》，载《武汉大学学报（社科版）》1983 年第 6 期。

和专断任意，从而走向了国际私法价值取向的反面。正如戚希尔指出的那样，如果不给公共秩序政策以合理的解释，那就会在很大程度上等于取消了国际私法的原则。马丁·沃尔夫在其所著《国际私法》中也表述了对公共秩序滥用的忧虑："萨维尼所表示的希望——'随着各国法律的自然发展，这些例外情形可望逐渐消除'——是太乐观了。相反，目光短浅的现代民族主义大大地增强了这些'例外情形'的数目，从而严重地损害了国际私法作为倾向于国际规定的一个法律体系的价值。"① 由此可见，严格解释和适用公共秩序制度正是国际私法本身价值和目的的要求。

三、国际公共秩序——国际社会本位观念的导入

如果说对公共秩序的限制适用反映了各国在司法主权范围内公共秩序保留问题上的积极变化，那么国际公共秩序这一概念的诞生则标志着国际私法上的公共秩序制度的一个新的发展阶段的到来。这种真正意义上的国际公共秩序的出现使得有可能在国际范围内对公共秩序的适用标准及范围作出界定，从而达到公共秩序适用标准的国际化，可以说它代表着传统的公共秩序保留制度在21世纪的一大发展趋势。布洛歇曾在分析公共秩序制度时基于萨维尼的法律分类理论提出过"国内公共秩序"与国际公共秩序的划分，但他所指的"国际公共秩序"实际上仍然是一主权国家内的国际私法上的公共秩序。我们现在所说的国际公共秩序是指有关整个国际社会或人类生存、和平与发展的共同利益或根本利益之所在。传统的国际社会基本上处于一种组织性不强的分散状态，所谓的国际法只不过是一种共有性质的"国家间法"，国际法所未明确规定的事项，即使具有跨国性质或国际性质也都划入各主权国家任意决定的"保留范围"②。对涉外民商事关系的调整就是一个典型的实例，虽然自国际私法产生以来，几百年的时间里，无数的学者曾试图把它归入国际的范畴，但由于各国对主权的宠爱，国际私法大体上只是各国的国内法的一部分，对涉外民商事交往的调整规范呈现出一种各自为政的局面。国际私法的"国际"两字名不符实，国际民商事关系中的"国际性"始终没有在法律上得到应有的重视。在这种情况下，冲突规范成了无可奈何的选择。我们知道，冲突规范的

---

① 马丁·沃尔夫著：《国际私法》，李浩培、汤宗舜译，法律出版社1988年版，第273页注［6］。

② 参见梁西：《国际法的形成与发展》，载《现代国际法》，武汉大学出版社1992年版。

作用主要局限于对涉外民事关系当事人之间的争议的解决，即指引另一国的实体法，而且即使这一非常有限的作用也常常被各国国际私法上的公共秩序及各国冲突规范的歧异所削弱。它本身并没有规范权利义务关系因而对具体涉外民商事交易过程中的指导、规范、引导作用微乎其微。既然国际私法的调整对象是涉外民商事关系，那么其核心宗旨和任务是追求、创造一个公平合理、健全有效的国际民商事秩序，以便当事人在这片广阔的天地里驰骋。但遗憾的是，国际私法的真正目的却被外化成了所谓的解决法律的冲突，即各主权国家国内法在适用上的冲突。自本世纪以来，特别是第二次世界大战以后，这种状况有了很大的改变。由于人类社会的高速发展，当今世界成为一个牵一发而动全身的整体。国际法的作用更加侧重其协作的一面，其触角进一步深入到某些传统上只能为国内法调整的领域①，国际经济交往日益成为国际关系的主体部分。国际民商事交往的日趋频繁复杂及更进一步的国际化呼唤其国际性质在法律调整上得到重新认识。因而自上个世纪末起，国际私法的国际成分逐渐增多，到当代更是加速度增长。一方面，一系列统一私法条约的缔结使得国际私法成为真正的国际法；另一方面，更多的统一冲突法条约的出现也标志着国际私法向国际法靠拢。但自 60 年代以来，公共秩序这一弹性条款在这些统一冲突法条约中屡见不鲜，从而使人们认识到国际私法的公共秩序的确是阻碍国际私法从国内走向国际的一大"瓶颈"。不过值得欣慰的是，随着人类面临的共同问题越来越多，在这些问题不可能由各个国家利用国内法自行解决的客观要求下，人类社会的国际合作及协调必会增强，国际社会公认的不得违背的法律规范必会逐渐增多并明确化。在国际社会关系中，个人乃至国家在行使自己的私权和主权权利时必须考虑整个国际社会的整体利益。国际社会本位观念将会日渐深入人心。在某些问题上，个人本位固然要服从国家本位，但国家本位更应让位与国际社会本位②。国际社会跟国内社会一样也有一些相对其本身来说至关重要的根本利益或与整个人类生存发展休戚相关的基本原则等，也就是国际公共秩序。国际公共秩序的内容既可能来自国际法及国际经济法领域，也可能从各国国际私法中提炼出来。随着国际私法本身日益"国际法"化，公共秩序作为传统国际私法上的一项基本制度，也肯定会走向国际化。各国可以通过明示

---

①　参见梁西：《国际法的形成与发展》，载《现代国际法》，武汉大学出版社 1992 年版。

②　李双元等：《21 世纪国际社会法律发展基本走势的展望》，载《湖南师范大学学报》1995 年 1 月刊。

或默示的同意在国际范围内对各自的公共秩序的标准、内容、范围作出统一的规定，这样国际私法上的公共秩序通过升华从而变为国际公共秩序的内容。但不管怎样，国际公共秩序与传统的国际私法上的公共秩序是有很大的不同的。

1. 两者的出发点不同

国际公共秩序着眼国际社会本位，国际社会共同体、国际法律共同体是其产生的理论基础。当今世界，随着各国的频繁交融和合作，出现了一系列亟待人类去解决的重大问题。但在那种主权国家各自为政的状况下，想要它们采取协调一致的行动是很难办到的，主权国家保留事项应该逐渐加以限制。各国互不相同的公共秩序制度严重阻碍主权者民商法律的协调，现实要求限制甚至结束在公共秩序领域中各自为政的局面。国际公共秩序就是基于此而产生和发展的。而传统的国际私法上的公共秩序则是各主权国家范围内的事项，在立法上怎么规定、在司法中适用与否都只由本国自由地基于自己的利益和目的予以决定。

2. 两者衡量的标准不同

传统的国际私法上的公共秩序注重的是外国法的内容及其适用结果是否与法院国的法律、道德的基本原则等相抵触，其特点是以内国为主，以本国的利益为核心，充其量也只不过是与准据法国发生单向联系。由于各国法律、文化、传统、历史等诸多方面存在很大差异，因而势必决定了各国在公共秩序问题上有着互不相同的衡量标准，任一主权者永远只适用自己的标准，没有国家间都承认的"国际标准"。在国际公共秩序阶段，因国际法对各国的法律生活提出的一些最基本要求发生变化，从而产生一些国际社会必须一致遵守的国际标准，产生一系列任何国家的法律都不得与之相悖的国际强行性规范。这样，一主权者在确定是否可以借公共秩序排除外国法的适用时，它所考虑的既不是本国公共秩序标准，也不是准据法国的标准拟或第三国的标准，而是国际条约和国际习惯法中规定的统一的标准。因而外国法律的适用可能违背法院国的公共秩序，但并不一定与国际公共秩序相悖，反之亦然。

3. 两者的渊源不同

国际公共秩序的实质内容既可能从各国的公共秩序中提炼出来，也可以来自国际法、国际经济法诸领域。它既可以体现在国际实体法条约中，也可能存在于国际习惯法中。而传统的国际私法上的公共秩序只可能建立于国内法中（值得注意的是，在统一冲突法条约中固然有诸如"凡依本公约的规定所适用的任何国家的法律如与内国公共秩序相抵触，拒绝予以适用"之类的关于公共秩序的条款，但这里并没有指出公共秩序的实质内容，它仍留给缔约国依本国标准去加以确定）。

匈牙利国际私法专家萨瑟在论述公共秩序制度时早就指出它还适用于以下情况，即按照内国冲突规范应适用的外国法，如予以适用将违反国际法的强行规则、内国所负担的条约义务以及违反国际社会所一般承认的正义要求时，则以该外国法违反国际公共秩序为由，而不予适用①。现在，一系列国际公约对当今国际社会的公共秩序作出了规定，如 1956 年制定的《废止奴隶制、奴隶贩卖及类似奴隶制度与习俗补充公约》第一编规定，各缔约国遇到在债务担保、土地承租、女子婚姻和未成年人监护等方面存在类似奴隶制度习俗时，"应采取一切实际而必要之立法及其他措施，逐渐并尽速达成完全之废止或废弃"。国际公约对公共秩序的规定所涉及的范围越来越广，诸如消除种族歧视、外交人员的保护、妇女儿童合法权益、反对走私贩毒、难民的合法地位等等；随着越来越多的有关民事法律关系之国际公共秩序的确立，就很有可能形成一个各国都应遵守也愿意遵守的适用公共秩序的标准体系，这样就能有效地限制法官适用公共秩序的自由裁量权，从而达到限制公共秩序制度随意适用之目的。值得注意的是，1984 年《秘鲁民法典》第 2050 条规定了国际公共政策条款："依秘鲁冲突法指定的外国法取得的合法权利，如不违背国际公共政策或善良风俗，在秘鲁同样有效。" 1967 年法国民法典国际私法法规（第三草案）第四篇第 2283 条也规定："任何与国际关系中公认的公共秩序不相容的外国法都不得在法国适用。"这是否已经表明，国际公共秩序这一普遍广泛的观念已开始越来越多地进入各国的立法和司法领域。

四、公共秩序与国际惯例

国际惯例这一术语既属于国际私法范畴，也见之于国际法、国际经济法领域，因而很难有一个广为接受的定义。在这里我们仅从国际私法法源的角度对其进行探讨。一般说来，在讲到国际私法法源时所称的国际惯例，无非是由两个部分构成②，一部分是强制性的国际惯例，有学者认为这实质上是国际习惯法中的某些强行性规则在国际私法领域起作用。这种强制性的国际惯例包含着某些国际公共秩序，对所有国家有法律约束力，任何一国在制订和实施本国的

---

①　参见《中国大百科全书（法学卷）》，中国大百科全书出版社 1985 年版，第 11 页。

②　李双元主编：《中国与国际私法统一化进程》，武汉大学出版社 1993 年版，第 108 页。

国际私法时都不得与其相违背，当然更不可以借公共秩序排除其强制效力。另一部分则属任意性的国际惯例，我们知道，国际私法规则包括冲突规范和实体规范两大类，现在的问题在于任意性的国际惯例是否也有这两种表现形式。我们认为，在法律适用上尽管各国国内立法和一部分国际条约中经常出现某些共同采用的规则，但这只不过是国际上在这方面存在着比较普遍的实践而已，并不意味着存在某种惯例。那么，任意性的国际惯例则仅指那种大量存在于国际合同、国际经济贸易、海事及国际商事仲裁中的实体性的国际商事惯例，也有人把它列为"现代商人法"的渊源之一。这些惯例本身不是一种法律规范，因而不具有法律上的约束力和强制力，但是由于这些惯例广为世界各国立法和商人所承认并在实践中得到广泛运用，实际上它起着准统一实体法的作用。我国法律也在一系列的法律中规定了适用国际惯例的条款：《涉外经济合同法》第 5 条第 3 款指出："中华人民共和国法律未作规定的，可以适用国际惯例。"《民法通则》第 142 条第 3 款、《海商法》第 268 条第 2 款以及的《票据法》第 96 条第 2 款、《民用航空法》第 184 条第 2 款都作了如下完全相同的规定："中华人民共和国法律和中华人民共和国缔结或者参加的国家条约没有规定的，可以适用国际惯例。"有学者认为，由于这些条文列在"法律适用"部分，应严格地从其上下文来理解，因而他们主张仅指法律适用法，即冲突法上的国际惯例。对此我们有不同的看法，现试对《民法通则》第 142 条加以分析。

《民法通则》第 142 条规定，涉外民事关系的法律适用，依照本章的规定确定。

中华人民共和国缔结或者参加的国际条约同中华人民共和国的民事法律有不同规定的，适用国际条约的规定，但中华人民共和国声明保留的条款除外。

中华人民共和国法律和中华人民共和国缔结或者参加的国际条约没有规定的，可以适用国际惯例。

本条共 3 款，第 1 款指出涉外关系应适用的法律（或准据法），按照本章（冲突规范）的规定来加以确定；第 2 款中的"民事法律"显然不包括法律适用规范（即冲突规范），因而该款中的"国际条约"同样仅指统一私法条约而不涉及统一冲突法条约；第 3 款紧接第 2 款，因而其中的"法律"一词即是上一款中的"民事法律"，其中的"国际条约"理所当然也是指统一实体法条约。由此看来，"可以适用国际惯例"无疑是指"可以适用实体性的国际商事惯例"。对该条文中的"国际惯例"作这种理解显然更符合立法精神并能与《民法通则》第 150 条"依照本章规定适用外国法律或者国际惯例的，不得违背中华人民共和国的社会公共利益"相衔接。如果说以上对《民法通则》第142条中有关"国际惯例"含义的推导尚属一种逻辑推理的话，那么最高人民法院关于适用《涉外经济合同法》若干问题的解答第二部分（九）项的规定，"在应当适用我国法律的情况下，如果我国法律对于合同当事人争议问题未作规定的，可以适用国际惯例"，则从司法解释上明确了"国际惯例"仅指实体性的国际商事惯例。基于以上分析，我们认为我国诸立法中出现的"国际惯例"应指"国际商事惯例"，而不能仅仅因其列在法律适用篇章中便想当然地将它理解为"冲突法国际惯例"。

从我国的立法与司法实践中可以看出，法院在解决涉外民商事争议时可能在以下两种情形下适用国际惯例：一是某一涉外民事关系的准据法是我国法律，但我国法律和我国参加的国际条约在这方面没有规定，法院可以适用国际惯例。二是合同关系中当事人依"意思自治"原则在合同中明示选择了国际惯例（我国法律虽然只规定了当事人可以选择准据法，包括中国法、外国法及我国港澳地区的法，没有明确指出当事人能否选用国际惯例，但在司法实践中对当事人的这一作法予以了确认）。不过《民法通则》第150条又规定，"依照本章规定适用外国法律或者国际惯例的，不得违背中华人民共和国的社会公共利益"。类似的条文还出现在几乎所有其他法律（诸如《涉外经济合同法》、《海商法》、《票据法》、《民用航空法》）有关法律适用的篇章中。这种借公共秩序排除国际惯例的效力的作法为我国所独有，实属罕见。我们能不能因为其他各国立法中没有这样的条文就断定公共秩序不能排除国际惯例的效力呢？对这一问题还得具体分析。首先，我们须探讨其他国家没有规定借公共秩序排除国际惯例之内在原因。情由不外乎是以下几种：一些国家可能确信国际惯例不会跟其公共秩序相抵触，故认为规定没有意义；一些国家则可能认为国际惯例与其公共秩序相冲突的可能性极小，以致可以忽略不计，因而规定的价值不大；另一些国家可能明知国际惯例可能会与其公共秩序冲突，但基于某种政策、利益的需要，认为如果规定则得不偿失；还有个别国家之所以没有对此予以规定仅仅是因为立法技术上的疏漏。其次，我们应从分析国际惯例的性质入手来考察这一问题，如前文所述，国际惯例可分为两大部分，一部分属强制性的国际惯例，由于其具有强行法的特征并已涵纳了国际公共秩序的因素，因而不能借某一国的公共秩序的标准来排除其效力。另一部分则属任意性的国际惯例，这一部分我们又可以进一步细分为两类：一类是那些在国际民商事交往中形成的，反映了民商事交往的一般规律，顾及了大多数民商事主体利益，在实践中得到了普遍的承认和运用，具有明确的内容且通过一定的书面形式表现出来的任意性国际惯例（如《国际贸易术语解释通则》、《跟单信用证统一惯例》、《托收统一规则》等）。因为这一类任意性国际惯例实际上已成为各国国际私法的法源之一，起着准统一实体法的作用，很显然是不宜借公共秩序排除其效力的。另一类任意性国际惯例要么由于带有国际经济旧秩序的痕迹，要么由于仅反映了某一行业的当事人的利益而显得不那么公正合理，譬如在国际贸易实践中一些专门性的进行私法国际统一的民间组织在制订本行业所适用的标准合同或一般贸易条件时总是优先考虑对本行业的当事人利益的保护，而忽略了对相应的另一方当事人特殊利益的保护，因而这一类惯例如果与一国的公共秩序明显相悖的话，理应可以排除其效力。

综上所述，某些任意性的国际惯例从法理上来讲是可以借公共秩序排除其适用的。那么这是否就可以说明我国现行诸多法律中有关公共秩序排除国际惯例的条款是合理的呢？我们认为，就我国目前的现实情况来看，似不宜规定此类条款，理由如下：进一步对外开放是我国的基本国策，各项立法、各项规范都必须服务于这一国策，为对外开放营造一个宽松的法律环境，国际私法也不例外。如果我们口口声声讲"与国际惯例接轨"，而在一个又一个的立法中规定可以借公共秩序这一法官可以自由裁量的手段来排除国际惯例的适用，不免自相矛盾，从而就难于取信于国际社会，此其一。其二，在我国司法实践中，很少运用公共秩序来限制外国法的适用，借公共秩序排除国际惯例的效力的情况则更为罕见（仅一例，且遭到了大多数学者的反对）。这说明我国法院在解决涉外民商事纠纷中基本上做到了公正、务实。但是诸多法律中的借公共秩序排除国际惯例适用的条款却给人这样一种印象，那就是中国法院可以随时随地排除国际惯例的适用，因而势必影响到国际社会中某些商人悻于与我国涉外民事主体进行交易，进而影响我国的对外经济交往和民商事交流。其三，如果我们取消借公共秩序排除国际惯例效力的此类条款，尽管可能在个案中对我方当事人不利，但是从我国长期或者整体利益来看仍是可取的，而且只要我方当事人在签订合同时尽相当的注意避免选择适用那些内容不熟悉的国际惯例，也就不会陷于不利的地位。

五、对公共秩序制度在 21 世纪的发展展望

对公共秩序在 21 世纪的发展进行展望的前提是，我们必须首先弄清整个国际私法在新世纪的大致走势。当前国际私法对涉外民事关系的调整包括直接调整和间接调整两种方法，因此在将来，国际私法的发展势必从这两个方面同时进行。

作为间接调整方法核心的冲突规范固然存在一定的缺陷，例如它对涉外民事关系的处理是通过指引一国本用来规范国内民事关系的实体法来完成的，这实际从法律调整的角度抹煞了涉外民事关系与纯国内民事关系的区别。但在主权国家并存、各国民商法律歧异的情况下，它又不失为一部精巧的机器。本世纪50年代末、70年代初，美国一些激进派学者试图推翻这种以法律适用规范为主要内容的冲突法体系，但后来的事实与他们的目的相反，许多国家仍旧在这个传统的框架内相继制订和修改了各自的冲突法法规。这说明传统的冲突法还是具有一定生命力的。将来到了21世纪，国际社会肯定会发生巨大的变化，但主权国家的存在及各主权者法律相歧异这个客观现实从总体上来说是不会消灭的。冲突法所赖以产生和发展的基础的存在决定了冲突法的生命力仍会延续至21世纪，因而冲突法中的许多传统法律制度（包括公共秩序制度）必须在新的历史条件下找到各自适当的位置。

同时我们还应注意到，以统一实体规范为主体的直接调整方法正在高速向前发展，而且可以肯定这股强劲的势头也将延伸至21世纪。随着科学技术的突飞猛进，交通工具和通讯设施的日益发达，各国人员的频繁往来，地球日渐成为一个"村落"，在这种国际社会里，统一实体法条约和国际习惯法定会层出不穷，其触角必将伸向在今天看来是"禁区"的领域。这些统一实体法数量的不断扩大及其内容的不断拓宽，势必对传统的冲突法制度产生一定的冲击。

只有把握国际私法的以上两方面的发展趋势，我们对公共秩序制度的展望才能谈得上比较全面、深入。基于这些认识，我们认为：国际私法上的公共秩序制度在21世纪的发展也将从国际、国内两个领域铺开。

从国际上看，随着统一私法条约和国际惯例的不断出现，其调整范围的日益扩展，一方面它们通过条约把各国歧异的民商法统一起来，并直接适用于有关涉外民商事法律关系，从而可以缩小各国适用公共秩序的市场；另一方面，这些条约和习惯还可能在国际范围内对与整个人类社会的利益相违背的事项作出越来越多的禁止性规定（亦即上升为国际公共秩序的内容不断增多），这样任何一个国家在确定是否援用公共秩序时就须依照相应的条约和习惯的标准，而不是依各自国内的标准，从而避免各国在公共秩序制度上的滥用。21世纪将是这些统一私法条约和国际习惯法蓬勃发展时期，不过同时我们也应清醒地看到，国际私法条约的缔结和习惯法的确立终究是一个渐进的过程，绝非短期所能完成。因此21世纪各国在公共秩序上依各自的标准来决定外国法的适用与否这一作法仍将是必要的，这又决定了公共秩序制度还会在其传统的国内形式上发展。

从国内的角度来讲，各主权国家的公共秩序制度将进一步得到改造，当前各国对本国公共秩序适用的自我限制在 21 世纪会更一步深化。公共秩序保留说到底只不过是夹杂在冲突解决中的一种"干扰素"，它的存在往往出乎意料地妨碍公认的冲突规则的正常发挥，因而公共秩序制度适用的范围越窄，适用的机会越少，反而正标志着其本身越来越完善。各国公共秩序制度之间的冲突的解决可以说是其他所有冲突解决的前提。传统的公共秩序理论上的不合理性已成共识，在某种程度上它实际上是国家利益和个人利益冲突的产物。值得欣慰的是，现在许多国家都已经或正在运用多种方法限制公共秩序制度的效力（已如上文所述）。将来到了 21 世纪，这些限制公共秩序适用的方法会得到更多国家的响应，同时，新的限制作法和措施也必然不断出现。

另外，法律趋同化将在公共秩序制度的完善方面发挥双重作用，一方面，公共秩序之所以存在是因为各国法律中存在一些相互不能接受的内容，随着趋同化在各国民商法的渗透和作用以及当今个别国家制定调整涉外民事关系的国内专用实体法的作法得到仿效，各国民商法中那些相互不能容纳的东西将会逐渐减少，从而大大缩小公共秩序效力的领域。另一方面，各国公共秩序制度本身有可能随着频繁的法律文化交流从而取长补短，各国对公共秩序的概念、内容、适用范围作出相似的规定，在实践中也采取类似的作法，使各国的公共秩序的衡量标准趋向同一。

六、对我国公共秩序制度立法和司法实践的评价及建议

对于公共秩序保留制度，我国一贯持肯定态度，在立法上现已有较完备的规定，在司法实践中也有了几个重要案例。下面笔者试从立法与司法两方面对我国公共秩序制度作一个简单的评价，并在此基础上提出未必成熟的建议。

（一）有关我国公共秩序制度的立法

早在 1950 年 11 月中央人民政府法律委员会在《关于中国人与外侨、外侨与外侨婚姻问题的意见》中明确使用了"公共秩序"、"公共利益"、"基本政策"的措辞，应认为是关于公共秩序制度的规定。1985 年颁布的《中华人民共和国涉外经济合同法》、1991 年《民事诉讼法》、《民法通则》等法律都有公共秩序条款，特别是 1987 年 1 月 1 日生效的《民法通则》首次在我国冲突法中规定了公共秩序制度。该法第八章第 150 条规定："依照本章规定适用外国法律或者国际惯例，不能违背中华人民共和国的社会公共利益"。可见，我国立法对公共秩序制度的规定已较全面，但纵观有关公共秩序的立法，似乎还

存在以下几个方面的缺陷与不足：（1）我国现有的公共秩序条款没有体现当今国际社会限制公共秩序适用的精神，即在有关公共秩序的所有法律条款中均无限制公共秩序适用的措辞；（2）排除外国法适用后选择法律适用的规定付之阙如，这样不利于法官的操作，也容易导致公共秩序的滥用；（3）从《民法通则》及《海商法》有关规定可以看出我国公共秩序条款的矛头指向了国际惯例，这种规定为我国所独有，不但有悖于我国的现行的对外开放政策，也同国际社会的普遍作法不相符；（4）适用公共秩序的标准，我国立法有互相矛盾的地方，《涉外经济合同法》、新《民事诉讼法》的有关规定被认为是采主观说的，而《民法通则》及《海商法》的有关规定则明显是采客观说。这种立法上的矛盾应该加以避免；（5）《民法通则》、《海商法》以"社会公共利益"来阐明公共秩序制度似嫌简单、含糊，在司法实践中难以把握。结合国际社会的普遍作法及我国其他法规中的相关规定，应认为它包含"法律的基本原则或道德的基本观念"等内容。综上所述，我国立法中有关公共秩序的条款宜表述为：外国法律的适用如明显违背国际公共秩序及中华人民共和国的重大利益、法律的基本原则或道德的基本观念，则不可适用。必要时，可适用中华人民共和国法律的相关规定。

（二）有关我国公共秩序制度的司法实践

我国与公共秩序有关的关于承认和执行外国判决的案例有两个，一是1957年双方都居住在波兰的中国侨民离婚案，另外一个是1984年旅居阿根廷的中国公民婚姻纠纷案[①]。从最高人民法院对以上两案的复函的精神来看，我国在以往的司法实践中对于适用公共秩序保留制度的标准是倾向于主观说的，这与立法中的客观说是不一致的，也有悖于当今国际社会多采客观说的普遍作法。另外，1989年海南省木材公司案是我国借助公共秩序保留制度排除国际惯例适用的首例案例。在该案中，广州海事法院援用我国《民法通则》的公共秩序条款排除了有关跟单信用证惯例的适用，并依照我国民事诉讼法有关规定冻结了该信用证项下货款[②]。这种借公共秩序制度排除具有普遍约束力的、国际上通行的并为我国实践所采用的国际惯例的作法显然是不妥的。在今后的司法实践中，我们应注意：（1）在指导思想上应顺应当今国际社会限制适用

---

① 详见梁国庆主编：《新中国司法解释大全》，中国检察出版社1990年版，第693、545页。

② 详见金正佳、郭生平：《涉外海事审判中的法律适用》，载《法学评论》1991年第4期。

公共秩序的趋势，更多地考虑我国的整体利益和长久利益；（2）在个案中应采用客观说严格审查适用公共秩序的条件，既要考虑个案中的局部现实利益，更应注意保护我国进一步对外开放的根本利益和长远利益。（3）着眼于国际民商秩序的维护，当外国法的适用结果明显违背国际公共秩序时，可以借国际公共秩序标准排除其适用。

第五章　在建构国际民商新秩序中国际私法若干问题的新探讨

第一节　发展中的中国海事国际私法

海商法与国际私法均有着悠久的历史。海商法以海上运输关系和船舶关系为调整对象；而国际私法则以涉外民事关系为调整对象。海上运输的国际性和船舶的流动性决定了海上运输关系和船舶关系大多具有国际因素或涉外因素。这使得我们不得不对海商法所涉及的国际私法问题给予充分的重视。《中华人民共和国海商法》（以下简称《海商法》）的第14章对涉外海事关系的法律适用问题作了专门的规定。该章的规定标志着我国海事国际私法的立法工作已经开始起步，并取得了一定的成就。一个以解决海事法律冲突为中心任务的法学领域正在兴起。我们把它称作海事国际私法。

一、海事国际私法的概念

从整体上讲，海事国际私法应属国际私法的大范畴，是国际私法的一个重要的组成部分或特殊的分支。但从海事国际私法所要解决的问题及其相对独立的调整对象来看，它又具有着鲜明的特点及相对的独立性。

长期以来，人们对海商法和国际私法的调整对象及名称等问题一直存在着不同的观点，加之海事国际私法所涉及的问题又未能引起人们的足够重视，因此，对于海事国际私法的含义，到目前为止，还没有形成比较统一的认识。

关于海商法的调整对象问题，在我国《海商法》出台以后，人们的认识已开始趋向一致。该法第1条将《海商法》的调整对象规定为"海上运输关系、船舶关系"。尽管仍有人认为，该法所称"海上运输关系、船舶关系"，既包括平等主体之间的横向财产关系，也包括政府海运主管部门与自然人、法人等民事主体之间的纵向的行政关系，但由于国务院就该法的议案说明中有这样一段话："由于海商法是一部特别民事法律，草案除第4条关于沿海航行权和第 6 条关于海上运输主管部门等个别条款中不能不明确主管部门外，有关行政管理的内容，如船舶登记、船舶检验、海上交通安全等，应当适用有关行政方面的法律，草案未作规定"，因此，人们已经比较一致地认为，我国的《海商法》是一部狭义的海商法，属民法的特别法。其调整对象主要是平等主体之间的"海上运输关系、船舶关系"。关于《海商法》的名称问题，在我国也曾有过不同的观点。在《海商法》的起草过程中曾有学者建议将"海商法"正名为"海事法"。而对于"海事"一词的含义，至今仍存在着诸多不同的主张，如广义的"海事"、狭义的"海事"，等等。但本文所称海事国际私法中的"海事"仅指一些特定的关系，即"海上运输关系和船舶关系"，并以此对"国际私法"进行修饰或限制。

关于国际私法的名称与定义问题，长期以采，一直也存在着各种不同观点与主张。虽然，这一名称已约定俗成，但对于其定义，许多学者都从不同角度提出过自己的观点。限于篇幅，恕不一一列举。

如果我们把国际私法定义为"国际私法是以涉外民事关系为调整对象，并以解决法律冲突为中心任务，以冲突规范为最基本规范，同时包括规定外国人民事法律地位的规范、避免或消除法律冲突的统一实体规范以及国际民事诉讼与仲裁程序规范在内的一个独立的法律部门"，那么，海事国际私法的调整对象就是涉外海上运输关系及船舶关系；其中心任务就是要解决海事法律冲突；其最基本的规范主要表现为海事冲突规范，如我国《海商法》第 14 章的规定等。再者，有关国际（或涉外）海事诉讼与仲裁的程序性规范，如我国《民事诉讼法》中有关涉外海事诉讼与仲裁的规定，以及最高人民法院《关于涉外海事诉讼管辖的具体规定》、《关于海事法院诉讼前扣押船舶的规定》、《海事法院拍卖被扣押船舶清偿债务的规定》等等，也是海事国际私法规范的表现形式。此外，为避免或消除海事法律冲突的统一实体规范，如我国已加入的《1910 年统一船舶碰撞某些法律规定的国际公约》、《1974 年关于统一海上运输旅客行李若干规则的国际公约》、《1989 年国际救助公约》等，也都属海事国际私法规范的重要组成部分。

虽然海事国际私法从总体上应属国际私法的大范畴，但是，由于其有着相对独立的调整对象，即涉外海上运输关系及船舶关系，正如有必要把调整海上运输关系和船舶关系的《海商法》从调整平等主体的财产关系和人身关系的民法中分离出来，形成一部特别民事法律一样，把海事国际私法作为一个相对独立的法学领域或法律部门来进行研究也是完全可以的，同时也是非常必要的。

二、海事国际私法的基本内容

如上所述，海事国际私法的调整对象是涉外海上运输关系及船舶关系。其中心任务是要解决海事法律冲突。海事冲突规范和为避免或消除海事法律冲突的统一实体规范以及有关国际（或涉外）海事诉讼与仲裁的程序规范，都是海事国际私法的组成部分或基本内容。

从海商法的角度来说，海上运输关系是指海上运输中发生的关系，它不仅包括海上运输中发生的合同关系，如提单、租约、货物保险、拖航、救助、船员雇佣或聘任等合同关系；而且还包括海上运输中发生的侵权关系，如碰撞、油污等侵权关系；再者，所谓船舶关系，则既包括船舶的物权关系，如船舶的所有权、优先权、抵押权、留置权等；同时也包括船舶的债权关系，如船舶的建造合同、买卖合同、修理合同、保险合同、代理合同等等。由于海上运输是靠船舶来实现的，而船舶则以海洋为其活动场所，船舶目前承运着 80% 左右的国际贸易货运总量，因此，含有涉外因素的海上运输关系和船舶关系在现实中是大量地存在着的，海事法律冲突也是无法回避的。

从国际私法的角度来说，解决或避免法律冲突的途径主要有二：一是制定统一的实体规范；一是制定冲突规范。长期以来，国际航运界，包括一些国际组织，一直致力于统一各国海运法规的工作，并且已经取得了可喜的成就。据粗略统计，海事国际公约在全部国际公约中占有着相当大的比重。而且，为数不多的被较为普遍接受的国际公约中就有涉及海上运输的公约，如 1924 年的"海牙规则"等。海事国际公约不仅在很大程度上实现了缔约国某些海事法律规定的统一，而且对于非缔约国来说，海事国际公约也为其制定或修改国内法起到一定的引导和参照作用。无疑，这些都对消除海事法律冲突起到了一定的积极作用。然而，从另一个方面来说，被普遍接受的海事国际公约仍很有限。这意味着在缔约国与非缔约国之间、非缔约国与非缔约国之间仍存在着海事法律的冲突。这一现实决定了海事冲突规范和海事国际公约都是以解决海事法律冲突为中心任务的海事国际私法的重要内容。

海上运输具有很强的国际性。而且，它还需要有专门的技术并面临特殊的海上风险。这些特点，一方面使得调整这类关系的法律，即海商法，较之其他法律要复杂得多；另一方面，也使得产生于这一领域的争议或纠纷很难处理和解决。正是因为这些原因，世界上一些国家设立了专门审理海事案件或处理海事纠纷的法院和仲裁机构。如我国先后在九个沿海城市设立了海事法院，并早在 50 年代末就在北京设立了海事仲裁委员会。我国海事审判的实践已经表明，单靠《民事诉讼法》，我国的海事法院在审理海事案件时，常常会遇到无法可依或有法难依的情况。作为应急措施，我国最高人民法院先后制定了《关于涉外海事诉讼管辖的具体规定》、《关于海事法院诉讼前扣押船舶的规定》、《海事法院拍卖被扣押船舶清偿债务的规定》，等等。值得一提的是，一个名为"海事诉讼特别程序"的法律已在起草之中。另外，我国海事仲裁委员会的仲裁规则在几经修订后，现已比较完善。

国外曾有人指出：在调整国际民事关系并保证国际民事交往安全方面，国际民事诉讼法和冲突法犹如一个车子的两个轮子，二者都是不可或缺的。中国是一个海运大国。商船总吨位已排到世界第九位。悬挂五星红旗的船舶航行于世界 150 多个国家和地区，停靠 1100 多个港口。每年有 150 多个国家和地区的船舶进出我国的港口。我国的现实情况决定了我们不仅需要完备的海事冲突法制度，而且还要有完备的国际海事诉讼法制度。再者，从某些海事国际公约的内容来看，在一个公约中同时规定实体和程序两方面内容的情况是很常见的。如：《1976 年海事赔偿责任限制公约》。该公约既规定了责任人的责任限额等实体法方面的问题，同时也规定了程序法方面的问题。如一旦责任人在公约规定的某国法院设立了责任基金或提交了其他形式的担保，则其他所有限制性债权人均不得再另行向法院申请扣押责任人的船舶或其他财产等。所以，我们认为把国际海事诉讼法的内容纳入海事国际私法之中不仅是非常必要的，而且也是完全可行的。

再者，就海事争议或纠纷的专业性及复杂性来说，这类争议或纠纷交由作为专家的海事仲裁员来裁判是比较适宜的。正因为如此，现实中大量的海事合同中都含有仲裁条款。而且，一些侵权性质的纠纷，如船舶碰撞，当事人也会在碰撞发生后达成仲裁协议，把有关的争议提交仲裁解决。然而对于仲裁协议的效力、仲裁裁决的承认与执行，以及提请仲裁前或开始仲裁后的财产保全等问题，又都离不开海事法院。因此，把国际海事仲裁的内容也纳入海事国际私法之中，并把它同国际海事诉讼所涉及的问题放在一起作通盘考虑，这将有利于从海事国际私法统一的立场上对其进行深入系统的研究，有利于完善有关的立法。

三、我国海事国际私法的立法现状

如前所述，我国《海商法》的第 14 章对涉外海事关系的法律适用问题作了专门的规定，它标志着我国海事国际私法的立法工作已经开始起步并取得了一定的成就。此外，属于海事国际私法的规范已大量地散见于许多法律之中，如《民法通则》、《民事诉讼法》、《仲裁法》等。再者，许多海事国际私法的规范还以最高人民法院的司法解释的形式存在着，如《关于涉外海事诉讼管辖的具体规定》、《关于海事法院诉讼前扣押船舶的规定》、《海事法院拍卖被扣押船舶清偿债务的规定》，等等。这些均可证明我国海事国际私法的国内渊源正在迅速地充实和扩大。另一方面，我国已先后加入了一些海事国际公约。这使得我国海事国际私法的国际渊源也在不断地发展。

但是，由于历史的原因，直到《海商法》的出台，海事法律冲突在我国才表现得非常具体和尖锐；直到海事法院的设立，我国才有了真正意义上的海事审判实践。人们对于海事国际私法的重要性及特殊性的认识也才刚刚开始。我国海事国际私法的立法还远没有达到系统和完善的程度，无法可依和有法难依的情况仍然存在。

就海事冲突规范而言，虽然《海商法》的第 14 章对某些涉外海事关系的法律适用作了专门的规定，但是，《海商法》的第 14 章同《民法通则》的第 8 章是一个怎样的关系？最高人民法院对《民法通则》第 8 章所作的司法解释是否都可无条件地作为《海商法》第 14 章的补充而加以适用？再者，《海商法》的第 14 章对一些应该规定的法律适用问题也没有规定，如船舶留置权等。此外，《海商法》的规定还存在着其他一些方面的问题。如：该法第 14 章第 274 条规定："共同海损理算，适用理算地法律。"然而，该法第 10 章（该章以共同海损命名）第 203 条却又规定："共同海损理算，适用合同约定的理算规则；合同未约定的，适用本章的规定。"这些都在一定程度上表明我国有关海事冲突规范的立法还有待进一步完善。

关于加入海事国际公约的问题，我国一直都很保守。当然，如果说某个国际公约的内容不符合我国的利益或国情，我国不加入，这是完全正确的。但问题是有些公约的全部实质性条款已被我国的《海商法》或有关法律所吸纳，而我国却没有加入有关的国际公约，如《1976 年海事赔偿责任限制公约》、《1952 年关于统一扣押海运船舶某些规则的公约》等。这样一来，虽然在实质性问题上我国已达到国际标准，但我们却不能享受公约所提供的保护或加入公约所带来的好处。

就国际海事诉讼的程序规范而言，我国海事法院成立后，《民事诉讼法》即成了海事诉讼所适用的主要程序规范。为满足海事诉讼的特别需要，最高人民法院以司法解释的形式出台了一些规定。但是，这种现状还远不能满足我国国际海事诉讼迅速发展的需要。一些应该明确的问题，仍未明确。如扣船申请人需提供担保的数额问题、提单中管辖权条款的效力是否应根据《民事诉讼法》第 244 条的规定来认定问题、在外国仲裁在中国保全（如扣船）的程序问题，等等。

在国际海事仲裁方面，虽然我国的海事仲裁委员会已有较长的历史，但其所受理的案件数量却一直很有限。这同我国的有关立法没能跟上形势的需要有着直接的关系。应当承认，我国的《民事诉讼法》及新出台的《仲裁法》都没有对国际海事仲裁的特殊性及国际上的主流作法给予充分的重视。如要求仲裁条款必须载明选定的仲裁委员会，这使得一些约定在"北京仲裁"或"中国仲裁"的海事合同中的仲裁条款被认定无效。毫无疑问，这在一定程度上阻碍了我国国际海事仲裁事业的发展。

第二节　国际信托的法律适用

信托，是指将自己的财产委托给足以信赖的第三者，使其按照自己的希望和要求进行管理和运用的法律制度。信托制度随着国际民商事交往的日益发达而不断得以完善和发展，已为越来越多的国家法律所认可和采用。此外，国际信托业务的大量发生，也使得国际信托法律冲突成为必然之事。因此，国际信托的法律适用问题也就成为国际私法理论与实践中的一个重要课题。本节拟对此问题作初步研究，并对我国未来的相关立法提出一些建议。

一、信托制度概述

信托的历史悠久，早在古埃及和古罗马时期，就已经有了信托的萌芽[1]。它起源于 11 世纪英国的"用益权"制度。当时，英国的宗教盛行，人们普遍相信基督教教义，认为人们在活着时多作贡献，死后方可升入天堂。于是，教徒们死后，纷纷将遗产（主要为土地）赠与教会。因为其时统治者不能对教会征税，长此以来就严重影响了封建郡主和诸侯们的利益。到了 12 世纪，英国国王亨利三世便制定了"没收法"，禁止教徒死后将其土地等财产赠给教会，否则予以没收。教会为摆脱这一束缚，即操纵当时的衡平法庭，参照罗马法的有关规定，由衡平法院大法官颁布了"用益法"，允许教徒死后将土地等财产转让他人代管，而把土地财产的收益交给教会或其子女，这便是信托的雏形。英国历史上著名的十字军东征和玫瑰战争时期，教士们在出征前，纷纷把他们的土地等财产委托给亲朋或教会代管，以便其家属子女的生活有所保障。

---

[1]　参见江平、米健：《罗马法基础》，中国政法大学出版社 1987 年版，第 339 页。

这两次战争大大促进了"用益权"制度的传播和发展。

到 16 世纪，用益权制度逐渐演变为信托。以土地为主的信托逐渐发展为财产信托，个人信托也随之发展为专门的法人信托，营利信托也逐步取代了无偿信托。

信托与委托和代理一样，都是一种以管理他人财产为主要内容的法律关系，这些制度具有许多共同之处。然而，信托与委托、代理等又有极其重要的不同点：

首先，信托是以财产为中心构成的法律关系，而在委托和代理的法律关系中，财产因素并非必要。其次，信托不仅限于财产的管理和处理权，财产的所有权本身也要转让给受托人，而委托则仅将财产的管理和处分权授予受托人。再者，信托是将财产的管理和处分权全部托附受托者，而代理关系中，当本人将代理权授予代理人后，并未失去对财产的管理权和处分权，二者在财产的管理和处理上是交织在一起的。最后，信托、委托和代理虽然都是建立在当事人相互信任的关系上，但因为在信托法律关系中，财产权本身也转让给受托人，因此，信托关系当事人之间是一种更为可靠的信任关系。

在信托中包含了一系列不同的法律关系，大致可概括为：第一种是财产委托人与受托人之间的关系；二是受托与受益人之间的关系；三是受托人和第三人的关系。

信托的财产可能是动产，也可能是不动产，或二者兼有。信托依据不同的标准，可作多种不同的分类。根据信托意图的不同，可分为公益信托和私益信托，公益信托是指完全以实现慈善事业为信托意图并以全社会或部分社会公众为受益人的信托，也称为慈善信托；私益信托是指仅以特定的自然人或法人为受益人，并为实现特定利益而设立的信托。根据信托设立的时间，可分为生前信托和遗嘱信托。根据信托设立的期限，可分为永久信托和期限信托。根据信托成立的方式，可分为明示信托、默示信托、推定信托。其他的分类还有可撤销的信托和不分撤销的信托、任意性信托和非任意性信托等。

信托在其产生时，主要以民事信托为主，随着商品经济的发展，开始出现了以营利为目的的商事信托，出现了专门办理商事信托的公司，单纯的进行财产管理的英国式信托，已经发展成带有融通资金性质的信托。

二、有关国际信托的冲突规则之演进

随着国际民商事交往的发达，信托制度不仅在普通法系各国广泛传播，一些大陆法系国家也在略加修正之后，采用了灵活的信托制度。因此，就很容易出现甲国的委托人将其在乙国的财产委托给在丙国的受托人，而受益人却在丁国的情况。然而，信托制度并非各国都有，即使存有信托制度的国家，它们有关信托的法律规定也不尽一致，因此常常发生法律冲突。

首先，对于信托中的财产权转让问题，有的国家法律规定，受托者取得信托财产的完全所有权，成为所有者，而受益者只拥有向受托人请求支付债权的权利；另一些国家法律规定，受托者取得的财产并非完全的所有权，而是对信托财产排他性的管理权，而受益人不仅拥有向受托人请求支付的权利，而且对信托财产拥有一定限度的直接支配权。

其次，对于信托成立的方式问题，有的国家允许宣言信托，即宣布自己为特定信托的受托人，这在英美国家是可以的，而在日本却遭到禁止。

再次，关于信托财产的范围问题，有的国家对信托财产的种类并不加以限制，而有些国家把信托财产限定为金钱、有价证券、金钱债权、动产、不动产、土地使用权和土地租赁权。

最后，对于信托当事人的能力问题，有的国家规定委托人不可同时又是受托人，或者受托人不可同时又是受益人，只有当其为众多受益人之一时方可；有的国家对经营信托业务的人的资格有严格限制，有的只允许银行兼营信托业务，有的则不允许信托公司兼营银行业务；有的只允许法人经营信托业务，有的国家同时也允许自然人经营信托业务。

因此，信托不仅仅是一项契约行为，也不仅仅是一项财产转让行为。尽管信托主要与冲突法中的物权规则相关，但是，它们不仅包括了与物权有关的冲突法问题，也会引起与债权或人的能力有关的冲突法问题①。

有关信托的冲突规则经历了一个发展演变过程。由于早期的信托大多是有关土地财产的信托，因此，物之所在地法理所当然地被用来支配信托的实质效力。英国和加拿大的法院在 20 世纪上半期往往并不考虑很多的连结点和可供选择的法律。法院往往满足于单纯适用物之所在地法或委托人的住所地法，尤其是当物之所在地法或委托人的住所地法同时也是法院地法时，更是如此。这样一来，法律冲突问题完全被忽视②。

"二战"以后各国有关信托的法律冲突规则发生了显著的变化。法院开始

---

① See Waters, "Law of Trust in Canada", The Craswell Company Ltd. 2nd, edition (1984), pp. 1123-1128.

② See Cheshire and North, Private International Law, Butterworths (1987), 11th edition, pp. 878-898.

倾向于采用更多的连结点，准据法的系属公式也因此变得复杂起来，信托自体法理论应运而生。这种理论主张，信托自体法是当事人欲使信托受其支配的法律，若当事人无此明示选择，且不能依情况认定当事人选择意向时，信托自体法应是那个与信托有最密切、最真实联系的法律①。

由于信托本身是一个较为复杂、带有综合性的法律概念，它所引起的许多问题要受不同的法律支配。关于信托的法律选择问题多产生于受托人和受益人之间的关系中，它常常被称为信托的内部事项。关于信托的法律选择问题也会涉及委托人与受托人之间的关系，因为它与信托的成立相关。在信托关系中，受托人与第三人的关系往往被称为信托的外部事项，法律选择规则支配这类事项，主要是决定受托人是否已取得财产的所有权或已有效地取代委托人，以进入与第三人有关的债权债务合同。

在信托的准据法选择过程中，大多数学者认为应根据分割原则，对于信托的不同性质的各个方面，分别由不同的法律来支配。信托准据法的适用范围主要包括：信托的有效性、信托的管理、信托的解释等。

（一）关于信托的有效性问题

信托的有效性往往分为形式有效性和实质有效性两个大的方面。信托的形式有效性主要指信托的成立方式是否有效，对于遗嘱信托来说，就是看遗嘱的成立是否有效；对于设定信托来说，又常常涉及信托合同的形式效力。通常，决定信托形式有效性的准据法为信托自体法、合同履行地法或遗嘱人最后居所地法，而且，信托的形式效力只要符合其中之一的规定，均为有效。一般情况下，决定信托形式有效性的准据法同样可以用来支配由此而生的信托的实质有效性，但也存在某些例外，如委托人已经明确选择了支配信托实质有效性的法律。

一项有效的信托不仅要依靠一个有效的成立方式，也依赖于信托财产的转让是有效的。如前所述，信托可以通过两种途径成立，一种是宣布自己为特定信托的受托人，另一种是委托人将财产转让给受托人。在这两种情况下，都存在一个先决问题，即受托人是否有法律上的权利管理受益人的收益。这一法律选择问题，通常要由关于财产转让的一般冲突规则来支配，如动产或不动产所在地法，如果信托的成立方式依据支配它的准据法是有效的，而物之所在地法却不允许受托人管理财产，甚至在物之所在地的法律体系中根本就不存在信托

---

①　但是，对于不动产来讲，物之所在地法仍将是主要的冲突规则，因为不动产所在地法往往对此有强制性的法律规定。

这一法律制度，这一信托就不能有效地成立。这样看来，信托主要与财产转让有关，因此，适用于物权的法律选择规则应同样适用于信托。然而，这样做的后果之一就是忽视了信托的不同特征。信托财产性质的变化、受托人或受益人住所或居所的变化、信托管理地的变化，都会给物权冲突规则的适用带来一定程度的困难。

人们普遍认为，在缺乏当事人对准据法的选择时，信托的自体法将支配它的有效性，而且遗嘱信托的自体法应是遗嘱人最后住所地法，生前信托的自体法应是与信托有最密切、最真实联系的法律。

设定信托的当事人的能力，对信托效力也有至关重要的影响。如果信托的当事人不具备设立信托的行为能力，则该项信托同样不能有效成立。一般认为，信托当事人的行为能力由其各自的属人法支配，或由信托自体法支配。

（二）关于信托的管理问题

有关信托管理的法律选择规则是非常模糊的，主要原因在于：第一，在信托管理事项和信托有效性事项之间并没有十分明确的界限；第二，对于信托管理的准据法存在很大争议，有人主张由信托管理地法支配，而另外有人认为应由信托自体法支配；第三，即使管理地法得以适用，对管理地如何加以确定仍有争议。

对于信托管理事项的范围，人们的认识也不尽一致。英国著名国际私法学家戴西和莫里斯认为，应将下列事项纳入信托管理的范围：（1）受托人权利和义务；（2）受托人违约的责任；（3）何为收益，何为资本；（4）如何确定受托人的投资为正当投资；（5）谁可以任命一个新的受托人；（6）谁不能被任命为受托人；（7）法院对于信托的权利，给予忠告的权利等。而他们认为，信托的有效性事项主要包括：（1）设定人的行为能力；（2）信托成立的方式；（3）信托是否属公益性质等等①。

他们所作的分类具有一定的代表性，但我们仍需要运用识别制度，来判断究竟哪些事项属于信托的有效性事项，哪些事项属于信托管理事项。在大多数情况下，这并不困难。但是，也有一些问题可以同时归入任何一类事项。现在，许多人并不同意戴西和莫里斯的划分，他们认为，不论一个问题是否被归为管理事项，它不能排除依据管理地法认为是管理事项的情况，因为一个信托管理地法带有某种强行性。

---

① See Dicey and Morris, "Conflict of Laws", Stevens & Sons（1980）10th. edition p. 1075.

信托合同或遗嘱中一般都明确或隐含地表明支配信托管理事项的法律，但在没有这类表示时，就必须找到一种法律规则来确定信托管理的准据法。有人认为应适用信托自体法，即支配信托效力的法律应当同样支配信托的管理。这种观点主张不需要对信托效力和信托管理规定不同的法律选择。但是，越来越多的学者倾向于把管理地法作为信托管理事项的准据法。这种作法在英美国家司法实践中也有所反映，例如，在 Re wilks 一案中，英国的遗产信托管理人受托管理一个在安大略死亡的遗嘱人的财产。依英国法，他可以推迟出售这些信托财产，虽然依支配信托和遗嘱效力的安大略法却不允许他这样做。

然而，对于采用信托管理地法作为管理的准据法也并非毫无争议。

首先，关于如何确定信托管理地的问题。在管理地很容易确定的情况下，我们可以直接适用信托管理地法；但是，当死亡人在两个以上国家都有财产，并分别加以管理时，遗嘱信托的受托人可能会发现他的投资权力根据两个不同的管理地的法律是不同的。在数个受托人分别居住在不同的国家，或受托人为一家信托公司，并在世界各地设有分支机构时，对于特定信托的管理，虽然主要由一家分支机构来承担，但这一机构同时需要其他机构的协助。

澳大利亚的学者曾指出，对于信托管理事项适用物之所在地法。但这种作法是极为不便的，因为在物之所在地发生变化时，准据法也会随之发生变化。然而，在信托财产所在地同时为法院地时，物之所在地法可能会被适用，因为物之所在地可能对信托人能够投资的财产范围有强制性的规定。

此外，对于指定受托人，一般认为应由法院地法支配，而不管信托自体法或信托管理地法的规定如何。

（三）关于信托的构成及其解释

信托的构成是指一项有效的信托必须具备哪些基本要素。这些基本要素一般包括指定的信托财产、确定的受益人、确定的信托意图、信托的受托人。其中，既有客观要素，如确定的信托财产、受益人和受托人，也有主观要素，如信托意图。对于信托的客观要素，当事人一般较少发生争议，而对信托的主观要素进行解释时，往往会发生很大的争议。信托意图具有确定受托财产权具体范围和限制受托人财产权行使方式的法律效用。在全部信托条款中，信托意图条款具有核心地位。

一般情况下，信托的构成及解释的法律规则对于生前信托、遗嘱信托、动产或不动产信托都是同一的。法院会极力寻求当事人的信托意图，以发现他们想要适用的法律。在缺乏明确的表示时，法院应对当事人的信托意图作出推断。在推断当事人信托意图时应参考下列因素：原始文件或行为的作成地；信托财产所在地；信托公司所在地；信托管理地等。在无法推断信托人意图时，法院应根据信托自体法来解释信托，即在生前信托的情况下，适用与之有最密切和最真实联系的法律；在遗嘱信托的情况下，应适用遗嘱人设立遗嘱时住所地法。

三、《关于信托的法律适用及其承认的公约》述略

通过以上论述，我们可以清楚地看到，在国际私法领域，有关信托的法律冲突规则很少而且极不统一。德国国际私法学者拉贝尔（Rabel）曾经指出："如果冲突法的某一部分已经脱离混乱，它不会是信托。"[①]

1984年第15届海牙国际私法会议制定出《关于信托的法律适用及其承认的公约》。信托作为一种法律制度，并不像合同制度那样为各国普遍采用，它主要存在于普通法系国家。这一海牙公约正是试图解决在一些国家存在，而在另一些国家却不存在的法律制度，随着国际法律交往实践的发展所产生的问题。按照瑞士国际私法学者欧弗贝克（Overbeck）的说法，该公约正是寻求给民法法系的法官、公证员、律师提供一种理解和处理涉外信托的工具[②]。

《海牙公约》共有5章32条，其中第1章规定该公约的适用范围；第2章规定信托的准据法；第3章规定对信托的承认；第4章是关于一般条款的规定；第5章则是海牙公约所通用且内容一致的最后条款的规定。

首先，关于公约的适用范围。公约第1条规定，本公约规定适用于信托的准据法的确定及其承认。

关于公约是否只适用于普通法上信托制度的问题，公约的规定是否定的。它不仅适用于普通法中的信托制度，也适用于符合公约第2条规定标准的其他法系的类似制度，如日本、韩国、埃及、波兰、卢森堡和委内瑞拉等国家中存在的类似普通法系信托的法律制度。在起草该公约时，国际清算银行的代表强烈反对公约适用于"商事信托"。他认为普通法系非常不严格的商事信托会危及对大陆法系国家当事人或第三者的保护。但公约中没有明确规定不适用于商事信托，因为商事信托的概念难以界定，公约采取了一些其他措施将商事信托排除在适用范围之外。

---

① See Ernst Rabel, "The Conflict of Laws: A Comparative Study", Unviersity of Michigan Law School, Second Edition (1958).

② See Generally the Expianatory Report of Alfred E. Von Overbeck Published by the Permanent Bureau of the Hague Conference (1986).

公约仅适用于当事人自愿设立的，且有书面文件为证的信托，但是，公约也允许成员国把公约的适用范围扩大适用于法定信托。

其次，关于信托的准据法及其适用范围问题。对于如何确定信托的准据法，公约首先适用当事人意思自治原则，但若当事人所选择的法律中不存在信托制度，那么这种选择无效。

如果当事人没有选择信托的准据法，或当事人的选择被认为无效时，公约规定应适用与信托有最密切联系的国家的法律。公约还列举了在实践中据以确定与信托有最密切联系法律的几种因素：信托管理地、信托财产所在地、受托人居住或营业所、信托的目的及其目的实现地。公约第8条规定了信托准据法的适用范围即信托准据法支配信托的有效性、解释、效力及其管理。公约也采用了分割制原则，即信托的某一分割事项，特别是管理事项可由不同的法律支配。

由于信托关系可能会延续很长一段时间，在其存续期间，信托准据法可能发生变更，公约规定信托准据法的变更应由支配信托有效性的法律来确定。

再次，关于信托的承认问题。如前所述，信托并非各国普遍采用的法律制度，因此，公约各成员国之间，成员国与非成员国之间便会发生对信托的承认问题。公约规定了承认信托的基本原则，即根据公约第2章中关于信托准据法的规定的法律所产生的信托，得被承认为信托。该项承认至少意味着信托财产的独立性，受托人能以受托人的身份起诉或应诉。

公约还进一步规定了信托承认的内容，即受托人个人的债权人不得请求以受托财产清偿债务；受托财产不构成受托人无力还债或破产时的清算财产，等等。

公约同时规定了不承认信托的情况：如果与信托有最密切联系的国家还没有信托制度，对这种信托可不予承认。

最后，公约规定了一些特殊事项，如尊重各国强行法、公共秩序保留、排除反致等。

截至1996年7月1日，签署该公约的已有澳大利亚、加拿大、法国、意大利、卢森堡、马耳他、荷兰、英国、美国等八个国家，其中澳大利亚、加拿大、意大利、马耳他和英国先后批准该公约，现已对这五国生效。

四、我国涉外信托关系法律适用问题的立法建议

改革开放以来，我国的信托业务飞速发展，继1979年中国国际信托投资公司成立之后，各地也纷纷出现了大量的国际信托投资公司。但是，由于对于

信托投资公司的片面认识，我国的信托业务走上了畸形发展的道路。在大力发展社会主义市场经济的今天，我国的信托业务具有广阔的发展前景，涉外信托业务也越来越多。为此，我们应当重视对信托的法律问题，尤其是信托的国际私法问题的研究，然而，直至目前，我国关于信托的立法以及关于涉外信托法律适用的立法仍然付诸阙如，这与我国国际信托业务的发展极不相称。信托法虽已提上立法日程，但是，正在起草之中的《中华人民共和国信托法》（第四稿）中没有关于"涉外信托关系法律适用"的规定。由中国国际私法学会组织起草的《中华人民共和国国际私法》（示范法）第三稿中也没有这方面的规定，这不能不说是其中的不足之处。司法实践中，有关部门大多将信托问题类推适用有关代理和委托的法律规定，这也不利于信托法律制度的正常发展。当前，我们应当重视对信托，尤其是涉外信托法律适用问题的研究，参照各国的普遍实践，根据有关国际公约，建立相应的法律制度。为此，在《示范法》第四稿中，应当写入有关国际信托法律适用的规定。我们在这里提出一些原则，仅供参考。

首先，对于信托的准据法选择问题，应当适用当事人意思自治原则，即适用设立信托人所选择的法律；在当事人没有作出选择，或其选择被认为无效时，应当适用最密切联系原则来决定所应适用的法律，即适用与信托有最密切联系的法律。至于确定最密切联系时考察的因素，可以参照前述《海牙公约》第7条的有关规定。

其次，对于不动产信托而言，应当规定适用不动产所在地法，以保证不动产所在地的政策和利益得以实现。

最后，对信托的法律适用允许采用分割制原则，使其更加方便灵活。

以上这些原则，与《示范法》中关于物权、合同的法律适用的有关规定是相一致的，不致发生矛盾冲突。笔者相信，《示范法》中如能加入有关信托的条文规定，无疑将更加完备，从而促进我国国际信托事业的正常有序发展。

第三节　香港公司法与内地公司法的冲突及解决办法

随着对香港主权的恢复行使，从1997年7月1日起，香港地区将成为一个独立的法域，这样，区际法律冲突在我国已不再仅仅是一个学理问题，更成了一个客观存在的现实问题。香港和内地的区际法律冲突主要是指两地之间民商事法律适用上的冲突，理所当然地包括两地的公司法律冲突，因此，对香港和内地的现行公司立法进行比较研究以及对两地公司法律冲突的解决方法作一探讨，无疑具有重大的理论意义和现实价值。

一、香港公司法与内地公司法的沿革

公司法是规定各种公司的设立、组织、活动和解散以及股东权利义务关系的法律规范的总称。公司法是一门相当重要的部门法，它对于保护资本的自由、安全流通，维护公司的有序发展，具有十分重要的作用。

香港的公司法明显地承袭了英国公司法的发展。它以《公司条例》为主体，有许多法例分别从不同的角度，对公司的组织、管理和营运进行规范和调整；同时，那些与成文法例的明文规定不相抵触的普通法原则和衡平法原则，也构成香港公司法的重要组成部分。香港的《公司条例》初订于1865年，起初的若干次修订明显地受到英国公司法的影响。但自20世纪60年代以来，香港已经注意立足本身的情况，来推进具有自身特色、适合本地情况的公司法的发展，在1962年和1984年，香港总督曾分别任命"公司法修订委员会"和"公司法改革常委委员会"，责成它们对香港公司法的改革提出适当的建议。香港《公司条例》于1984年进行了最近一次大的修订①。

中华人民共和国成立以后，废除了旧中国的一切法律，其中也包括公司法。从1949年至今，内地公司立法可以分为三个阶段：（1）1949—1956年，主要是颁布了《私人企业暂行条例》（1950年）、《私营企业暂行条例实施办法》（1951年）、《公私合营工业企业暂行条例》（1954年）。（2）1957—1978年，颁布了《国营工业企业工作条例（草案）》（1961年）。（3）从1979年起至今，颁布了《公司登记管理暂行规定》、《工商企业名称登记管理暂行规定》（1985年）、《私营企业暂行条例》（1988年）、《股份制企业试点办法》（1992年）、《股份有限公司规范意见》和《有限责任公司规范意见》（1992年）、《中华人民共和国公司法》（1993年12月29日）。

二、香港公司法与内地公司法的冲突

公司制度是现代企业制度的典型形态，它是市场经济的产物。公司法就其内在性质来看，是具有国际共同性特点的。也正是由于公司法规定的公司基本模式相同，才能保障国际贸易和国际投资的顺利进行。

在西方国家中，公司法与商法是紧密联系在一起的，许多国家的公司法还属于商法的范畴。商法本身具有较强的国际性，商事规范是在国际交往中不断

---

① 参见漆多俊著：《中国公司法教程》，四川人民出版社1994年版，第12页。

发展起来的。但在商法的几个主要组成部分中，公司法的国际性又远比其他部分要弱。在票据法、海商法和保险法领域，有许多国际公约或国际惯例，而公司法领域则没有任何国际公约或国际惯例。尽管如此，在国际上仍然有公司制度统一化、公司法一体化的尝试。如1970年欧洲共同体委员会正式向理事会提出了欧洲公司法草案。该草案如获通过，各成员国还要对本国公司法作出相应的修改。但由于各国情况不一，矛盾错综复杂，欧洲公司法至今仍停留在草案阶段。

在我国，由于长期以来实行计划经济体制，这使我国的公司法结构和内容更多地反映出我国自己的特色，从而使我国的公司法难以与世界各国通行的公司法规范相通。随着我国改革开放的深入发展和社会主义市场经济体制的确立，1993年所制订的公司法在结构和内容上与各国的公司法规范大体相近，但仍有自己独特的方面。与香港特别行政区的现行公司法相比较，在以下方面存在较大的差异和明显的冲突。

1. 公司的种类

对照香港《公司条例》与《中华人民共和国公司法》，可以看到，公司的种类是大致一样的，但又不完全相同。这表现在：（1）香港公司法规定有保证有限公司，而内地公司法中则没有规定。保证有限公司是指公司成员的责任仅限于在公司清盘时向公司缴交其在公司章程大纲内承诺的金额的一种公司①。保证有限公司也可按有无股份为标准划分为无股本保证有限公司和有股本保证有限公司②。通常，保证有限公司的成员，无需向公司提供营业或流动资金，公司一般正常的流动资金，经由公司另行筹措，假如公司成员在公司未清盘前向公司提供资金，法律规定此等资金额不能在公司清盘时冲销成员对公司的责任。保证有限公司多用于文化、教育、慈善等非营利目的，它通常被用作为会所、会社或其他社团机构的组织形式。

（2）香港公司法中还对无限公司作出规定。依香港《公司条例》，无限公司是指公司成员对于公司的债务负无限责任的公司。无限公司的成员事实上承担着双重责任，一是对于其出资份额中未缴清部分的责任，二是公司清盘时，如果公司财产不足以清偿债务时，提供更多的必要资金的责任。无限公司的成员与合伙中的合伙人，在责任形式上颇相似。但二者具有完全不同的法律性

---

① 张学仁主编：《香港法概论》，武汉大学出版社1991年版，第29页。
② 冯心明：《内地与香港公司组织结构的立法比较》，载《经济法制》1995年第6期，第9~12页。

质，合伙不具有独立的法律人格，而无限公司则具有独立的法律人格。无限公司可以有股份的划分，但其股份的划分不影响公司成员对公司的责任。香港《公司条例》对有董事、经理负无限责任的有限公司、上市公司、公司集团、控股公司和附属公司等，也都有一些特别的法律规定。

（3）内地公司法规定有国有独资公司，而香港公司法则没有规定。前者规定的国有独资公司是指国家授权投资的机构或者国家授权的部门单独投资设立的有限责任公司。国有独资公司为已有的全民所有制企业转换经营机制提供了一种重要的组织形式。全民所有制企业采用独资公司形式，一方面，有利于实行政企职责的分开，国家可以做到既保持对企业的所有者职能，又不过多地介入企业具体的生产经营；另一方面，有利于提高公司经营和发展的效率，国家可以最小的经济代价来最大限度地实现政府的政策意图和社会目标。

2. 公司的住所

公司的住所在法律上具有十分重要的意义，主要表现在：（1）在民商事诉讼中，住所地是确认地域管辖和诉讼文件送达地的一项基本标准；（2）在合同关系中，倘若履行地不明确，住所地是确认合同履行的唯一标准；（3）在涉外民商事关系中，住所地是认定适用何地法律的依据之一①。在国际上，对于何处是法人的住所，学者们各有自己不同的主张。有认为公司的住所应为管理中心所在地，有认为应为营业中心所在地，也有认为应依其章程之规定来确定。

对于公司住所的确定，依据《香港公司条例》的有关规定，香港的公司必须有一个经过注册的法定地址，以便送达各种法律文件或通告。这个经注册的公司法定地址不一定就是公司的主要营业所所在地。这一地址载明在公司的大纲当中。而内地公司法则规定公司的住所应为公司主要办事机构所在地（《公司法》第10条）。住所作为公司注册登记的事项之一，应载明在公司章程当中。公司住所依法应登记而不作登记，公司存在的合法性即具瑕疵。公司变更住所而不变更章程，不作变更登记，不得以其事项对抗第三人。

3. 公司的设立与成立

通览世界各国公司法的有关规定，公司成立之前应由一些发起人（又称公司创办人）做公司成立的筹备工作。发起人在公司成立之前循序、连续进行的、目的在于取得公司法人资格的活动，称为设立。发起人可能是未来公司的股东，也可能不是。但是他们极可能成为公司的第一批董事。发起人的主要

---

①　李双元著：《国际私法（冲突法篇）》，武汉大学出版社1987年版，第277页。

职责是以公司名义为公司募集必要的资本，在公司成立时，将所募集的资产作价转给公司。设立行为主要包括：订立发起人协议、订立公司章程、选举董事、监事、申请设立登记、募集股份、出资、认股、缴纳股款、召开公司创立会议、申请成立登记等。

公司成立系指已具备法律规定的实质要件，完成申请程序，由主管机关发给营业执照而取得法人资格的过程。从罗马社会到近代工业社会，公司成立经历了四种立法主义：（1）自由成立主义。从罗马社会到中世纪，商业社团是依事实而存在，而不是依法创设。法律既不承认商业社团是"法人"，也不对商业社团的成立主动干预。（2）特许成立主义。即指公司的成立须经国家元首或国会的特许，每成立一个公司就须颁发一道特许令或特别法令。公司的法律人格在于它独立承受特许状或特别法令所规定的权利和义务。（3）核准成立主义。公司成立，除具备法律所规定的条件之外，还应经过主管机关审核批准。（4）登记准则主义。法律预先规定公司成立、取得法人资格的要件，申请人以此作为准则，自行比照，符合条件即可申请注册；主管机关给予注册之前，并不对申请文件进行实质性审查。《香港公司条例》在公司设立上，采登记准则主义，而内地公司法在 90 年代以前，就公司的成立问题采注册前的审批主义，其内容涉及发起许可、筹建许可、经营范围许可，设立公司的每一环节涉及不止一个主管机关。审批的依据主要是行政规章和行政管辖权。完成审批程序之后，由工商行政管理局进行"开业登记"，颁发营业执照。90 年代后，海南、广东等地已颁布地方法规，除股份公司之外，其他企业的成立，原则上适用"登记准则主义"。新颁布的公司法规定，股份公司的成立，仍然适用审批主义；有限公司的成立，原则上适用"登记准则主义"，除非其他法律、法规有相反的规定。

要取得公司法人资格，必须符合（具备）公司法所规定的实质要件和程序要件。在这方面，香港公司法和内地公司法所规定的具体内容有所差异。主要表现在：

（1）关于公司的成员。香港公司法规定公司的成员不得少于 2 人。公司成员可以是自然人，也可以是另一个公司。公司的成员不一定在香港有住所。内地公司法则规定，公司的成员视公司的类型不同而有所区别。国有独资公司的唯一股东是根据国家授权而进行投资的政府机构或具有政府职能的公司（《公司法》第 64 条）；除国有独资公司以外，其他有限公司的股东人数为二人以上、五十人以下。此外，公司法并未明文规定股份公司的最低股东人数，但规定发起人最低人数为五人（《公司法》第 75 条），发起人均有认购股份的义务；"国有企业改组为股份公司的，发起人可以少于五人，但应当采取募集设立方式"。据此，可以认为股份公司的最低股东人数不应少于五人。

（2）关于向登记机关提交的法律文件①，香港公司法规定公司成立前发起人必须依法准备并向公司注册官（Registrar of Companies）提交以下法律文件：a、公司大纲（又称公司备忘录，Memorandum of Association）；b、公司章程（又称公司细则，Articles of Association）；c、宣誓书（又称法定誓章，Statutory Declaration）。该宣誓书可由公司董事、秘书或负责注册的公司代表律师签署。此外，设立公司还需要提交其他文件，如公司的法定地址通知必须在公司成立后14日内提交给公司注册官；公司董事名单任命之后14日提交。内地公司法对应提交的法律文件主要规定有公司章程，从而与香港公司法区别开来。

（3）关于股东的出资要件（见后面详述）。

（4）关于公司成立的程序要件问题。申请"设立登记"有限公司在股东全部出资缴纳之后，股份公司在创立大会结束后的一定期限内，向登记机关申请设立登记。申请人应向登记机关报送的文件，则各有不同的规定，依香港公司法，公司注册官收到发起人提交的各种合格文件之后，即将公司大纲和公司章程注册在案，在申请人交付一定的手续费之后，签发一份公司注册证书（Certificate of Incorporation），公司注册证书一经签发，公司即宣告合法成立。此时业经登记注册的公司已是具有法律人格的法人实体。内地公司法则规定，登记机关对申请人报送的文件进行审查，对符合公司法所定条件的，进行设立登记，发给营业执照。营业执照签发之时，即为公司成立之时。

4. 公司的资本制度与最低资本额

纵观世界各国公司法，大陆法系国家的公司法大都采取法定资本制，出于同一目的，大陆法系国家的公司法一般对公司最低资本额都有明确的规定。其立法的共性是：鉴于有限责任公司的人合性特点及其多为中小企业组织形式的现实，一般对有限责任公司最低资本额的要求不高；而对具有资合性特点并可成为大企业形态的股份有限公司，往往均规定有大大高于有限责任公司的最低资本额。与采取法定资本制的大陆法系国家不同，英、美法系国家对公司最低资本额则要求不严，甚至法无明文。承袭英国公司法的香港地区《公司条例》，对于最低资本额的要求也很宽松②。

---

① 张汉槎著：《香港公司法理论与实务》，科学普及出版社1994年版，第21页。
② 董立坤著：《香港法的理论与实践》，法律出版社1990年版，第168页。

我国立法因受大陆法系的立法技术影响较大，一般多以法律明文规定的形式，来昭示立法者的意志，对最低资本额的限制亦然。我国《公司法》第 23 条规定："有限责任公司的注册资本不得少于下列最低限额：（1）以生产经营为主的公司人民币 50 万元；（2）以商品批发为主的公司人民币 50 万元；（3）以商业零售为主的公司人民币 30 万元；（4）科技开发、咨询、服务性公司人民币 10 万元。"《公司法》第 78 条规定："股份有限公司注册资本的最低限额为人民币 1000 万元。如注册资本的最低限额需高于上述所定限额的，由法律、法规另行规定。"这些规定与大陆法系国家所确定的公司最低资本限额相比，一是数额偏高，以人民币与有关外汇的比价计算，一般约高出 10—20 倍，有的甚至高达 30 倍；二是要求较严，我国现行立法不允许股东分期缴纳股金，在公司设立时，必须一次缴清；三是缺乏必要的灵活性，无论何种性质的公司，无论多大的经营规模，都必须统一适用较高的最低资本限额。这种规定在公司制度的初创时期，特别是在国有企业进行股份制改革的初始时期无疑具有一定的必要性和合理性。但从长远看，随着我国市场经济体制的建立，随着我国企业形态的演变，现行的公司资本制度的弊端亦将逐渐地显露出来，甚至会成为束缚新公司的桎梏，使一般公司难以设立。面对市场经济大潮的冲击，对现行公司资本制度的改革势在必行，比较西方国家的公司资本制度，结合我国的国情，折中资本制可资我国选择和借鉴，即规定公司资本必须全部发行，但可有条件地分期缴付，对高于最低资本额部分的资本或新增资本可授权董事会发行。同时，辅之以严格的验资责任制度。

5. 有关留置权问题

根据香港公司条例的有关规定，公司对每位注册登记股东的股份有最先及永久的留置权以处理其所欠的债务责任，不管该项债务是该股东个人的或与别人分担的，也不论期限是否已届满，留置亦延伸到各时期的股息分派。同时，公司可以按照董事会认为合适的方式出售其拥有留置权的股份，除非该股份可以即时付款或公司发出要求偿付的书面通知后 14 日。为使这一出售生效，董事会应任命一人授权其他该股份过户转让售买者，买者即进行登记成该股份合法的持有人。该买者不必负责对买股款金的申请，任何手续的不正常或买卖方面的情况均不影响其合法持有人身份。内地公司法因其规定有最低资金额的限制，所以就不必规定有留置权这一担保措施。

6. 外国公司的认许与外国公司的分支机构

综观世界各国法律，不管是大陆法系国家还是英美法系国家，都认为外国公司要取得在内国活动的权利，必须经过内国的认许。所谓外国公司的认许，即对外国公司以法律人格者在内国从事民事活动的认可。它并不是使外国法人变为内国法人，而只允许外国公司进入内国从事民事活动。

对于是否许可外国公司在内国活动，应考虑如下两个问题：

（1）该组织是否已依有关的外国法取得法人资格。

（2）依外国法已有效成立的外国公司，内国法律是否也承认它作为法人而在内国存在与活动的问题。认许外国公司在内国活动时，一般采取特别认许程序、概括认许程序和一般认许程序。

依照 1980 年 10 月 30 日公布的《中华人民共和国国务院关于管理外国企业常驻代表机构的暂行规定》，外国企业确有需要在中国设立常驻代表机构的，必须经过申请、批准、办理登记手续等程序；未经批准登记的，不得开展常驻业务活动。1993 年新颁布的《中华人民共和国公司法》亦规定，外国公司在中国境内设立分支机构，必须向中国主管机关提出申请，并提交其公司章程、所属国的公司登记证书等有关文件，经批准后，向公司登记机关依法办理登记，领取营业执照（《公司法》第 200 条）。外国公司在中国境内设立分支机构，必须在中国境内指定负责该分支机构的代理人，并向该分支机构拨付与其所从事的经营活动相适合的资金（《公司法》第 201 条）。经批准设立的外国公司分支机构，在中国境内从事业务活动，必须遵守中国的法律，不得损害中国的社会公共利益，其合法权益受中国法律保护。

从法律上讲，外国公司的分支机构具有如下基本特征①：

（1）相对于本国而言，外国公司是国籍隶属于外国的公司。因此，各国公司法一般要求该外国公司的分支机构应在其名称中标明国籍。对于如何确定外国公司的国籍，理论上一般有以下几种主张：一是主张采用准据法主义；二是主张以住所地，即以公司的管理机构或营业机构所在地来确定其所属国籍；三是主张以公司经济活动中心所在地来确定其所属国籍；四是主张以股东国籍，即以公司多数股东或以多数出资额股东的国籍来确定其所属国籍。从我国公司法对外国公司的定义中可以看出，我国对于确定外国公司的国籍采取的是准据法主义，即以其设立时所依据的法律为标准。

（2）外国公司在东道国境内设立的分支机构，没有独立的法律人格。因此，各国公司法一般要求外国公司的分支机构在其名称中标明其所属外国公司的责任形式。我国《公司法》第 203 条还规定，"外国公司属于外国法人，其在中国境内设立的分支机构不具有中国法人资格。外国公司对其分支机构在中

---

①　许多国家的公司法中都将外国公司的分支机构直接定义为外国公司。

国境内进行经营活动承担民事责任"。

（3）外国公司在东道国设立分支机构必须经东道国政府的批准或许可，并依法办理核准登记手续，领取营业执照。依照 1948 年英国《公司法案》的规定，外国公司在英国（以及回归祖国前的香港）建立了营业机构而在英国以外注册成立的公司，其总的原则是，适用于英国的公司的法定要求亦同样适用于外国公司。因此外国公司必须在英国境外设立商务机构一个月内，将下列指定文件递交公司注册署：说明该公司组织的大纲；有关公司董事及秘书的情况；在英国境内负责该公司法律文件收发的一个或更多的人员姓名及地址。此外，外国公司每年递交年度账目表，如果外国公司是一个控股公司的话，还要递交集团合并账目表，需要时还应附有英文译文。

香港地区公司法与内地公司法的差异和冲突除以上所列的几个主要方面以外，尚表现在其他诸多事项上，如股东大会的召开时间、大会决议和通过形式及董事会的职权、运作、董事人数、任职资格等等，本文限于篇幅，在此就不一一赘述了。

三、香港公司法与内地公司法冲突的解决方法

由于历史上的种种原因，内地与香港之间的民商关系是不同法域民商主体之间的民商关系，其公司法之间的冲突关系也一般就视为国际私法上的法律冲突，多援用各自冲突法规则解决之。现在，《香港特别行政区基本法》从法律上确定了香港成为中国的一个独立法域，从而仍不可避免香港与内地之间法律的冲突现象，只是内地与香港之间法律的冲突为区际冲突。因此，很有必要探讨以区际法律冲突形式存在的香港公司法与内地公司法冲突的解决办法。

所谓区际法律冲突，乃指一国内部具有不同法律制度的地区之间的法律冲突，世界上许多国家，如美国、英国、澳大利亚等，都存在区际法律冲突现象。在我国，随着对香港和澳门行使主权的恢复以及台湾的回归，区际法律冲突必将是一个不可避免的法律问题，而且，我国的区际法律冲突是特定历史条件下的产物，较之其他国家的区际法律冲突问题，具有很大的特殊性。就香港与内地的法律冲突来讲，其特殊之处表现在：

（1）它是实行不同社会制度的法域之间的法律冲突，即香港的资本主义法律与内地社会主义法律的冲突；

（2）它是分属不同法系之间的法律冲突，即属普通法系的香港法与属社会主义法系的内地法之间的冲突；

（3）香港和内地法律冲突有时表现为两地法律与适用的国际条约之间的

冲突①；

（4）它是在特定时期内处于平等地位的中央法律与地方法律之间的冲突，且两者都有其各自的终审法院，没有凌驾其上的最高司法机关。

鉴于此，我们在解决香港与内地之间的法律冲突时，一方面要大量借鉴和移植世界上其他国家有关区际法律冲突的行之有效的经验和立法；另一方面，更重要的是，我们必须立足我国国情，着眼香港与内地之间法律冲突的特殊性。具体讲到作为香港与内地法律冲突的一个重要组成部分的香港公司法与内地公司法冲突的解决，我们应当：

1. 完善香港与内地的现行公司立法

尽管《中华人民共和国公司法》是 1993 年颁布的，但由于内地长期以来实行计划经济模式，公司形态的工作、管理方面尚欠经验，加之在建立市场经济体制的初期，各种客观因素的制约，使得在制订公司法时，不得不考虑种种具体情况；同时也由于自身方面的原因，从而不可能使这部新制订的公司法达到完善的地步。法规中的众多条款没有表现出与国际接轨的态势，许多亟待解决的问题尚未纳入公司法的调整范围。随着市场经济规模的不断拓展、扩大，立法中的盲点、真空会日渐暴露出来。在香港，《公司条例》的最后一次修订距今已有 10 多年了，在这 10 多年期间，无论是国际社会还是香港地区本身都发生了前所未有的变化，这就使 1984 年的《公司条例》呈现出一定的滞后性。由此可以看出，不论是香港还是内地都必须进一步修订、补充和完善各自的公司法。在修订过程中，一方面应注意与国际社会公司法普遍的实践接轨，同时也要重视香港公司法与内地公司法的趋同。能靠拢则靠拢，能相同则相同。因为尽管法律之间的差异并不必然导致法律之间的冲突②，但它终究是法律冲突产生的首要因素，因此，法律冲突尖锐的程度可以说取决于法律之间差异的大小。只有把香港公司法与内地公司法的差异减少到最低限度，才能缓解两者之间的严重冲突。

2. 两地区应尽快制定各自的调整公司法律冲突的区际私法

在内地，自从实行改革开放政策以后，至今，全国人大已制定法律数百部，我国的冲突法也粗具规模，但涉及公司法律冲突解决的立法则全然空缺；而在香港地区，也没有一部调整法律冲突的系统法律，只有零碎的法律规定散见于一些相关的判例法和成文法中。因此，两地制订调整公司法律冲突的区际

---

① 韩德培主编：《中国冲突法研究》，武汉大学出版社 1993 年版，第 419 页。

② 黄进：《区际冲突法研究》，学林出版社 1991 年版，第 3 页。

私法已是当务之急。而且，在以后条件成熟的时候，两地还可以通过协商，制订一部统一的区际冲突法。当然，不管是各自的区际私法还是统一的区际冲突法，在涉及公司法律冲突问题时应当包含有如下规则：

（1）商业公司的成立、能力、活动与解散，均适用其组成地的法律。

（2）内地与香港地区应当相互承认依各自法律成立的公司。但承认并不排除承认方要求证明依组成地法律该公司已经组成的权利。在任何情况下，被承认的商业公司能力，不得大于承认地赋予依其自己的法律组成的公司的能力。

（3）商业公司为直接间接实现其目的而行为时，应依行为地法域的法律。

（4）内地或香港地区组成的商业公司欲于对方设立其分支机构，应满足该地法律对此种设立所规定的要件。

（5）在特定的情况下，可适用与事件及当事人有最密切联系的一方的法律。

3. 除了上面两点所讲的要制定和完善公司法，区际冲突法外，我们还应该加强相互间公司法律的了解和研究，以促进其公司法律的协调

众所周知，由于特殊原因，目前内地与香港公司法的相互了解尚处于很不全面的阶段，这直接影响了法律冲突的调整。因此，两地区必须通过一切可行的办法，加快了解和研究对方法律发展的状况，否则，即便制订了法律选择规则，司法机关若不了解对方法律，在依法律选择规则须适用对方法律时，也无法适用或适用不当。

总之，解决香港公司法与内地公司法之间的冲突需要双方共同努力，积极协调并采取多种行之有效的途径和方法。只有这样才能减少冲突和减小冲突所造成的危害，并促使冲突顺利、有效地解决；也只有这样，才能促进两地间经济、文化的进一步交流及人民的相互往来。

第四节　国际票据的法律冲突及其解决办法

在现代经济和社会生活中，人们广泛地使用着记载一定文字、代表一定权利的文书凭证，如股票、债券、汇票、支票、本票、保险单、车船票、入场券等，人们将它们泛称为证券、凭证、票证或票据，这就是所谓的广义上的票据。我们所要讨论的票据是狭义上的票据，即票据法所规定的汇票、本票和支票，指发票人依据票据法发行的，无条件支付一定金额或委托他人无条件支付一定金额给受款人或持票人的一种有价证券，它集支付、汇兑、结算、信用、

融资五大经济功能为一体，被称为第二货币。在市场经济发达的西方国家，票据制度被誉为和公司制度同等重要的市场经济的支柱。

票据是商品经济发展到一定阶段的产物，反过来，它又促进了商品经济的进一步发展。随着商品经济的进一步发展，国际市场开始形成，客观上要求票据冲出国界，成为国际票据。因此，我们可以认为，票据制度的建立和发展与商品经济及国际贸易存在一种耦合关系。

在国际经济贸易和其他国际民商事流转中，票据作为国际结算和支付最主要的方式得到了广泛的使用，由此导致的票据的国际流通对国际贸易起了重要的推动作用。但是，由于各国票据法律制度的诸多分歧和差异，给票据的国际流通带来了许多障碍，在相当程度上又成为阻碍国际贸易进一步发展的一个不利因素。特别是在市场经济全球化和全球经济一体化程度日益加强的今天，资金和商品的国际流动无论是速度还是规模都得到了迅猛发展，各国票据法律冲突的负面效应更加突出起来。因此，揭示各国票据法律制度的冲突，并在此基础上讨论解决冲突或者从根本上消除冲突的途径，对建立一个公正、开放、高效率的国际支付和结算新秩序，从而对促进国际贸易及其他国际民商事流转的发展无疑具有重要的现实意义。

一、票据法的概念和特征

票据法是规定票据的种类、签发、转让和票据当事人的权利、义务等内容的法律规范的总称。

票据法有广义和狭义之分，广义的票据法指各种法律中有关票据规定的总和，即实质意义上的票据法。狭义的票据法则专指采用"票据法"名称的法律。

西方国家票据法还有公票据法和私票据法之分。前者指公法上对票据的规定，如刑法、民诉法、公证法、税法中有关票据的法律规定。后者则指私法上关于票据的规定，如民法中有关票据的规定和票据法本身的规定①。

票据法的特征有：

1. 票据法具有严格性和强行性

为了保证流通信用和交易安全，票据法关于票据的规定不允许当事人随意变更，与一般民法债权意思自治原则明显不同。首先，票据种类由法律规定，当事人不得任意创设；其次，票据是严格的要式证券，各种票据行为也是严格

---

① 赵威：《国际票据理论与实务》，中国政法大学出版社1995年版，第22页。

的要式行为。而且，从世界范围来看，票据法的趋向是这种法律的严格性将得到强调①。

2. 票据法具有技术性

把法律中的规定从道德的角度加以区分，可分为具有道德意义的规定和具有技术意义的规定。从这一点考察，票据法的许多规定都是技术性规定。票据法中关于票据形式的严格规定，关于票据行为的无因性规定，关于背书连续的规定，关于抗辩切断的规定等等，都是根据票据流通的本质规律设计出来的，为实现票据的经济功能，保证票据的流通性和交易的安全性而专门创设的技术性规定，其内容较少受伦理道德的影响。从这一点看，票据法与交通法规有相似之处，都属于技术性规定。

需要指出的是，我们说票据法具有技术性，并不是说票据法中没有道德性规定，例如区分当事人为善意或恶意、规定利益偿还请求权等规定就属于道德性规定。

3. 票据法具有国际统一性

票据制度是为商品经济和国际贸易服务的，随着国际贸易的发展，票据流通的日益国际化，客观上要求票据法尽可能地趋于一致，而票据法的技术性特征使这种统一成为可能。日内瓦统一法就因适应这一客观需要而为许多国家所接受。德国的票据法和支票法与日本的票据法和支票法几乎是逐条相同的，就因为这些法都是以日内瓦统一法为蓝本的。事实上，不仅在参加日内瓦公约的国家之间，票据法基本上是一致的，就是未参加公约的国家也力求使自己的票据法与其他多数国家的票据法统一起来。相对于其他法律，票据法的国际统一程度是最高的。

4. 票据法具有较强的公法色彩

票据法属于私法范畴，但由于票据法所规定的内容涉及到几乎所有的经济领域，直接关系到社会经济秩序的正常与否，因而票据法往往特别规定有关票据违法行为的刑事责任和行政责任，以实现用公法的手段来保护私法关系的目的。

二、当今两大票据法系的总体比较

日内瓦统一票据法公约兼采三大票据法系之长，受到了许多国家的重视，

---

① Kuipu A. Newman, Striot Law and Equity in the Law Keiating to Negotiable Instruments, Clive M. Schmfttn off's Select Essays on International Trade Law, p. 93.

大多数欧洲大陆国家和日本以及某些拉丁美洲国家先后接受了日内瓦统一票据法公约，许多缔约国还以公约为蓝本，对本国的票据法进行了修订，大陆法系各国的票据法因而逐步趋于统一，德国法系和法国法系的对立已基本消除，逐渐融合为日内瓦统一票据法体系（简称为日内瓦统一法系）。但是，英美等国从开始时起就拒绝参加日内瓦公约，仍然自成一体。自此，西方三大票据法系的对立演变为日内瓦统一法系与英美法系的对峙，至今仍未有根本的变化。

英美法系与日内瓦统一法系在许多问题上一直存在着重大分歧，以下是两大法系总体方面的几个差异。

（一）票据行为的性质

关于票据行为的性质有两种不同的学说：

（1）契约行为说。契约说认为票据债务人之所以承担票据债务，是票据债务人与票据债权人缔结契约的结果；契约的成立，对票据债务人而言，应作成并交付票据，对票据债权人而言，应受领票据。交付行为是票据关系成立的必要条件，票据行为是一种双方行为。威切尔曾经指出："一张流通票据是一张包含着几个性质不同的合同的文件，每个在该票据上签字的当事人承担独立的责任。"①

（2）单方行为说。单方行为说认为，票据上的债务因债务人的单方行为而成立，行为人作成票据并在上面签名，对于特定的持票人而言，都是意思表示，持票人不用再得到其他另外的承诺。该说又有创造说和发行说之分，前者认为发票人一经创设票据，票据行为即告成立，后者则认为票据行为固然属单方法律行为，但此行为的有效成立还得交付票据，欠缺交付行为的，票据不产生效力。

英美法系各国票据法一般认同契约行为说，而日内瓦统一法系各国票据法则认同单方行为说。不过，在两种学说的具体运用上，由于采契约说的英美等国在立法上又常以推定交付或规定抗辩理由以弥补其缺陷，即采用权利外观理论补充契约说②，而大多数日内瓦统一法系国家采用的是单方行为说中的发行说，这样两大法系因票据行为性质认识上的分歧所带来的法律后果的差异并不明显。但是，对票据行为性质认识上的差异对两大票据法系的立法和司法实践仍然产生了很大的影响。从立法方面考察，对票据行为性质的认识渗透到票据

①　See Cheshire and North, Private International Law, Eleventh edition, London, Butter North, 1987, p.507.

②　参见英国汇票法第 21 条和第 30 条，美国商法典第 3—306 条，第 3—307 条。

法的各个方面，必然导致两大法系立法具体规定的差别，英美票据法较之于日内瓦统一法系具有灵活性，赋予票据当事人以更多的自由度，无不是票据行为契约说思想的浸透；从司法方面看，对票据行为性质认识的分歧影响到法院如何认定在缺乏交付行为时票据签发者的责任，如何确定发票地以及司法判决中判决理由的解释和适用法律的说明等等。

（二）票据法的严格性

关于票据法的严格性可以从以下三个方面得到说明，即票据的起源、票据发挥其商业作用的需要，以及一定程度上统一性的要求①。如果从全球范围来考察票据法，这种严格性的趋势在不断得到加强②。

但是，票据法的严格性的程度在两大票据法体系中表现出很大的差别。属于日内瓦统一法体系的票据法较之属于英美法系的票据法显得更为严格，事实上，这种严格性程度的差异正是英美法系各国拒绝接受日内瓦公约的主要原因之一③。这种事实在国际统一私法协会（UNIDROIT）提交给联合国有关国际票据法的初步报告中得到了明确的承认：一个公认的事实在于英美法系从来没有表现出对日内瓦统一公约的认同，因为他们认为日内瓦公约规定得太复杂、太详细④。

两大票据法体系在严格性程度上的差异主要表现在以下几个方面：（1）流通票据的记载要件，日内瓦统一法系要求在票据上写明"汇票"、"本票"等字样，而英美法无此要求；（2）受款人的记载，日内瓦统一法系要求票据记载受款的名称或姓名，不允许签发无记名的汇票和本票，而英美法系则规定可以签发无记名的汇票和本票；（3）拒绝证书的制作，日内瓦统一法系规定作成拒绝证书是行使和保全追索权的必要手续之一，但英美票据法则规定，作成拒绝证书仅是外国票据行使和保全追索权的要件，大多数国内票据则不是必须作成拒绝证书。

（三）票据立法体制

票据立法体例主要指以下三方面的基本问题：（1）票据法与民商法的关系问题，据此可以将票据立法体例分为票商（票民）合一主义和票商（票民）分离主义；（2）票据法与支票法的相互关系问题，依此标准可以分为采包括

---

①　Rulph A. Nowman, supra p. 82.

②　Rulph A. Nowman, supra p. 82.

③　Rulph A. Nowman, supra p. 82.

④　See UNCITRAL Yesrbook, Vol. I （1968—1970）, p. 241.

主义的票据立法和采分离主义的票据立法；（3）票据法的篇章结构和章节设置问题。

两大票据法律体系在立法体例方面的差异主要体现在票据法与支票法的相互关系上，日内瓦统一法系的票据概念仅指汇票和本票，支票不包括在票据概念之中，立法体例采票支分离主义，汇票本票法与支票法为各自独立的单行法规。英美法系则均采包括主义，将支票视为汇票的一种，将汇票和本票均包括在同一部票据法中。

三、各主要国家票据法律冲突的表现①

（一）有关票据记载事项的法律冲突

有关票据记载事项的法律冲突主要表现在：

1. 是否必须注明汇票、本票与支票字样

日内瓦公约诸缔约国及我国均把"汇票"、"本票"、"支票"字样规定为绝对应记载事项，而英美法系各国不把票据文种规定为票据的应记载事项。如《美国商法典》规定，对票据是汇票还是本票有疑问时持票人可将其视为任何一种。

2. 是否必须记载出票日

英美票据法不把发票日的无记载看作是影响票据效力的记载事项，包括中国在内的其他多数国家票据法则规定票据必须有出票日，否则无效。

3. 汇票、本票是否必须注明到期日

支票为见票即付，不须记载到期日。意大利、荷兰等国家票据法规定未载明到期日的汇票、本票无效，英国、美国、德国、法国、日本、中国等大多数国家规定如果未记载到期日则视为见票即付。

4. 票据是否必须注明出票地

意大利、瑞士、荷兰等国票据法以记载出票地为要项②，中国、英国、日本、德国、法国等国票据法规定未记载出票地票据的效力不受影响，一般将出票人姓名旁所示地点作为出票地。我国票据法规定，未记载出票地的，出票人的营业场所、住所或者经常居住地为出票地。

5. 汇票是否必须记载受款人

英美票据法允许开立不记载受款人姓名的汇票，且规定持票人为受款人，

---

① 本节资料未注明出处者均引自各国的票据法及日内瓦公约。

② 郭锋：《中外票据法选》，北京理工大学出版社 1991 年版，第 305 页。

日内瓦统一法系各国及我国票据法不准开立无记名汇票。

6. 票据金额大写与小写不符时的金额确定

票据金额必须确定和文字效力大于数字效力是各国票据法比较一致的规定，但是，意大利、瑞士票据法规定大小写不符时以较小数字为准，我国票据法则规定大小写不符时票据无效。

7. 票据记载的利息文句是否有效

英美票据法规定，各种票据得记载利息及利率，但应注意的是，仅记载利息而未记明利率，将可能被认为金额不确定，并因而可能导致票据无效。奥地利票据法规定载有利息文句的汇票作为无效，意大利、瑞士则作为无记载①。德国、法国、日本均规定只有在见票即付或见票后定期付款的汇票上得规定加付利息，除此以外的计息条款视为无记载，同时规定在汇票上应载明利率，否则被视为无记载。

我国票据法没有有关利息记载的规定，根据票据法第 24 条可以推定，如果记载此类事项，应视为无记载。

（二）有关出票的法律冲突

有关出票的法律冲突表现在：

1. 出票人加注免责文句的效力

免责文句指在票据上标明的免于承兑、免于付款、免于追索等旨在免除责任的记载。

在英美票据法，出票人免除责任的记载为任意记载事项，这种规定渗透了票据契约论的色彩。

德国、法国、日本的票据法则规定出票人应担保汇票的承兑和付款，虽然可以依特约免除担保承兑的责任，但不得免除担保付款的责任，票据上如有免除担保付款记载的，其记载无效或视为无记载，体现了日内瓦公约法系票据记载的强制主义观念，并以担保付款作为追索权的权利基础。

我国票据法没有此类规定，但根据第 26 条"出票人签发汇票后，即承担保证该汇票承兑和付款的责任"推论，出票人记载负责文句应视为无记载。

2. 出票人记载"禁止转让"的效力

比利时、西班牙票据法以指示文句（order）为票据要项，所以不许有禁止转让文句的记载②，包括我国在内的其他多数国家承认禁止转让。

---

① 郭锋：《中外票据法选》，北京理工大学出版社 1991 年版，第 306 页。

② 郭锋：《中外票据法选》，北京理工大学出版社 1991 年版，第 307 页。

（三）有关背书的法律冲突

有关背书的法律冲突表现在：

1. 背书的记载处

德国、法国、日本等日内瓦统一法系国家票据法规定空白背书应在票据背面，其他背书写在票据上或其粘单上即可；英美票据法并不强求背书必须记载在票据背面。

我国票据法则明确规定背书必须在票据背面或者粘单上记载。

2. 背书的日期是否必须记载

比利时、意大利、荷兰票据法认为背书的日期为要项①，中国、德国、日本、法国及英美等大多数国家则规定背书未记载日期者推定其在到期日之前作成。

3. 空白背书之效力

英国、美国、德国、法国、日本等大多数国家均承认空白背书之效力，我国票据法禁止空白背书，有悖于国际社会的普遍实践。

4. 禁止转让背书之效力

大多数国家票据法规定背书人得记载禁止转让，但该种背书的后果有所差异。英国票据法规定禁止转让背书只有委托取款的效力；美国商法典规定，限制背书不影响票据的继续转让或流通，并且限制转让的背书不当然产生免除背书人担保责任的效力，从而强调了对流通票据的流通性质的保障。

中国、德国、法国、日本、瑞士、意大利等国规定禁止转让只具有相对的效力，即被背书人仍得依背书而转让，但作禁止转让背书的人只对其直接的被背人负责，对其他后手不负保证责任。

5. 背书人负责文句的效力

德国、日本、法国及英美等国票据法均允许背书人以特约免除自己的担保责任，包括担保付款和担保承兑。我国台湾地区的有关规定仅允许背书人进行免除担保承兑的记载。

我国《票据法》只在第 37 条规定"背书人以背书转让汇票后，即承担保证其后手所持汇票承兑和付款的责任"，似乎解释为如果背书人进行免责记载，视为记载无效或无记载。这种规定有利于加强票据的信用度，保证票据的安全性和流通性。

6. 期后背书的效力

① 郭锋：《中外票据法选》，北京理工大学出版社 1991 年版，第 308 页。

在一定的期限或期日后进行的背书为期后背书。日内瓦统一法系各国规定的是以是否作成拒绝证书或作成拒绝证书的期限为确定标准的期限后背书，而英美票据法规定的是以到期日为标准的期后背书，我国台湾有关规定仿照英美作法将期限后背书修改为期日后背书。

关于期后背书的效力，德国、法国、日本均规定只有普遍债权转让的效力①，票据权利将转化为一般债权；英国汇票法规定，期后背书的被背书人不得优先前手人的权利；美国商法典则将期后背书规定为票据抗辩中的知情一种，我国票据法有关期后背书的规定付之阙如。

7. 附条件背书之效力

中国、德国、法国、日本等国票据法规定附条件的背书为无记载，不产生票据法上的效力；英国票据法规定背书附有条件的，付款人可以不受该条件约束，承兑人和正当持票人也可以不受该条件约束，但在直接当事人之间该附加条件有效；美国商法典规定，附条件背书不影响票据流通，但除付款银行之外，非对价持票人、非正当持票人须受背书所附条件的约束。英美法的规定体现了票据契约说的思想。

8. 伪造背书之效力

中国、德国、日本等属日内瓦统一法系国家的票据法规定付款人对票据上的背书仅负形式上是否连续的认定之责，不负认别背书真伪的认定之责，所以，伪造背书如果仍能显示背书的连续性，付款人的付款仍为有效付款，真正的票据权利人不能再向付款人行使支付请求权，除非付款人有欺诈行为或者有重大过失。而英美票据法规定，票据有伪造的背书签名时，伪造签名之后的一切受让人或持票人，都不能真正取得票据权利，付款人负有对签名是否真实的查验之责，如果付款人对有伪造背书的票据付款，付款人应自负其责，票据的真正权利人仍可以向付款人行使付款请求权。

由此可见，英美票据法关于伪造背书效力原理在于保护真正的票据权利人，反映了对"静"的安全的保护，而日内瓦统一法系则着眼于保护善意持票人，反映了对"动"的安全的票据流通的保护。

（四）有关承兑的法律冲突

有关承兑的法律冲突表现在：

1. 对承兑提出自由原则的限制

---

① 普通债权转让的效力是指：其一，期后背书的背书人及其前手不再承担票据担保责任；其二，期后背书的被背书人不再受人的抗辩切断规则的保护。

持票人接受汇票后，并无当然义务必须请求承兑，除法律限制或发票人、背书人限制之外，是否请求承兑，由持票人自由决定，这就是所谓承兑提示自由原则。

承兑提示自由原则又受到法律和发票人或背书人的限制。无论是英美法体系还是日内瓦票据法体系的国家均规定见票后定期付款的汇票必须提示承兑，但提示的期限互有差异。德国、日本票据法规定应在发票日起 1 年内进行承兑提示，我国票据法规定的期限是 1 个月，英美票据法则规定应在合理期间进行承兑提示。

德国、法国、日本等日内瓦统一法系国家均规定发票人和背书人可以对持票人承兑提示自由进行积极或消极限制，但背书人的限制要受发票人已作限制的限制。英美票据法规定，发票人、背书人可以明示的方式要求持票人进行承兑或免除承兑，未以明示方式要求持票人承兑的应视为承兑义务的默示免除。英美票据法没有规定发票人、背书人可以禁止持票人承兑。

从我国《票据法》第 39、40 条的规定考察，我国不承认承兑提示自由原则，除见票即付的汇票无需提示承兑外，未按第 39、40 条规定期限提示承兑的，持票人丧失对其前手的追索权。

2. 承兑方式

大多数国家票据法都承认略式承兑，即付款人仅在票据上签名就构成承兑。但我国票据法规定"承兑"字样为绝对应记载的事项，即只承认正式承兑方式。

3. 承兑文句和付款人签名的记载处所

德国、法国、日本等日内瓦法系国家只要求付款人签名必须在票据正面记载，我国规定承兑文句和签名都必须记载在票据正面，英美票据法则规定承兑文句和签名均只要在票据上进行即可。

4. 承兑日期

英美票据法不将承兑日期要求为应记载事项；德国、法国、日本等日内瓦统一法系国家均规定，见票后定期付款的汇票，或发票人、背书人指定承兑提示期限的汇票，付款人在承兑时应记载承兑日期，但持票人要求记载提示日期的除外，承兑日期未经记载的，持票人应于恰当期日作成拒绝证书以保全其对发票人、背书人的追索权。我国票据法把承兑日期的记载规定为相对应记载事项，如未记载，以《票据法》第 41 条第 1 款所规定的承兑期限的最后一日为承兑日期。

5. 部分承兑

部分承兑，为许多国家的票据法所允许。德国、法国、日本、瑞士、意大利、葡萄牙、西班牙、荷兰等国票据法有关部分承兑的规定与日内瓦公约相似：即付款人承兑时得就汇票金额的一部分为之，持票人不能拒绝部分承兑。英美票据法规定，持票人对部分承兑可以拒绝，言下之意就是如果持票人同意的话，则部分承兑有效。

有的法律规定，付款人在承兑时，经持票人同意得就汇票金额的一部分为之，但持票人应将其事由通知其前手。我国票据法则不接受部分承兑。

6. 附条件承兑

德国、法国、日本等日内瓦统一法系国家票据法均作了与日内瓦公约相似的规定：承兑是无条件的，附条件承兑应视为拒绝承兑，但承兑人应按其承兑条件承担责任。

英美票据法规定执票人可以拒绝限制承兑①，并将其视为因不获承兑而退票，然后行使追索权，如果持票人同意限制承兑，而发票人和背书人不同意，承兑人应依限制承兑承担绝对付款责任，发票人和背书人可因此而解除票据责任。是否可以因持票人同意限制承兑而解除发票人、背书人的票据责任，是两大票据法系关于附条件承兑效力原理的主要差异所在。

有的法律在规定附条件的承兑视为拒绝承兑的同时，赋予持票人以选择权，即可以根据需要，或是行使追索权，或是依所付条件请求付款。我国票据法规定，承兑附有条件的，视为拒绝承兑。

7. 提示承兑的期限

见前文对"承兑提示自由原则的限制"所述。需要补充指出的是，我国票据法规定的提示承兑期间是很短的，有利于持票人与付款人及其他票据债务人之间的权利义务在短期内得以确定。

（五）有关参加承兑的法律冲突

有关参加承兑的法律冲突表现在：

（1）各国均允许票据债务人以外的第三人参加承兑

即所谓的任意参加承兑，但对票据债务人参加承兑各国票据法的规定有所不同。日内瓦公约规定了预备付款人和票据债务人这两种参加承兑人；德国、法国、日本票据法明确规定了预备付款人可以参加承兑，至于票据债务人是否可以参加承兑没有明确规定。英国票据法规定预备付款人参加承兑须经不允许原票据债务人参加承兑。

---

① 英美票据法将除单纯承兑外的其他承兑总称为限制承兑或改变汇票内容的承兑。

2. 拒绝参加承兑

德国、法国、日本以及日内瓦统一票据法公约均规定预备付款人参加承兑为当然参加承兑，持票人不得拒绝，但任意参加人参加承兑时可以拒绝；英国票据法中没有当然参加承兑制度，包括预备付款人在内的任何人能否参加承兑均须经持票人同意，持票人可以拒绝。

参加承兑制度旨在保持特定票据债务人的利益，防止持票人期前行使追索权，因而可以维护票据信用，有利于票据的流通，而我国票据法没有规定该项制度，不能不说是一个缺憾。

（六）有关付款的法律冲突

有关付款的法律冲突表现在：

1. 付款提示期限

德国、法国、日本等日内瓦统一法系国家票据法规定，见票即付的汇票，提示付款的期限为自出票日起 1 年，但出票人可以缩短或延长，而且可以规定在一定日期之前不得提示付款；至于定日付款、出票后定期付款和见票后定期付款的汇票，持票人必须在到期日或其后的两个营业日中的任何一天提示付款。

英美票据法规定，非见票即付的汇票，应在到期提示付款；见票即付的汇票，应在出票后或者背书后的合理期间内提示付款；如果是加快到期的汇票，应在加快后的合理期间内提示付款。

有的法律规定见票即付的汇票、本票的提示付款期为 6 个月；我国票据法规定，见票即付的汇票，提示付款的期限为 1 个月，非见票即付的汇票，提示付款的期限是自到期日起 10 日。

2. 部分付款

德国、法国、日本等日内瓦统一法系国家票据法规定持票人不得拒绝部分付款；英美法也都允许部分付款，部分付款解除汇票债务人部分责任。

有的法律规定持票人不得拒绝部分付款，而我国票据法不承认部分付款。我国票据法不允许部分付款的主要原因可能是：（1）我国推广票据的时间不长，立法时应从严掌握；（2）全部付款有利于当事人之间尽快结清汇票债权债务，以促进资金的正常快速流通，防止三角债的产生。我们认为，随着条件的成熟，吸收部分付款制度是必要的，因为这样更能符合商业交易的实际。

3. 提存制度

德国、法国、日本等日内瓦统一法系国家及我国台湾地区的有关规定为了方便票据债务人解除责任，规定持票人在付款期限内不为付款提示的，票据债务人可以将票据金额依法提存；英美票据法没有规定提存制度，而是直接规定：期后付款的效力与到期付款的效力相同。

我国票据法没有规定提存制度，即不承认提存。

（七）有关拒绝证书及追索权的法律冲突

有关拒绝证书及追索权的法律冲突表现在：

1. 拒绝证书的作成义务

德国、法、日本及日内瓦公约均规定，拒绝承兑或拒绝付款，持票人必须作成拒绝证书以证明之，作成拒绝证书是持票人的重要义务；英美票据法仅对外国票据要求作成拒绝证书，对于国内票据，作成拒绝证书只是持票人更好地保障自己权利的一种选择性方法，而不是必要的义务。

我国票据法的规定与日内瓦公约基本一致。

2. 拒绝证书的制作人

德国票据法规定拒绝证书只能由公证人、法院官员和邮政官员制作；法国、日本票据法规定拒绝证书的制作人是公证人和执达官。

英国票据法规定拒绝证书应由公证人制作，如果在票据退票地无法获得公证人服务，可由当地任何户主或有资产的居民，连同二位见证人出具三人共同签名的证书，即所谓的"住户拒绝证书"；美国商法典规定拒绝证书应由美国领事或副领事、或公证人、或任何根据退票发生地法律授权证明拒绝事由的其他人作成并盖章。

我国《票据法》第62条和第64条规定，拒绝证书可由付款人或承兑人作成，另外人民法院的有关司法文书和行政主管部门的有关处罚决定也具有拒绝证明的效力。

3. 拒绝证书的作成期限

德国、法国、日本等日内瓦统一法系国家规定，拒绝承兑证书应在承兑提示期限内作成，如发生第二次提示，且持票人第一次提示在期限末日所为，则拒绝承兑证书可在次日作成；至于拒绝付款证书，定日付款、发票后定期付款或见票后定期付款的票据，应于票据到期日或其后二个营业日内作拒绝付款证书；见票即付的票据，应依拒绝承兑证书的作成期限作成拒绝付款证书。

美国商法典规定任何必要的拒绝证书应在退票通知的期限内作成，在拒绝证书期限到期之前，如果有权作出拒付书的官员在票据上注明此种拒付事由，则拒付书可在其后任何时间作成；英国票据法规定，票据被退票后，应在退票当日或不迟于退票日的下一个营业日内先作出拒绝记录，拒绝证书可延至以后再作。

我国票据法没有明确规定拒绝证书的作成期限。

4. 未作成拒绝证书的法律后果

德国、法国、日本等日内瓦统一法系国家的票据法规定，在法定期限内未作成拒绝证书的，持票人丧失对发票人、背书人及除承兑人以外的其他票据债务人的追索权。

英美票据法不把作成拒绝证书视为所有票据行使和保全票据权利的要件，仅对外国票据要求此项要件。

我国票据法规定，持票人不能出示拒绝证明、退票理由或者未按规定期限提供其他合法证明的，丧失对其前手的追索权，但承兑人或者付款人仍应对持票人承担责任。

5. 被拒绝事由通知（退票通知）的期限

德国、日本、法国等属日内瓦统一法系国家票据法规定，持票人应当在拒绝证书作成后 4 个营业日内将拒绝事由通知背书人及出票人，背书人应当在收到拒绝事由通知后 2 个营业日内通知其前手。

英国票据法规定退票通知可在汇票遭到退票后合理的时间内发出；美国票据法规定，持票人以及其他通知义务人必须在被拒绝或者接到通知后的 3 个营业日内发出。

我国票据法规定的通知期限为 3 天。

6. 被拒绝事由退知的方式

德国、法国、日本等日内瓦统一法系国家票据法规定通知人可以用书面或通过个人传达等各种方法发出通知，甚至将汇票退还，英国、美国票据法规定通知可以用各种合理的方法发出，书面与口头方式均可，只要能够说明汇票被拒绝承兑或者拒绝付款。我国票据法规定发出通知采用书面方式。

7. 未履行通知义务的法律后果

违反通知义务的法律后果，日内瓦法系和英美票据法的规定原理有较大的差异，形成了鲜明的对照。德国、法国、日本等日内瓦统一法系国家规定，没有在规定期限内发出通知，并不因此丧失追索权，但应当对由此造成的损失负赔偿责任，责任以汇票金额为限；英美票据法规定，负有通知义务的人必须发出退票通知，否则丧失追索权。

我国票据法的规定与日内瓦公约一致。

8. 追索权的丧失

日内瓦公约规定在下列情形下丧失时承兑人以外的票据债务人的追索权：
（1）不遵守有关期限；（2）票据消灭时效的完成；（3）持票人拒绝参加付款；

（4）持票人违反参加付款的提示规则；（5）持票人及被参加人违反优先参加规则；（6）抛弃追索权。

英美票据法上追索权丧失的原因主要有：（1）时效完成；（2）不为票据提示和退票通知；（3）违反参加规则或"付款提示"制度①；（4）涂消和抛弃。

综合我国票据法的有关条款，丧失票据追索权的情形大致有：（1）时效完成；（2）未按规定提示承兑；（3）不能出示拒绝证明、退票理由或者未按照规定期限提供其他合法证明。

（八）有关票据时效的法律冲突

有关票据时效的法律冲突表现在：

1. 票据时效的立法主义和立法体制

意大利、葡萄牙采均一主义，票据权利的消灭时效期间对任何票据债务人一律相同；德国、法国、日本及日内瓦公约采差别主义②，分别主、从债务人规定不同的票据权利消灭时效；英美票据法没有票据时效的特别规定，适用"普通法"时效法令，如英国票据权利的时效适用《1960年时效法》。

我国票据法采差别主义。

2. 票据时效期限

汇票和本票的持票人对汇票承兑人、本票发票人的票据权利的消灭时效，德国、法国、日本及日内瓦公约规定消灭时效的起算日为票据的到期日，期间为3年。我国票据法规定，持票人对票据出票人和承兑人的权利，自票据到期日起2年，见票即付的汇票、本票，自出票日起2年。

支票持票人对支票发票人的追索时效：德国、法国、日本及日内瓦公约规定时效起算日为提示期限届满之日，期限为6个月，我国台湾地区规定的消灭时效的起算日为出票日，期间为6个月。

汇票、本票的持票人对前手的追索权时效：德国、法国、日本以及日内瓦公约规定消灭时效的起算日为作成拒绝证书日，期限为1年，免于作成拒绝证书的，自到期日起算，期间为1年；我国票据法规定持票人对前手的追索权，自被拒绝承兑或被拒绝付款之日起6个月内不行使的，因时效而消灭。

_____

① 美国商法典没有明确规定参加制度，而是规定了一种特殊的"付款提示"制度，详细内容参见美国商法典第3—604条。

② 郭锋主编《中外票据法选》和姜建初著《票据原理与票据法比较》中认为法国采均一主义，似有误，可参见法国票据法第179条。

支票持票人对其前手的追索时效：德国、法国、日本及日内瓦公约规定自提示期限届满日起算，期限为 6 个月；我国台湾地区规定起算日为拒绝证书作成日，期限为 4 个月，免于作成拒绝证书的，自提示日起算，期限为 4 个月。

再追索权的时效：德国、法国、日本及日内瓦公约规定，背书人相互之间及背书人对发票人之诉讼权，自背书人为清偿之日或背书人自己被起诉之日起算，期限为 6 个月；我国票据法规定，持票人对前手的再追索权，时效为自清偿日或被起诉之日起 3 个月。

（九）关于空白票据的法律冲突

空白票据，从严格票据法意义上讲应当是无效的，但是由于现实经济的需要，发行和流通空白票据已成为根深蒂固的票据利用习惯，客观上要求票据法对空白票据加以规范。目前，无论是日内瓦统一法系还是英美法系，各国均承认或允许发行空白汇票、本票和支票，我国票据法不承认空白汇票和空白本票，只规定了空白支票，且对空白支票的使用加以了严格的限制，即未补记前的空白支票不得使用。

（十）关于票据丧失补救措施的法律冲突

票据丧失的补救方法，大多数大陆法系国家采取公示催告补救方法，英美法系国家则采普通诉讼的补救方法；我国台湾地区的有关规定兼采挂失止付和公示催告的补救方法；我国票据法规定了挂失止付、公示催告和普通诉讼三种补救办法，三种制度并存，持票人可以自主选择，显示了极大的灵活性，体现了充分保护失票人权利，又不损害其他票据利害关系人的利益的立法宗旨，是较为成功的立法。

四、国际票据法律冲突的冲突法解决

如前所述，尽管国际社会自 19 世纪以来一直在寻求票据法的国际统一，但迄今为止，各国票据法之间，特别是两大票据法体系国家之间的票据法仍然存在着严重的分歧。这是问题的一个方面，另一方面，随着国际民商事流转的扩展和深化，国际票据流通也越来越频繁和复杂，相互歧异的各国票据法发生冲突的概率也就越来越高。任何一个与票据有实际联系的国家的票据法都可能影响到票据当事人的权利和义务。以上两个方面决定了以协调各国票据法的适用效力为己任的各国冲突法规则和统一国际私法规则在国际票据法律冲突的解决中依然具有重要作用。

（一）票据法律适用法（冲突法）的特点

立法者在制定各种法律选择规范时总会基于一定的考虑，依据一定的选择方法。由于立法者在选择不同法律关系所适用的法律时依据的方法不一样，从而导致了不同法律问题或不同法律关系法律适用上的不同特点，而这种法律适用上的特点又与法律选择方法所依据的一定根据的性质和特征有着直接的因果关系，票据法律适用也不例外。

票据具有流通性和无因性，可以依背书或交付方式自由转让和流通，票据关系与发行、转让票据的原因关系相互分离和独立。票据的上述特征决定了这样一个基本事实：几乎所有国家的票据立法和有关票据的国际公约（包括票据的实体法和冲突法）都立足于保护正当持票人的权利，以保证票据的流通性和交易的安全性，而要实现上述目的，就必须保证票据的受让人在受让票据时能够预见自己享有的票据权利和承担的票据义务，否则他就不会轻易接受票据，从而导致票据流通的阻滞。硬性的冲突规则可以充分保障法律适用的确定性，正好能够适应保证票据流通性和安全性的需要。正基于此，在解决票据法律适用问题时，无论是大陆法系国家还是英美法系国家，都支持运用硬性的冲突规则来选择票据法律冲突所适用的法律，即便在对传统的硬性的冲突规则进行软化处理已成为国际私法发展趋势的今天依然如此。

票据是严格的要式证券，票据法为保证票据的流通性和安全性、发挥票据的商业作用和适应统一性的需要而具有严格的强制性的特征，在一定程度上带有公法色彩。票据法的上述特征反映在票据法律适用上就是：两大票据法系国家在解决票据法律冲突时，都不适用当事人意思自治原则，"票据行为适用行为地法"成为票据法律适用的主要原则。英国 1882 年票据法有关冲突规则部分采用的一个基本原则就是各个票据契约的当事人的义务受各个票据契约订立地法支配，当事人无权选择自体法①。

由于票据要求流通，同一张流通票据包含着一系列各自相对独立的票据关系：根据票据行为的单方法律行为说，同一张票据所体现的票据关系实质是发票、背书、承兑、付款等各种票据行为的组合，而根据票据行为的契约说，同一票据所体现的票据关系实质是数个性质不同的票据契约关系的组合。票据所包含的票据法律关系的这一特点决定了不可能由一种准据法来解决整个票据的法律适用问题，而应该对同一张票据所包含的各种票据关系按照票据行为的种类进行分割，根据"票据行为适用行为地法"这一基本原则分别确定不同票据关系的连结点。同时，对于同一票据行为关系还应分割成票据行为方式和效力，分别适用不同的准据法。分割制（Dépessage）的普遍运用构成了票据法

---

① Cheshire and North, suprs, pp. 507-509.

律适用的又一特点。

（二）国际票据法律适用的一般原则

在六个有关票据的日内瓦公约中，其中有两个是解决票据法律冲突的公约。"在日内瓦参加讨论的代表们完全知道，英国和美国会拒绝采用日内瓦关于汇票、本票和支票的实体法。但是，显然，一般人都希望，它们至少会接受法律冲突的规则。甚至这种希望也已经消灭。"①　至今，各国有关国际票据的冲突法本身依然存在着冲突，但是国际票据流通毕竟具有共同的规律性，各国有关票据的冲突法以及统一国际私法公约在追求体现这种共同规律的过程中仍然形成了以下两大基本原则。

票据能力包括权利能力和行为能力。依照许多国家的国内法，在票据上签名的能力，同订立契约的一般能力并没有什么不同；但根据另外一些国家的国内法，则有保护不熟悉商业交易的债务人的特别规则，故某些人依法没有票据行为能力。

但是，关于票据能力的冲突，国际上的普遍实践是：票据能力适用当事人的属人法，尽管各国对属人法的理解不同。

如前所述，对于同一票据所包含的票据关系问题应该依据票据行为采取分割制分别制定冲突规则，但所有这些冲突规则的连结点基本上可以统一概括为"票据行为地"。不仅票据行为的方式适用行为地法，而且因票据行为而产生的当事人的权利和义务都可适用行为地法，正如戚希尔和诺思所指出，当事人无权选择自体法，除了少数几个例外，基本原则就是"场所支配行为"②。比如出票地、支付地、背书地、承兑地、提示地、拒绝证书和拒付通知作成地等行为地均可作为票据行为及其所产生的权利和义务法律适用的连结点。

（三）国际票据法律适用法比较

1. 有关票据当事人的能力

英国1882年汇票法第22条第1款规定，作为汇票的当事人，承担义务的能力与合同当事人的能力相同。据此，对票据当事人的能力与一般合同当事人的能力，应适用同样的冲突规则，而英国法院在审判实践中确认，一个合同当事人如果依住所地或居所地法有能力，他的能力就应该得到确认。值得注意的

①　[德]马丁·沃尔夫著：《国际私法》，李浩培、汤宗舜译，法律出版社1988年版，第579页。

②　See cheshire and North, suprs, p. 508.

是，英国法院在一些判决中主张依票据合同的订立地法决定票据当事人是否有能力①。马丁·沃尔夫也指出：在英格兰，能力取决于属人法，即住所地法；但是一个人按照契约订立地法有能力，也就够了②。

根据两个日内瓦冲突法法公约的规定，有关票据当事人的能力法律适用可以归结为：（1）汇票和本票当事人的能力，依包括冲突规则在内的当事人本国法，即承认反致和转致；（2）如果当事人依包括冲突规则在内的当事人的本国法无能力时，但依他在票据上签字的国家的法律有能力，则他的能力应当得到确认；（3）缔约国可以拒绝承认当事人根据在票据签字地国家的法律取得的能力。德国、日本等日内瓦统一法系国家在其国内法中也作了类似的规定。

日内瓦冲突法公约还影响了某些非缔约国，1995 年通过的罗马尼亚第105 号法《关于国际私法关系的调整》（以下简称罗马尼亚新国际私法）的第 127 条规定，依照其本国法不具有承担汇票、有价证券或支票债务的能力的人，如果其签名在某一国家所为，而根据该国法律该人具有认购能力，则可以通过该票据承担有效债务。

关于票据当事人的能力，不论是英美法系国家还是日内瓦法系国家均主张，一个人只要依其属人法有能力，或者依票据合同的订立地法（或票据签字地法）有能力，他成为票据当事人的能力就应当被确认。只是在属人法上，大陆法系一直坚持本国法主义，以当事人的国籍法作为属人法，而英美法系各国则一贯主张住所地法主义。不过，这种局面逐渐有所改变，大陆法系国家对此已作出妥协，以住所地法为主辅以多种连结因素来解决当事人的能力问题已成为一种趋势③。事实上，日内瓦冲突法公约规定当事人的能力适用包括冲突规则在内的当事人的本国法，就可能会导致当事人住所地法的适用，从而在一定程度上避免了片面地、单纯地适用当事人的本国法。

另外，把行为地法作为当事人的能力法律适用的补充有利于防止票据当事人规避法律，从而保障了国际票据流通的安全。

2. 有关票据行为方式

根据英国 1882 年票据法第 72 条，一张汇票本身的形式，即票据合同的形

---

① Cheshire and North, suprs, p. 508.

② ［德］马丁·沃尔夫著：《国际私法》，李浩培、汤宗舜译，法律出版社 1988 年版，第 681 页。

③ 李双元：《国际私法》，北京大学出版社 1992 年版，第 174 页。

式，依出票人与受款人之间合同的订立地法，即汇票的发出地（place of issue）法。需要指出的是，由于英国法认为票据行为是一种契约行为，故所谓的发出地并不一定是出票人书写票据或者在票据上签字的地点，而是指出票人首次将一张形式上完整的票据交付给持票人的地点①。

英国 1882 年汇票法还规定，一张票据的各个从合同的形式依各个从合同的订立地法，各个从合同的订立地指的是票据的实际交付地。各个从合同的形式实际上指的是背书的形式、承兑和参加承兑的形式、保证的形式等除发票行为形式以外的各种票据行为的形式。

两个日内瓦冲突法公约分别在第 3 条和第 4 条规定了票据行为方式的法律适用原则：（1）票据行为的方式，依该行为的签字地国法，但支票行为可采取签字地国法和付款地法选择适用；（2）如一票据行为依前项规定并非有效，但后一行为依该行为的行为地法为合法的，则后一行为不因前一行的不合法而致无效，即各个票据行为是独立的：（3）缔约国可规定，其本国人在外国所为的票据行为只要符合本国法律所规定的形式，对其领域内的其他本国人仍为有效。

日内瓦公约的缔约国如德国、日本、意大利等国在国内法中吸收了上述公约的规定。一些非缔约国也参照公约作了相似的规定，例如 1962 年《韩国关于涉外民事法律的法令》（以下简称韩国国际私法）第 36 条和罗马尼亚新国际私法第 128 条的规定即是。

英美票据法系和日内瓦统一法系各国均主张票据行为形式（或票据合同形式）适用票据行为地法（或票据合同订立地法），体现了场所支配行为这一古老的国际私法原则。但是由于对票据行为性质的认识不同，在确定票据行为或票据合同订立地时，两大票据法系采用的标准不同，英美法认为合同订立地是票据交付地，而日内瓦法系则以签字地作为行为地。不过，当事人当面订立票据合同或者完成票据行为时，票据交付地与签字地通常是一致的。

日内瓦冲突法公约体现了票据行为的独立性原则，即同一票据上的多种票据行为，其效力各自独立，一行为的无效不影响其他行为的效力。这种原则的确立对于保证国际票据的顺利流通是非常必要的。一张国际票据的各个票据行为地可能位于不同国家，如果后一票据行为的效力要受前一行为效力的影响，那么任何人为了避免风险，在受让票据之前就必须调查每一个先前票据行为依

---

① Cheshire and North, suprs, p. 508.

其行为地法在形式上是否有效，他可能因此而不得不查阅几个国家的法律，而对他来说这几乎是不可能的。在这种情况下，他就不敢贸然接受这张票据。票据的流通将因此受阻①。

3. 有关本票出票人、汇票和支票受票人的义务

英国票据法没有直接涉及票据付款人义务的法律适用，只是在1882年汇票法中规定："一张汇票的制作、背书、承兑或对已作成拒绝证书的汇票之承兑的解释，由各该合同订立地法决定。"

问题在于如何确定"解释"的含义。根据沃尔夫的理解，各种契约的解释，包括契约的实质上的有效性和契约的效果在内，汇票法的毫不含糊的条文，是"按照这种契约的订立地法律决定的"②。戚希尔也持相似的观点③。英国法学家查尔默斯在《汇票法》中主张，"解释"包括从这种解释中引伸出来的汇票合同当事人的义务，这种观点得到了一些法院判决的支持④。然而，另一位英国法学家福尔肯布里奇（Falconbridge）却认为，"解释"一词不应作扩大的解释，应当让票据合同的效力及其导致的后果受付款地法律支配。目前，在英国法学界，这种观点得到了强有力的支持⑤。

美国《第二次冲突法重述》（Second Restatement, Conflict of Laws）第214条规定，本票的出票人与汇票的承兑人的义务，除216条和217条的规定外，决定于票据中注明的付款地州的本地法，未注明付款地时，除216条和217条的规定外，决定于他交付票据的州的本地法。该州推定为票据注明日期时的所在州，而且，在票据上无相反证明的，这一推定对正当持票人是决定性的⑥。

美国大量的权威判例也主张，本票的出票人对受款人及后来的持票人负有的义务，受本票中注明的付款地州的法律支配⑦。

而日内瓦《解决汇票、本票法律冲突公约》则规定，"汇票承兑人或本票

① 王军：《国际票据法律适用的比较研究》，载《比较法研究》1993年第4期，第401页。

② ［德］马丁·沃尔夫著：《国际私法》，李浩培、汤宗舜译，法律出版社1988年版，第683页。

③ Cheshire and North, suprs p. 510.

④ 王军：《国际票据法律适用的比较研究》，载《比较法研究》1993年第4期，第401页。

⑤ Dicey and Morris, The Conflict of Laws, 10thed, 1980, p, 897.

⑥ 有关第216条和第217条的规定见下文。

⑦ 参见《第二次冲突法重述》第49条，判例报告索引。

出票人所负债务的效力，应依付款地的法律。"

非缔约国罗马尼亚新国际私法和韩国国际私法也采纳了上述规则。

多数国家都主张，本票的出票人、汇票和支票受票人的义务受付款地法支配。这种规定的意义在于：由于票据的付款地通常是确定的，不论国际票据流通于几个国家，都能保证法律适用结果的确定性和可预见性，而这对于票据的顺利流通是很重要的。

4. 汇票和支票的出票人及各种票据的背书人的义务

关于各种从债务人的义务，英国票据法没有明确规定冲突规则，英国法院也没有创立出十分确定的冲突规则。从英国的判例和法学界的观点综合考察，主张依付款地法确定汇票出票人责任在英国占优势①。

美国《第二次冲突法重述》第215条第1款确认了依票据交付地法确定汇票或本票背书人和汇票出票人义务的原则。例如，甲在 A 州把一张本票交给乙，该本票规定在 A 州付款，并注明，如果发生某种特定情况，付款时间可以提前。乙在 A 州把该本票背书给丙，丙在 B 州把该本票背书后给丁，最后，丁在 C 州把本票背书给戊。依 B 州法，该票据可以转让，但依 A 州法和 C 州法，由于该本票写了提前付款的条款，该本票不能转让，如果戊持该本票要求甲付款时被拒付，然后向丁追索，他将胜诉，因为丁对戊的义务受 C 州法支配。依 C 州法，丁不能向戊转让这张本票，他必须对自己的行为负责②。

日内瓦《解决汇票、本票法律冲突公约》第4条第2款规定："汇票或本票上其他签字人所负债务的效力，依签字地的法律。"所谓"其他签字人"指汇票出票人及汇票和本票的背书人，即票据的从债务人。

一些非缔约国法如罗马尼亚新国际私法和韩国国际私法吸收了日内瓦公约的上述规定。

关于票据从债务人的义务，美国《第二次冲突法重述》与日内瓦冲突法公约中的规定基本上是一致的。因为前者规定适用的票据交付地法和后者规定适用的签字地法在一般情况下是同一法律。可见，此种冲突规范具有一定的普遍意义。某些日内瓦公约的非缔约国对该冲突规则的吸收就是明证。

依票据交付地或签字地法确定从债务人义务的合理性在于：（1）该地通常是从债务人制作或背书票据的地点，从债务人通常会期望依该地的法律确定

① 王军：《国际票据法律适用的比较研究》，载《比较法研究》1993年第4期，第403页。

② 参见美国《第二次冲突法重述》第215条，例2。

自己的义务；（2）票据的受让人一般从票据上可以获知票据注明日期的地点或签字国在哪一个国，因而可以预见从债务人的义务；（3）在很多情况下，票据付款地既不是从债务人出让票据的地点，也不是行使追索权的受让人受让票据的地点，如依付款地法确定从债务人义务，对双方都可能是不合理的和不方便的。

5. 持票人的义务

英国 1882 年汇票法第 72 条第 3 款规定，"持票人进行承兑提示或付款提示的义务，制作拒付证书或发拒付通知的必要性以及应当怎样制作拒付证书或发拒付通知，依行为实施地或票据被拒付地的法律"。这是一条有歧义的冲突规则，给法律适用带来了困难，问题在于：（1）没有做某种行为时不存在行为实施地，比如没有提示付款造成的法律后果应该适用何种法律？在这条冲突规则中无从找到答案；（2）该条列举了三个需要解决的法律问题，而对应的准据法却只有两个，那么如何分配准据法又是一问题①。

戴西和莫里斯认为，持票人所负的提示票据的义务，受行为实施地法支配②，即受持票人提示或打算提示票据的地点的法律支配。

沃尔夫则认为，是不是必须为提示行为和应该在什么地方为提示行为，只能按照拒绝付款的地方的法律，即预期付款人付款的地方或付款人有付款义务的地方的法律来决定，至于行为应该怎样做，是按照行为地法解答的③。

根据英国法院的判决，汇票法第 72 条所指的提示票据的义务，仅指持票人提示票据的方式，即提示票据的具体时间、地点、方法，不指持票人提示票据的必要性，因为提示票据的方式属于当事人履行合同义务的方式，应受履行地法支配，而提示票据的必要性，关系到当事人是否应承担特定的合同义务，因而应决定于支配特定票据合同的法律，即合同订立地法律支配。

美国《第二次冲突法重述》把持票人提示票据的必要性与方式加以区分，分别确定不同的连结点。

依据该《冲突法重述》，持票人提示票据的必要性，依第 214 条或第 215 条规定分别选择适用的法律④，即分别准用决定票据主债务人或从债务人义务

---

① Cheshire and Notrh, suprs p. 511.

② Dicey and Morris. suprs, p. 898.

③ ［德］马丁·沃尔夫著：《国际私法》，李浩培、汤宗舜译，法律出版社 1988 年版，第 685 页。

④ 关于第 214 条和 215 条的规定见前文。

的法律。

关于提示票据的方式，《第二次冲突法重述》又将其分为提示票据的地点和提示票据的细节两类。前者准用第 215 条第 2 款的规定，应适用票据注明的付款地法，或者当没有注明付款地时适用票据交付地法，后者从属于第 217 条，依行为发生地法。

日内瓦《解决汇票、本票法律冲突公约》第 8 条规定："制作拒付证书的方式和期限，以及为行使或保全汇票或本票的权利而必须采取的其他措施的方式依制作拒付证书或采取这种措施的国家的法律。"可见，持票人提示票据的方式依提示地法，但提示地法不应决定持票人提示票据的必要性。

非缔约国的一些国家的冲突法也采纳了公约的规定，如罗马尼亚新国际私法和韩国国际私法。

英美国家、日内瓦冲突法公约及受公约影响的一些非缔约国都主张，提示票据的必要性与提示票据的方式应受不同法律支配，提示票据的必要性涉及票据当事人的实质性义务，应该由支配当事人实质性义务的法律决定，而提示票据的方式，涉及票据合同的履行方式，因而应该由履行地法即票据提示地的法律支配。

持票人提示票据的必要性，可能涉及主债务人或者从债务人的义务，对于前者，应适用支配主债务人义务的法律；对于后者，则决定于支配从债务人义务的法律。

提示票据的具体地点不能依票据提示地法决定，否则将导致逻辑上的恶性循环，为此，美国《第二次冲突法重述》规定，提示票据的地点决定于票据上注明的付款地法。

6. 票据所有权的转移

在英国，有的法院判决依 1882 年汇票法第 72 条的规定，适用特定票据合同订立地法解决票据所有权的转移问题。但总的看来，英国法院倾向于将票据识别为有形动产，并依解决动产物权转移法律冲突的一般原则来解决票据所有权转移的法律冲突①。

英国 1882 年汇票法通过后，有关票据所有权转移问题有三个著名案例。1892 年判决的阿尔科克诉史密斯一案（Alcuck V. Smith）及 1927 年判决的科尔克林诉斯顿保姆（Koechlin V. Kestenbaum）一案确定应由转让行为地法（the law of the place of acting）支配票据所有权的转移问题；1904 年判决的恩

---

① See Dicey and Morris, p. 894.

伯里科诉英奥银行案（Embiricos V. Anglo—Austrian Bank）一案则确定了票据转移时所在地法应支配票据所有权的转移①。由于转让行为地与票据转让时的所在地是一致的，故这三个著名案例确立的冲突规则实际上是一样的②。

早在 1934 年，美国联邦最高法院大法官布兰代斯在关于美国诉担保信托公司案（United States V. Guaranty Trust Co.）的判决意见中指出：票据作为动产，其所有权转移的效力决定于票据转让时的所在地法。该判决确定的规则已经为联邦和各州采纳，并为《第二次冲突法重述》所确认。该《重述》第 216 条第 1 款规定："流通票据权益的转让在该转让的当事人之外的人之间的效力和后果，依转让时该票据所在州的本地法。"

关于票据有权转移的法律适用，日内瓦冲突法公约没有明确规定。

马丁·沃尔夫认为，日内瓦公约规定"签名的效果"决定于"签名地所属的"国家的法律，而"签名的效果"不仅包括因签名所产生的债务，而且也包括权利的转移③。

总之，英美法院判例主张，票据所有权转移应决定于票据转让时所在地法，这一原则为世界各国普遍承认。

采用上述原则的依据是：（1）票据被转让时的所在国是受让人受让票据时所在国，受让人通常会期望依该国法律确定自己对票据是否享有优于前手的所有权；（2）对于票据的出让人来说，他能够预见或者应当预见该国际票据会在数国转让流通，因此，他不会期望依某一特定国家的法律来确定自己票据的所有权是否优于其他人，换言之，适用票据转让时的所在国法在他的意料之中④。

7. 票据追索权的行使期限

英国 1882 年汇票法规定，持票人提示的责任和拒绝证书或者退票通知是否必要或者充分，适用行为地法或者拒付地法。有学者认为，这同样适用于票据追索权行使期限⑤。

两个日内瓦冲突法公约均规定，票据持票人行使追索权的期限，适用票据

---

① Cheshire and North, suprs. pp. 818-820.

② Cheshire and North, suprs, p. 819.

③ ［德］马丁·沃尔夫著：《国际私法》，李浩培、汤宗舜译，法律出版社 1988 年版，第 782 页。

④ 王军：《国际票据法律适用的比较研究》，载《比较法研究》1993 年第 4 期，第 408 页。

⑤ Michel Pelichet, "Report on the law Applicable to Negotiable Instrument", p. 31.

成立地即出票地法律。日本、德国等缔约国也作了与公约大致相同的规定。非缔约国罗马尼亚新国际私法第 129 条也作了相似的规定。

日内瓦冲突法公约规定票据持票人行使追索权的期限应受出票地法支配，其合理性在于：（1）由于出票地是确定的，那么对于任何持票人来说，法律适用的结果是一致的，这样有利于票据追索权行使秩序的稳定；（2）对于被追索人来说，可以预见其被追索时履行义务的期限，因而对他来说也是公平的。

8. 票据丧失的补救措施

世界多数国家的票据法均规定，汇票或者本票丧失补救所适用的程序，依付款地法决定①。

只有依付款地法律规定的程序和补救措施来保全票据权利，才能最大限度地保障失票人的权利，因此上述冲突规则是切实可行的，这也正是各国普遍采纳上述冲突规则的原因。

（四）国际票据法律适用法的趋同化走势

当今国际社会，和平与发展成为两大主题，随着市场经济的全球化和全球经济的一体化以及法律文化的交融，国际社会的法律出现了趋同化的走势，而且这种走势正在变得越来越显著②。作为调整国际民商事关系的国际私法，由于其自身的特点，趋同化趋势就显得越加突出③。涉外票据法律适用法作为国际私法中的一个组成部分，其基本发展走势自然不可能偏离国际社会法律趋同化这一基本方向和历史轨迹。

票据法律适用法趋同化的若干表现主要有：

1. 有关票据法律适用的国际法渊源增多

继 1930 年和 1931 年两个日内瓦冲突法公约通过生效之后，美洲国家又缔结了一系列有关票据的国际公约。1975 年，美洲国家组织成员在巴拿马城签署了《美洲国家间关于支票法律冲突的公约》及《美洲国家间关于汇票、本票和出票法律适用冲突的公约》，四年后，美洲国家间又通过了《美洲国家间关于支票法律冲突的公约》。

---

① 《中华人民共和国票据法讲解》第 237 页。

② 详见李双元：《市场经济与当代国际私法趋同化研究》，武汉大学出版社 1994 年版，第 3~12 页。

③ 详见李双元：《中国与国际私法统一化进程》，武汉大学出版社 1993 年版，第 147~154 页。

2. 有关票据法律适用的国际公约影响日益扩大

票据法律适用法趋同化的走势体现在国内法上，就是各国在国内冲突法立法过程中，越来越多地吸收国际公约的规定，涵纳国际社会的普遍实践。两个日内瓦冲突法公约通过之后，公约的缔约国，如德国、日本等相继制定或修改了国内法，吸收了公约的规则。特别值得注意的是，公约的影响力还远远超出了缔约国的范围，罗马尼亚、韩国、中国等非缔约国有关票据法律适用的规定基本上都是以日内瓦冲突法公约为蓝本的。

还有一点值得特别指出，1995 年 5 月 31 日意大利第 218 号法案《意大利国际私法制度改革法案》第 59 条关于信用票据的法律适用方面采取把日内瓦冲突法公约完全移植到国内法的立法模式，该条第 1 款规定："无论何种情形，有关汇票、本票、支票均由 1930 年 6 月 7 日日内瓦《关于解决汇票本票法律冲突公约》和 1931 年 3 月 19 日《关于解决支票法律冲突公约》支配。"这种典型的立法模式既是国际社会法律趋同化的一种最生动的表现，也是实现法律趋同化的一种最有效的方式。同时，这种立法模式较之于笼统地规定条约优先更富有透明度和操作性。

3. 两大票据法律体系有关票据法律适用的规定日趋融合

尽管英美等国拒绝加入日内瓦冲突法公约，但事实上，在票据法律适用的一般原则方面，两大票据法系的许多规定是一致的。例如票据行为能力属人法原则的运用，以及行为地法特别是付款地法的普遍适用等等①。

五、我国涉外票据立法及其评价

1996 年 1 月 1 日，《中华人民共和国票据法》实施，我国的票据活动从此有法可依了。该法的第五章对涉外票据法律适用问题作了专门规定，初步建立了我国涉外票据法律制度，对于我国社会主义市场经济的建立以及对外开放的进一步深化无疑具有重要意义。但是，毋庸讳言，这部票据法确立的涉外票据制度仍有许多不尽如人意之处，有待改进。

（一）我国票据法所确立的涉外票据法律适用的基本原则及评价

我国涉外票据法律适用的原则主要有：

（1）国际条约优先原则；

（2）国际惯例补缺原则；

（3）票据债务人的行为能力，适用其本国法或者行为地法律；

---

① 关于两大票据法系在票据法律适用方面的融合，详见本章第二节。

（4）票据行为方式，适用行为地法；

（5）票据追索权的行使期限，适用出票地法律；

（6）票据的提示期限，有关拒绝证明的方式，出具拒绝证明的期限，适用付款地法律；

（7）请求保全票据权利的程序，适用付款地法律；

（8）票据形式的有效性适用出票地或付款地法律。

比较国际社会解决票据冲突的法律适用原则和上述我国票据法确立的涉外票据法律适用原则，我们可以得出如下结论：尽管我国尚未加入任何有关票据的国际公约，但是我国票据法是充分吸收了有关国际公约，特别是日内瓦冲突法公约的有关规定的，因而保证了我国票据法在总体上与国际社会的普遍实践基本一致。应当说，这些原则的确立，为我国处理涉外票据法律问题提供了法律依据，有利于我国涉外票据立法逐步与国际接轨，这是其值得称道的一面。但是，从整个票据立法的要求和适应社会主义市场经济和改革开放的需要角度来看，我国涉外票据法律制度尚有许多需要改进之处。

（二）我国涉外票据法律制度的若干问题及其改进

关于这一问题，我们主要从下面几方面来论证：

（1）我国《票据法》第95条有关涉外票据的界定只考虑了导致票据关系产生的票据行为的外国因素，而忽略了票据关系的主体和客体的外国因素。同时，在涉外票据中，因票据的发行而产生的票据当事人之间的法律关系包括票据关系与票据法上的非票据关系。这两个方面的票据法律关系均是涉外票据关系中可能产生冲突的重要方面，而我国《票据法》忽略了后一方面，即票据法上的非票据关系①。

（2）我国票据法在某些重要方面与国际社会普遍实践相悖，而又没有涉外票据的特别规定。

票据法较之《银行结算办法》虽然有了较大的改进，但是如果把市场经济的需要和世界各国通行的惯例作为评价的标准来看票据法，借用谢怀栻先生的话来说，"票据法是一部令人失望的法律。"② 在一些比较重大的问题上，我国票据法没有能从《银行结算办法》向前迈一步，而是原地踏步，继续保留着计划经济的痕迹。比如对汇票发票人资格的限制，对银行以外的当事人签

---

① 详见本文第一章第二节关于国际票据界定的比较及宋航、肖永平：《论涉外票据的法律适用》，载《现代法学》1996年第6期，第83页。

② 谢怀栻：《评新公布的我国票据法》，载《法学研究》1995年第6期，第36页。

发本票的资格的剥夺，特别是其第 10 条把三种票据的票据关系和原因关系混在一起，完全否定票据行为无因性这一票据的根本特性，这不仅仅是与国际社会的普遍实践相悖的问题，更重要的是它与我国的市场经济和对外开放格格不入。

如果退一步说，我国票据法的上述规定合乎"中国国情"，具有"中国特色"，根据《票据法》第 2 条"中华人民共和国境内的票据活动，适用本法"的规定，国内的票据活动适用这些具有"中国特色"的规定无可置疑。但是，涉外票据毕竟不同于国内票据，如果将涉外票据也置于这些与国际社会普遍实践格格不入的规定的支配之下，其合理性就很值得怀疑了。

因此，我们认为，对一些与国际惯例脱节的重要方面，应当要么修改现行票据法，要么采取另一种折中方式，即在票据法中增设有关涉外票据的特别实体法，用来调整涉外票据活动，规范涉外票据关系。

（3）票据法关于涉外票据的规定仍有许多方面存在盲点，比如有关票据的复本、誊本制度、参加承兑制度等很多方面，我国票据法都付之阙如，实际上是票据制度不健全的一种表现，一方面将造成我国票据流通一定程度上的无法可依现象，另一方面，一旦涉外票据涉及这些方面的冲突而要适用我国法律时，只能依据有关的国际惯例处理，从而造成司法实践中的不便[1]。

所以，我们在立法问题上一定要摆脱"成熟一条制定一条"的束缚，使法律具有一定的超前性和开放性，对于现行票据立法中存在的盲点应尽快地加以补充或者在涉外票据一章中作出特别规定。

（4）在票据当事人的能力问题上一直存在着本国法主义和住所地主义的分歧，但在这一问题上的趋势是：冲突现象逐步得到了缓和。原因是大陆法系在属人法上作出了让步，提高了住所和惯常居所的地位，而英美法系也采纳了惯常居所这一新概念。欧洲一些新颁布的国际私法规范，也抛弃了在属人法上的本国法为准据法的绝对的、僵硬的做法，多兼采本国法与住所地或惯常居所地法[2]。但我国票据法未能反映这一趋势，不符合当今国际贸易和商业往来发展的需要和票据的国际流通。因此，有必要根据这一趋势对这一问题作出灵活的规定。

---

① 宋航、肖永平：《论涉外票据的法律适用》，载《现代法学》1996 年第 6 期，第 84 页。

② 宋航、肖永平：《论涉外票据的法律适用》，载《现代法学》1996 年第 6 期，第 84 页。

（5）有关票据能力的法律适用方面，我国票据法不接受反致①和转致，有悖于当今世界各国立法和司法的普遍实践。两个日内瓦冲突法公约规定票据当事人的能力适用其本国法，但允许接受反致和转致；波兰、泰国、奥地利、英国、美国、法国、日本、瑞士等国在其立法中均接受反致。反致制度有促进判决的一致、增加法律选择灵活性之功效，有利于涉外民商事争议的解决，因而普遍为各国所接受。我国票据法有意回避这一问题，反映了我国对反致制度的一贯立场。

我们认为，在解决涉外票据当事人能力问题上，不妨接受反致、转致和间接反致。

（6）有关票据提示，各国都主张区分票据提示的必要性和提示票据的方式分别确定不同的准据法，前者应分别适用支配票据主债务人义务或者从债务人义务的法律，后者适用行为地法。而我国票据法仅规定票据提示期限适用付款地法律，这就在一定程序上导致了票据法律适用上的无法可依。

我们认为，有关票据提示的法律适用条款应规定为：

"票据提示的必要性，涉及主债务人义务的适用付款地法，涉及从债务人义务的则适用票据签字地国法。

票据提示的方式和期限，适用提示地法，但票据提示的地点采用付款地法。"

（7）有关拒绝证明和发拒绝通知，各国均主张区分必要性和行为方式分别确定准据法，前者应适用票据交付地法或签字地国法，后者则由行为地法支配。而我国票据法仅规定有关拒绝证明方式，出具拒绝证明的期限适用付款地法。

我们认为有关上述问题的法律适用条款应表述为：

"持票人制作拒绝证明和出具拒绝证明的必要性适用签字地国法。

持票人为前款行为的方式和期限分别适用拒付证书制作地法和通知发生地法。"

六、国际票据法律冲突的统一实体法解决

有关票据的冲突法，无论是国内法，还是统一国际私法，都只着眼于票据法律冲突的事后解决，即使在世界范围内实现了有关票据的冲突法的大一统，

---

① 宋航、肖永平：《论涉外票据的法律适用》，载《现代法学》1996 年第 6 期，第 84 页。

充其量也只能保证法院判决结果的一致性、稳定性和可预见性，无论如何也不可能从根本上消除国际票据法律冲突。

有关国际票据的统一实体法则着眼票据法律冲突的事前避免，通过把国际票据关系置于同一个国际票据统一法的支配之下，为国际票据流通创造一个统一和谐的法律环境。自从 1869 年意大利商业会议首倡统一票据法以来，在一百多年的票据法国际统一活动的成果中，日内瓦统一票据法公约与联合国国际汇票、本票公约最具有意义。

（一）国际票据法律制度统一的必要性

"二战"之后，特别是冷战结束后，全球经济一体化趋势得到了前所未有的加强，国际贸易及其他国际交往的发展极大地带动了国际票据的流通，而国际票据流通又反过来推动着国际贸易及其他国际民商事流转关系的发展。但是，由于各国票据法之间，特别是两大票据法体系之间依然存在的分歧，在相当程度上阻碍着国际票据的顺利流通，进而在一定程度上阻碍着国际贸易及其他国际民商事流转的进一步扩展。甚至可以说，各国票据法的冲突是全球经济一体化进程中一块不大不小的绊脚石，必须尽快地将其搬掉。

市场经济体制作为一种最佳的资源配置手段，其合理性已经在全球范围内得到了公认，市场经济的内在要求不仅要实现国内市场的统一，而且要形成市场的全球统一。而市场的统一的一个必然要求就是法律的相互衔接。票据制度被誉为和公司制度同等重要的市场经济的支柱，那么可想而知，票据制度国际范围内相互衔接具有重要的意义，而实现票据制度相互衔接的最有效的方法就是通过统一实体法途径实现国际票据制度的统一，以适应市场经济全球化的必然要求。

（二）国际票据法律制度统一的现实可能性

票据作为商品经济发展到一定阶段的产物，已成为现代市场经济中最主要的结算、支付、信用和资金融通工具，它在市场经济条件下的运作有着共同的规律。只要有关国际票据的统一实体法能够反映市场经济中票据流通的共同规律，那么这种统一实体法就能够为实行市场经济的国家所接受。随着市场经济的日益全球化，实行市场经济的国家越来越多，市场经济发展程度越来越高，国际票据法律制度统一的经济基础就会越来越充分。所以，我们可以说，市场经济的全球化是国际票据法制统一的一个契机。

同时，票据法的技术性特征使票据法的国际统一相对容易。有关票据的一系列规则，是票据法根据票据流通的本质规律设计出来的，旨在实现票据的经济功能的技术性规范，其内容较少受风土人情、伦理道德及法律传统文化的影响，实现这种技术性规范的国际统一所遇到的阻力相对较小，这也是国际票据法统一活动方兴未艾并能不断取得阶段性成果的原因之一。

此外，票据法本身具有国际统一性。票据法这一特征使票据法成为当今国际上统一程度最高的一种法律，各国都力求使自己的票据法尽可能地涵纳国际社会的普遍实践，从而为国际票据法律制度的统一提供了国内法基础。

七、日内瓦统一票据法公约评述

日内瓦统一票据法公约吸收了英美法系和德国新票据主义强调票据流通作用与信用功能、严格区分票据关系与基础关系的特点，同时在票据法的严格性和立法体例方面又坚持了法国法系和德国法系的传统，因而可以说公约兼采了三大票据法系之长，适应了当时经济发展的需要，是一部较为完善和科学的统一票据法。

日内瓦统一票据法融合了欧洲大陆两大票据法系，基本上实现了欧洲大陆票据法的统一，而且，公约还影响了一些非缔约国，所以我们又可以说，日内瓦统一票据法是迄今为止国际票据法统一活动中最具实际意义的成果。

（一）日内瓦统一票据法公约的意义

考察日内瓦统一票据法公约的各项制度，我们可以发现公约自始至终都贯穿着以下立法精神：票据不仅仅是输送现金的汇兑工具，而且还是一种信用和流通手段，票据关系与基础关系相分离，票据的无因性是票据的本质特征。

公约的上述立法精神是对法国法系旧票据主义的否定和对英美法系票据法特点的吸收，反映了票据流通的本质规律，适应了现代市场经济发展的客观要求。具体来说，这种立法精神的意义在于：（1）票据债务人不得以基础关系上的瑕疵对抗善意的持票人，从而可以促进票据流通，保全票据信誉；（2）强调票据的信用功能并通过票据的流通转让使票据的信用从狭窄的直接交易人之间的信用扩大为社会信用并使信用程度倍增，从而大大地促进了各国市场经济的发展，对国际贸易及其他民商事流转的扩展更具重要作用。这种促进作用可以通俗地加以说明：票据的信用功能可以使将来的金钱为现在所用，票据的流通性则可以使这笔将来的钱为现在很多人的多次贸易使用，而债权人的权利反而随着票据的流通带来的信用增强而得到更有力的保障①。

日内瓦统一票据法基于上述立法精神，确立了"票据行为独立"原则；

---

① 参见王小能：《日内瓦统一票据法律制度及其对我国的借鉴意义》，载《中外法学》1993 年第 3 期，第 71 页。

同一票据上的多种票据行为，其效力各自独立，一行为的无效，不影响其他行为的效力。

根据日内瓦统一票据法有关规定，票据行为独立原则体现在以下几个方面：（1）无行为能力人所为的票据行为无效，其他行为人的行为效力不受影响；（2）伪造的票据行为无效，不影响其他行为的效力，如果一张票据上既有伪造的签名又有真实的签名，持票人仍可向真实签名人主张票据权利；（3）被保证债务无效，不影响保证债务的效力。

票据行为独立原则渗透了公约的立法精神，是公约立法精神在具体制度上的生动体现，从而有力地保障了善意持票人的权益，从而保证了票据在全球范围内的顺利流通。

（二）日内瓦统一票据法公约的缺陷

日内瓦统一票据法公约的缺陷主要表现在：

（1）公约的过于严格性在一定程度上妨碍了票据的便利流通。

如前所述，日内瓦统一票据法公约坚持了票据法的严格性，具有积极的普遍的意义。但是，事物往往具有二重性，一事物的优点很可能同时又是其缺点所在。日内瓦公约的某些制度、规范的过分严格性又在一定程度上阻碍了票据的便利流通，从而走向了其积极意义的反面。

日内瓦公约完全沿袭了德国票据法系的严格的形式主义，并且不允许签发无记名票据，无视英美票据法灵活性的积极一面，过分地限制了票据当事人的权利，有些规范过于繁琐，并动辄视票据为无效。凡此种种，与方便票据流通的立法精神显然是背道而驰的。就连极力主张票据法严格性的拉尔菲·纽曼（Ralph A. Newman）也指出：禁止无记名汇票的签发和流通，可实际上又允许在依日内瓦公约制订了各自票据法的国家进行空白背书，这是违反逻辑的，同时构成了对票据法严格性原则的夸大。

（2）日内瓦统一票据法公约对大陆法系立法传统的过分强调限制了自身的效力范围。

任何一个国际公约的实际意义取决于它在全球范围内普遍接受的程度，而普遍接受的程度又取决于公约对各大法系立法传统的顾及程度和对各大法系歧异的协调程度。在这一点上，日内瓦统一票据法存在着一个致命的缺陷，它过多地顾及了欧洲大陆两大票据法系的传统，无论在立法体例上，还是在具体制度的规定上，都无视英美法系的做法，即使是某些更符合票据流通规律的、适应市场经济和国际贸易需要的规定。比如英美票据法不把"受款人"作为票据的绝对应记载事项，允许签发无记名的汇票、本票和支票，未记载受款人姓名的，持票人即为受款人。这种重实际、富有灵活性的规定更能保护善意持票人的权益，也更能保障票据的流通性。但是日内瓦公约却规定没有记载受款人姓名的票据无效。

日内瓦公约的上述缺陷带来的后果就是英美法系等国拒绝参加日内瓦公约，从而使公约的效力范围受到了极大限制。

八、联合国国际汇票本票公约评述①

（一）制定《公约》的必要性

制定《公约》的必要性表现在：

（1）随着科学技术的发展，尽管已出现了诸如信用卡、电子资金划拨系统等新的支付机制，但是这些新的方法和技术不会取代汇票和本票，特别是在为国际交易提供资金的重要作用方面。1968 年国际贸易法委员会第一届会议决定，国际支付应与国际货物销售和国际商业仲裁一起，成为建立现代国际法律制度工作的重点。

（2）以往统一流通票据法的努力只在有限的区域或法律传统相同的国家中取得一些成绩。由于英美法系等国拒绝加入日内瓦统一票据法公约，国际联盟的努力仅仅协调了一部分大陆法系国家的流通票据法，没能在世界范围内统一票据法。而且，甚至在法律传统相同的国家之间，判例法和商业实践也还存在着相当的差别。而国际贸易的迅猛发展和全球经济的日益一体化又迫切要求票据法律制度的国际统一，同时，还需要制定新的规范来满足现代商业需要，并符合现代金融市场的惯例。

（二）《公约》制订的方法和途径

（1）贸易法委员会请求国际统一私法协会（UNIDROIT）编写一份初步报告，论述是否有可能扩大汇票和本票统一法的范围。根据这份报告，贸易法委员会审议了三种可能的促进统一方法：（1）促使 1930 年和 1931 年日内瓦公约获得更加广泛的接受；（2）修改 1930 年和 1931 年日内瓦公约，使英美法系的国家更易于接受这两项公约；（3）制定一项新的流通票据法。讨论情况表明，最有可能获得成功的方法是制定一项新的流通票据法。人们感到，仅作修改并不会使英美法系的国家接受日内瓦公约。

（2）进行广泛的调查，征求各国政府、银行和贸易机构的意见和建议。

---

① 这里引用资料除注明的外，均来自联合国贸易法委员会第二十七届会议，《联合国国际汇票和国际本票公约秘书处的说明》（中文本）。

贸易法委员会制作和分发了一份详细的调查表，就目前实行和收受国际支付的方法和惯例、采用流通票据手段解决国际交易时遇到的问题以及新统一法可能的范围进行了调查，通过对调查结果的分析，结论是：唯一可行的方法是拟定一套适用于特别流通票据的新规则，供人们在国际交易中选用。

（3）贸易法委员会秘书处先拟定了一份《国际汇票统一法》草案和一份评注，后将草案扩大至本票。草案先后经过国际流通票据工作组十四届会议和贸易法委员会本身三届会议的修订，历时十五年，1988年12月9日，该《公约》由联合国大会通过。

（三）《公约》的特点和主要成果

根据《公约》第1条规定，《公约》仅适用于上方或正文中同时印有"国际汇票（贸易法委员会公约）"或者"国际本票（贸易法委员会公约）"的国际票据。据此，我们可以得出如下结论：该《公约》的适用是任择性的，一国批准或加入《公约》并不使该国签发的所有国际票据都受《公约》的管辖，而只是为银行和商业人士打开方便之门，以便他们在从职业判断角度认为可取时，选用这项新的国际票据法律制度。

《公约》的任择性一方面可能限制了其效力范围，但另一方面，任择性的《公约》更易于被各国所接受，从这个意义上说，它又扩大了《公约》的适用范围。

根据《公约》第2条规定，汇票如要成为《公约》定义内的国际汇票，必须至少列明第2（1）条列举的两处地点，而且所列明的任何两处地点必须位于不同的国家。列举的地点是：汇票开出地、出票人签名旁所示地点、受票人姓名旁所示地点，受款人姓名旁所示地点，以及付款地点。对国际本票也作了相似的规定。这还不够，要成为《公约》定义内的国际票据还得满足以下条件：位于《公约》缔约国的某处重要地点必须在票据上标明。对汇票而言，这将是出票地点或付款地点；对本票而言，只有当票据上注明的票据开出地点和票据上注明的付款地点都位于缔约国境内时，其法院才适用本公约。这是《公约》允许的唯一保留。

《公约》的上述规定旨在促进更多的国家参加《公约》。我们知道，国际统一法律制度的制定往往遇到各主权国家不愿意放弃立法管辖权的阻碍，《公约》则希望通过对自身管辖权的极端限制来解决这一问题。但从上述规定来考察，《公约》似乎走得太远了。人们不得不怀疑，《公约》生效之后，实际意义究竟有多大？

旨在统一某一领域法律的国际规则，只有当适用这些规则的所有法律系统都对之作出合理而一致的解释时，才能达到其最终目的。为此，《公约》专设了"解释"一章，并在第 4 条对解释作了原则性规定：在解释本公约时，应该注意到它的国际性质，在适用上促进其一致性的需要和在国际交易中遵守诚信的原则。

《联合国国际汇票和本票公约》吸取了日内瓦公约的教训，其创制体现了一种有意识的政策，即尽量不偏离现有两大法律系统的内容，尽可能保留两大法系中相互一致的规则。如遇有冲突，需要选用某一法系的规则或采取折衷办法的情况下，《公约》载入了一些新的规定。另外，《公约》在整个立法过程中，对各国政府、银行、贸易和其他有关方面的意见和观点始终给予注意。因为《公约》的主要目的是尽可能综合各国票据法特别是英美法系同日内瓦公约体系之间的分歧，使公约成为能被不同法律体系的国家所普遍接受的统一法。这方面的重要成果表现在以下几个方面。

《公约》的立法体例充分体现了对两个大票法系的调和和折衷：（1）在票支关系上采分离主义，体现了日内瓦公约的体例特征；（2）在篇章设置上，取消了以票据种类区分为基础的篇章设置，没有将汇票、本票各自立为独立章节，而是将汇票、本票规定在一起，并以语言区别技术取代规则准用技术，此项体例和立法技术主要吸收了美国票据法的特色；（3）在章节设置上，以流通顺序和当事人权利责任的双重逻辑结构为基础进行安排，从形式上看与美国商法典"商业证券"编相似；但从内容上分析，也相当地吸收了日内瓦统一法的方式，如有关追索权的规定。

如前所述，日内瓦公约对票据形式要求的过分严格是英美法系各国拒绝参加日内瓦公约的主要原因之一。有关票据的形式要求，《公约》基本上采纳了英美法的原则，使公约具有了一定的灵活性。例如《公约》第 12 条规定，对不完整的票据可予以补齐，补齐后的票据即为有效的汇票或本票。但是《公约》仍然在以下几点吸收了日内瓦公约的精神：

（1）票据上必须注明"国际汇标（贸易法委员会公约）"和"国际本票（贸易法委员会公约）"字样；

（2）汇票和本票上必须载有出票日期；

（3）不得开立无记名式国际汇票，但背书人可以用空白背书的方法，使汇票在实际上成为无记名汇票。

为了使票据具有流通性，各国票据法对善意或合法的执票人都给予有力的保护，认为他可以享有优于前手的权利。但各国法律对善意或合法的执票人所要求的条件不完全一致，两大票据法系对此也有不同的规定。英国汇票法把持票人区分为持票人、付了对价的持票人（holder for value）和正当持票人（holder in due course）加以不同保护，而日内瓦公约对"合法持票人"（lawful holder）的条件作了规定。

《公约》在有关持票人权利保护方面坚持了流通性原则，以求得其票据在国际商业中赢得承认和自由流通。在处理持票人的权利和因其他人的债权和抗辩而对这些权利产生局限性时，《公约》不得不在根本有别但又是合乎道理的大陆法系和英美法系方法之间作出选择，最后所选定的方法实际上是一种折衷的实用的两极制，即对单纯持票人和"受保护的持票人"区别对待加以保护。

根据《公约》第29条，受保护的持票人（protected holder）必须具备的条件是：（1）持票人在取得票据时，票据是完整的或者票据属不完整票据但已按照授权予以补正；（2）对第28条第1款（a）、（b）、（c）、（e）项所指的对票据责任不知情；（3）对任何人对该票据的有效索偿不知情；（4）对该票据曾因不获承兑或不获付款而遭退票的事实不知情；（5）该票据未超过提示付款的期限；（6）他未以欺诈或偷窃手段取得票据或未参加与票据有关的欺诈偷窃行为。同时，《公约》第32条规定，除有相反证明，每一个持票人均推定为受保护的持票人。上述条件同英国法的正当持票人的要求有许多相似之处，但是《公约》的规定也借鉴了日内瓦法系的方法。比如对受保护的持票人不以支付对价为条件，这一点同日内瓦法系的原则是一致的。又如，根据《公约》，即使在可引起对票据产生债权或对票据责任提出抗辩的情形下，包括无行为能力、欺诈、胁迫或任何种类的差错，也不因此受阻而无法成为持票人，这种制度更接近于大陆法系而不是英美法系。

《公约》对受保护的持票人给予了强有力的保护。根据公约第30条规定，除下列情况外，当事人不得对受保护的持票人提出任何抗辩：（1）关于票据上伪造签名的抗辩；（2）关于票据曾发生过重大改动的抗辩；（3）关于未经授权或越权代理人在票据上签名的抗辩；（4）关于汇票须提示承兑而未能提示承兑的抗辩；（5）关于未适当提示付款的抗辩；（6）关于须在不获承兑或不获付款时作成拒绝证书，而未正当地作成拒绝证书的抗辩；（7）关于票据时效已过的抗辩；（8）基于他本人与持票人在票据项下的交易或由于持票人有任何欺诈行为而使该当事人在票据上签字而提出的抗辩；（9）基于上述当事人不具备履行票据责任的行为能力；（10）受保护的持票人对票据的权利不受任何人对该票据的任何索偿的限制，但由于他本人与索偿者在票据项下的交易而引起的有效索偿除外。

公约对受保护持票人的保护，对于促进票据在国际范围内的流通以及保障交易安全无疑是十分必要的。

关于伪造背书的后果，即票据被伪造背书转让后损失由谁来承担，英美法系与日内瓦公约体系存在着严重的分歧。《公约》试图用折中的办法来调和两大票据法系这一分歧。

《公约》第15条规定，拥有已经背书转让给他或前手背书为空白背书的票据，并且该票据上有一系列的连续背书，即使任一背书是伪造的或是由未经授权的代理人签字的背书，只要他对此不知情，就应当认为他是票据的执票人而受到保护；同时《公约》第25条又规定，如果背书是伪造的，其背书被伪造的人或在伪造前签署票据的当事人有权就因此项伪造而遭受的任何损失向伪造人、伪造人直接向其转让票据的人和向伪造人直接支付票据款项的当事人或受票人要求赔偿。但是，假如托收被背书人在他向委托人付款或通知委托人已收到付款时或在他收到付款时，或者支付票据款项的当事人或受票人在支付票据款项时，对伪造毫无知情，则可不承担上述赔偿责任，除非这种不知情是由于他未依诚信原则行事，或未尽适当注意。显然，前一项规定着眼于保护善意的持票人，反映了日内瓦公约在伪造背书效力原理上对"动"的安全和票据流通的保护原则；后一项规定则倾向于保护真正的票据权利人，反映了英美票据法对"静"的安全的保护原则。

第六章　构筑国际民商新秩序中关于国际商业惯例的法律性质及其适用问题

第一节　国际商业惯例的法律性质

对国际商业惯例的法律性质，我国国际私法学界分歧很大，其争论主要涉及这样一些问题：（1）国际商业惯例是不是法？如果是法，那么：（2）它是任意性法还是强制性法？（3）它是国内法还是国际（公）法？下面将分别进行讨论。

一、国际商业惯例的法律性

（一）不同观点

多数学者认为，国际商业惯例不是法，而只不过是一种商事规则或原则。其法理上的依据主要是：

（1）国际商业惯例不具备法律所应有的五个特征，即可适用性（applicability）、公正性（fairness）、可预见性（predictability）、权威性（authoritativeness）和连续性（consistency）中的后三个特征①。

（2）国际商业惯例不能自动适用，只有当事人在契约中明确约定选用某项国际商业惯例时，才受该项惯例的约束，而且，当事人即使已明示采用，还可以通过协议变更或补充该项惯例的内容。

（3）国际商业惯例的产生和发展都不是国家意志发生作用的结果，而是在长期的国际商业交往中自发形成的②。

还有些学者认为，国际商业惯例是法律规范。其主要根据是：

（1）国际商业惯例具有法律规范所应有的必要条件，虽然它与国内法有

---

① 转见徐国建：《现代商人法论》，载《中国社会科学》1993年第3期，第84页。

② 参见程德钧、王生长、康明编著：《国际惯例与涉外仲裁》，中国青年出版社1993年版，第7页。

诸多不同，但并不能因此说它不是法律。恰恰相反，这正是它作为法律的生命力之所在①。

（2）国际商业惯例是现代商人法的渊源之一，一方面承认现代商人法的存在，另一方面又否认它是法律的暧昧观点是难以为人们接受的②。

（3）国际商业惯例作为法律规范，这一性质已为一些私法国际统一条约所明确确认，如1980年《联合国国际货物销售合同公约》第9条的规定③。

（4）"现代社会，广义上的法的基础就是普遍接受，而强制执行性只是附属物，虽然它也同样重要。""我们必须把法看作是不仅仅来自于立法和判例这些正式的渊源，我们必须承认，它还包括在法院或仲裁庭没有强制执行性但被某一团体在其整个范围内或其任何部门内接受为有拘束力的自治性安排"④。

（二）评价及主张

首先，要理解国际商业惯例的法律性质，我们不能回避对法的概念这样一个基本问题的考察。法仅仅是立法规定的和法院判决确定的一套规则吗？或者除了这些正式渊源外，法的概念是否还包括某一团体所接受的作为决定其成员间关系的行为规则呢？我们认为后一观点是正确的。正如国际贸易法的重要创始人施米托夫（Clive. M. Schmitthoff）所说："其实，这些我们有时称为自治法的法外的法渊，从来没有比我们这个时代重要过。"⑤ 因此，"我们得把法的地位也给予某一团体所普遍接受的惯例（usage & custom）、行为法典（codes of behaviour）、专业和准专业机构的指南（guidelines）、君子协定（gentleman's agreements）和被认为在法院没有强制执行力的其他安排（arrangements）"⑥。德国学者诺伯特·霍恩（Nobert Horn）也指出："法律这一名称不仅指由一个或几个国家立法机关制定的客观的规范，而且还指当事人间

---

① 参见徐国建：《现代商人法论》，载于《中国社会科学》1993年第3期，第84页；罗伟：《试论国际惯例在国际贸易中的法律地位》，载中国政法大学研究生院编：《国际法文集》，中国政法大学出版社1987年版，第245页。

② 参见徐国建：《现代商人法论》，载《中国社会科学》1993年第3期，第84页。

③ 参见徐国建：《国际统一私法法源研究》，载《比较法研究》1993年第4期，第358页。

④ Clive M. Schmitthoff, Commercial Law in a Changing Economic Climate, London, 1981, p. 1.

⑤ Clive M. Schmitthoff, Commercial Law in a Changing Economic Climate, London, 1981, p. 1.

⑥ Clive M. Schmitthoff, Commercial Law in a Changing Economic Climate, London, 1981, p. 1.

订立的，在他们之间有着法律约束力的合同；在这方面，单个的合同以及典型而且广泛采用的合同模式也可称为'合同法'"①。

严格按照传统的法的概念和它区别于宗教、道德等一般社会规范具有的基本特征来考察国际商业惯例的法律性质，肯定会将其排斥在法律规范之外。因为国际商业惯例显然并不完全具备国家立法和判例所应有的基本条件，例如它不是由国家权力机关制定，具有较大的任意性等等。然而，这正是其区别于国家立法和判例之所在，也是其生命力之源泉，我们必须使自己习惯于新的法律概念。

其次，系统论认为，现实的具体系统不是静止的，而是动态的。系统方法不仅要求把对象作为一个有机整体来看待，而且还要求着眼于系统的运动和发展，在动态中把握系统，从中揭示系统的运动规律。根据这一观点，我们在考察国际商业惯例的法律性质时，不能忽视其在实践中的变化和发展。随着国际政治、经济和科学技术的发展与进步，不仅国际商业惯例的内容在不断地修订和补充，而且其法律地位也出现了一些渐变。

从立法上看，很多国际条约和国内立法对国际商业惯例加以承认和采纳。

从国际货物买卖共同条件和标准合同格式来看，这些共同条件和标准合同都包括仲裁条款，而这些条款中绝大多数都未提到某国国内法的适用。"以前的共同条件包括法律选择条款，但最新的共同条件中则无此项规定，因为此项规定被认为是不必要的"②。

从国际商业仲裁与诉讼的实践来看，"法律不是裁决的唯一依据"③。经验表明，在国际商业合同双方当事人发生争议时，即使当事人没有明示协议适用有关国际商业惯例、仲裁机构或有管辖权的法院，通常仍以有关国际商业惯例来解释当事人的权利义务，并作为裁判的依据④。

---

① ［德］诺伯特·霍恩：《国际商业合同法的统一与变异》，载《法学译丛》1985年第3期，第31页。

② 参见［英］施米托夫著：《国际贸易法文选》，赵秀文译，中国大百科全书出版社1986年版，第18页。

③ 参见王军、陈洪武：《国际商事合同的法律适用》，中国对外经济贸易出版社1991年版，第38页。

④ 例如，前联邦德国最高法院在1975年6月18日的一项决定中确定：如果当事人约定按离岸价FOB交货，那么即使当事人没有明示适用1967年《国际贸易术语解释通则》，该通则中就这一协议条款作出的解释仍是可适用的。参见 Berthold Goldman, The Applicable Law: General Principles of Law—the lex mercatoria, in: Julia Lew ed. Contemporary Problem in International Arbitration, London, 1987, p. 118.

这些变化表明：（1）虽然目前许多国际商业惯例都明确规定其适用以当事人的明示采用为前提，但是，国际国内的立法规定以及国际商事仲裁与诉讼的实践已突破了国际商业惯例本身对其适用范围的限制，以致在很多情况下，其适用无须当事人的明示同意，从而使国际商业惯例在调整国际商业关系方面已具有相当重要的地位和作用。可以说，国际商业惯例已由最初完全自发的习惯性规则进入到法律规范的时代。（2）尽管学者们对国际商业惯例的性质各持己见，在国际商业领域已形成和发展起一些具有特别性质的惯例乃是不容否认的事实。因此，我们完全有理由说，国际商业惯例作为一种"自治性"法律规范已出现在我们这个时代。

那么，这种"自成一体"的法律规范究竟是可行的，还是仅限于职业上的幻想呢？对此，下文将进一步阐述。

二、国际商业惯例的任意性

任意性法的特点是，其适用不是自动的和强制的，通常只有当事人在合同中明确采用时，才产生法律拘束力。也就是说，当事人既可以采用，也可以不采用，还可以在采用时对其加以修订和补充，以适合他们的需要。而强制性法的适用不需要当事人的选择，可直接对有关当事人产生法律效力。那么，国际商业惯例究竟是任意性法，还是强制性法呢？

（一）任意性的表现

从国际商业惯例的编纂来看，它是任意性法。表现在：

（1）现行成文的国际商业惯例都是非政府间组织编纂的，主要有国际商会、国际法协会和国际海事委员会。

（2）国际商业惯例编纂的目的都是为特定的国际商业交易提供一套统一的规则，以指导国际商人们使用。如 1990 年《国际贸易术语解释通则》"引言"第 1 条规定："《国际贸易术语解释通则》的目的是为国际贸易中最普遍使用的贸易术语提供一套解释的国际规则，以避免因各国不同解释而出现的不确定性，或者至少在相当程度上减少这种不确定性"。《跟单信用证统一惯例》（500）、1932 年《华沙—牛津规则》、《美国对外贸易定义 1941 年修订本》也都在其前言中作了类似的规定。

（3）现行成文的国际商业惯例都明确规定，其适用以当事人在合同中明示采用为前提。如 1990 年《贸易术语解释通则》"引言"第 22 条规定："今后愿意采用本通则的商人们应在合同中明确规定受《1990 年通则》之约束。"《跟单信用证统一惯例》（500）第 1 条、1932 年《华沙—牛津规则》和《美国对外贸易定义 1941 年修订本》的序言中都作了类似的规定。

（二）强制性的表现及其限制

从国际国内立法规定以及国际商事仲裁和诉讼的实践来看，国际商业惯例又带有一定的强制性。如前所述，许多国际条约、国内立法以及国际国内商事仲裁规则对国际商业惯例的法律地位都予以明确的肯定和承认，在很多情况下，国际商业惯例的适用无须当事人的同意，尤其是在多边国际条约中。例如，已经生效的 1980 年《联合国国际货物销售合同公约》的核准和参加国已达 26 个①，这些国家遍及世界六大洲，具有一定的代表性和广泛性。在国内立法中，西班牙和伊拉克均赋予《国际贸易术语解释通则》以国内实证法的普遍效力，这些都使国际商业惯例在实践中得以广泛应用。

不过，在说明国际商业惯例具有一定强制性的同时，我们也注意到：

（1）虽然 1980 年《联合国国际货物销售合同公约》这样具有一定普遍性的国际公约对国际商业惯例的法律地位予以了明确确认，但是，该公约第 6 条的规定表明它是一部任意性的公约，当事人可以排除该公约一部或全部的适用。如果当事人约定不适用该公约，则在该公约成员国内，该公约第 8 条以"当事人之间确定的任何习惯做法和惯例"来确定当事人的意旨的规定以及第 9 条默示推定适用国际商业惯例的规定，将没有什么意义。

（2）一些国际条约、国内立法和商事仲裁规则虽赋予国际商业惯例以法律效力，但要么将其置于"替补性"法律地位，要么将其置于"参照性"法律地位。在这种规定之下，国际商业惯例不是唯一的裁决依据，而且在几个裁决依据中，处于次要地位。真正赋予国际商业惯例以国内实证法的普遍效力的，目前仅有西班牙和伊拉克两国，而且该两国对《国际贸易术语解释通则》以外的其他国际商业惯例并未全盘纳入其国内法。即使对该《通则》，在西班牙也仅强制适用于一切进口交易，对出口交易并不强制性适用。

（3）从已公开的国际商事仲裁裁决来看，完全依国际商业惯例作出裁决的案件尚不多见，而绝大多数是将国际商业惯例与其他法律结合起来进行裁决的②。

（4）作为国际商业惯例存在基础的"意思自治"原则，同时也使当事人可能选择其他法律如某国国内法作为其合同的准据法，虽然这对大多数国际商人来说是不情愿的。

---

① 当时民主德国和联邦德国是分别核准加入该公约的。

② 参见徐国建：《现代商人法论》，载《中国社会科学》1993 年第 3 期，第 94 页。

所有这些事实都在一定程度上削弱了国际商业惯例所具有的一定的强制性。

（三）结论

至此，我们可以作出这样的结论：目前，总的来说，国际商业惯例仍是一种任意性法，而不是强制性法，也不是有的学者所说的准强制性法①。因为，虽然一些国际国内立法明确确认了国际商业惯例的法律效力，国际商事仲裁和诉讼实践也给予国际商业惯例以较多的适用机会，使其在没有当事人同意的情况下也可能被适用。但是，目前这种强制性的范围很有限，程度上也受到削弱。从整体上看，它还不足以改变国际商业惯例的任意性这一法律性质。当然，我们对目前已经出现的国际商业惯例强制性适用的现象也不能忽视。从1964年《国际货物买卖合同成立统一法》和《国际货物买卖合同统一法》的有关条文规定以及草拟1980年《联合国国际货物销售合同公约》的外交会议上的讨论情况来看，发达国家对国际商业惯例的强制性适用是持肯定态度的，而发展中国家的态度不是很积极。我们预期，随着各国经济的相互交流和融和，发展中国家对国际商业惯例的适用将会更加积极。

三、国际商业惯例的"自治性"

（一）国际商业惯例不是国内法

国内法是国家权力机关制定和颁布的，而国际商业惯例是在国际商事交易实践的基础上形成和发展起来的，后又经民间国际组织编纂成文，它完全独立于国内法，自成一体；况且，国际商业惯例一般只有在当事人明示采用时才能对有关当事人产生法律约束力。因此，国际商业惯例根本不是国内法的组成部分。虽然国际商业惯例的法律效力和强制执行最终建立在国内法的基础上，但这只能说明，国际商业惯例与国内法存在一定的联系，而不能因此得出国际商业惯例是国内法的结论。

（二）国际商业惯例不是国际（公）法

认为国际商业惯例具有国际（公）法或超国家法性质的看法也是错误的。国际（公）法是主权国家参与制定的，主要调整国家之间关系；而国际商业惯例是国际商人们自己制定的，用于调整私人之间的商业关系。国际商业惯例与国际（公）法的本质区别在于，国际商业惯例一般只有在当事人把它们规

---

① 参见王追林：《国际货物买卖合同及其违约赔偿研究》，载《武汉大学法学院1990年博士学位论文》，第231~232页。

定于合同中时才予以适用。

（三）国际商业惯例是"自治法"

国际商业惯例既不是国内法，也不是国际（公）法，笔者认为，它是一种独立于国内法和国际（公）法之外的"自治法"。两方面的因素使这种自成一体的法律规范成为可能，即意思自治原则和仲裁的使用。

在理论上，世界上普遍承认与认可"契约自由"和"约定必守"这两条原则，这已成为既定的事实。东西方多数国家都承认当事人"意思自治"原则，没有任何一个国家的法律在理论上反对合同当事人试图走极端和采用一项使国内法成为多余的法律规则。

虽然"自治法"的概念要受到某些限制，如国际商业惯例作为"自治法"，只有在主权国家同意和许可的情况下才能在其管辖范围内适用，但是，由于多数主权国家对此没有异议，因而实际中不会引起什么麻烦。

从实践的观点看，经验表明，自治规则只有通过仲裁协议加以补充，它在实践中才是可行的。因为仲裁庭并不总是严格地适用国内法规则，而倾向于使他们的裁决建立在合理与正义的相同结论的基础上。如果当事人的协议中没有仲裁条款，势必求助于某国国内法，但事实如众所周知的那样，仲裁已成为解决国际商业关系中发生的各种争议的公认方法，国际商人们一般乐于通过仲裁而不是诉讼解决他们之间的争议，这种偏爱有时是极为荒谬的。

以上分析表明，作为自治性法律规范的国际商业惯例，建立在当事人"意思自治"原则和仲裁这二者之间相互作用的基础上，不仅在理论上可行，在实践中也是可行的。

第二节 国际商业惯例的法律效力

一、概述

（一）国际商业惯例本身不具有当然的法律效力

国际商业惯例是在商人们自发的基础上产生和发展起来的，而不是国家意志发生作用的结果。所以，它并不具有当然的法律效力，不能直接产生法律上的拘束力。即使特定国际商业惯例的全部内容吸收到国内法或国际条约中，对于其他国家或非当事国而言，该特定国际商业惯例仍然不是法律；而对于制定国或当事国而言，该特定国际商业惯例的法律拘束力是由国内法或国际条约赋予的，是转化的结果。

（二）国际商业惯例的法律效力依赖于国内法或国际条约的规定

虽然国际商业惯例本身不具有当然的法律效力，但是，在一定条件下它又能获得法律效力。能取得何种法律效力，则取决于国内法和国际条约的具体规定。各国国内法和国际条约对国际商业惯例法律效力的规定大致有三种情况：

1. 契约性效力

一般地，有关国内法和国际条约都赋予国际商业惯例以契约上的效力（contractual effect）。所谓契约上的效力是指国际商业惯例只有在当事人同意适用时才对当事人产生拘束力，即国际商业惯例的拘束力源于当事人适用该惯例的合意。它是相对于具有强制拘束力的法律而言的。1980年《联合国国际货物销售合同公约》第9条就赋予国际商业惯例以契约上的效力，而不是强制性拘束力。这种契约上的法律效力往往是通过国内法和国际条约对当事人"意思自治"原则的承认而间接赋予的。

2. 强制性效力

即通过立法赋予国际商业惯例以普遍约束力。《国际贸易术语解释通则》在西班牙和伊拉克已取得国内法的效力。还有些国内法和国际条约虽未将特定国际商业惯例全盘移植，但也对其效力作了强制性规定。如美国《统一商法典》第1—205（3）节规定："贸易惯例予以协定（合同）特定的含义，对协定（合同）条款加以补充或限制"。1961年《欧洲国际商事仲裁公约》第7条第1款规定："无论属于何种情况，仲裁员都应考虑到合同条款和贸易惯例。"

上述情况下，国际商业惯例的法律效力直接源于法律的规定，不再需要借助当事人"意思自治"原则。也就是说，不管当事人是否协议选择，已取得了等同于国内法效力的特定国际商业惯例都必须适用，其效力是强制性的。

3. 替补性效力

有些国家的国内法确定了国际商业惯例的替补性效力，即在有关国内法和国家缔结或参加的国际条约对有关事项未作相应规定时，适用特定国际商业惯例填补其空缺。如我国《对外经济合同法》第5条第3款、《民法通则》第142条第3款，以及《海商法》第268条第2款的规定。国际商业惯例的替补性效力与国际商业惯例的强制性效力所不同的只是，前者的效力要受到法定适用顺序的限制，即只有在前法无规定时才能得以适用；而后者则无此限制。但不能因此而否认替补性效力的强制性。

（三）在效力上国际商业惯例与有关国际条约、国内法和国际商业合同的关系

这种关系主要指当事人选择的国际商业惯例分别与有关国际条约、国内法和合同内容不一致时，哪一种规范的效力优先的问题。还需明确的是，此处所指国际商业惯例是指上述契约性效力的国际商业惯例，因为强制性和替补性的国际商业惯例实际上已取得国内强行法的地位。

1. 与有关国际条约的关系

这里所谓国际条约主要指有关国际商业的任意性条约，如1964年《国际货物买卖统一法》、1964年《国际货物买卖合同成立统一法》、1980年《联合国国际货物销售合同公约》等。由于这些公约都是任意性的，当事人选择的国际商业惯例与公约不一致时，当然应依国际商业惯例。1964年《国际货物买卖统一法》第9条第2款对此已有规定。1980年《联合国国际货物销售合同公约》对此虽无明确条文规定，但其第6条的规定表明该公约是一部任意性公约，并赋予当事人的合同优于该公约的效力。如前所述，该公约赋予国际商业惯例以契约上的效力，那么，经当事人协议适用或推定其协议适用的惯例具有如同合同或合同条款一样的拘束力。据此可得出结论，该公约的规定与当事人协议或推定其协议适用的惯例不一致时，依据惯例。

2. 与国内法的关系

国内法按其性质分为强行法和任意法。由于国内强行法具有强制力，是不能违背的，当特定国际商业惯例与有关国内强行法内容不一致时，当然是国内强行法优先。但是，如果当事人所选择的国际商业惯例与国内任意法内容不一致时，情况就不同了。任意法的特点之一就是能被其他规范所取代，而合同领域的当事人"意思自治"原则又为各国所普遍承认。因此，这时候，当事人选择的国际商业惯例的效力就要优于国内任意法的效力。

3. 与国际商业合同的关系

由于国际商业惯例的任意性，国际商业合同的当事人可以明示接受特定的国际商业惯例，也可以明示排除特定国际商业惯例适用于其特定的交易。同时，在接受国际商业惯例时，还可以修改和补充。这就决定了国际商业合同与国际商业惯例发生矛盾时，合同条款的效力优于国际商业惯例。成文的国际商业惯例对此也多有规定，1990年《国际贸易术语解释通则》在其第6条中规定："当事人在合同中规定的一些特别条款可以超越或改变各种术语的解释。"1932年《华沙—牛津规则》第1条中规定："在CIF合同中，本规则的任何一条都可以变更、修改或增添其他条款，但这样的变更、修改或增添必须经合同

当事人明示协议才能成立。"

综上所述，在国际商业惯例与有关国际条约、国内法和国际商业合同的关系上，按其效力高低，一般应排列为：国际商业合同、国际商业惯例、有关国际条约和国内法。

二、国际商业惯例取得法律效力的途径

国际商业惯例不是国家立法，也不是国际条约，不具有当然的法律效力，要取得法律效力必须经过国家的认可①。国家认可国际商业惯例的法律效力，一般有间接和直接两种途径，即通过当事人的协议和准据法的规定②。

（一）间接途径

即国际商业惯例通过当事人的协议选择而间接取得法律拘束力。这是国际商业惯例取得法律效力的最主要途径。在国际商业合同领域，当事人"意思自治"原则已为世界各国所普遍承认。这样，特定国际商业惯例就因法院地国或仲裁地国承认当事人的选择而被间接地赋予法律上的效力。这一途径已为一些国际条约所规定。1964 年《国际货物买卖统一法》第 9 条第 1 款规定："当事人须受他们已明示或默示地表示要适用于其契约的惯例的约束，并须受他们之间已确立起来的任何习惯做法的约束。" 1980 年《联合国国际货物销售合同公约》第 9 条也规定，只有当事人明示或默示同意的惯例才对双方当事人有拘束力。一些成文的国际商业惯例对此也多有规定。国际商会 1990 年《国际贸易术语解释通则》在其引言部分第 22 条规定："今后愿意采用本通则的商人们应在合同中明确规定受《1990 年通则》之约束。"国际法协会 1932 年《华沙—牛津规则》在其序言中写道："如果没有明示依照下述方式采用本规则，那么按照 CIF 条款进行买卖的当事人，其权利和义务不受本规则的约束。"国际商会《跟单信用证统一惯例》（400）第 1 条规定："在每个跟单信用证中，须以文字表明该信用证应系依照跟单信用证统一惯例 1983 年修订本，即国际商会第 400 号出版物开立。"《美国对外贸易定义 1941 年修订本》的序言中也称："为使其对各有关当事人产生法律上的约束力，建议买方与卖方接受此定义作为买卖合同的一个组成部分。"

（二）直接途径

即不以当事人协议为条件而是直接通过国内立法或国际条约赋予国际商业

---

① 参见《中国大百科全书·法学卷》，中国大百科全书出版社 1984 年版，第 37 页。

② Alan Redferu and Martin Hunter, The Law and Practice of International Commercial Arbitration, London, 1986, p. 90.

惯例以法律拘束力。

1. 国内立法的规定

前捷克斯洛伐克 1964 年《国际贸易法典》第 118 条规定："凡属合同中没有包括的权利与义务，则依本法典的条款和国际间普遍承认的惯例。"日本《商法典》第 1 条规定："关于商事，本法无规定者，适用商习惯法，无商习惯法，适用民法。"《瑞士民法典》第 1 条规定："本法无相应规定时，法官应依据惯例。"我国《涉外经济合同法》第 5 条第 3 款、《民法通则》第 142 条第 3 款以及《海商法》第 268 条第 28 款都规定，我国法律和我国缔结或参加的国际条约没有规定的，可以适用国际惯例。此外，美国《统一商法典》、前南斯拉夫 1954 年《一般贸易惯例》等也都明确规定采用国际贸易中普遍承认的原则和惯例。特别是，西班牙和伊拉克已将《国际贸易术语解释通则》全盘移植到其国内法中，赋予其国内法上的普遍约束力。

2. 国际条约的规定

1964 年《国际货物买卖统一法》第 9 条第 2 款撇开当事人的协议，直接认可惯例的约束力："当事人还须受一般人在同样情况下认为应适用于契约的惯例的约束"。1964 年《国际货物买卖合同成立统一法》虽未对国际商业惯例的效力作一般规定，但在其第 2 条第 1 款、第 4 条第 2 款、第 5 条第 3 款、第 6 条第 2 款、第 8 条第 1 款、第 12 条第 2 款等许多具体条款中提到了"当事人间所确立的习惯作法或惯例"的约束力。同时，其第 13 条第 1 款将惯例识别为："一般人在当事人同样的情况下，通常认为应适用于他们之间合同成立的任何交易作法或方法。"可见，也是采用了直接认可的方法。1980 年《联合国国际货物销售合同公约》第 8 条第 3 款规定："在确定一方当事人的意旨或一个通情达理的人应有的理解时，应适当地考虑到……当事人之间确立的任何习惯作法、惯例和当事人其后的任何行为。"从而直接认可了国际商业惯例的效力。1961 年《欧洲国际商事仲裁公约》、1978 年《关于采用仲裁方式解决中日海运争议的议定书》也规定，仲裁应考虑到贸易惯例和习惯作法。

此外，如前所述许多国际商事仲裁规则都直接确认了国际商业惯例的法律效力。

三、对国际商业惯例效力的限制

在实践中，国际商业惯例的效力受到多方面的限制，这种限制实际上与作为国际商业惯例存在基础的"意思自治"原则有很大的联系，因为该原则本身就受到种种限制。

（一）适用范围的限制

一方面，"意思自治"原则本身的适用范围受到限制，它只能适用于特定的领域；另一方面，国际商业惯例也只存在于国际货物买卖、运输、保险、支付、结算等领域。所以，国际商业惯例的效力首先被限定于特定的适用范围之内。

（二）国内强行法的限制

当事人的选择只能在特定国家的任意法范围内进行，同时，国际商业惯例一般只具有契约上的效力，因此，国际商业惯例不能与有关国家的强行法相抵触。尽管国际商业交易的当事人可以在最大程度上协议其合同的内容并使之受国际商业惯例的支配，但是，他们不能完全排除国内实证法的基本原则对其合同关系的控制作用，因为不同国家的法律为确保标准合同和一般交易条件对贸易惯例的公正与合理，而对它们的适用和效力有不同的严格要求。所以，国际贸易当事人应使他们的合同关系受国内实证法的控制，以使这种合同合法有效。比如，以毒品、武器为标的的合同在许多国家的国内法上是无效的①。根据我国《涉外经济合同法》的有关规定，不具有法定主体资格的合同、当事人恶意串通损害国家或第三方利益的合同都是无效的合同。1980 年《联合国国际货物销售合同公约》第 4 条规定，本公约除非另有明文规定，与任何惯例的合法性无关。将国际商业惯例的合法性交由有关的国内法来决定。据此，如果一个包含特定国际商业惯例的合同条件依可适用的国内法无效，则该惯例也是无效的。

（三）公共秩序的限制

有的学者认为，这种限制主要表现在下列两种情况：如果当事人的合同关系受制于一外国法律，则这种国际商业惯例不得与该国法律的强制规定及其所规定的公共秩序相抵触；如果当事人的合同关系受一般法律原则的支配，则该国际商业惯例的效力以不违反这种一般法律原则中的强制性原则和公共秩序原则为前提条件②。

我国《民法通则》第 150 条和《海商法》第 276 条也规定，在依我国冲突法指定应适用"国际惯例"时，如其适用违背我国社会公共利益，可予以

---

① 参见徐国建：《国际统一私法法源研究》，载《比较法研究》1993 年第 4 期，第 360 页。

② 参见徐国建：《国际统一私法法源研究》，载《比较法研究》1993 年第 4 期，第 360 页。

排除。从而，国际商业惯例在我国的适用必须以不违背我国的公共秩序为先决条件，否则，将不予适用。"这一规定，与我们现在收集到的 30 多个外国冲突法立法例相对照，实属见到的唯一一例"①。其合理性颇值得商榷。

我们认为，国际商业惯例是在长期的国际商业交往实践中形成的世界通行做法，它为国际社会普遍接受和采纳，因而各国立法均未见有以公共秩序排除国际商业惯例适用的规定。况且，依我国有关法律规定，只有我国法律和我国缔结或参加的国际条约没有规定时，才可以适用国际商业惯例。那么，以公共秩序排除有关国际商业惯例以后，我们将适用什么作为裁判的依据呢？

当今世界经济的发展已使一个国家统一和开放的市场体系必然具有国际化的倾向，因此，在制定市场经济方面的法律时，必须借鉴外国经验，注意与国际上的有关法律和惯例衔接，这样才有利于我国参与国际竞争，有利于吸引外国投资。尤其是在我国市场经济建立和发展过程中，我国法律的空白点还很多，在立法中给予国际商业惯例以应有的法律地位是完全必要的，而对国际商业惯例的适用作不合理的限制必然会给我国的改革开放带来不良影响。因此，对我国立法中以公共秩序排除国际商业惯例的规定应进行分析研究，以决定其是否有存在的必要。

第三节　国际私法中国际商业惯例的适用

随着科学技术的发展，国际民事关系的数量激增，其主体、客体也发生了重大变化，古老的冲突法规范已无法适应这种日益复杂的国际民事关系。于是，在 19 世纪末 20 世纪初出现了国际私法统一化运动。由于国际商业惯例是避免和消除法律冲突的最简便方法，在国际私法统一化发展的最初阶段，它成为国际统一私法最重要的渊源。随着市场经济国际化、世界经济一体化的发展，接受国际商业惯例已成为当前国际上的一种普遍趋势。在解决国际经济贸易和海事争议的实践中，有相当数量的判决书和裁决书涉及国际商业惯例，有的甚至完全依据国际商业惯例来裁判争议。在我国，立法已将国际商业惯例规定为我国国际私法的法源之一。在我国市场经济发展过程中，我们已经越来越多地接触和运用国际商业惯例。在这种背景下，探讨国际商业惯例与国际私法的关系以及国际商业惯例适用中的重大理论问题，无疑具有重要的理论价值和

---

① 李双元主编：《中国与国际私法统一化进程》，武汉大学出版社 1993 年版，第 123 页。

实践价值。

一、国际商业惯例与国际私法的统一化

（一）国际私法统一化的背景

18 世纪的第一次技术革命和 19 世纪的第二次技术革命极大地刺激了技术、生产和交通的发展，为国际经济贸易的进一步发展创造了物质基础，从而也使涉外民事关系发生了重大变化，并呈现出一些新的特点①：

1. 涉外民事关系的数量激增，范围扩大

国际经济贸易的迅速发展不仅使涉外民事关系的总量大大增加，而且使涉外民事关系突破了其原有的自然人能力、婚姻家庭、继承等领域，因国际货物买卖、运输、保险、支付而发生的涉外民事关系呈膨胀型发展。

2. 法人参与涉外民事关系的情形越来越多

19 世纪 70 年代以后，法人不仅在数量上有了增加，而且在种类上也有发展，最典型的是出现了大量的银行法人。银行法人的大量出现及其作用的日趋增大，使其在涉外民事关系的主体中占有越来越重要的地位。

3. 由于资本主义进入垄断阶段，无论是国内的还是国际间的竞争都加剧了

竞争的加剧不仅推动了新技术的发明和创造，而且也促进了科学技术文化领域的交流，甚至在 19 世纪末 20 世纪初还出现了有关发明专利的许可证贸易。从此，在各国涉外民事关系中又增加了发明专利等无形客体。

我国国际私法学者任继圣在谈到这一问题时指出："到 19 世纪末，在国际私法领域内又发展了以下三个方面的涉外民事法律关系：第一，由于法人在国际交往中作用的增长，法人的国籍、地位和能力问题以及涉外的代理和破产关系也随之发展。第二，由于银行在国际交往中作用的增长，随之发展了信贷和票据关系。第三，由于国际间文化与科学技术交往的发展，涉外著作权、专利权和商标权关系随之发展起采。"②

涉外民事关系新的巨大发展使古老的国际私法规范已无法适应，若仍然采用制定国内冲突规范的方法来调整不断增长且日趋复杂的涉外民事关系，

---

① 参见邓正来编著：《昨天今天明天——新技术革命与国际私法》，四川人民出版社1985 年版，第 19~51 页。

② 任继圣：《论国际私法的发展趋势》，载西南政法学院编印：《国际私法论文选辑》，第 12 页。

已日益显得捉襟见肘了。同时，由于涉外民事关系中的竞争日益激烈，双方当事人都想利用冲突规范的弱点互相排斥适用对方或其他国家的国内法于他们之间的民事关系。于是，在 19 世纪末 20 世纪初，出现了国际私法统一化运动①，其目的在于减少或消除法律冲突，避免就不同国家的国内法作出选择。为此，各国政府和许多国际组织进行了长时间的努力，制定了大量的统一规范。

（二）以国际商业惯例统一国际私法的优缺点

综观国际私法统一化的过程，其主要途径有：编纂国际商业惯例、缔结国际私法统一条约、国际组织的国际立法等。在这些途径中，以国际商业惯例实现国际私法的统一化具有特别重要的意义，因为国际商业惯例具有国际统一私法其他法源所无法比拟的优越性。

1. 通过国际商业惯例实现国际私法的统一较其他方法简捷迅速

国际商业惯例得以存在的基础是当事人"意思自治"原则，而该原则实际上为所有国家的法律所确认。因此，通过国际商业惯例实现国际私法的统一不必像国际统一私法条约那样需要获得成员国的批准，可以省去那些常常是旷日持久的谈判和国内法律所规定的复杂的条约批准程序。

2. 通过国际商业惯例所实现的国际统一私法往往较符合国际商业交易的实际情况，引对性强

国际商业惯例通常是在国际商业交往中自发产生的，可以较好地利用国际商业交易中的有关实际经验，一般来说，它更符合一般和特殊国际商业交易的实际情况，可以有针对性地来具体确定双方当事人的权利和义务关系。

3. 国际商业惯例大都经过一般或专门性国际组织的加工整理，其内容周密详尽，较少漏洞

这样，不仅可以节省合同缔结的时间，而且可以避免或减少纠纷，从而有利于保证国际商业交易的法律安全。

4. 在国际商业交易中运用国际商业惯例，可以在主要问题上避免依据冲突规范援引某国国内法作为准据法，从而打破了双方当事人都不愿运用对方国家法律的僵局，易于为双方当事人所接受

---

① "国际私法的统一"或"国际统一私法"的实质含义在国际私法学界有三种不同的理解：冲突规范的国际统一；实体规范的国际统一；冲突规范和实体规范的国际统一。本文中的"国际私法的统一"或"国际统一私法"是指冲突规范和实体规范的国际统一。

当然，作为私法国际统一的一种方法，国际商业惯例也存在一些缺陷，主要如下：

（1）在实践中国际商业惯例的效力受到多方面的限制。如前所述，一方面，国际商业惯例的效力被限定于特定范围之内，如国际货物买卖、运输、保险、支付、结算等领域；另一方面，国际商业惯例的适用不得违背国内强制法的规定和公共秩序。

（2）国际商业惯例的有些内容对国际商业交易中不同当事人的利益考虑不均。不过，这一缺点并不是普遍的。随着广大第三世界国家广泛参与国际商业交易，以及前文述及的其他原因，国际商业惯例将日趋合理。

（三）国际商业惯例对冲突法的影响

国际商业惯例直接确定当事人的实体权利义务，是避免和消除法律冲突最简便的法律手段和调整方法，它极大地削弱了冲突规范在涉外民事关系中的作用。所以，作为国际统一私法法源之一的国际商业惯例的大量出现和广泛适用，必然使冲突法的调整范围逐步缩小，从而可以大量减少各国冲突法规则的适用，而代之以统一的、世界范围内普遍适用的法律规则。例如，《跟单信用证统一惯例》已为世界上 170 多个国家和地区所广泛采用，在跟单信用证领域，冲突法规则的调整作用已为该统一惯例所代替。正如法国学者戴维（David）所指出："一个法学家不会不注意到，现代世界正在嘲笑各国的冲突法制度，即通常所说的国际私法制度"①。

然而，即使是在基于广泛适用的统一惯例而产生的法律关系中，冲突法的问题仍然会发生，如在有关信用证的法律关系中，尽管世界各国普遍采用国际商会制定的《跟单信用证统一惯例》，也还会产生冲突问题②。更何况，在实践中还可能会产生国际商业惯例与国际条约和国内法之间的冲突，国际商业惯例之间（不同解释文本之间和同一解释文本的新旧版本之间）的冲突。另外，国际商业惯例及其他统一实体规范的调整范围不可能涉及国际私法领域中的所有问题，其调整范围之外的涉外民事关系，仍然需要冲突法。所以，即使是在综合性的统一规则最终将适用于国际商业交易的情况下，也不应从根本上取消冲突法。正如英国著名学者施米托夫（Clive M. Schmitthoff）所说："在当前情

---

① Ren'e David, The International Unification of Private Law, in: International Encyclopedia of Comparative Law, Vol. Ⅱ, CHP. 5, 1972, p. 209.

② See CHIA-JUl CHENG ed. , Clive M. Schmitthoff's Select Essays on International Trade Law, London, 1988, p. 242.

况下，一个规范性的国际商业合同，如果没有法律选择条款、司法管辖和仲裁条款，该合同的起草就是有缺陷的。""在现代环境中，冲突法规则的重要性表现在：如果统一规则未能对某一特定问题提出解决方案，它可作为后备规则（fall-back rules）而加以援引"①。

因此，冲突法与国际商业惯例将长期并存，以冲突法解决法律冲突，以国际商业惯例和其他统一实体规范避免和消除法律冲突。二者互相补充，互相配合，共同调整好涉外民事关系，保障和促进国际民事、经济、文化交往的顺利发展。

二、国际商业惯例与中国国际私法

（一）国际商业惯例是我国国际私法的渊源

1. 我国国内立法对国际商业惯例的规定主要是：

1985 年《涉外经济合同法》第 5 条第 3 款规定："中华人民共和国法律未作规定的，可以适用国际惯例。"

1986 年《民法通则》第 142 条第 3 款规定："中华人民共和国法律和中华人民共和国缔结或参加的国际条约没有规定的，可以适用国际惯例。"

1986 年《民法通则》第 150 条规定："依照本章规定适用外国法律或国际惯例的，不得违背中华人民共和国的社会公共利益。"

1992 年《海商法》第 268 条规定："中华人民共和国法律和中华人民共和国缔结或参加的国际条约没有规定的，可以适用国际惯例。"

1992 年《海商法》第 276 条规定："依照本章规定适用外国法律或者国际惯例，不得违背中华人民共和国的社会公共利益。"

2. 最高人民法院的司法解释对国际商业惯例作了如下规定：

《最高人民法院关于适用〈涉外经济合同法〉若干问题的解答》二（九）规定："在应当适用我国法律的情况下，如果我国法律对于合同当事人争议的问题未作规定的，可以适用国际惯例。"

《最高人民法院关于适用〈民法通则〉若干问题的解答》对《民法通则》中有关"国际惯例"的规定未作解释。

1989 年《全国沿海地区涉外涉港澳经济审判工作座谈会纪要》在讲到诉讼保全问题时称："诉讼保全的目的在于能使以后的生效判决得到执行，但

---

① See CHIA-JUl CHENG ed., Clive M. Schmitthoff's Select Essays on International Trade Law, London, 1988, p. 242.

是，采取诉讼保全措施既不能违反我国法律规定，也不能违反我国缔结或参加的国际条约和国际上通行的惯例。"①

上述我国立法规定和司法解释表明，国际商业惯例也是中国国际私法的渊源之一。

（二）我国有关国际商业惯例的立法分析

我国立法中的"国际惯例"究竟是指实体法方面的惯例，还是指冲突法方面的惯例呢？我国立法和司法解释对此没有明确界定，我国国际私法学界也存有很大分歧。

1. 不同的理解

一些学者认为，上述"国际惯例"仅指实体法方面的惯例。其理由是：

（1）各国比较普遍地认为，目前世界上只有冲突规范的国际条约，而并不存在冲突规范的国际惯例②。

（2）《民法通则》第 142 条第 1 款意在规定，应根据我国冲突法规则选择用以调整涉外民事关系的实体法；该条第 2 款则相应规定，在适用我国实体法的情况下，如果该法与"国际条约"相抵触，则应当优先适用"国际条约"。显然，这里的"国际条约"是指实体法国际条约。依此推断，该条第 3 款规定的在我国法律和"国际条约"没有规定的情况下，可以适用的"国际惯例"，也仅指实体法方面的国际惯例③。

（3）《民法通则》的立法史表明，其第 142 条第 2 款规定的"中华人民共和国民事法律"的原意既包括《民法通则》第八章和其他民事法律中的冲突规范，又包括《民法通则》其他各章以及其他民事法律实体规范。那么，该条第 3 款规定的"中华人民共和国法律"与该条第 2 款规定的"中华人民共和国民事法律"因表述不同，含义也随之有变。前者应仅指实体规范，否则，

---

① 在诉讼程序方面，各国存在一些基本相同的制度，如诉讼保全制度，但是，这些制度的具体内容在各国诉讼法中是不同的，也就是说缺乏统一性，而且，在诉讼程序方面，各国一般只适用法院地法。因此，在诉讼程序方面不存在所谓的国际惯例。我国前后两个民事诉讼法以及除此处《座谈会纪要》以外的其他司法解释性文件都未见人民法院审理涉外民事案件时可适用国际惯例的提法。

② 参见李双元主编：《中国与国际私法统一化进程》，武汉大学出版社 1993 年版，第 57 页；蒲伟良：《论〈民法通则〉中关于冲突法的总则性规定》，载《法学评论》1990年第 5 期，第 28 页。

③ 参见佟柔主编：《中华人民共和国民法通则简论》，中国政法大学出版社 1987 年版，第 287 页。

就无法解释为什么《民法通则》在同一条款中使用两个不同的概念①。

（4）最高人民法院在其《关于适用〈涉外经济合同法〉若干问题的解答》二（九）中明确指出，有关涉外经济合同在应适用中国法律时，如果中国法律没有相应规定，可以适用"国际惯例"。这一解释明确地认为，上述立法中所称的"国际惯例"只是实体法方面的惯例②。

另外一些学者认为，《民法通则》第142条第3款中的"国际惯例"是指国际冲突法惯例，而《涉外经济合同法》第5条第3款中的"国际惯例"则指统一实体法惯例。因为前者是在"涉外民事关系的法律适用"一章中作出的，似应理解为只指冲突法方面的国际惯例；而后者在最高人民法院的有关司法解释中已明确肯定为实体法方面的惯例③。

还有的学者认为，前述两种理解都不够全面，并指出，上述立法中的"国际惯例"都既包括国际统一实体法规范的惯例，又包括国际冲突法规范的惯例。其理由是：

（1）"在《民法通则》中，'国际惯例'是相对于中国法律和中国参加的国际条约而言的，当然不能排除实体法规范；而《涉外经济合同法》第5条第3款的规定是在第1款冲突法的'意思自治'原则和'最密切联系'原则的前提下而言的，当然也就不能排除冲突法规范。"④

（2）涉外民事关系的法律适用包括直接适用和间接适用两种方式。由此，《民法通则》第3款中的"国际惯例"既可指实体规范，依此直接确定涉外民事关系当事人的权利义务；也可指冲突规范，依此援引各国实体法间接调整涉外民事关系⑤。

2. 评价及主张

---

① 参见蒲伟良：《论〈民法通则〉中关于冲突法的总则性规定》，载《法学评论》1990年第5期，第28页。

② 参见李双元主编：《中国与国际私法统一化进程》，武汉大学出版社1993年版，第57~58；黄进：《中国冲突法体系初探》，载《中国社会科学》1988年第5期，第154页。

③ 参见李双元主编：《中国与国际私法统一化进程》，武汉大学出版社1993年版，第57~58页。

④ 王常营主编：《中国国际私法的理论与实践》，人民法院出版社1993年版，第35页。

⑤ 参见徐崇利：《我国冲突法欠缺之补全问题探讨》，载《法学杂志》1991年第5期，第12页。

首先，在正确理解上述我国立法中的"国际惯例"之前，有必要探讨一下国际惯例的存在领域问题①。

在冲突法方面，目前还没有经过国际民间团体整理成文的惯例。李双元教授在谈到这一问题时指出："在这一领域（指冲突法领域），尽管随着国际经济民事生活的发展，各国国内立法和若干国际条约常有一些共同采用的冲突规则，多数学者都不承认在法律适用上有某种国际私法关系必须适用某国法律的国际惯例，充其量只能有了一些国际上比较普遍的实践或习惯作法。"②

国际惯例作为国际私法的渊源时，有两个显著特点：一是它只有在当事人采用时才对当事人有拘束力，否则不发生法律效力；二是其具体内容可由双方当事人在采用时加以变更或补充③。因此，国际私法中所讲的国际惯例，主要是指国际商业惯例④，而国际商业惯例是实体性质的惯例。

其次，从我国有关立法规定来看，1985 年《涉外经济合同法》第 5 条第 1 款规定了确定合同准据法的"意思自治"原则和"最密切联系"原则；第 5 条第 2 款对在我国境内执行的三种合同的准据法作了例外规定，即必须适用"中华人民共和国法律"，接着在该条第 3 款规定："中华人民共和国法律未作规定的，可以适用国际惯例。"显然，这两处的"中华人民共和国法律"都是指实体法。因此，第 5 条第 3 款中的"国际惯例"也是指实体方面的国际惯例。最高人民法院的有关司法解释也作了这样的界定。

如果说 1986 年《民法通则》第 142 条第 3 款中的"国际惯例"难以从该条第 1、2 款中确定其是指实体方面的惯例的话，那么，《民法通则》第 150 条"依照本章规定适用外国法律或者国际惯例的，不得违背中华人民共和国的社会公共利益"，则清楚表明了《民法通则》中的"国际惯例"是实体规范而非冲突规范。

1992 年《海商法》第 268 条第 2 款中的"国际惯例"也给人模棱两可的

---

① 此处只涉及冲突法领域有没有国际惯例的问题，至于在诉讼程序方面是否存在国际惯例，可参阅李双元主编：《中国与国际私法统一化进程》，武汉大学出版社 1993 年版，第 111~114 页。

② 李双元主编：《中国与国际私法统一化进程》，武汉大学出版社 1993 年版，第 57 页。

③ 参见姚壮主编：《国际私法理论与实务》，法律出版社 1992 年版，第 13 页。

④ 至于在国际商业范围内，哪些领域存在国际商业惯例，不是此处所要讨论的。有关问题可参考李双元主编：《中国与国际私法统一化进程》，武汉大学出版社 1993 年版，第 109 页。

印象，但该法第 276 条规定的"依照本条规定适用外国法律或者国际惯例，不得违背中华人民共和国的社会公共利益"则说明，此处的"国际惯例"也是指实体规范。

因此，我们认为，我国立法中的"国际惯例"是指实体方面的惯例，亦即国际商业惯例。德国著名学者诺伯特·霍恩（Norbert Horn）教授也持同样的观点。他在一篇论述我国《涉外经济合同法》的文章中写道："在我看来，中华人民共和国的《涉外经济合同法》第 5 条第 3 款的规定是指向以调整国际贸易和经济关系的统一的法律基本原则为指导思想和全部内容的现代商人法。它既包括法律规范（以国际条约为基础的统一立法或习惯法），也包括对合同和法律规范的解释起帮助作用的实际行为的规范和习惯"①。

为避免产生理解上的分歧，建议用"国际商业惯例"这一具体概念代替我国立法中使用的"国际惯例"这一笼统的概念。

（三）我国有关国际商业惯例的司法实践

1989 年广州海事法院审理的海南省木材公司诉新加坡泰坦船务公司和达斌私人有限公司一案，开我国适用公共秩序排除国际商业惯例之先河，是我国有关国际商业惯例的一次重要司法实践。

该案基本案情是：海南省木材公司与新加坡达斌私人有限公司签订了购买坤甸木的合同，合同规定采用信用证方式付款。后来，达斌私人有限公司利用泰坦船务公司签发的提单及其他单证到新加坡结汇银行结汇，结汇银行要求开汇行中国银行海口分行支付货款 183 万美元。中国银行海口分行经审查，全部单证符合信用证要求，于是通知海南省木材公司付款赎单。而海南省木材公司通过调查了解到，卖方根本没有装货上船，所提供的提单及其他单证全是伪造，于是拒不付款赎单，并向广州海事法院起诉，申请冻结该信用证项下货款。广州海事法院进行了认真的审查后认为，本案有关证据表明，卖方是利用船务公司签发的假提单进行欺诈。如果适用《跟单信用证统一惯例》处理本案，则其欺诈行为就会得逞，海南省木材公司的合法权益就要受到损害。根据国际私法上公共秩序保留制度，广州海事法院不予适用，而适用我国《民法通则》和《民事诉讼法》的有关规定，依法冻结了中国银行海口分行的信用证项下的货款。

该案判决后，在我国国际私法学界引起了很大的争论。围绕是否应该借公共秩序排除国际商业惯例的适用这一问题，学者们评价不一。

---

① 转见徐国建：《现代商人法论》，载《中国社会科学》1993 年第 3 期，第 98 页。

持肯定意见的学者认为，本案中，卖方恶意串通，利用伪造提单及其他单证的手段企图骗取货款，如果适用《跟单信用证统一惯例》将使卖方达到目的，这将违反我国《民法通则》规定的"诚实信用"这一基本原则，并将损害我方善意当事人的利益，所以，可以援引我国《民法通则》第150条关于公共秩序之规定排除该惯例的适用①。

持反对意见的学者认为，本案不应以公共秩序排除《跟单信用证统一惯例》的适用，笔者也赞成这种主张。其理由是：

第一，《跟单信用证统一惯例》精确地规定了签发和使用跟单信用证的适用规则，为众多的银行协会所接受，已有至少175个②国家和地区的银行都根据该项惯例经营信用证业务。我国银行虽未正式宣布采用该惯例，但由于该惯例已在国际上长期广泛采用，为便于对外交往，在实践中我国也参照采用③。中国银行总行印制的信用证左边的担保条款声明："本信用证根据国际商会第400号出版物《跟单信用证统一惯例》1983年修订本办理"。由于《跟单信用证统一惯例》几乎在全世界范围内得到普遍适用，完全可以说它"已成为世界性的法律"④，或者说它是"一项国际公认的法规"⑤，因此，不宜借助公共秩序排除其适用。

第二，根据《跟单信用证统一惯例》，银行开出的信用证是银行以其自身的信誉向卖方提供付款保证的一种凭证。跟单信用证按其性质是独立于销售合同或其他合同之外的单据交易。只要卖方提交的单据表面符合信用证要求，开证行就负有在规定期限内付款的义务；如果单据不符，开证行有权拒付，而无须法院采取财产保全措施。本案中，双方当事人在合同中明确规定采用跟单信用证方式付款，而且，卖方提交的全部单据在表面上符合信用证要求。根据《跟单信用证统一惯例》的规定，开证行中国银行海口分行应承担付款的义

---

①　参见金正佳、郭生平：《涉外海事审判中的法律适用》，载《法学评论》1989年第6期，第74页。

②　参见［英］施米托夫著：《国际贸易法文选》，赵秀文译，中国大百科全书出版社1986年版，第578页。

③　参见韩德培主编：《国际私法》，武汉大学出版社1989年修订版，第271页。

④　［英］施米托夫著：《国际贸易法文选》，赵秀文译，中国大百科全书出版社1986年版，第256页。

⑤　诸葛霖、马力、张晓全编著：《跟单信用证》，中国对外经济贸易出版社1990年版，第156年。

务。至于卖方所提供的单证系伪造所得，这已超出信用证法律关系的范畴①。只要单证表面上相符，开证行就必须付款。买方只能对出口人（卖方）而不能对银行采取法律行为。所以，不宜冻结信用证项下的货款，使开证行承担不履行义务的责任。

第三，本案中，开证行中国银行海口分行严格履行自己的职责，并无过错，若以公共秩序排除《跟单信用证统一惯例》的适用并因而冻结信用证项下货款，势必影响其信誉②。

第四，如果单纯为了保护我国当事人的利益而勉强借用公共秩序排除该惯例的适用，则于我国的改革开放和对外经济贸易关系的进一步发展不利。正如英国学者施米托夫所说："信用证是国际商业的生命线。法院如果干预或干扰如同现金交易一样而产生的权利的商业习惯性作法，就会窒息商业的发展。"③在涉外司法实践中，我们要考虑我国在具体案件中的局部利益，但更应注意保护我国的长远利益。

三、国际商业惯例适用的必要性与可能性

国际商业惯例本身并不具有法律效力，然而接受国际商业惯例已为当前国际上的一种趋向。"许多国家的法院或仲裁机构在可能的情况下，都宁愿适用国际商业惯例而不愿适用外国法"④。那么，为什么国际商业交易中人们更愿意适用国际商业惯例呢？又为什么能适用国际商业惯例呢？这便是我们要讨论的国际商业惯例适用的必要性与可能性问题。

（一）国际商业惯例适用的必要性

1. 与其他规范相比，国际商业惯例在很大程度上能保证国际商业交易法律上的安全

国内法主要是针对国内交易制定的，它不可能将国际商业交易的特殊因素全部考虑进去。由于其法律体系不够完善理想，或条文缺漏或缺乏针对性，因而不足以处理现代国际商业关系。虽然有些国家制定了专门调整涉外经济合同

---

① 李双元主编：《市场经济与当代国际私法趋同化问题研究》，武汉大学出版社1994年版，第190～191页。

② 参见李双元主编：《市场经济与当代国际私法趋同化问题研究》，武汉大学出版社1994年版，第190～191页。

③ 参见〔英〕施米托夫著：《国际贸易法文选》，赵秀文译，中国大百科全书出版社1986年版，第591页。

④ 冯大同主编：《国际货物买卖法》，对外贸易教育出版社1993年版，第19页。

的法律，但仍未能消除这一缺点，如中国的《涉外经济合同法》对很多法律问题都未作规定。同时，国家对其进出口贸易实行的诸如禁运、进出口限额、货币管制等政策均反映在国内法中并通过国内法予以实施。因此，受该法支配的合同也将受到不利影响。此外，国内法的修订可能改变当事人所订合同中原有的均势，使一方受到不正当待遇。

当事人缔结的合同，从理论上讲应该是比较全面并切合实际的，但实践中仍然可能存在一些漏洞。这主要是由下列因素造成的：（1）当事人的疏忽；（2）当事人利益冲突，而且互不相让，对某些问题不能达成一致，而暂时搁置起来；（3）国际商业活动要求简捷、方便，特别是有的合同仅由简单的电文构成，甚至以口头形式出现，使当事人无足够的时间去讨论所有细节问题。

针对国际商业交易制定的有关国际条约，虽具有高度的针对性，但它仅能拘束当事国，而目前有关国际条约的当事国的数量有限，所以，其适用范围便受到一定限制。同时，国际条约的制定是一项难度很大的工作，对有些问题难于达成一致，只好付诸阙如，如1980年《联合国国际货物销售合同公约》对货物所有权就未作规定。由此，越来越多的国际条约确认国际商业惯例为弥补其不足或填补其空缺的工具。

相比较而言，国际商业惯例则不存在上述缺点而更具优越性。一方面，国际商业惯例是在长期的国际商业交往中自发产生并逐渐发展起来的，又经过有关组织的加工整理，一般来说更符合国际商业交易的实际情况，针对性强；另一方面，目前通行的国际商业惯例大都经过有关的一般或专门性国际组织编纂整理，其内容周密详尽，较少漏洞，有利于减少纠纷和争议。这些优点使国际商业惯例更能保证国际商业交易的法律安全，而这一点对维护有关当事人的利益是至关重要的。这也决定了"国际商业惯例在国际商务中比国际条约有更大的影响和作用"①。

2. 国际商业惯例易为有关当事人所接受

由于各国立法彼此歧异，甚至相互冲突，在国际商业交易中，法律适用便成为一个尖锐的法律问题。国际商业交易的当事人都试图维护各自的利益，在不了解对方当事人国家的法律的情况下，都不愿意将有关的国际商业交易置于外国法律的管辖之下。这无疑给国际商业活动的顺利开展设置了一道严重的法律障碍。而适用国际商业惯例则从法律技术上绕过了这种障碍，有利于避免和

---

① 雷鸣恩：《〈联合国国际货物销售合同公约〉与国际贸易惯例》，载《国际贸易问题》1988年第2期，第49页。

消除法律冲突，打破双方当事人都不愿适用对方国家法律的僵局，加上前述国际商业惯例无可比拟的优越性，当事人自然乐意接受国际商业惯例来确定他们之间的权利义务，并据以解决可能产生的纠纷。

3. 我国对国际商业惯例的需要

一方面，我国立法确立了"国际惯例"① 补缺原则。我国《涉外经济合同法》第 5 条第 3 款和《民法通则》第 142 条第 3 款以及《海商法》第 268 条都规定了这一原则，即在我国立法和我国缔结或参加的国际条约对有关事项未作规定时，可适用"国际惯例"。

另一方面，适用国际商业惯例是我国对外交往的必然要求。国际商业惯例经过长期的发展已成为国际商业活动中的通行作法，我国要发展外向型经济，参与国际商业活动，就不能不涉及国际商业惯例。同时，国际商业惯例使国际商业交易更具有安全性，从而采用国际商业惯例有利于在我国建立良好的法律环境，打消外商的顾虑，促进我国外向型经济的发展，壮大和发展我国经济。

（二）国际商业惯例适用的可能性

国际商业惯例适用的可能性来自两个方面：一是有关货物买卖的国内立法和国际条约是任意法，从法理上讲，任意法的特点之一就是能被其他规范所取代，从而使国际商业惯例的适用不会与国内法和国家缔结或参加的国际条约相冲突；二是当事人"意思自治"原则得到广泛承认，这样才能使国际商业惯例因当事人的选择而得以适用。

纵观世界各国关于货物买卖的法律，基本上是任意性的而非强制性的规定。除须受公共秩序的制约外，各国一般均允许当事人按照"契约自由"和"意思自治"的原则，自行确定其合同的内容和条款，国家对这类合同干预较少②。即使是公共秩序的制约，也要考虑到"国内公共秩序"与"国际公共秩序"的区别，许多在处理纯国内民法关系时为强行性的规定，在处理国际私法关系时，就并非一定也应是强行性的③。如关于违约金的规定，我国《经济合同法》与《涉外经济合同法》的规定就截然不同。《经济合同法》第 35 条规定："当事人一方违反经济合同时，应向对方支付违约金。"这是一项强

---

① 我国立法中所规定的"国际惯例"的具体含义应怎样理解，尚存在争议。我们将在下文专门论述。

② See Clive M. Schmitthoff, Commercial Law in a Changing Economic Climate, London 1981, p. 24.

③ 参见李双元著：《国际私法（冲突法篇）》，武汉大学出版社 1987 年版，第 227 页。

制性规定，有关当事人不得违反；而《涉外经济合同法》第 20 条规定："当事人可以在合同中约定，一方违反合同时，向另一方支付一定数额的违约金。"这显然是一项任意性规定，有关当事人可以约定，也可以不约定。

有关国际货物买卖的国际公约也几乎全是任意性规定。1964 年《国际货物买卖统一法》第 3 条规定："国际货物买卖合同的当事人可以自由排除适用本法的全部或一部，这种排除可以是明示的或者默示的。"1980 年《联合国国际货物销售合同公约》第 6 条规定："双方当事人可以不适用本公约，或在第 12 条的条件下，减损本公约的任何规定或改变其效力"，其任意性很明显。

而作为国际商业惯例得以存在和为人们所遵守的基础的"意思自治"原则，虽然一定程度上要受公共秩序的限制，但它丝毫不能改变这样一个事实，即"'意思自治'原则在世界上每一个国家都获得了承认"①。"到现在，它已是所有国家在处理国际性合同准据法方面一致接受的原则。"②

由此看来，国际商业惯例适用的可能性是具备的。

四、对适用国际商业惯例的态度

（一）学者的态度

由于国际商业惯例是现代商人法的一个重要渊源，因此，考察学者们对现代商人法的态度，便可知道他们对国际商业惯例的态度。

针对传统的合同冲突法把国际商业合同进行国内化处理的缺陷，近几十年来，国际商业合同法学界出现了使国际商业合同法律适用"非国内化处理"的各种理论和方法，其中较有影响的有英国法学家 F. A. 曼（F. A. Mann）提出的"万国商法理论"（commercial law of nations），英国著名法学家施米托夫（C. M. Schmitthoff）、法国学者卡恩（P. Kahn）等人所主张的"自治合同理论"（selfregulatory contract），美国法学家杰赛浦（P. C. Jessup）和德国律师兰根（E. Langen）等为代表的"跨国商法理论"（transnational commercial law），法国国际私法学者斯坦因道夫（E. Steindorff）提出的"国际私法实体法化理论"等③。作为现代商人法理论的组成部分，这些理论有一个共同点，即试图创制一个独立于国内法制和国际（公）法制之外的，支配当事人的国际商业

---

① Clive M. Schmitthoff, Commercial Law in a Changing Economic Climate, London, 1981, p. 22.

② 李双元著：《国际私法（冲突法篇）》，武汉大学出版社 1987 年版，第 355 页。

③ 参见徐国建：《现代商人法论》，载《中国社会科学》1993 年第 3 期，第 80 页。

合同的法律制度——现代商人法。彼得罗夫斯基写道，"正如苏联的布莱特斯（Bratus）教授和奥斯罗维天诺夫（Ostrovitianov）教授，南斯拉夫的哥尔德斯坦教授、大不列颠的施米托夫教授以及世界各地的其他学者们所指出的那样，商法对于开展所有资本主义与社会主义国家之间的合作，具有重要的意义"①。所以施米托夫认为，"重新发现商法的国际概念的特征与价值，代表了东西方法学家们的共同呼声"②。

在我国法学界占统治地位的观点认为，调整国际经济合同关系的方法有两种，一种是由冲突规范指引国内法进行间接调整；另一种是由统一实体法进行直接调整③。统一实体法与现代商人法两个概念很接近，它们都包含国际商业惯例这一渊源。同时，由统一实体法进行直接调整的方法，与通过现代商人法进行调整的方法也存在很多共性。总的来说，可以认为，"我国国际私法学界对现代商人法制度的建立与完善并由它直接调整国际商业合同关系，是持赞成态度的"④。

但是，一些持反对意见的学者，如法国学者桑德洛克（Sandrock）认为，除少数领域外，还未从国际习惯或为所有或多数国家所共有的法律原则中产生一套确定的规则，为解决国际贸易中出现的复杂法律问题提供明确的指导。并因此建议，企业不要约定以商法作为合同的准据法⑤。反对者还认为，商法没有从国家权力机关那儿衍生出约束力，它不具备充分实在的和有根据的制度，不能把商法作为一种法律秩序（legal order）。因此，商法不应作为解决法律争议的依据⑥。赞成者则认为，商法的约束力不是取决于由国家权力机关制定和颁布的事实，而是取决于商业社会和国家权力机关承认它为一种自治形式体系

---

① ［前南］彼得罗夫斯基：《商法在开展所有国家之间和平的经济合作中的重要作用》，载《新南斯拉夫法学》1958年第9卷，第12页。

② 参见［英］施米托夫著：《国际贸易法文选》，赵秀文译，中国大百科全书出版社1986年版，第12页。

③ 参见韩德培主编：《国际私法》，武汉大学出版社1989年修订版，第4页。

④ 徐国建：《现代商人法论》，载《中国社会科学》1993年第3期，第98页。

⑤ See Ouosandrock, Arbitration between U. S. and West Germany Companies: An Example of Effvetive Dispote Resolution in International Business Transaction, in: University of Pennsylvania Journal of International Business Law, Vol. 9, 1987, pp. 55-57.

⑥ See Mustill and Boyd. The Law and Practice of Commercial Arbitration in England, 1982, p. 611.

的事实①。

由上可见，世界各国法学者对适用国际商业惯例来处理国际商业合同关系基本是持肯定态度的，反对者仅为少数。

（二）各国立法和司法实践的态度

各国立法和司法实践对国际商业惯例适用的态度不一，归纳起来，主要有三种作法。

1. 允许当事人选择国际商业惯例而不参照任何国内法

法国是这一作法的最具代表性的国家。1981 年法国新民事诉讼法第 1496 条规定，仲裁庭适用于合同的法律是当事人选择的法律规范，在无这种选择时，适用它认为适当的法律规则。同时规定，在所有情况下，仲裁庭都应考虑到商业惯例。许多学者认为，法国新民事诉讼法中使用"法律规则"（rules of law），而没有使用"法律"（law）一词，其意义在于，"法律规则"不仅包括国内法，还包括商法或其他非国内法渊源②。而且，依法国法律，仲裁适用现代商人法不必以当事人授权它公正裁决为前提条件，甚至在当事人选择了一国法律作为合同准据法时，仲裁庭也可以一般法律原则和贸易惯例裁决，因为上述民事诉讼法第 1496 条第 2 款规定仲裁应考虑商业惯例③。法国在国际商事仲裁中的实践也确实证明了这一点。1979 年国际商会仲裁庭依现代商人法对帕巴克（Pabalk）诉诺索罗（Norsolor）一案④所作的裁决，法国法院予以承认。对该案的裁决，奥地利最高法院也予以了确认，从而在世界上最先在司法实践中对现代商人法的适用表明了态度⑤。此外，还有丹麦、前南斯拉夫、瑞士等国亦允许当事人选择适用国际商业惯例。

---

① See Ole Lando, The lex mercatoria in International Commercial Arbitration, in: International and Comparative Law Quarterly, Vol. 3, 1985, p. 75.

② See Ole Lando, "The lex mercatoria in International Commercial Arbitration", in: International and Comparative Law Quarterly, Vol. 3, 1985, pp. 753-754; Rabal, Conflict of Laws, Vol. 4, 1958, p. 473; Aedit, National Codification of International Commercial Arbitration, in: Resolving Transnational Disputes, 1984, p. 133; David, Arbitration in International Trade, 1985, p. 342.

③ See Berthold Goldman, The Applicable Law: General Principles of Law—the lex mercatoria, in: Julia Lew ed., Contemporary Problems in International Arbitration, London, 1987, p. 118.

④ 该案详情参见韩健：《现代国际商事仲裁法的理论与实践》，法律出版社 1993 年版，第 253 页。

⑤ 参见徐国建：《现代商法法论》，载《中国社会科学》1993 年第 3 期，第 96 页。

2. 将国际商业惯例与国内法结合起来适用

美国《统一商法典》第 1—205（3）节、《日本商法典》第 1 条和原捷克斯洛伐克 1964 年《国际贸易法典》第 118 条的规定都是将国际商业惯例与其国内法结合起来适用的。我国《涉外经济合同法》第 5 条第 1 款、《民法通则》第 145 条第 1、2 款以及《海商法》第 269 条均允许涉外经济合同的当事人选择处理合同争议所适用的法律，但是当事人能否选择国际商业惯例或其他非国内法律规则，我国法律尚未明确。不过，实践中对当事人适用国际商业惯例的约定一般是承认其效力的。由此看来，我国是采取第一种作法的。上述我国有关法律同时又规定，在当事人缺乏明示选择时，则适用与合同有最密切联系的国家的法律，而依"最密切联系"原则不可能将国际商业惯例确定为合同准据法。据此，也就排除了单独适用国际商业惯例的可能性。但我国《涉外经济合同法》第 5 条第 3 款、《民法通则》第 142 条第 3 款以及《海商法》第 268 条第 2 款又规定，我国法律和我国缔结或参加的国际条约没有规定的，可以适用"国际惯例"，从而确立了"国际惯例"补缺原则。在这种情况下，我国法律又采取了第二种作法。

3. 对国际商业惯例的适用施以较严格的限制

以英国法最具代表性。在国际商事仲裁的法律适用上，英国的法律和司法实践持比较保守的态度。英国仲裁法的一项原则就是，争议应按照固定的法律原则而不应按照个别仲裁员作出的关于何为公正或公平的决定加以解决①。1978 年以前，英国法院多次撤销基于"公平"（equity）作出的裁决。1979 年《仲裁法》颁布后，大大减少了英国法院对仲裁的监督权，当事人可以通过书面协定排除将法律问题提交法院审查。但是，若当事人选择适用商法，能否订立"排除协定"以排除英国法院的监督呢？英国对此尚无司法解释或判例。但是，近年来，英国国际私法学界和仲裁实践都倾向于赞成采用现代商法制度。英国上诉法院在 1987 年所作的德国油井勘探与建筑有限责任公司诉长玛国家石油公司一案的判决使英国司法实践向承认现代商人法适用的方向迈进了一步②。

（三）国际公约的态度

目前，国际上大多数有关国际商事仲裁的公约都规定，国际商事仲裁首先

---

① See Mustill and Boyd, The Law and Practice of Commercial Arbitration in England, 1982, p. 594.

② See All England Law Reports Ⅱ/1987, pp. 769-784；Yearbook of Commercial Arbitration 13（1978），pp. 522-536.

适用当事人选择的法律，如无这种选择，适用国际私法规则所指引的法律，但不管在哪种情况下，仲裁庭都应考虑合同的规定和商业惯例，从而赋予了仲裁庭根据国际商业惯例作出裁决的权力。如 1961 年《欧洲国际商事仲裁公约》第 7 条第 1 款就是这样规定的。1965 年《解决国家与其他国家国民间投资争端的公约》第 42 条第 1 款规定，"仲裁庭应依据当事人双方协议的法律规则裁断争端，如无此种协议，仲裁庭应适用作为争端当事国的缔约国的法律（包括它的法律冲突规范）以及可以适用的国际法规则"。该条款中的"法律规则"被认为不仅包括国内法和国际公约中的规定，还包括跨国习惯规则（transnational customary rules），因此，仲裁庭也可以适用国际商业惯例①。解决投资争端国际中心在"美亚公司等诉印度尼西亚共和国"一案中也有类似的决定②。

（四）国际商事仲裁的态度

很多国际性和国内的仲裁规则对国际商业惯例的适用都予以了肯定。《联合国国际贸易法委员会仲裁规则》第 33 条第 3 款以及《国际商会仲裁规则》第 13 条第 5 款都规定仲裁员在所有情况下都应考虑有关的贸易惯例。《南斯拉夫经济联合会对外贸易仲裁规则》第 41 条第 4 款规定，在任何情况下，仲裁庭或独任仲裁员都必须考虑能够适用于该案的商业习惯。《美国仲裁协会国际仲裁规则》第 29 条第 2 款也规定："涉及到适用合同的仲裁，仲裁应按照合同的条款进行仲裁，并应考虑到适用于该项合同的贸易惯例。"我国 1956 年《对外经济贸易仲裁委员会仲裁程序暂行规则》第 27 条和 1959 年《海事仲裁委员会仲裁程序暂行规则》第 29 条都规定，仲裁庭为了专门问题或贸易惯例，可以咨询专家。这表明两个暂行规则对国际商业惯例的适用是持肯定态度的。1988 年《中国国际经济贸易仲裁委员会仲裁规则》第 28 条和《中国海事仲裁委员会仲裁规则》第 28 条都只规定了仲裁庭可以就案中专门问题向专家咨询，删去了两暂行规则中的"贸易惯例"，不知其意图何在。1994 年新修订的《中国国际经济贸易仲裁委员会仲裁规则》第 53 条规定："仲裁庭应当根据事实，依照法律和合同规定，参照国际惯例，并遵循公平合理原则，独立公正地作出裁决。"这是一条新增加的规定，明确肯定了我国在国际商事仲裁中

---

① See Berthold Goldman, The Applicable Law: General Principles of Law—the lex mercatoria, in: Julia Lew ed., Comemporary Problems in International Arbitration, London, 1987, p. 123.

② See International Legal Materials, 23（1984），p. 351.

对适用国际商业惯例的态度。另外，1978 年中国国际贸易促进委员会海事仲裁委员会与社团法人日本海运集会所海事仲裁委员会《关于采用仲裁方式解决中日海运争议的议定书》第 1 条第 1 款规定："仲裁根据……，并参考国际习惯作法进行。"

（五）结论

综上所述，不难看出，从理论到实践，从国内到国际，从仲裁到诉讼，对国际商业惯例的适用大体上都持比较宽松的态度。这体现了这一法律制度的生命力。目前，尚未见到以适用了国际商业惯例为由而拒绝承认国际商事仲裁裁决的例子①。1958 年《承认及执行外国仲裁裁决公约》也未见这样的规定。同时，考察国际商事仲裁裁决后发现，国际商事仲裁实践中完全依国际商业惯例作出裁决的案件尚不多。正如西方一位学者朱立叶·刘（Julia Lew）所说，"很少的仲裁裁决是完全依据无固定标准的商业习惯和贸易惯例而作出的"②。但是，将国际商业惯例与国内法结合起来以及以国内法为基础同时考虑国际商业惯例作出裁决的仲裁案件还是有一定数量的③。

五、国际商业惯例适用的条件与方式

（一）国际商业惯例适用的条件

国际商业惯例只有符合一定的先决条件才能得以适用，但是，必须符合哪些条件，理论上和实践中都存在分歧。以下是对一些适用条件进行的探讨。

1. 当事人协议选择

如前所述，国际商业惯例得以存在和为人们所遵守的基础是当事人"意思自治"原则，其适用当然必须经有关当事人双方协议选择。一般地，只有当事人选择的国际商业惯例才对当事人有拘束力。有学者认为，这是国际商业惯例适用的一个最重要的先决条件④。国际商业惯例可以因当事人适用该惯例的同意有瑕疵（如因错误或被胁迫欺诈而同意适用）而无效⑤。不过，这只是一般情况。有时候，未经当事人协议选择，国际商业惯例也可能被适用。这

---

① 转见徐国建：《现代商人法论》，载《中国社会科学》1993 年第 3 期，第 97 页。

② Julia Lew, Applicable Law in International Commercial Arbitration, New York, 1978, p. 466.

③ 参见徐国建：《现代商人法论》，载《中国社会科学》1993 年第 3 期，第 94 页。

④ 参见徐国建：《现代商人法论》，载《中国社会科学》1993 年第 3 期，第 91 页。

⑤ C. M. Blance and M. J. Bonell, Commentary on the International Sales Law—The 1980 Vienna Sales Convention, Gluffre Milan, 1987, p. 112.

主要发生于下列两种情况：一是默示推定适用。1980 年《联合国国际货物销售合同公约》第 9 条第 2 款规定："除非另有协议，双方当事人应视为已默示地同意对他们的合同或合同的订立适用双方当事人已知道或理应知道的惯例。"据此，即使当事人没有协议选择，但只要当事人没有明示排除，仍然可以将国际商业惯例适用于有关当事人的合同关系。二是国内法强制适用。有的国家已将某些国际商业惯例移植到国内法中，从而在这些国家，国际商业惯例取得了法律的普遍约束力。这样，不管当事人协议选择与否，在这些国家，特定的国际商业交易都必须适用特定的国际商业惯例。

2. 公共秩序问题

国际商业惯例的适用是否必须以不违背公共秩序为先决条件，学者们观点不一。

有的学者主张以公共秩序限制国际商业惯例的适用。我国《民法通则》和《海商法》对此也予以了肯定。

我们认为，国际商业惯例是在长期的国际商业交往实践中形成的世界通行作法，它为国际社会普遍接受和采纳，因而各国立法均未见有以公共秩序排除国际商业惯例适用的规定。我国以公共秩序限制国际商业惯例适用的规定"与我们现在收集到的 30 多个外国冲突法立法例相对照，实属见到的唯一一例"[1]。而且，依我国有关法律规定，只有我国法律和我国缔结或参加的国际条约没有规定时，才可以适用国际商业惯例。那么，以公共秩序排除有关国际商业惯例以后，我国将适用什么作为裁判的依据呢？在我国市场经济建立和发展过程中，我国法律的空白点还很多，在立法中给予国际商业惯例以应有的法律地位是完全必要的，而对国际商业惯例的适用作不合理的限制必然会给我国的改革开放带来不良影响。因此，对我国立法中以公共秩序排除国际商业惯例的规定应进行分析研究以决定取舍。

3. 合理性问题

对这一条件，也存在两种截然相反的观点。发展中国家以国际商业惯例片面反映了发达国家的经济利益为由主张，国际商业惯例的适用应以其合理性为先决条件之一。但是，西方国家反对这种主张，认为国际商业惯例都是合理的。这反映了发达国家和发展中国家扩大和限制国际商业惯例适用的两种不同态度。下文对此将进一步阐述。

---

[1] 李双元主编：《中国与国际私法统一化进程》，武汉大学出版社 1993 年版，第 123 页。

4. 法定的适用顺序

除上述条件外，我国《涉外经济合同法》第 5 条第 3 款、《海商法》第 268 条第 2 款、《民法通则》第 142 条第 3 款对国际商业惯例的适用还有一个限制条件，即我国法律和我国缔结或参加的国际条约对有关事项没有相应的规定，否则，不予适用。这实际上为国际商业惯例在我国的适用设定了一个先后顺序——国际条约、国内法、国际商业惯例，只有前两种规范不能适用的情况下，国际商业惯例才有被适用的机会。《瑞士民法典》第 1 条也规定："如本法无相应规定时，法官应依据惯例。"《日本商法典》第 1 条也规定了类似的适用条件。

（二）国际商业惯例适用的方式

归纳起来，在实践中对国际商业惯例的适用，主要有下面几种方式：

1. 明示选择

即当事人明示选择特定国际商业惯例作为其国际商业合同的准据法。当事人既可以在合同缔结时，也可以在合同缔结后，甚至可以在其产生争议后进行仲裁程序之中进行这样的选择。1980 年《联合国国际货物销售合同公约》明确采纳了这种方法，其第 9 条第 1 款规定："双方当事人业已同意的任何惯例和他们之间确立的任何习惯作法，对双方当事人均有拘束力。"该款使用的是"同意"一词，可以理解为，允许当事人用口头方式、书面方式或者其他方式进行选择，但必须是双方协商一致和明示的。

2. 默示选择

即在缺乏当事人明示选择的情况下，依一定事实认定当事人已默示同意对其国际商业合同关系适用特定国际商业惯例。国际商事仲裁实践表明，国际商业交易的当事人对于合同法律适用的沉默，常常被仲裁庭认为是当事人默示选择现代商人法作为其合同的准据法，而国际商业惯例则是现代商人法的重要组成部分①。

可以视为默示选择的情况常有以下几种：第一，当事人在合同中未明确规定合同准据法；第二，当事人协议将合同提交国际商事仲裁；第三，当事人授权仲裁庭公正裁决他们之间的争议。这几种情况都表明当事人不愿将其合同关系受制于某一国内法，从而可能导致国际商业惯例的适用。

1980 年《联合国国际货物销售合同公约》也肯定了这种适用方式。对此，在下文将继续讨论。

---

① 参见徐国建：《现代商人法论》，载《中国社会科学》1993 年第 3 期，第 91 页。

3. 强制适用

即根据国内法或国际条约的规定对当事人的国际商业合同关系直接适用国际商业惯例，这种适用方式是强制性的，只要符合法律规定的条件就予以适用。在这种情况下，国际商业惯例的适用不再依靠当事人的意思表示，而是直接依靠法律。这一适用方式又可细分为两种类型：

第一，无条件地强制适用。如根据西班牙和伊拉克的法律规定，西班牙的一切进口交易和伊拉克的所有进出口交易，都必须受《国际贸易术语解释通则》的约束。

第二，有条件地强制适用。如根据我国有关法律的规定，我国法律和我国缔结或参加的国际条约没有规定的，才可以适用国际商业惯例。

4. 参照适用

即不管适用什么样的准据法，都应考虑有关的国际商业惯例。1961 年《欧洲国际商事仲裁公约》第 7 条第 1 款规定，无论适用当事人指定的法律还是仲裁员自己确定的准据法，"仲裁员都应考虑到合同条款和贸易惯例"。

六、国际商业惯例的识别与查明

（一）国际商业惯例识别的含义

在笔者看来，国际商业惯例的识别有两种含义，一种含义是指根据国际商业惯例的一般概念，对特定国际商业交易作法或方法进行判断，并决定是否应将其归入国际商业惯例范畴的认识过程；另一种含义是指按一定标准对特定国际商业惯例进行判断并决定是否将其适用于具体国际商业交易的认识过程。

两种意义上的国际商业惯例的识别具有明显区别：

1. 识别的主体不同

第二种识别的主体为法院或仲裁机构；第一种识别的主体则不限于此，其主体范围更广。

2. 识别的客体不同

第一种识别的客体是特定国际商业交易作法或方法；第二种识别的客体是特定国际商业惯例。

3. 识别的标准不同

第一种识别的标准是国际商业惯例的一般概念；第二种识别的标准有主观标准、客观标准、合理性标准。

4. 识别的目的不同

第一种识别的目的是判断特定国际商业交易作法或方法是否属于国际商业惯例；第二种识别的目的是在第一种识别的基础上，认定特定国际商业惯例应否适用于具体的国际商业交易。

第一种识别涉及国际商业惯例的概念。此处仅讨论第二种国际商业惯例的识别问题。

（二）　国际商业惯例识别的必要性

国际商业惯例的识别是适用国际商业惯例的前提，只有按照一定标准认定国际商业惯例应该适用于具体国际商业交易，该惯例才能获得法院或仲裁庭的适用。而识别的标准不同，或者对同一标准的含义理解不同，就会作出不同的判断，得出不同的结论。因此，可以说，国际商业惯例的识别决定了国际商业惯例在具体适用中的命运。

国际商业惯例本身错综复杂，表现在：第一，国际商业惯例涵盖了国际货物买卖、运输、保险、支付、结算等等领域，涉的范围很广；第二，国际商业惯例本身的适用范围大小不一，有世界通用性的，也有区域性的；第三，对同一国际商业惯例，存在不同的解释，如对国际货物买卖中的 FOB 这一贸易术语，《美国对外贸易定义 1941 年修订本》与国际商会的《国际贸易术语解释通则》（1990）的解释差别就很大；第四，国际商业惯例随着科学技术的进步而处于不断发展和变化之中，而非一成不变的。如《国际贸易术语解释通则》先后经过多次修订，以适应变化了的情况。然而，由于该通则属于任意性的，新版本并不当然否定旧版本，各新旧版仍然并存并由当事人选择适用。

（三）　国际商业惯例识别的标准

1980 年《联合国国际货物销售合同公约》第 9 条规定：

（1）双方当事人业已同意的任何惯例和他们之间确立的任何习惯作法，对双方当事人均有约束力。

（2）除非另有协议，双方当事人应视为已默示地同意对他们的合同或合同的订立适用双方当事人已知道或理应知道的惯例，而这种惯例，在国际贸易中，已为有关特定贸易所涉同类合同的当事人所广泛知道并为他们所经常遵守。

根据该条规定，国际商业惯例识别的标准有两个：主观标准和客观标准。

1. 主观标准

1980 年《联合国国际货物销售合同公约》所确定的主观标准，要求特定国际商业惯例的适用必须经当事人双方"同意"，这一要求旨在确定特定国际商业惯例的适用与当事人意思之间总是存在有效的联系①。当事人"同意"既包括如第9条第1款所述的明示同意,也包括如第9条第2款所述的默示同意。明示同意不难判断,它通常表现于合同或协议中的明确规定。默示同意是指在缺乏当事人的明示同意和明示相反表示时依据客观情况对当事人的内在意思所作的一种法律上的推论或拟制。如何判断当事人已默示"同意"对特定的国际商业惯例的适用呢?第9条第2款是从两个方面的事实来认定的,这也就是下面将要论及的识别国际商业惯例的客观标准。

2. 客观标准

识别国际商业惯例的客观标准包括两个方面的事实:

一个事实是当事人"已知道或理应知道"。"已知道"即当事人事实上知道并承认其知道;"理应知道"即在当事人自称不知道特定国际商业惯例时,依客观情况判断其是否应该知道。那么,如何认定当事人"理应知道"呢?认定当事人"理应知道"所依据的客观情况有哪些呢?这是下面另外一个事实所要解决的问题。

另外一个事实是,特定国际商业惯例在"国际贸易中已为有关特定贸易所涉同类合同的当事人所广泛知道并为他们所经常遵守"。这一事实要求:在空间上,特定国际商业惯例在国际贸易中已为有关贸易所涉同类合同的当事人所"广泛知道";在时间上,国际商业惯例已为特定贸易所涉同类合同的当事人"经常遵守"。

据此,如果特定国际贸易所涉同类合同的当事人广泛知道和经常遵守某一特定惯例,那么同一类合同的具体当事人就理所当然地应该知道该惯例。实际上,这是以具体当事人以外的其他人是否知道该惯例为标准来确定该具体当事人是否"理应知道"。根据联合国秘书处对1980年《联合国国际货物销售合同公约》草案文体的解释,如果满足这一条件,就可认定当事人"理应知道",该特定国际商业惯例视为已被当事人默示地引用于一个既定的合同②。

3. 对主观标准和客观标准的评价

上述两个标准是一个整体,不可分离,不能仅仅根据其中一个标准就将特

---

① C. M. Blance and M. J. Bonell, Commentary on the International Sales Law—The 1980 Vienna Sales Convention. Gluffre Milan, 1987, p. 110.

② See Alejandro M. Garro, "The Coordination of All kinds of Legal Orthodoxes in United Nations Convention on Contracts for the International Sale of Goods", in: International Lawyer, (2) 1989, p. 150.

定国际商业惯例适用于具体的国际商业交易。即使是在当事人双方都明示同意适用特定国际商业惯例的情况下，实际上仍然使用了主、客观两个标准，因为当事人双方同意适用，说明他们都"已知道"该特定国际商业惯例。

可以说，1980 年《联合国国际货物销售合同公约》第 9 条所规定的识别国际商业惯例的标准层层紧扣，比较严密。其主观标准要求有当事人双方的同意，但默示同意如何认定是主观标准中的难题。客观标准依据两个方面的事实解决了这个问题。一个事实是当事人"已知道或理应知道"。不过，在缺乏任何明示的相反表示的情况下，仅仅根据这一事实便推断出当事人有意将特定国际商业惯例默示地并入他们的合同中，显然缺乏合理性。同时，"理应知道"的认定是又一个棘手的问题。另一个事实对"理应知道"提供了标准，即国际商业惯例为有关特定贸易所涉同类合同的当事人所"广泛知道"并"经常遵守"。从而解决了"理应知道"这一事实的认定问题，也最终解决了国际商业惯例识别的标准问题。

现在我们来看一看以有关当事人"广泛知道"并"经常遵守"为标准来认定具体当事人"理应知道"并进而默示推定适用特定国际商业惯例是否合理。

为当事人所"经常遵守"是国际商业惯例的一个重要属性，在 1964 年《国际货物买卖统一法》第 9 条第 2 款中已作了规定，美国《统一商法典》第 1—205 条和《第二次合同法重述》第 222 条"正式评论"都强调了"经常遵守"的重要性。各法律文件措辞虽稍有不同，但对"经常遵守"这一要求是持肯定态度的。

"广泛知道"是 1980 年《联合国国际货物销售合同公约》中一个新的规定。有人认为，该规定要求的仅是"广泛知道"，至于是否广泛地被认为有拘束力则未予明确。因为被认为有拘束力须先被知道，但知道并不一定认为有拘束力，故"广泛知道"是一略显宽泛而不够确切的规定①。这一说法乍看起来似乎有些道理，但是仔细考查 1980 年《联合国国际货物销售合同公约》第 9 条第 2 款的规定后，该说法并不足以为信。首先，"广泛知道"这一规定的目的是避免至今仍被限制于国内买卖的惯例被适用于涉外交易②，这本是无可

---

① 参见孙昂：《〈联合国国际货物销售合同公约〉的法律适用问题》，载《武汉大学1990 年国际法硕士论文集》。

② C. M. Blance and M. J. Bonell, Commentary on the International Sales Law—The 1980 Vienna Sales Convention, Gluffre Milan, 1987, p. 109.

厚非的。其次，"广泛知道"是与"经常遵守"结合在一起的，"广泛知道"本身虽不一定就意味着有广泛的拘束力，但"经常遵守"却一定意味着有广泛的拘束力。

还有人认为，以具体当事人以外的其他人是否"广泛知道"并"经常遵守"特定国际商业惯例来认定当事人"理应知道"该惯例，并予以默示适用，违背了合同的"合意"这一本质要求。因为双方当事人没有真正的意思表示的一致，至少有一方在不知不觉中被要求承担某些义务或被赋予某些权利，从而不利于缺乏经验的主要来自发展中国家的贸易新手，主张充分利用"另有协议"的规定来排除默示适用国际商业惯例的可能性①。

笔者认为，对1980年《联合国国际货物销售合同公约》所规定的默示适用应正确认识。如前所述，国际商业惯例经过有关国际贸易的专门性组织或一般性组织加工整理，内容周密详细，针对性强，能有效地保证国际商业交易的法律安全，避免漏洞，减少争议。从经济效益方面考虑，在谈判、签约、履约过程中有效地使用国际商业惯例，可以加速谈判进程，促成交易，提高工作效益。所以，国际商业交易的当事人越来越愿意将其交易受制于国际商业惯例，而不愿受制于各国的国内法。正因为国际商业惯例具有强大的生命力，它才受到各国立法和国际条约的尊重和承认，并成为一些国家的立法内容。在国际商事仲裁中，也越来越倾向于适用国际商业惯例来解决当事人的争议，即使当事人或仲裁庭选择了某国国内法为准据法，对有关国际商业惯例予以考虑，仍是仲裁员应尽的责任。因为不同仲裁机构或其他机构采用的一些国内国际立法以及仲裁规则明确允许或甚至要求仲裁员在作出决定时要考虑有关惯例。

至于默示适用对国际贸易新手不利的说法也没有道理。既然参加到国际商业交易中来，就应该去研究和掌握通行的国际商业惯例，国际商业惯例不仅具有其他规范无法可比的优点，而且经过长期的演变和发展已在国际商业交易中广为人知并约定俗成，如果仅仅因为新手加入到国际商业交易就改变或限制甚至取消国际商业惯例的适用，势必危及国际商业交易的顺利进行和正常发展，而且在实践中也难以行得通。对国际商业交易的新手而言，更重要的是要分析理解并熟练掌握有关的国际商业惯例，以便为我所用。当然，也不能妨碍积极争取修改那些不合理的国际商业惯例。

4. 合理性标准

---

① 参见刘凤菊：《试析1980年维也纳公约关于贸易惯例效力的规定》，载《中南政法学院学报》1992年第3期，第51页。

　　对国际商业惯例的识别除了主观标准和客观标准以外，是否还要对其作价值判断，即是否还有一个合理性标准，是一个有争议的问题。

　　中国代表团在草拟 1980 年《联合国国际货物销售合同公约》的外交会议上曾提出一个建议，即只有合理的惯例才能拘束当事人，这代表了一些发展中国家对国际商业惯例的态度。这种主张的主要理由是国际商业惯例主要建立在西方发达国家的行为者的实践基础上，它们反映了发达国家的经济利益和法律传统，不利于发展中国家。

　　中国代表团的上述建议没有得到足够的支持，反对的理由之一是，与诚实信用相悖的行为从来也不会发展成为普遍接受的惯例①。美国《第二次合同法重述》也持同样的观点，其第 222 条的"正式评论"认为，除非事实上同意，贸易惯例必须是合理的，但是，通过经常遵守导致的商业上的接受说明这样一个明显事实，即贸易惯例是合理的。

　　1980 年《联合国国际货物销售合同公约》虽未采纳中国的建议，但是对发展中国家要求限制适用国际商业惯例的主张还是有一定程度的反应，表现在：(1) 第 9 条第 1 款规定，国际商业惯例的适用以双方当事人的同意为条件；(2) 对默示推定适用也以两个方面的客观事实进行了限制，并赋予当事人协议排除默示适用的权利；(3) 第 7 条第 1 款规定了对国际商业惯例进行实质评价的统一标准，即"在解释本公约时，应考虑到……在国际贸易中遵守诚信的需要"。可以想象，基于该条规定，一个国际商业惯例虽然满足了第 9 条第 1、2 款的条件，也可能不予考虑，因为在特定情况下，惯例的适用会与国际贸易中的诚信原则相违背②。

　　正如笔者在前文中所谈到的，由于种种原因，国际商业惯例本身存在对不同当事人的利益考虑不均的缺点，因此，对其适用进行合理性识别并加以些许限制，对发展中国家的当事人来说也是合情合理的。但是，应予以指出的是，此处所讲的国际商业惯例的不合理性并不是普遍的③，因为，(1) 国际商业方面一般性的国际组织，如国际商会，能够超越行会性质的专业性国际组织的保护本行业当事人利益的狭隘性，在编纂国际商业惯例时比较能中立行事，对

---

　　① C. M. Blance and M. J. Bonell, Commentary on the International Sales Law—The 1980 Vienna Sales Convention, Gluffre Milan, 1987, p. 112.

　　② See C. M. Blance and M. J. Bonell, Commentary on the International Sales Law—The 1980 Vienna Sales Convention, Gluffre Milan, 1987, p. 113.

　　③ 参见徐国建：《国际统一私法法源研究》，载《比较法研究》1993 年第 4 期，第 360 页。

不同利益的当事人予以同等保护；（2）即使是一些专业性的国际组织，如不来梅棉花交易所、美洲丝绸协会、伦敦谷物贸易协会等，由于它们的成员同时是货物的买方和卖方，这些国际组织所制定的国际商业惯例自然必须同时兼顾交易各方当事人的利益；（3）广大发展中国家要求建立国际经济新秩序的斗争也直接或间接地迫使一些国际组织去制定公正合理的国际商业惯例。也许正是因为上述原因，有的西方学者才说，对中国代表团的建议的拒绝"并不令人感到遗憾"①。不过，中国通过国内法的形式对国际商业惯例的适用作了限制。

（四）国际商业惯例查明的途径

尽管国际商业惯例都具有确定的内容，并被国际贸易界所广泛知道，但是法院或仲裁庭在适用国际商业惯例时，仍需以认真的态度去查明其内容，全面准确地把握其内容、适用范围及例外情况，以便作出正确的裁决。

通行的国际商业惯例已经国际组织编纂成文，因此不难查明。其途径通常有：（1）由当事人提供有关文件；（2）法院或仲裁庭利用其所掌握的有关国际商业惯例方面的知识；（3）向有关专家咨询；（4）取得有关国内国际组织机构的帮助。

七、国际商业惯例适用中的冲突及其解决

（一）冲突的产生

在国际商业领域，有关的国际条约和国际商业惯例等统一实体规范还未发展到完全取代各国国内法的程度，因此，同一国际商业合同的法律适用上，有可能发生国际商业惯例与国际条约和国内法的冲突；由于同一国际商业惯例存在不同的解释文本，又可能产生同一国际商业惯例之间的冲突，例如对 CIF 贸易术语，国际商会的《国际贸易术语解释通则》、国际法协会的《华沙—牛津规则》以及《美国对外贸易定义》等都作了规定，而且对同一问题的规定又存在差异，所以，这些解释文本在适用中的冲突便难以避免；此外，国际商业惯例随着情况的变化经常进行修订，如《国际贸易术语解释通则》已经经过了五次修订，然而由于其任意性，新版本并不当然否定旧版本，这样，新旧版本同时并存，可能导致同一解释文本的新旧版本之间在适用上的冲突。有人将国际商业惯例与国际条约和国内法之间的冲突称为不同平面的冲突，将国际商

---

① C. M. Blance and M. J. Bonell, Commentary on the International Sales Law—The 1980 Vienna Sales Convention, Gluffre Milan, 1987, p. 113.

业惯例不同解释文本之间和不同版本之间的冲突称为同一平面的冲突，这两种不同的冲突交织而成一种"立体化"冲突①。

（二）解决冲突的途径

归纳起来，解决国际商业惯例适用中的冲突，主要有以下几种途径：

1. 当事人"意思自治"原则的适用

国际商业惯例、各国有关的国内法和有关国际公约的任意性及各国对当事人"意思自治"原则的广泛承认决定了当事人"意思自治"原则对解决国际商业惯例适用中的冲突具有重要作用，它能够决定国际商业惯例以及有关国内法和国际条约的适用与否及其适用顺序。当事人可以在合同中约定适用特定国际商业惯例或者有关国际条约或者某国国内法；对特定国际商业惯例，当事人可协议采用某一种解释文本；对同一种解释文本，当事人还可协议采用某一版本。对这种方法，国际商业惯例、国际条约、国内立法一般都有规定。如1990年《国际贸易术语解释通则》在其"引言"中规定，"今后愿意采用本通则的商人们应在合同中明确规定受《1990年通则》之约束"。1980年《联合国国际货物销售合同公约》第6条规定，"双方当事人可以不适用本公约，或在第12条的条件下，减损本公约的任何规定或改变其效力"。我国《涉外经济合同法》第5条第1款、《民法通则》第145条第1款、《海商法》第269条都允许当事人选择处理合同争议的法律。值得注意的是，我国法律对是否允许当事人选择国际商业惯例尚无明确规定，不过实践中对当事人选择的国际商业惯例一般都予以承认。

此外，1964年《国际货物买卖统一法》第9条第2款还规定，"除当事人另有约定外，凡本法与惯例有抵触时，优先适用惯例。"据此，当事人对该款所规定的惯例优于统一法的顺序，也可以约定予以改变。

2. 分割法

在国际商业合同领域，现行的国际商业惯例以及有关国际条约、国内立法都未能涵盖有关领域的全部法律问题，从而都分别需要借助其他种类的规范来弥补本身的缺漏。因此，在解决国际商业惯例与国际条约、国内法的冲突时，分割法不失为一有效办法。我国《涉外经济合同法》第5条第3款、《民法通则》第142条第3款以及《海商法》第268条第2款的规定，实际上是将我国法律、我国缔结或参加的国际条约与国际商业惯例结合起来，分别适用于国际

---

① 参见孙昂：《〈联合国国际货物销售合同公约〉的法律适用问题》，载《武汉大学1990年国际法硕士论文集》，第68~69页。

商业合同的不同法律问题，即我国法律和我国缔结或参加的国际条约对特定国际商业合同的有关法律问题有规定的，适用该规定；没有规定的，适用国际商业惯例。1980 年《联合国国际货物销售合同公约》第 6 条和 1964 年《国际货物买卖统一法》第 3 条都规定当事人可以排除其中部分条款的适用，这也可能导致特定国际商业合同分割适用不同种类的规范。

3. 直接规定不同种类规范的适用顺序

前两种方法可以说是解决国际商业惯例与有关国际条约和国内立法冲突的间接方法。此外，有的国际公约和国内立法直接规定了其本身与国际商业惯例冲突时的适用顺序。1964 年《国际货物买卖统一法》第 9 条第 2 款规定，"除当事人另有约定外，凡本法与惯例有抵触时，优先适用惯例"，1980 年《联合国国际货物销售合同公约》虽无明确条文规定国际商业惯例的优先适用问题，但是根据其第 9 条以当事人明示或默示同意决定惯例适用的规定，可以推断公约对当事人选择的惯例的优先适用是持肯定态度的。而且，从法理上讲，特定国际商业惯例一经当事人选择，便取得了合同条款的地位，应优先于公约这一任意法而得以适用。我国有关法律则规定了与上述相反的适用顺序，根据《涉外经济合同法》第 5 条第 3 款、第 6 条《民法通则》第 142 条第 2、3 款以及《海商法》第 268 条第 1、2 款的规定，在国际商业惯例与我国缔结或参加的国际条约和国内立法相冲突时，其适用顺序是：国际条约、国内立法、国际商业惯例，即优先适用有关的国际条约，而非国际商业惯例。

可见，这些解决国际商业惯例适用冲突的法律适用规则之间也可能发生冲突。那么，我国作为 1980 年《联合国国际货物销售合同公约》的成员国，如何解决我国法律与该公约所规定的国际商业惯例适用顺序之间的矛盾呢？上述我国有关法律中规定的国际条约显然是包括冲突规范的国际条约的，这样，按我国法律规定，国际商业惯例与该公约和我国国内法相冲突时，优先适用该公约，而根据该公约规定，当事人选择的国际商业惯例将优先于该公约得到适用。

第七章　在构筑国际民商新秩序中关于
　　　　国际民事诉讼程序的几个问题

在当今国际社会，由于科学技术和商品经济的迅猛发展，跨国的民商事活动大量发生，国际民商争议案件也相应增加。因此，一个实行对外开放的国家，不但要有完备的国际私法制度，而且必须有完备的国际民事诉讼法制度。但是，在我国，由于历史上的种种原因，国际民事诉讼的主要立法，是在实行改革开放以后才开始的。十多年来，尽管已取得了许多可喜的成就①，但是在立法和司法实际上仍然存在着诸多的问题。在理论研究方面，国内除对国家（或主权）豁免、司法协助、外国判决的承认和执行等少数几个问题曾有过一些讨论（即使是这些讨论，也是比较粗线条的）外，对国际民事诉讼法的性质和地位，国际民事诉讼法的主要内容，适用法院地法是不是解决国际民事诉讼程序问题准据法的一般原则以及国际私法上的识别、反致、公共秩序、法律规避等基本制度在国际民事诉讼法上的地位和作用等一些最基本的理论问题却很少涉及，甚至还是一片空白。为了把我国对国际民事诉讼法的研究提高到它应有的水平上，我们试图就上述几个问题作一番探讨，以祈引起学术界对这一法学领域的兴趣和重视。

第一节　国际民事诉讼法的性质和地位

一、国际民事诉讼法的概念

国际民事诉讼法，顾名思义，是含有国际的（或从一国的角度来看是含有涉外的）因素的民事诉讼，它要解决的本是国际的（或涉外的）实体民事

---

① 参见李双元主编：《中国与国际私法统一化进程》，武汉大学出版社 1993 年版，第 14~25 页和第 100~101 页的有关论述；李双元、胡振杰：《社会主义市场经济与我国国际私法的完善和发展》，《中国社会科学》1993 年第 3 期，第 68~71 页。

权益的争议。而实体民事权益争议的解决，既取决于实体民事法律冲突的正确解决，也取决于程序法律冲突的正确解决。国际私法原来就是在国家要求正确合理地解决这些在国际（或涉外）民事诉讼中出现的种种问题的基础上产生和发展起来的，它的任务本来也就是要回答国际民事诉讼中所提出来的这些问题①。因此，从这个角度来看，我们甚至可以把解决这些问题的国际私法纳入国际民事诉讼法的范畴之内，而不是像现在这样，把国际民事诉讼法只作为国际私法的一个附带部分。

在奴隶制时代的早期，以地域为标准来划分的法律共同体中的人，是依共同的血统或图腾（common totem）联系在一起的，外国人完全被视为敌人（hostis），不承认他在实体法和程序法上有任何能力。后来，随着交易和人类交往的进一步发展，在特定的种族和宗教集团之间，敌人开始被当作客人（hospes），尽管他们仍得不到居住地法律共同体的保护，他们依其属人法所取得的实体法上的能力已逐渐得到承认，并且开始承认他们程序法上的能力（不过最初他们仍不能自己出诉，而必须委托当地公民代为诉讼行为）。这时，不但以解决法律适用为目的的国际私法开始诞生了，同时也诞生了以解决具有涉外因素的民事争讼案件为目的的国际民事诉讼法。正因为这样，国外一些学者根据国际民事诉讼法和国际私法在起源上的这种共同性，而称他们为"双胞胎"。

不过，在很长一段时间里，外国人不能到普通法院去参加诉讼，有何诉讼请求，只能去专门受理涉及外国人诉讼的特别法院，在审理中，也只适用内国的诉讼规则，不可能发生程序规则之间的法律冲突——既不承认有法院管辖权上的冲突，也不会遇上证据或证明方面的程序法冲突，而且既然只有特别法院才能审理涉及外国人的案件，当然也不发生相互承认和执行对方作出的判决的问题。可见，在早期，国际民事诉讼法还只涉及外国人诉讼地位和诉讼能力问题，而且被承认的诉讼地位和能力，也是很有限的（如有一时期，外国人虽然经宣誓可出庭作证，但他的证言不能对抗本城邦公民的证据）。

在这种情况下，法院管辖权既不能超出地域的限制，而程序规则又只各自适用内国法律的有关规定，管辖权和程序规则的冲突得不到合理的解决，虽为国际民事诉讼，其效力却不能及于境外。因而在国际经济关系进一步发展之后，到中世纪，终于出现了新的突破。这时，不仅有了解决法院管辖权冲突的

---

① 正是基于这种观点，有些学者才把解决实体法律冲突的法律适用规范当作一种程序规范、技术规范。

冲突法，而且还迈出了在国际民事诉讼中，把程序方面的争议和判决方面的争议（即实体争议）。加以区分的决定性的一步，并且主张分别解决它们的法律适用问题，从而大大地加快了国际民事诉讼法从国内民事诉讼法和国际私法中分离出来的步伐。到 19 世纪末 20 世纪初，随着国与国之间司法协助（首先是管辖的协调和相互代为送达和取证）实践的发展，在程序问题上，已越来越多地允许适用外国的诉讼法了。

二、国际民事诉讼法的性质和地位

对于国际民事诉讼法的性质，学术界或认为它只是国际私法中的一个附带的部分，或认为它只是民事诉讼法中的一些适用于审理涉外民事诉讼的特别规定，而不承认它对于国际私法和民事诉讼法均具有的相对独立性。这种把国际民事诉讼法只认作是国际私法中的一个附带的部分，并且主张仅在国际私法中兼及法院管辖权和判决的国外承认和执行两个程序法上的内容的观点，对于建立现代国际私法和国际私法学的体系固然是颇有道理的，但它却把国际民事诉讼法中的其他许多重要的制度和问题排除在国际私法之外，而未能加以研究。反过来，主张国际民事诉讼法只是民事诉讼法的一个附带的部分，固然肯定了国际民事诉讼法绝不仅仅涉及国际民事管辖权和判决的国外承认和执行两方面的内容，其他的如外国人民事诉讼地位、诉讼费用、免费诉讼、诉讼代理、送达、取证、司法协助、期间、财产保全、诉讼时效以及国际商事仲裁制度等方面的特别规定，也都应包括在国际民事诉讼法之中，但是，他们却忽视了这些制度与国际私法的联系。而且往往受诉讼关系是一种公法关系、诉讼法是公法的观点影响，摆脱不了传统的诉讼程序问题只适用法院地法的理论的束缚，不能从宏观上——从国际私法和民事诉讼法的结合上，从国际民事诉讼本身的性质和特征出发并且借助国际私法和民事诉讼法的有关基本理论和制度，来讨论和解决国际民事诉讼法中的各种问题。

应该肯定，国际民事诉讼法，与国内民事诉讼法和国际私法都是存在着许多直接的联系的。首先，就它与民事诉讼法的联系来看，在它的来源、渊源和诉讼规范的性质方面都有着与国内民事诉讼法相同或相似之处，此外，在我们国家，由于国际民事诉讼法还正处于初创阶段，许多国际民事诉讼问题都是靠扩大适用国内民事诉讼程序的有关规定来解决的。这里最明显的例证就是，在我国民事诉讼中，关于涉外民事管辖权仅有四条规定，其中两条是关于合同及其他财产权益纠纷案件的我国法院管辖的根据的，一条是关于承认（或接受）管辖的，一条是关于三种合同由我国行使专属管辖的。因此，凡是不属于这些范围的管辖，毫无疑问，还得扩大适用该法关于地域管辖的一般规定才能解决。但由于国际民事诉讼法的国际性，它又有与国内民事诉讼法不同的内容和特点。其中最突出的区别是国际民事诉讼法中存在有法律冲突，而国内民事诉讼法中则没有。

至于国际民事诉讼法与国际私法的关系，就更为密切了。首先，如英美学者认为国际私法由冲突规范、法院管辖权规范以及内国法院判决在国外的承认和执行规范所构成，法国学者认为国际私法除冲突规范外，还包括有外国人法律地位的规范以及行政管辖权和法院管辖权规范。在我国，学术界也多认为国际民事诉讼法是国际私法的有机组成部分。其所以如此，主要在于二者都是以国际（或涉外）民事实体法律关系和涉外程序法律关系为调整对象的。国际民事诉讼法和国际私法的密切关系，还表现在这两个法律部门不但构成相似（即都包括冲突规范的部分和与外国人法相联系的部分，即都包括冲突规则和实体规则），并且存在同样的一些（相似的）问题，如识别、先决问题、反致、公共政策条款等，而且解决问题的方法也基本相似。但是，尽管这二者存在种种的直接联系和许多相似的地方，仍不可抹煞它们的重要区别。这首先表现在国际私法以解决各种涉外实体民事关系的法律适用为主题，国际民事诉讼法则以在程序上保证涉外民事实体权益的争议之公正合理的解决（包括实体法和程序法的正确适用）为主题。其次，在国际私法中，起间接调整作用的冲突规范无论如何都是起主要作用的规范，而在国际民事诉讼法中，起主要作用的，则是直接调整规范（实体规范和实体诉讼规范）。第三，国际私法许多制度在国际民事诉讼上的适用也有其特殊性。

从以上分析可以看出，作为程序法的国际民事诉讼法具有双重的或混合的性质。它的这种性质，也必然决定它相对独立于国际私法和民事诉讼法的地位。

第二节　国际民事诉讼法的基本内容

社会发展到今天，国际民事诉讼法已是由国家通过国内法和国际法规定的、审理含有涉外或国际因素的民事争议的所有特别规范所构成的了。它的主要内容从其产生时起到现在已经包摄了外国人（包括外国法人）的民事诉讼地位、国际民事管辖权、诉讼程序制度和国外诉讼程序在国内的效力等四个方面。其中外国人的民事诉讼地位是指外国人在内国得享有何种诉讼权利，承担何种诉讼义务，他们在民事权利受到侵害时可以得到何种保护；国际民事管辖权是指一国法院对有关的国际民事案件是否有权受理和作出有效的、可以在外国得到承认和执行的判决；诉讼程序制度是指那些在审判国际民事诉讼案件时应适用的各种特别规定，如送达，取证，期间，诉讼时限，财产诉前扣押和诉讼保全，证据规则，外国实体法和程序法的确定及适用，国际司法协助以及外国诉讼程序在内国的效力，包括国外未决和已决诉讼的效力和承认与执行问题。

此外，国际商事仲裁制度虽然在性质上不同于国际民事诉讼①，但它是由国家立法授权的，并在一定程度上受到国家司法权力的制约，并且随着国际经济贸易关系的发展，在解决国际民商事争议方面已成为越来越经常采用的手段，因而它不但与国际民事诉讼制度在解决国际民商事争议中发挥着并行不悖的作用，而且更需要运用国际民事诉讼法上的许多重要的理论和制度。因此，国际民事诉讼法的范围也应该包括国际商事仲裁制度。由此可见，国际民事诉讼法在体系上是相当庞大的，其内容和制度也十分复杂。但为便于讨论，本文将不过多地涉及商事仲裁问题，而仅及于以下几方面的内容：

一、外国人的民事诉讼地位

外国人的民事法律地位一般是通过国内立法或国际条约直接加以规定的。它是涉外民事关系和诉讼关系中发生冲突的前提，因而冲突法和国际民事诉讼法都要研究它。规定外国人民事诉讼地位的规范大都属于直接适用的实体法的范围，其法源主要有国内立法、法院判例和国际条约。目前，在外国人民事诉讼地位方面，主要有国民待遇、互惠待遇等几种待遇制度，其中普遍采用的是国民待遇制度。而且在现在，已出现一种普遍的趋势，就是对于外国人的民事诉讼地位采取十分宽松的立场。即如：即使在没有条约和互惠存在的情况下，国家也一般地赋予外国人以平等的民事诉讼地位，而另用对等原则加以控制。在外国人的具体待遇上，即使依其属人法，他的实体民事权利能力受到限制，也并不表示该外国人在内国也只能在与其实体民事权利能力相应的范围内享有民事诉讼权利能力，只要依法院地法认为其有诉讼权利能力，即有权作为当事人在内国起诉应诉。

在外国人民事诉讼地位方面，它通常还应包括是否可享有司法豁免权，是否应提供诉讼费用担保，能否享有诉讼救助（免费诉讼）以及诉讼代理制度

---

① 国际商事仲裁具有任意的和民间的性质，充其量也不过是一种"准司法"程序。

上的各种特别规定等问题。

二、国际民事管辖权

管辖权规范是国际民事诉讼法规范体系中的一个重要组成部分。在国际民事诉讼法中，大多数管辖权规范都是单边冲突规范，只决定特定案件的管辖权是否属于本国法院的问题。这是因为，一个主权国家不能直接规定另一主权国家和其他平等的法律体系的法院的管辖权。不过，在国际民事诉讼法中，也还存在一些有关法院管辖权的双边冲突规范，从而使有关国家能够通过内国法来承认另一主权国家法院的管辖权。另外，每一个国际条约在确定缔约国法院的管辖权时，更可从中找到有关法院管辖权的双边冲突规范。

当一个国家在确定哪些法律争议应归属于其内国法院管辖权范围时，它主要考虑这些法律关系中的实际权利和联系因素，而且一般把法院管辖权区分为以下三种不同的类型：（1）专属的、无条件的、保留的管辖权；（2）平行的、可选择的、有条件的管辖权；（3）排除的、拒绝的管辖权。

专属管辖权是指国家在特定范围的法律关系中，不管是否存在另一个有权作出判决的法院，都无条件地保留其进行诉讼和作出判决的权利。在这里，专属管辖权完全是表现为一种单边的冲突规范，从而即使外国依据其本国的冲突规范具有管辖权，它也不会承认该外国的管辖权。平行的、可选择的管辖权，则都是通过双边的管辖权规范来规定的，因而某一具体案件究由何国行使管辖权，取决于联系因素在内国或外国以及当事人最终选择向哪一国的法院起诉。而排除管辖则是指有关内国法院对某些案件应拒绝行使管辖的情况。各国如果规定专属自己管辖的案件过多，管辖权上的积极冲突就会发生得越多；而如果规定拒绝管辖的情况过多，管辖权的消极冲突就会发生得越多，所以李双元教授早在1991年《关于国际民事管辖权若干问题的思考》一文中提出，各个国家若能适当扩大平行管辖的联系因素，从而减少自己的专属管辖和排除管辖的情况，显然是会更有利于国际民事争议当事人寻求司法保护的[①]。

在国际民事管辖权问题上，既然常因各国的立法规定不同而产生冲突，因而求得管辖权的国际协调就显得相当重要。一般来说，达成这一目的的方法主要有：（1）由立法者制定关于管辖权的冲突规范，并使这一规范至少在原则

---

① 载李双元：《海峡两岸法律冲突及海事法律问题研究》，山东大学出版社1971年版，第308页。

上能获得他国的承认；（2）由内国承认外国法院的判决。即使依内国法该外国法院不具有审理有关案件的管辖权，只要内国法律对此案件不具有专属管辖权，而该外国法院的判决又没有损害内国的公共秩序及内国国家或被告人的重大利益，也可以采用这一方法；（3）缔结有关协调管辖权的国际公约或双边条约。

三、诉讼程序制度

在国际民事诉讼的审判活动中，虽然许多问题是适用一国民事诉讼法中的一般规定（如起诉、受理、法庭的组成、回避制度、审理的进行、宣判制度等），但也有不少问题，由于国际民事诉讼的特殊性而需要适用有关的特别规定。这些问题包括期间、送达、取证、财产诉前扣押和诉讼保全、诉讼期限、司法协助、证据规则等。

由于在国际民事诉讼中，法院和当事人进行诉讼活动往往受到通讯和交通的影响而不能适用国内一般民事诉讼有关期间的规定，从而要从立法上予以放宽。送达和取证也因受送达人或证据在国外或境外而需要依对方国家的法律或国际条约规定的方式和途径进行。在国际民事诉讼中，当事人对法院管辖权的选择和法院审判权的顺利行使，往往要受"有效原则"的制约，因而也把对被告的起诉建立在有效控制的基础上，并保证胜诉后自己依据判决所取得的财产权利得到实现，这在申请财产的诉前扣押（尤其是海事诉讼中）时便是经常可以见到的。但是，财产的诉前扣押必须具备何种条件？它和对实体问题的法院管辖权之间有什么联系？财产扣押申请的解除与起诉的期限与纯国内民事诉讼中的财产诉前扣押有无区分？这都是国际民事诉讼法应回答的问题。

在国际民事诉讼中，诉讼时限或是由国际私法中的冲突规范指定准据法来解决的，或是由有关国际条约直接加以规定的（如联合国《关于国际货物买卖时效期限公约》便对因国际货物买卖合同引起的诉讼请求时限作了详细的规定）。在前一种情况下，由于一些国家把它当作实体法上的一项制度，而另一些国家却把它当作程序法上的一项制度，从而必得适用识别制度并在识别冲突的情况下，寻求公正合理的解决途径。

证据规则，在我们国家的许多介绍或讨论国际民事诉讼法的著作中，一直未被列为一项内容，民事诉讼法也完全遗漏了对它的规定。但是，必须认识到，这是国际民事诉讼法上的一个既重要且复杂的问题。这是因为在某种意义上讲，整个诉讼活动就是在提出证据、审查证据、确认证据的效力的基础上进行的，并且一是根据由证据证明了的事实，一是根据应适用的法律得出判决结果的。

在国际民事诉讼中，首先要解决举证责任应适用的法律问题。对举证责任，尽管在许多情况下应适用有关法律关系的准据法（即实体问题的准据法），但对关于当事人之间没有争议的事实是否需要进一步证明的问题，关于法院在多大程度上应该考虑一般常识性的事实的问题，关于法院是否应该受当事人对事实某一"正式承认"的约束的问题，关于法院是否接受默示承认的问题等等，则到底应由法院地法来决定还是仍应由实体问题的准据法来决定，各国也常有不同实践。由于一项诉讼的提起，以当事人于起诉时同时也提供了初步证据（表面证据）为前提条件；那么，法院在国际民事诉讼中，是依据自己的有关法律还是应该依据争议案件的准据法来认定和承认这些初步证据，这也是证据规则要回答的问题。作为证明原则，在国际民事诉讼中，究竟是采用法定的证据制度，还是自由的证据制度，以及在采用自由裁量权（简单地说，就是在举证方式是否允许法官有自由决定的权力）时，如一方当事人在诉讼中主张的权利，是依据一个外国判决取得的，这个外国判决能构成确定的证据吗？在确定损害和赔偿的数额时，外国当事人已提出的证据甚至专家的鉴定，是不是必然对法官具有约束力？国外的哪些证据方式（如书面或口头证据、宣誓、推定承认和认诺等）是法院可能接受的？凡此种种，都有一个法律适用的问题需要解决。

国际民事诉讼关系既是一种跨国的诉讼关系，因而国家之间的司法协助（international judicial assistance）就成了一个重要问题。司法协助是指国家有关机构对外国机构设立某种审判程序所给予的协助。从广义上讲，它除包括协助送达、取证等外，还包括对外国判决或裁决的协助执行。司法协助规范大都规定在国际协定和公约之中，因此国内法虽是它的重要渊源，但更重要的还是双边和多边的国际条约。在国际民事诉讼法中需要正确回答申请和提供司法协助的机关和途径、司法协助应适用的法律以及可以拒绝提供协助的种种根据等问题。

四、一国诉讼程序在他国的效力问题

国际民事诉讼是一个各种诉讼行为的结合体，但就其在国外可能发生的效力来看，以一方当事人提起诉讼，通知被告应诉，被告正式应诉，到法院基于案件的是非曲直而最后作出判决等四种诉讼行为最具有重要意义。如提起诉讼在诉讼法上的效力是表示有关诉讼程序已经开始，在实体法上的效力是保留了

时效届满以前的请求权。给被告以通知，在诉讼法上的效力是向被告提供出庭应诉的机会，不但表明诉讼期间（litispendence）的开始，也是判决欲在国外得到承认和执行的重要条件；在实体法上的效力则包括某一债务基于通知而到期、某项善意承租人在收到诉讼通知后即对该项财产具有更重大的责任，等等。被告的正式出庭（如提出抗辩或反诉），在国际民事诉讼中，在诉讼法上的效力首先表明被告承认并接受该国法院的管辖。至于判决的效力就更为广泛了。如判决一经作出和生效，便具有可执行的效力，具有当事人不得就同一权利再提起诉讼的效力和法院与当事人之间的有关诉讼法律关系因而终止的效力等。但是这些诉讼行为的上述种种效力因不同国家实体法和诉讼法的规定不同而常有抵触，因而，也需要在国际民事诉讼法中加以解决。一般来说，国际法并不要求主权国家必须承认在国外正在进行或已经终结的诉讼的诉讼法上和实体法上的效力，因而各国实践往往很不一致。根据各国的实践，承认外国未决诉讼的效力和承认外国已决诉讼的效力的程序和条件也往往是不相同的（虽然历代均有些学者认为应该基于同样的条件来承认外国法院未决诉讼和已决诉讼的效力）。

在上面讲到的各种问题中，诉讼期间更是我们国内国际民事诉讼法未加深入讨论而又需要重视的问题。因为从通知被告出庭应诉（或从被告正式出庭）开始的诉讼期间是具有多方面的诉讼法上和实体法上的效力的，它包括：（1）以诉讼期间为根据可向外国法院的管辖权提出抗辩；（2）法院管辖权的不可撤销；（3）阻止改变诉讼请求；（4）阻止诉讼标的转让；（5）提出某一共同诉讼、反诉或附带宣告式诉讼的许可等等。内国法院是否承认外国开始的诉讼期间，从而是否构成对内国某一诉讼的阻止？诉讼期间开始后确定法院管辖权的条件发生了变化是否能影响内国法院正在行使的管辖权（我国1988年受理的"金鹰一号"航舶碰撞一案就涉及到这个问题）？应根据哪一国家的诉讼法规范来决定共同诉讼、反诉等的条件？以及在外国进行的未决的诉讼，是否也允许其在内国产生实体法上的效力？这些便都属于国际民事诉讼法要回答的问题。

至于外国已决诉讼在内国的承认和执行，也涉及实体法和程序法上的诸多问题，并成为各国国际民事诉讼法研究的一个重点。其中主要涉及是否必须以有条约和互惠存在为前提？申请或委托的提出和途径怎样？是否只能作形式审查或程序上的公正性方面的审查？实体法的适用是否必须与承认或执行国的国际私法规则的要求相一致？以及公共秩序的运用和程序法的适用等方面的问题。

第三节　适用法院地法不是解决国际民事诉讼程序法律适用的一般原则

在国际民事诉讼中，传统观念认为对于程序问题仅适用法院地的诉讼法。这种观念，在各国还不十分注重自己的判决在国外应取得一定效果的时代，也许还有其存在的理由，但今天的实际情况却非如此了。就是否承认外国已决诉讼程序的法律效力问题来看，必须去考虑外国诉讼法的情况便很多。例如，作出判决的法院属于哪一个国家？是否应该把作出有关决定的机构视为一个法院？这个法院是否具有管辖权？这个决定是否构成一个具有执行力的判决？起诉的理由是否完备？程序是否完全合法、有效？它还能不能依一般的或特别法律程序提起上诉？如果被请求承认判决效力的国家的法院只依自己的法律来回答这些问题，显然便很可能得出十分荒谬的结论。可是在国际民事诉讼法学领域，许多学者为了维护"适用法院地法的诉讼规范是普遍性的规定和一般的原则"的理论，提出种种学说，其中主要的有预先排除说、公法不具域外效力说和方便说（或有效说），以之否认这一事实。

如预先排除论者认为在国际民事诉讼法中，外国诉讼规范已被预先排除，是因为在这个领域，根本就不存在"国际私法规范"或冲突规范；或者认为在这个法律领域，只有确定法院地法适用的单边冲突规范。公法说则认为国家的诉讼法规范属公法规范，而传统上一直认为，公法规范是只能在颁布者的领土内适用的。

应该说，他们所能提出的上述种种理由，都是极不充分和极不确定的。因为：（1）国际民事诉讼法是随着国际民商事交往关系的大量发生而逐渐产生和发展起来的，尽管早期法院不适用外国的诉讼法，但到后来，尤其是现在，在举证责任、初步证据、推定制度、取证方法以及法院管辖权的确定，诉讼程序和裁决或判决的效力等种种问题上，适用外国诉讼法，已不是偶然现象，根本不存在什么先验的对外国诉讼法的预先排除；（2）也不能用民事诉讼法的"公法"性质，或诉讼行为是一国的"公法"行为来否认外国诉讼法的适用。这不但因为有关"公法"和"私法"的区分常常是不明确的，很难做到的，同时，即使作出了对"公法"、"私法"的划分，也并不是每一个民事诉讼法规范都可以被称为具有公法性质的法律规范。此外，即使是具有"公法"性质的诉讼规范，也并不构成排除适用外国诉讼法的绝对的根据。方便说或有效说所提出，在国际民事诉讼中所以不应适用外国诉讼法，是基于诉讼上的方便或有效，但这些理由也并不必定导致排除外国诉讼法适用的结论。这是因为在这种诉讼中，既然含有外国因素，就会有可能发生往外国送达诉讼文书、调查和取得证据、判决在外国得到承认和执行等问题，就有可能发生各种司法协助行为，假如在这些问题所涉外国要求适用它自己的诉讼法时却不去适用，又何能达到方便或有效的目的呢？因此，后期的学说，已不再坚持对外国诉讼法的绝对排除的观点，而是致力于阐述为什么以及在哪些问题上应允许适用外国诉讼法了。

这些学者常从后期注释学派主张用法院地诉讼法来裁决程序方面的争议，用法律关系的准据法（即应适用的实体法）来裁决实质方面的争议的理论出发，也主张把诉讼中需要解决的问题分为两类：一类是涉及实体问题的程序规则（如起诉应诉的能力、诉讼原因、举证责任等），一类是只涉及诉讼形式问题的程序规则（如法庭的组成、法官的回避、诉讼的正式开始等），从而进一步得出结论，对于后一类问题，仍只能适用法院地的诉讼规范，只有对前一类问题才允许适用外国诉讼法。从上述前提出发来探讨哪些问题应适用外国诉讼规范、哪些问题不能适用外国诉讼规范的学者中，较有影响的有如梅利①、斯托雷②、尼德兰德③、里斯勒④等。他们一般认为，在下列情况下得适用外国的诉讼法：（1）当外国法院或官方机构请求内国法院依据有关外国法的规定给予司法协助（送达）时；（2）当外国法院或官方机构请求内国法院或机构依该外国的法律规定获取证据时；（3）当承认某一国官方机构依其本国的法律在非诉讼程序中实施特定的行为时，如指定临时监护、为遗嘱检验制订财产清单、确定财产性质、指定机构拍卖容易腐烂的货物、失踪的行政推定等；（4）当内国承认和执行外国的司法判决或裁决时；等等。这种把诉讼法规范区分为涉及实体问题的程序规范和只涉及程序问题的程序规范的理论本身是站不住脚的，因为在实际的诉讼活动中，不可能有仅影响实质问题判决的程序规范和仅影响程序问题的程序规范。但是主张这种学说的人已用许多事实证明适用外国程序规范是完全有可能的，有时还是十分必要的。

把程序问题适用法院地法作为一般原则提出来，在把审判活动完全看成是

---

① See, Meili, Das Intertonale Ziriprozessrecht Auf Grund Der Theorie, （1904—1906）.

② See Story, Commentaries on the Comflict of Laws, 8th ed. （1883）.

③ See Niederlander, Matericlls und Verfahrensrecht in Internationalen Privatrecht, 载 Rabels Zeitschriift, Vol. 20 （1955）.

④ See Weismann, Lehrbuch des deutschen Zivilprozessrechts, （1903, 1905）, Vol. 1, p. 67.

国家主权的行使和主要为了保护自国的利益的时代，是可以讲得通的。但随着国际经济联系的空前加强，国际民事诉讼已越来越具有保障国际民商事活动的正常发展的性质（目前各国国际商事仲裁机构的仲裁活动便十分明显地具有这种性质），再坚持这种提法，就未免不很合时宜了。

基于前面所述，应该明确地指出，解决国际诉讼法程序问题的法律适用时，适用法院地法的诉讼规范并不是一般原则。在实际的诉讼过程中，唯有通过单个地研究各个诉讼规范的内容、目的和由这些诉讼规范所调整的诉讼法律关系的性质，才能获得正确的解决方法。唯有在此基础上，才能正确地确定有关的诉讼法律关系是应由适用于该法律关系的实体法律体系中的诉讼法来支配，或由另一个外国法来支配。因为正如在冲突法领域，证明不动产应适用物之所在地法，而证明当事人的权利能力和行为能力应适用属人法的根据，就不是一样的，在国际民事诉讼法上，证明诉讼能力应适用外国诉讼法和证明证据方法应适用外国诉讼法的理由也是不同的。

国际民事诉讼法和冲突法具有相同的目的，即保护和促进国际民商事交往的正常进行。既然如此，一国法院在审理涉外案件时，就不能简单地一概适用其本国的实体法和诉讼法，而应尽可能地不受偶然因素（如该案在内国法院起诉）的支配而选择最合适的实体法和诉讼法。正如不同国家的立法者应尽可能保证相同实体法律关系的争议无论在哪里进行审判都应尽可能地依据相同的实体法一样，在国际民事诉讼法的范围内，也应努力使诉讼法的适用，尽可能地不受偶然因素的影响。在国际私法中，冲突法的目的是协调国际实体法律制度，在国际民事诉讼法中，冲突规范的目的也应在于保证不同国家国际民事诉讼法的协调。按照科学的观点，在国际私法中，主要原则并不是法院地法的适用，而是应适用与每一争讼法律关系联系最密切的实体法，同样，在国际民事诉讼中，其主要原则——无论在理论上还是在实践中——也不是法院地法的适用，而应该是适用与诉讼程序、各种不同的诉讼行为以及伴随发生的诉讼法律关系联系最密切的诉讼法[①]。尽管这一法律在大多数情况下就是法院地法的诉讼法，但在某种情况下，也可能是支配构成诉讼标的的实体法律关系的法律体系中的诉讼法，即其准据法中的诉讼法；在涉及到某些诉讼问题时，还可能是当事人属人法中的诉讼法，即当事人的本国法或住所地法中的诉讼法；在某些其他情况下，也可能是行为地法中的诉讼法。

---

① 李双元、谢石松：《国际民事诉讼法概论》，武汉大学出版社 1990 年版，第 330 页。

由于多数与诉讼程序有关的问题在个案中可能都是依法院地诉讼法来解决的，所以，在一定程度上说，前述许多学者所持的把适用法院地法作为一般原则的观点与这里所阐明的最密切联系原则最后都可能导致同样的结果，但二者是有明显的差别的。因为不但依最密切联系原则，应适用外国诉讼法的情况的范围比过去流行的观点所确定的范围要广泛得多，而且国际私法和国际民事诉讼法的目的既然都在于促进国际民商事关系的发展，把法院地诉讼法的适用也建立在最密切联系原则的基础上，也是保护和促进国际民商事关系发展的最有效手段之一。

根据这一原则，国外有许多学者认为，在下列情况下，除有特殊理由（如简易程序或公共秩序的需要）表明必须适用法院地的诉讼法外，一般应适用实体法律关系准据法所属国家的程序规则：

（1）在普通程序中，法律保护的形式要件。这一类问题包括：是否有提起一个宣告之诉或确认之诉的利益的存在；是否有法律保护的必要；反诉、共同诉讼的主客观原因；参与诉讼；给第三人的通知；诉讼的撤回等。

（2）对案件实质问题判决具有决定性影响的证据法规则。属于这类问题的包括：举证责任；推定；初步证据；举证方法的可否接受等。不过对其中某些问题，还有必要考虑行为地法或法院地法的程序规则。

（3）构成诉讼基础的消灭时效；权利的丧失；应依法给予赔偿的损害数额的计算；非物质损害的责任问题；第三人共同责任的成立；损害事件索赔人的连带责任等。

（4）仲裁协议的合法性和法律效力问题。

（5）某一请求是否有充分的根据；是否有权提起诉讼或允许提起诉讼的问题（有时也应该依法院地法解决）。

（6）某种行为虽与该诉讼相联系或由该诉讼派生出来，但仍不属于诉讼关系。属于这一类的问题包括：法院外的解决；某一由外国法支配的合同规定由某一外国法律专家承担诉讼中提出法律意见的义务等。

（7）实体法上的抗辩。属于这一类问题的包括：对缺乏实体权利能力或达成交易的能力的抗辩；对错误、欺诈和胁迫的抗辩；抵销的抗辩等。

根据这一原则，在下列情况下，一般应适用当事人属人法中的诉讼法，除非依法院的诉讼法把这些问题识别为实法的内容：

（1）诉讼中的起诉应诉的权利能力；

（2）诉讼中的行为能力。

依据这一原则，在下列问题上一般应适用诉讼行为地法：

（1）国外送达和取证的方式与效力；

（2）证据法中的某些问题；

（3）外国司法判决的合法性、形式和法律效力。

诉讼的其他重要方面，在一般情况下，是适宜于适用法院地的诉讼法的。所以如此，绝不是仅仅基于公私法的划分，而是基于以下各种考虑：

（1）问题与作出判决的法院或其他机关存在着最密切的联系；

（2）出于社会、政治和经济方面的考虑；

（3）涉及国家领土主权问题；

（4）法院的职权要求或诉讼的便利，特别是经济行为方面的原因或速度要求使然；

（5）宪法和公共秩序方面的考虑；

（6）实体法和诉讼法的适用上适当统一的需要等。

应该认为，为了求得国际民事诉讼顺利而有效地进行，国外学者们的上述观点是包含有许多合理的成分的，各国的司法实践也大都已这样做了。

第四节　国际私法的几项重要制度在国际民事诉讼法上的适用

在国际私法中，由于它是从涉外民事关系与法律适用的总体来考虑问题的，并且允许适用外国法，从而采用了不少的双边冲突规范，因而必然同时要涉及识别、反致、公共秩序保留、法律规避、外国法的查明和错误适用的补救这些重要的制度，但是，严格地说，一般的双边冲突规范在争议发生之前，就有指导人们自觉根据双边冲突规范的指引去为法律行为的作用，可是像这几项重要制度，都只是在法院审理实体争议的诉讼过程中，才有着真正的意义。如只有在法院遇到应援用哪条冲突规则去解决法律适用问题时，才存在识别的问题；只有在法院地国自己的冲突规则要求它也去考虑外国的冲突规则时，才会遇到反致问题；只有在接受冲突规则的指定适用外国法去判定当事人之间的是非曲直，会造成与法院国自己的公共秩序严重抵触时，才会考虑公共政策的问题。法律规避的后果也只在当事人之间就此提起诉讼时才会要求法院去作出抉择。至于外国法的查明和错误适用的补救，就更是只在国际民事诉讼中发生了。

所以，应该说，研究这些制度，正确地解决有关的问题，更是国际民事诉讼法的一项当仁不让的任务。更何况，在外国诉讼法的适用上，像外国实体法的适用一样，也有本身的识别、反致、公序保留、法律规避、外国法的查明与错误适用的补救等问题需要解决。为了不与国际私法从总体上讨论这些问题时的研究相重复，我们在这里只讨论它们在程序法上的适用。

一、识别在国际民事诉讼法上的适用

如前所述，国际民事诉讼法的构成及性质与国际私法（冲突法）有所不同，因而在运用识别时，其形式以及一些具体的解决原则也会多少有些差异。其主要原因是在国际私法（冲突法）中，大量的是双边冲突规范，而在国际民事诉讼法中，双边冲突规则相对较少。但是，这绝不能导致这样的结论，即在解决程序问题上识别是不需要的。实际情况是，国际民事诉讼既然还有双边冲突规范存在，就必然要解决识别上的冲突。在国际民事诉讼法中，识别除了要解决何种诉讼关系（事实构成）应适用哪一国的诉讼规范外，还要解决内国法院对于某种案件是否具有管辖权的问题。在 1927 年德国民事法院就受理了这样一个案件，一个比利时国籍的父亲就其子女的监护权问题向德国民事法院起诉，可是依当时的比利时法，民事法院无权受理具有这种性质的诉讼，德国法院便是通过识别来确认自己的管辖权的。

类似情况，在我国也曾发生过。1984 年中国技术进出口总公司与美国一公司签订了一项向后者购买钢材的合同，后者无力履行，将其合同权利义务转让给瑞士工业资源公司。该瑞士公司采取一系列伪造单证的手法，将货款取去后一直不能交货。1986 年中技公司乃以追回货款为由向上海中院起诉获胜诉判决。瑞士公司乃以合同中有仲裁条款为主要理由，主张原审法院无管辖权上诉到上海高院。上海高院将此案识别为诈欺，属侵权行为，而非合同纠纷，且认为侵权行为地在中国，维持了上海中院的管辖权①。

在国际民事诉讼中，严格意义上的识别，是指对冲突规范的"范围"所涉及的事实构成进行识别。但也有许多学者从审判实务的需要和是否会导致应适用法律的改变出发，主张把"二级识别"（即对外国法性质的解释）和"连结点的解释"，也包括在识别之中。这类问题在审判中确实是会常常遇到的。例如依我国最高人民法院关于涉外经济合同法的解释，认为该法冲突规范指定的外国法，只指外国现行的实体法，不是指它的冲突法和程序法。从而就必然使法院在解决一级冲突指引外国法后还得进一步对该外国法的性质作出解释：它是实体法？还是冲突法？还是程序法？才能最终决定是否适用该外国法。

---

① 参见李双元主编：《中国和国际私法统一化进程》，武汉大学出版社 1993 年版，第 116~117 页。

在国际私法中，对识别的依据，曾提出过种种学说，如准据法说、法院地法说、分析法学和比较法说等。但是，一般地说，主要还是依据法院地法的概念来进行识别的。在国际民事诉讼法程序问题的识别上，法院地诉讼法的适用却比国际私法中法院地民事实体法的适用要存在着更多的例外。这些例外至少包括：（1）如果法院地诉讼法为了定义某一诉讼概念（如婚姻诉讼）指定了可适用的是实体民法或宪法，那就是依据国际私法中的冲突规范所指定可适用的实体民法和宪法来进行识别；（2）如果法院地诉讼法就确定识别可适用的法律而指定了一个同等的外国实体诉讼法，那也应依该外国实体诉讼法进行识别（如在涉及对某一外国判决的承认和执行问题时，它要解决的是该判决究竟由哪一外国作出，这时就必须依作出判决的法院地的实体诉讼法来解决），因为这不只是一个作出司法判决的地点的问题，在某一国家领域内，别国领事法院或国际法庭作出的判决，完全可能被该国认为是一个外国判决，而不是它自己的判决的；（3）对于作出判决的机关是否应识别为法院，文书中所包含的判决是否可认定为一个正式判决，法院就其判决作出的说明是否应被视为判决的一部分等问题，也只能依有关外国的程序性诉讼法来作出定性；等等。基于这种情况，我们当可进一步认为，在解决国际民事诉讼程序问题时，适用法院地诉讼法也并不是普遍的或一般的原则。

二、反致在国际民事诉讼法中的运用

在国际民事诉讼法中，于下列情况下可能会产生反致：（1）当事人为外国国民或居住在国外因而其起诉应诉能力须依其属人法来决定时；（2）法院地诉讼法指定诉讼中行为能力和处分能力要依有关实体问题的准据法作决定时；（3）承认某一国外未决或已决程序的法律效力时，如要承认某一外国判决，而这一承认又要依该外国法院是否已经适用了被请求承认国国际民事诉讼法中的冲突规范的内容时；（4）在涉及法院管辖的问题时，如当内国法院确定外国发生的诉讼程序的效力取决于该外国法院依其内国法是否规定它享有管辖权时，它的内国法却排除了它的管辖；以及如内国法规定对于特定的案件只在内国法院的判决能为该外国当事人的本国所接受才能执行时，便都会发生反致。但是，无论如何，由于在国际民事诉讼法中指定适用外国诉讼法的冲突规范在数量上比国际私法中指定使用外国实体法的冲突规范要少得多，同样，彼此并列的法律体系中有关法律管辖权的冲突规范多半是单边规范，这就在很大程度上限制了诉讼领域发生反致的可能性，因而一般地说，反致在国际民事诉讼法中的实践意义要比在国际私法中的意义为小。

三、国际民事诉讼中的法律规避

在国际民事诉讼法中所产生的欺诈性法律规避问题，涉及应适用的实体法和诉讼法的确定，涉及法院管辖权的确定。应注意的是，在西方法学界有一种观点认为，在国际民事诉讼法领域中并不发生法律规避的问题①。这种观点无疑是错误的。在国际民事诉讼中，同样可能发生当事人用欺诈的方法规避有关管辖权的冲突规范或起直接调整作用的诉讼规范的情况。例如，一方当事人可能为规避适用有关举证责任或接受证据的内国诉讼规范，用在国外达成交易的方式，而指定外国法以及特定的起直接调整作用的国际民事诉讼法规范。而另一方面，当事人为了获得起诉的能力，或为了避免承担诉讼费用担保，或为了获得诉讼费用的免除（法律救助），可能在国外作成一项有关的交易及应使用于诉讼中的文书。此外，为了达到上述目的，当事人也可以通过改变他的住所或居所、改变他的国籍，通过把合同缔结地或履行地转移到国外，通过作出一个有关法院管辖权的明确的欺诈性约定，来改变法院的管辖权，从而防止适用某一国家关于法院管辖权的规范。当事人还可能为了使其债权人在他就职期间不能对他起诉而参加某一外国的外交使团，这都属于规避法律的行为。

对于法律规避行为的效力，学者们有不同的看法②。应该认为，只要其规避行为既不侵害另一方当事人的权益，也不损害国家利益，就不能宣告他的行为无效，相反，如果造成了正常情况下支配案件的法律和管辖权与有关案件事实之间无法容忍的后果，则应宣告其规避行为无效。

四、国际民事诉讼法中的公共秩序

关于公共秩序原则在国际民事诉讼法领域的适用，首先应注意到这样一个事实，即大多数国家的民事诉讼法都明确规定，如果外国判决或仲裁裁决的承认和执行与内国的公共秩序相抵触，内国法院应拒绝承认和执行该外国判决或仲裁裁决。例如《德国民事诉讼法典》第 328 条第 4 款，第 1041 条第 1 款第 2 项，第 1004 条第 2 款第 2 项；《意大利民事诉讼法典》第 797 条，《中华人

① 这一主张曾被德国帝国法院在 1885 年和 1892 年的裁决所采纳，但德国的司法实践并没有遵循这一判例，德累斯顿（Dresden）上诉法院于 1911 年作出判决，就确认了滥用法律和欺诈性法律规避问题也发生于国际民事诉讼法领域中。

② 华赫特（Wachter）和魏斯（Weis）等人认为法律规避不是一种无效的法律行为，而池原季雄等则认为它是一种违反公共秩序的行为，因而是无效的。

民共和国民事诉讼法》第 268 条等等，都有此类规定。1958 年《关于承认和执行外国仲裁裁决的纽约公约》的第 5 条之 2 的（2）也明确规定，在"承认和执行该项裁决将和这个国家的公共秩序相抵触"时，也是允许拒绝承认和执行的。

这里值得说明的第一点是，认定外国判决或裁决的承认与执行是否与自己的公共秩序相抵触，既有实体法上的原因，也有程序法上的原因。诸如未给败诉人出庭应诉的机会，判决或裁决是用诈欺手段获得的，外国法院进行审判程序不公正，没有合法管辖权，等等，在一些国家的国内法或国际公约中，虽然往往把它们与公共秩序并列作为拒绝承认和执行的理由，但由于这些程序规则和要求具有强行法的性质，在实质上，亦属一国公共秩序的法律。

这里值得说明的另一点是，正如在国际私法领域一样，一般来说，在这里也只考虑适用内国的公共政策，只有在例外的情况下才考虑外国的公共政策（如内国立法已经接受反致原则，在有关案件中内国法院应适用外国的冲突法；或为保护依外国法设立的主体的有效法律地位，以及例外考虑外国法中应无条件适用的规范等）。此外，应注意的是，国际民事诉讼法中的公共政策具有相对性，亦即它的内容在不同的国家以及各个国家的不同时期都会发生各种变化。一旦公共政策发生变化，则新公共政策起着决定性的作用。

五、外国法内容的查明和错误适用的补救问题

对于查明，学术界争论最多的是外国法究竟是法律还是事实的问题。对这一问题的不同回答，关系到查明的方法及其所适用的原则。如果把外国法规范视为一种单纯的事实，则应适用确定事实的同样的原则，就是说外国法律规范的证明，应由当事人提供，适用听讯原则。如果把外国法视为法律，而且与内国法规范具有同样的效力，则应适用确定内国规范内容同样的程序来确定外国法的内容，这里不应适用听讯原则，而应由法官去了解外国法的内容，当事人不负举证责任。我们认为，对于某一外国法律规范是否应被视为事实或法律的问题，不可能简单地用"是"或"不是"来回答。因为外国法规范在不同的情况下，应视为具有不同的性质：（1）有时它仅仅是一个简单的事实；（2）有时通过接纳的方式，它成了内国法律的一部分，而割断了与外国立法者的所有联系，被转变为内国法律规范；（3）有时外国法律规范并没有被纳入内国法律体系，也没有被转变成一条内国法律规范，因而仍保持着外国立法的性质。因此，对于查明问题，我们应持一种灵活的态度，即在一定条件下适用听讯原则，由当事人证明外国法的内容，同时，亦不排除法官采取必要措施依职

权来确定外国法内容的义务。

当法官不能够确定应适用的外国法的内容时，法官该怎样处理的问题，法学界存在两种截然不同的观点：一种认为法官应当适用法院地法；另一种认为法官应驳回以适用该外国法为基础的诉讼，或不接受当事人的上诉。此外还有人认为，此时应适用与原本适用的法律有密切联系的法律。

在我国司法实践中，对有关查明问题的案件的审理，一般采取比较灵活的作法。在此介绍深圳市中级人民法院审理的香港××企业有限公司案。1989年3月16日，原、被告在香港签订"货款协议"和"固定抵押合同"。合同约定该"货款协议"所有方面按照香港法解析。合同缔结后，原告依约贷给被告406万元港币，但被告仅偿还了原告贷款本金及罚息、利息共计港币293万多元。原告遂向深圳市中级人民法院提起诉讼。本案受理后，鉴于合同双方当事人选择了香港法作为贷款合同的准据法，故法院通知双方当事人在规定的合理时间内提供有关香港法的资料。在这里，深圳中院采取了听讯原则。后由于双方当事人未能提供有关信贷和抵押方面的香港成文法和判例，深圳中院就适用了我国内地法律①。我们认为，深圳中院的这一作法是过于简单的。因为最高人民法院《关于适用〈涉及经济合同法〉若干问题的解答》明确规定：在应适用的法律为外国法律时，人民法院如果不能确定其内容的，可以通过下列途径查明：（1）由当事人提供；（2）由我驻该国的使、领馆提供；（3）由该国驻华使、领馆提供；（4）由中外法律专家提供。这样的规定也适用于我国香港地区，而深圳中院没有主动依职权通过上述所有途径来查明香港法的内容，即适用我国内地法律，这无疑是不适当的。因此，今后的司法实践中若再遇上类似案件，处理时应当既坚持灵活性，同时更应保持法律的严肃性，即应严格按上述途径来查明外国法的内容，确实查明不得时，方可适用我国的法律。

在国际民事诉讼法中，外国法的错误适用有下列两种情况：

（1）因错误适用内国冲突规范而造成的外国法的错误适用；（2）适用外国法本身的错误。研究外国法的错误适用主要是研究外国法错误适用时如何处理，亦即上级法院是否应行使监督权的问题。

对于这一问题，不同的法律体系和不同的法学者的观点都极为歧异。有些法律体系虽然没有把外国法内容的确定作为事实问题，但没有授权上级法院对外国法的适用进行监督。如《德国民事诉讼法典》第549条的规定便是典型。

---

① 王常营主编：《中国国际私法的理论与实践》，人民法院出版社1993年版，第225～226页。

有些法律体系把外国法内容的确定视为一个事实问题，而且部分地基于这一原因，也由于其法律规定上级法院的职权只限于法律方面的审查，因而没有授权上级法院对适用外国法的方面进行监督。如法国、比利时、荷兰、卢森堡等国的法律即采取此种态度。而另有些法律体系，或授权上级法院基于法律的观点进行审查（如奥地利和意大利的法律），或虽把外国法作为一事实问题，但仍授予最高法院以监督权（这是英美法接受的观点）。

从理论上说，将上级法院的监督权扩大适用于对怎样适用和解释外国法进行监督是恰当的。事实上，为求得在各种情况下确保法律适用的统一，这种观点已逐渐为世界各国的立法和司法实践所接受。

总而言之，我们应该看到，由于各国民事诉讼法的歧异，在国际民事诉讼中，发生程序法适用方面的冲突是必然的，如果各国在理论和实践中都坚持只适用自己的包括管辖权规范在内的程序法，这种冲突就会无法解决。但是，随着国际民商事关系的日益发达，各国法院审判的民商事案件需要在国外调查取证和发生效力的已越来越多，再不采取实事求是的态度积极地加以协调，法院的涉外民商审判工作就将完全处于形同虚设的境地。因此，许多国家已在不断增大自己的国内程序法的开放度的同时，也越来越重视国际民事诉讼法的实体规定和程序规定的统一工作，从而大大加强了国际民事诉讼法领域的趋同化倾向。国际民事诉讼法在各国和国际组织的立法活动中的地位已大为提升，国际民事诉讼法的理论研究工作也因根本破除了诉讼程序问题只适用法院地法的陈腐观念的束缚而不断取得新的成就。

六、国际民事诉讼程序法的统一化趋势

国际民事诉讼程序法的统一化运动自 18 世纪于欧洲发端，历经将近三个世纪的发展，迄今已是蔚为壮观。在各有关国家及国际组织的大力推动下，国际民事诉讼程序法的统一化取得了丰硕的成果。这无疑为国际民商交往提供了可靠的、一致的程序性保障，便于国际民商事争议的顺利高效解决。本文拟就国际民事诉讼法统一化的目标、特性加以阐述，并对有关国际组织，尤其是海牙国际私法会议在此领域的工作及其所取得的成果予以评介。

就各种统一法律规则的尝试而言，它们所追求的目标可分为两个层次：一是理想化的目标，一是实际的目标①。在理想层面上，法律的统一化被视为提

---

①　Konstantinos D. Kerameus, Procedural Harmonization in Europe, AJCL 1995 Vol. 43, p. 401.

高法律规则品质的一种方式。法律统一化的发生就是通过对各个规则的定性比较，从中择取最优者而对其他法律规则加以改造。当然，实际上很少出现一套法律规则绝对优于其他规则的情况，因为在各种法律规则之中优点和缺点都有不同程度的分布。法律统一的任务就在于，准确地找出其中的优点，进而加以适当综合。这种综合也是为了设计一种尽可能优越的解决方式。因此，在这种意义上，法律统一是提高法律实际状态的一个步骤①。它得益于众多法律模式之间的可比性，以选取其中的最优者为宗旨。在这种定性选择过程中，自然法的某些因素不可避免地发挥着重要作用，因为它们能够提供一种中性的第三者作参照②。可见，对法律统一的理想化理解即为根据自然法观念或价值预设而进行的定性分析。另一方面，实际层面的法律统一并不关心法律的品性，它的目标在于消除众多法律体系之间的不同之处，避免由此而带来的不良后果。此外，只有在有关法律体系互相之间具有实际联系时，这类统一才有意义。因而，如果各个法律体系或法律规则据以存在的政治、经济、地理因素迥然不同，它们的统一就是毫无意义的。不过，假使各国之间存在重要联系而致力于消弭彼此间的法律差异，则将通过采用共同规则来消弭差异，而不是选取最佳规则。这里的指导思想是尽可能消弭歧异，法律统一的目标仅在于统一，而不是作为取得法律品性实质进步的一种方式。不过，在大多数情况下，法律统一的尝试会采取一种介于理想化和实际性层次二者之间的中间化道路。

诉讼程序法的统一是法律统一的一种表现。然而，诉讼程序领域的法律统一，较之一般意义上的法律统一，既有共同之处，又有其特定的目标。

根据一项业已确立的原则，内国法院不得适用外国诉讼程序法③。因此，法律统一的需要似乎并不存在，两个或更多互不相同的诉讼程序体系自身并不

---

① Konstantinos D. Kerameus, Procedural Harmonization in Europe, AJCL 1995 Vol. 43, p. 401.

② 自然法观念认为，人类的理性是法律与正义的基础，制约着世界各个角落的居民，而自然法具有普遍的和永恒的性质。参见何勤华著：《西方法学史》，中国政法大学出版社1996年版，第36~38页。

③ 对此观点，学者之间向来存有争议。主张适用法院地诉讼程序法乃一般原则的理由在于，国际民事诉讼程序当中不适用外国诉讼程序法是基于诉讼活动的方便：外国诉讼程序法无法得到有效适用。以萨瑟为代表的学者则认为，尽管在许多情况下要适用法院地的诉讼程序法，但它并非一般原则，而应把最密切联系原则作为国际民事诉讼程序法律适用的主要原则。转引自李双元、谢石松著：《国际民事诉讼法概论》，武汉大学出版社1990年版，第312~335页。

是需要进行统一的充分证据。不过，必须指出的是，国际民事诉讼程序应另当别论。对于有关国际管辖权的规则、有关根据未决诉讼的规则、证据规则及承认与执行外国判决的规则，各国立法者在起草时理应考虑到国际共同体的存在。不管这些规则是否为外国法院所适用，但它们的适用范围在多数情况下将跨越国境。这是因为，由于涉外民事案件具有涉外因素，即诉讼当事人、诉讼标的、诉讼证据等，都可能与外国有联系，就往往需要在外国司法机关的协助下，才能完成整个诉讼活动①。因此，为避免诉讼程序规则妨碍跨国交往，国际民事诉讼程序规则中的绝大部分需要统一。此外，各个不同诉讼程序制度之间的一体化，也是导致诉讼程序法统一的因素。假定内国法院不适用外国的诉讼程序规则，如果有关国家之间的经济、社会或政治一体化已达到较高程度，诉讼程序法的歧异将会成为正常商业流动的障碍。例如，拿欧洲联盟来说，其中的某一国家可能为支付令的取得规定了简易程序，而不论债务人的住所是否位于本国境内②，与此同时，另一国却规定，只有当债务人的住所位于该国境内时才可采用此类程序。两国在取得一种简便、高效地满足商事请求方式上的重大差异，将导致国际经济活动中产生不平等条件，破坏了自由竞争和商业流动。为避免上述后果的出现，就有必要进行诉讼程序法的国际统一。

由此可见，程序法的统一，不论是对于各个在国际民商事交往中有联系的国家，还是对于已达到高度一体化的国家共同体，都有其实际目标。如果此类目标并非首要的，则在各个国家内，也可统一诉讼程序法来提高规则的品性。在这种意义上，诉讼程序法的统一与一般法律统一并无不同。

程序法的统一与一般的法律统一的不同之处在于，程序法和实体法被赋予不同的功用。程序法具有三种显而易见的功用：首先，程序法为实体法的运作提供必要的技术工具。举例而言，关于民事诉讼期间计算的规则、关于送达程序的规则、关于以令状开始诉讼的规则，为有序的诉讼活动提供了必要的基础。此类规则的目的就在于通过正确的司法操作而达到及时、准确的判决。效率和公正是任何民事程序制度的固有价值，它们与诉讼结果的内容没有很大关系，只是为了保证司法中没有延误，适用法律正确。民事诉讼程序技术规范的固有价值，使得其统一成为可能。

程序法的第二种功用在于满足实体法的特殊需要。许多国家在一般裁判模

---

① 参见卢竣主编：《国际私法公约集》之序言，上海社会科学出版社1986年版，第16页。

② 参见德国民事诉讼法典第688条第3款。

式之外，对于家事案件、劳资争议案件往往采用特殊程序规则。在这些领域，有时为了实施实体法，需要适用特殊的程序规则。例如，对于婚姻诉讼和父母子女纠纷，依据希腊法律的规定，不允许当事人宣誓，自认也被限定为非结论性的证明方式。之所以采用这种与众不同的证明规则，主要是因为希腊法不允许协议离婚。由于此类程序规则是对实体法概念和规则的补充，如果相关的实体规则不同，此类程序规则的统一将毫无意义。个别诉讼程序规则与实体规则的功用联系越为紧密，程序法的统一尝试也就越发困难。

诉讼程序规则的第三种功用即在裁判的重要领域作出政策决定。例如，发现程序的存在及其方式取决于对一方当事人是否被要求在审理前提供信息的基本考虑，以及对相关费用和利益的综合平衡；集团诉讼的问题在于代表的充分性、对非居民的管辖权等等。在这些领域，程序规则并不必然反映实体法的概念或要求，但它们也并非纯粹性的技术规则。这种程序规则可以在不考虑实体法制度的情况下加以统一。

程序法的统一可以分为不同类型。根据所涉国家范围的不同，可分为国际程序法的统一和国内程序法的统一。尽管程序法的差异更为突出地表现在国与国之间，但是，同一国家内常常也有程序法上的歧异。在历史上，1871 年至 1879 年的德国以及 1913 年至 1968 年的希腊，都存在程序法的地域差异，现今的一些联邦制国家仍是如此。当然，并非所有的联邦制国家都存在程序法的歧异。例如，德国现在不仅是联邦制国家，而且也在各州设置法院，只有各州高等法院归属联邦共和国，并在宪法中特别予以规定。然而，所有的民事法院，不论它们是联邦的还是州的，都要适用同一部民事诉讼法典，各州程序性法律的作用极为有限。但是，在许多联邦制国家内，联邦法只能支配联邦法院的程序，而各个州或省被允许为它们的法院制定自己的程序规则。美国和瑞士即属此类。在这两个国家里，各个州的程序制度均有较大程度的趋同性，但是在某些领域也存在重大差异。这些差异仍然存在，目前并没有对其进行统一的计划，其原因就是，在这些联邦制国家内，通过固有的宪法性上层建筑的统一力量，已经达成了很高程度的统一。事实上，美国和瑞士的联邦宪法对所有各州的许多程序性事项都指明或强加了同样的解决方法。由此也可看出，国内程序法的统一与国际程序法统一的最主要区别在于，前者有更高层次的规则直接干预，而后者并不存在这种情况，因为国际法并不能像联邦国家内的宪法那样，对于程序法的统一起到相似的作用。

诉讼程序法的统一也可根据程序法与实体法的关系而进行分类。旨在与实体法统一保持一致的程序法统一可视为派生性的统一；与之相反，忽视实体法统一的程序法统一则可称作自发性的统一。前者的例子如 1865 年的意大利民事诉讼法典，它所采取的方式不仅在于达成全国的法律统一，同时也在于达成民族团结①。一般而言，国内程序法的统一通常是派生性的。另一方面，国际程序法的统一则很少涉及实体法的统一。在大多数情况下，国际程序法的统一旨在形成共同的程序规则，而不管是否存在统一的实体法基础。例如，1968 年《民商事管辖权和判决承认与执行的布鲁塞尔公约》即属此类。该公约是为了达成程序法的部分统一，和实体法没有任何直接联系。因此，它属于自发性的统一。

此外，许多国际民事诉讼程序公约都涉及诉讼程序法的部分统一。事实上，由于种种因素的牵制，国际民事诉讼程序法的统一只能是部分性的统一。相反，国内诉讼程序法的统一则常常是全面性的统一，如 1865 年的意大利和1877 年的德国。然而，即使是在一国之内，诉讼程序法的统一也并非必定是全面性的统一。美国有关破产的联邦法律以及瑞士有关破产、金钱判决执行的联邦法律，就是此类国内诉讼程序法部分统一的最佳例证。国际民事诉讼法的统一具有两个十分突出的特点：自发性和局部性。事实上，20 世纪国际上所进行的统一民事诉讼法的努力，并没有以任何实体法作为依据，即没有把统一民事诉讼法作为实施实体法的附属工具；同时，也未能囊括民事诉讼法的全部领域。因此，现代民事诉讼法的统一具有国际性、自发性和局部性。其中，国际性与局部性是显而易见的，自发性则需要进一步加以阐述。既然没有特定的实体法作为依据，在这种意义上，国际民事诉讼法就不具有任何附属性，而占有自己的一席之地。国际民事诉讼法具有特定的价值观：在各国之间合理分配管辖权；使得跨国诉讼中的所有适当抗辩手段可资利用；提供高效合理的跨国取证方式；允许诉讼判决、裁决在国际社会内其执行不受妨碍。

对于诉讼程序法统一最具争议的限制是它的范围，即究竟是仅仅追求国际民事诉讼法的统一，还是应当同时追求国内民事诉讼法的统一。统一民事诉讼规则是只针对涉外争议，还是应将纯国内民事诉讼包括在内。迄今为止，所有统一民事诉讼程序的努力仅限于国际领域。这是因为，内国诉讼程序法的统一无论从必要性还是可能性上来讲，都不具备。就必要性而言，任何统一法律的愿望都源于各个法律体系之间的相互联系。如果法律体系之间毫无联系，则不会产生统一法律的需要。统一各国的诉讼程序规则也需要遵循同样的原则。由

---

① See Van Caenegem, History of European Civil Procedure, Int. Enc. Comp. Law, Vol. 16, Chap. 2, p. 67.

于法官通常只适用内国的民事诉讼程序规则，而很少考虑外国程序规则，所以没有必要统一各国的诉讼程序规则。就可能性而言，任何成功的法律统一不仅要求需要统一的法律体系之间存在一定程度的相似性，还要求其有共同的基础结构。

国际民事诉讼程序法的统一化运动历史久远。早在18世纪，法国和瑞士就于1715年订有这方面的条约。1760年又制定了《法兰克—撒丁条约》，该条约的效力后来扩展到整个意大利。1881年，奥地利与塞尔维亚缔结有关于各自公民民事诉讼权利互惠、彼此判决的相互执行以及遗产继承、监护和公文证明的条约①。此类双边条约一般都规定了法院管辖权、外国人的诉讼能力、文书的送达和公文取证、诉讼费用担保的免除和法院判决的相互执行等问题。19世纪末，国际社会开始注意到双边条约的局限性，并着手制定有关国际民事诉讼程序的多边公约。其中，1890年制定的《关于铁路货物运输的伯尔尼公约》以及几个航海条约，都对国际民事诉讼程序中的特定问题作了规定。20世纪初，在资本主义的上升时期，国际交往日益频繁，推动了国际社会通过制定更为广泛、专门的多边条约，以对国际民事诉讼程序问题进行统一②。

在从事国际民事诉讼程序法统一化工作的国际组织之中，较富影响的当属海牙国际私法会议、欧洲共同体以及美洲国家组织等③。由于后两者主要受到前者的影响，所以本文着重对海牙国际私法会议的有关工作及成果加以

---

① 参见李双元主编：《中国与国际私法统一化进程》，武汉大学出版社1993年版，第222页。

② 参见李双元、谢石松著：《国际民事诉讼法概论》，武汉大学出版社1990年版，第51~52页。

③ 欧洲联盟所制定的国际民事诉讼程序公约主要有：（1）关于民商事件管辖权及评介执行的公约（1968，简称布鲁塞尔公约）；（2）关于提供外国法资料的欧洲公约（1968）；（3）关于国家豁免的欧洲公约（1972）；（4）洛迦诺公约（1988）；（5）关于破产诉讼程序的公约（1995）。美洲国家组织所制定的国际民事诉讼程序法公约包括：（1）关于国际民事诉讼程序法的条约（1940）；（2）美洲国家间关于国外调取证据的公约（1975）；（3）美洲国家间关于嘱托书的公约（1975）；（4）美洲国家间关于执行预防措施的公约（1979）；（5）美洲国家间关于外国法证明和查询的公约（1979）；（6）美洲国家间关于嘱托书的附加议定书（1979）；（7）美洲国家间关于外国判决和仲裁裁决域外效力的公约（1979）；（8）美洲国家间关于外国判决域外有效性的国际管辖权公约（1984）；（9）美洲国家间关于国外取证的附加议定书（1984）。

评介①。

海牙国际私法会议从一开始就关注民事诉讼程序法的统一问题，并为此做了大量工作，也取得了丰硕的成果。有关国际民事诉讼程序的最重要、最成功的海牙公约当属：《民事诉讼程序公约》、《关于司法及司法外民商事文书国外送达公约》、《关于民商事问题国外取证公约》、《关于取消外国文书的认证公约》、《国际司法救助公约》等。

早在 1893 年和 1894 年召开的第一、第二届海牙会议上，民事诉讼方面的问题便被列为讨论议题之一。1893 年海牙国际私法会议起草了《关于民事诉讼程序公约》的第一个草案，它仅涉及文书的送达和代为询问委托书。该草案在 1894 年第二届海牙国际私法会议上略加修正后得以通过，并于 1896 年 11 月 14 日得以签署。它是海牙国际私法会议统一国际私法历史上第一个被签署、第一个生效的多边国际公约，是海牙会议统一国际私法成功的最早标志。1904 年，第四届海牙国际私法会议对 1896 年公约进行了修订，进而在 1905 年签署后形成一项新的民事诉讼程序公约。1905 年民事诉讼程序公约的内容主要有以下几个方面：（1）司法文件及非司法文件的送达；（2）代为询问委托书；（3）外国人的诉讼担保；（4）贫民案件诉讼程序；（5）对债务人的监禁。

1905 年民事诉讼程序公约，由于只涉及程序性问题而不涉及法律选择问题，可称得上是第一次世界大战前所缔结的海牙公约中最成功的，并为后来缔结有关公约提供了基础②。

在两次世界大战之间，海牙会议对于民事诉讼程序公约中的法律援助一节加以补充，并草拟了关于判决承认与执行的示范公约，供各国签署有关该问题的双边条约时予以参考。但是，这一期间，海牙会议没能制定出有约束力的正式公约。

"二战"后，海牙国际私法会议步入了新的起点，第七届海牙会议通过了《海牙国际私法会议章程》，正式确认了海牙会议作为一个固定的政府间国际组织的性质和地位，从而更加推动了其统一国际私法活动的开展。在本届会议上，考虑到两次世界大战使民事诉讼程序公约的履行遭到极大破坏，于是就着手修订该公约，最终制定出新的公约草案，并于 1954 年 3 月 1 日获得签署。

---

① 关于海牙国际私法会议的详细情况，参见李双元主编：《中国与国际私法统一化进程》，武汉大学出版社 1997 年第二版，下编。

② See Lipstein, "One Hundred Years of Hague Conference", ICLO. 1993. Vol. 42, p. 583.

1954 年公约对 1905 年公约作了较大改动，它的主要内容包括：（1）向国外送达司法文书；（2）国外取证；（3）免费给予法律援助；（4）免费提供公文的副本或摘要；（5）诉讼费用的担保；（6）在监禁债务人问题上平等对待内外国人。该公约现已生效，截至 1996 年底，共有 35 个成员国。在缔约国之间，该公约取代了 1905 年的民事诉讼程序公约。

此后，为了适应社会发展变化的需要，进一步加强国际民事诉讼程序的统一化，海牙国际私法会议又着手对 1954 年民事诉讼程序公约的部分内容加以修改、补充，并将诉讼程序法统一工作的范围扩大到外国判决的承认与执行、法院选择、文书认证等各个方面。

1. 域外送达

1964 年第十届海牙会议根据上届会议司法工作者国际联盟所提交的一份关于国际民商事诉讼程序中送达问题的备忘录，对 1954 年民事诉讼程序公约的部分内容（第一章 1—7 条）加以修改，最后制定了《关于司法及司法外文书的国外送达公约》。它实际上取代了 1905 年与 1954 年民事诉讼程序公约中关于国外送达的规定①。公约的宗旨在于：（1）建立一套制度，在尽可能的范围内使得收件人能够知悉被送达的文书，以便其有足够时间为自己辩护；（2）简化文书的转递方式；（3）采用统一格式的证明书，以方便对完成送达程序的证明。公约的主要改动之处在于要求各缔约国成立中央机关，负责接收民商事司法及司法外文书。被请求国的中央机关必须根据本国法采取必要步骤，对在其境内的人送达文书，如经请求，也可采用请求人要求的特殊方式。中央机关送达方式是公约的一项创新性规定，但是，它并不是唯一的方式。首先，一国仍有权通过其外交或领事代表机关对其本国国民进行有效送达，也可对他国国民进行送达，但接收国对后者可表示反对；其次，一国可采用传统的领事渠道送达方式；再次，除非接收国反对，可以用邮寄渠道向域外人员送达，司法人员或其他主管人员、利害关系人可以通过国外同类的送达人员或其他有资格人员进行送达。当地法所允许的其他送达方式也未被排除。1954 年公约中关于送达费用及其减免的规定、关于主权和安全的规定等等，得以保留。

"送达公约"中有两项新的重要规定增强了公约的宗旨。首先，根据公约第 15 条，如果传票或类似文书已送达或通知国外，而被告（即接收方）尚未

---

① 但是，根据公约第 23 条的规定，该公约不影响 1905 年公约第 23 条的实施，也不影响 1954 年公约第 24 条的实施。

出庭，法院应当命令中止诉讼，直至确定文书已送达或根据公约允许的另一方式交给被告或送至其居所，被告有充分的时间提出答辩为止。但是，如果根据公约文书的递交已经生效，经过至少六个月以上的充分期限，而且虽然尽了一切合理努力，仍得不到送达证书时，诉讼可继续进行，并作出判决。为了平衡上述规定，公约第16条规定，如有初步证据表明被告本身没有过错而未能及时知悉上述文书时，法院有权裁量恢复被告的答辩或上诉。

迄今为止，"送达公约"是这一领域最为完备的公约，现已生效。截至1996年，共有33个缔约国。

2. 域外送达

1954年民事诉讼程序公约第二章规定了国外取证问题。但是，随着国际民商事纠纷的增多，及各国证据制度的冲突，使得取证问题的重要性日益突出，有必要制定一个专门的关于民商事问题国外取证的公约。因此，第11届海牙会议上制定并通过了《关于民商事国外取证公约》。公约的主要贡献是把请求书取证方式与外交、领事、特派员取证方式区分开来，进一步完善了原有的请求书制度，扩大了领事取证的权力，并在有限的基础上引进特派员取证这一新概念，以丰富取证手段。公约的主要内容分为两大部分：第一部分（第1—14条）以更为完善的方式对1954年公约第二章的有关规定进行修订，沿用了请求被请求国机关以获取证据或履行某种法律行为的规定。正如送达公约一样，"取证公约"第一部分的重点在于建立中央机关，由其接收外国提出的请求书。公约对请求书制度作了详细规定，包括请求书的形式和内容、转递方式、所用语言、费用、强制措施、证人权利等等。公约第二部分（第15—22条）规定了领事、外交人员、特派员取证方式，主要包括采用这种取证方式的情形以及取证权力的限制等。

由于在美国的司法实践中存在"审判前文件开示程序"，它与其他国家相关制度之间的冲突，导致公约第23条允许缔约国在签署、批准或加入时可声明不执行"审判前文件程序"。但是，这一规定并未能消除分歧。对此，海牙会议先后举行多次特委会会议加以讨论。1989年，专家委员会建议部分废除第23条的保留条款，改由缔约国之间协调彼此的作法。在美国代表看来，该公约的结构使之在许多方面更像是一部示范法。"取证公约"现已生效，截至1996年共有26个缔约国。

3. 外国判决的承认与执行

海牙国际私法会议在起草有关外国判决的承认与执行公约时遇到比较大的困难。在1925年第5届海牙会议上，与会各方拟订出一项"关于司法判决的承认与执行的公约"草案。但是，该草案内容只有 5 条，仅就承认与执行外国司法判决的概念以及条件作出简略规定。它局限于当时各国的实践而未有创新，许多事项并未涉及。这一草案最终未能形成正式的公约，因而，1925 年海牙会议在此问题上的首次尝试归于失败。在欧洲理事会的建议下，1966 年海牙会议特别会议又制定出一项关于外国民商事判决承认与执行的公约草案。为了使这一多边框架条约发挥作用，缔约国可以选择制定双边条约，但双边条约的构成内容必须来自该框架公约的范围之内。在该框架公约草就的同时，布鲁塞尔公约也在此基础上形成，二者在内容上具有相似性。然而，该海牙公约草案较为简单，它只调整间接管辖权，因此，各缔约方有权确立自己的管辖规则，而公约只规定了承认与执行外国判决的管辖条件。布鲁塞尔公约则确立了"直接管辖权"，各缔约国的最初管辖权由同一规则调整，其他缔约方应自动承认和执行首先确立管辖权的缔约方作出的判决①。

该海牙公约草案虽然有一些强制性规定，但并不能有效发挥作用，因为只有在两个缔约国之间缔结了一项补充协定的情况下，一国法院才可根据外国未决诉讼而驳回或中止在本院进行的相同当事人基于相同事实和目的的诉讼。公约草案第 23 条就可以在补充协定中商定的事项作出了规定。

公约草案第 10 条并没有像布鲁塞尔公约那样，把国籍之外的管辖权根据予以排除，而没有注意到公约第 10 条中规定的"被告的出现"或"被告财产的出现"等管辖权根据是不恰当的、过分的。为了解决对不恰当法院的判决所作承认与执行的问题，1966 年海牙会议又制定了一项附属于公约的议定书。缔约各方在议定书的前言中称，只有在为了判决的国际承认与执行的例外情况下，才可以过分的管辖权根据来确定管辖权。各缔约国被要求在签署公约时，必须同时签署该议定书。如果缔约国不愿这样做，则应缔结双边协议，以执行公约第 23 条提供的选择权。

"判决公约"的结构仅仅揭示了公约缔约方之间的分歧，它给缔约方留有大量选择余地，而且其附加议定书也带有劝诱性特征。尽管公约的原则最终可能会为缔约国所接受，但是，"大量的双边补充协定将使这一领域的问题停滞不前"。该公约由于缺乏实质性内容而最终归于失败，截至 1996 年，只有塞浦路斯、荷兰、葡萄牙三个国家签署、批准。

4. 法院选择

在准备《关于国际动产买卖法律适用公约》的同时，1951 年第 7 届海牙

---

① 参见布鲁塞尔公约第 21 条。

会议制定了一个《关于国际动产买卖协议选择管辖权的公约》草案。在第八届会议上，对此问题继续进行讨论，并制定了《关于国际动产买卖合同当事人选择法院之管辖权公约》。公约规定，当事人既可以选择缔约国某一特定法院，也可从总体上选择缔约国法院。这种选择必须是明确的、书面的，口头协议选择必须有书面确认并被接受。被告在他国的诉讼中出庭，可视为自愿服从该国管辖，除非出庭是为了对管辖权提出异议，或为了保护已被扣押或可能被扣押的货物。缔约各国采取临时性或保全措施的管辖权不受当事人协议选择的影响。有关国家法院根据上述管辖权作出的判决，在其他缔约方应按照通常条件予以承认和执行。如果因为不符合条件而拒绝承认和执行，则在被请求国法院可以就同一诉因提起一项新的诉讼。该公约虽于1958年获得签署，但未能生效。

第九届海牙会议上，奥地利政府对制定关于法院选择问题的公约提出了建议。此后，各国就此问题作了大量研究。在第十届海牙会议上，经过讨论研究，最后通过了《关于法院选择的公约》。这一新的公约并不像1958年海牙公约那样仅仅附属于动产买卖公约，或附属于外国判决承认与执行公约。

新的公约适用于国际民商事件，但身份事项、家庭法、继承、破产及不动产事项被排除在外。当事人可以从总体上选择某缔约国的法院，也可选择该缔约国的某一特定法院，但该法院必须依照本国法律具有管辖权。公约要求，法院选择协议至少应是为对方当事人接受的单方书面建议，而不应是因受到胁迫而达成。在没有相反协议时，当事人的选择被推定为排他性的，但是，被选定法院也可以某些理由而拒绝行使管辖权。如果该管辖并非专属性的，在其他地方进行的未决诉讼可能作出必须予以承认的判决时，该国法院可以中止诉讼。

依据该公约所作判决的承认与执行由被请求的缔约国的法律支配。这与外国判决承认与执行公约不同。被选定法院拒绝行使管辖权并不构成该法院重开诉讼的障碍。公约并未包含公共秩序条款，但是，其第15条规定各缔约方有权作出保留，即，如果被选定法院与争议无任何联系，或由该法院处理只会导致严重的不方便，则缔约国可以拒绝承认此项法院选择协议。

5. 文书认证

根据欧洲理事会的一项建议，第八届海牙会议讨论了由荷兰国家委员会起草的关于免除要求文书认证的备忘录。第九届海牙会议制定了一项《关于外国公文认证问题的公约》。它规定，缔约国彼此免除公文的未决或领事认证。该公约将认证界定为"需出示文件国的文件或领事人员据以确认签字的真实性、文件签署人的能力以及文件印章可靠性的一种手续"。公约列举了所适用的文书，指明公约不适用于外交或领事人员作成的文书，及直接处理商务交易或关税事务的行政文书。

6. 法律援助及诉讼费用担保

海牙会议在对 1954 年《民事诉讼程序公约》的域外送达和域外取证部分进行修正之后，接着就开始对诉讼费用担保和法律援助部分进行审查。1980年第 14 届海牙会议上，制定了一项《减轻国际民事诉讼负担公约》。公约的一项基本原则就是，缔约国国民或在该国惯常居住者，在各缔约国国内进行的民商事诉讼中，均应视同各该国国民或常住居民，具有在同等条件下获得法律援助的权利。为此目的，与 1954 年公约不同，新公约不是纯粹的免费提供法律援助，而是规定根据申请人的经济状况部分提供免费援助。在受援人资格上，1954 年公约要求申请人完全贫困，而新公约的标准则是，如果不给予免费法律援助，他是否能承担诉讼费用，并且只免除他所承担不起的那部分诉讼费用。此外，所有在公约成员国有惯常居所的人都可以免除提供诉讼费用担保的义务。该公约是海牙会议修订 1954 年公约的继续。

综上所述，海牙会议试图通过统一程序法来达到减少国际法律障碍的目的。然而，从上述海牙公约的成员国数目及实际执行情况来看，海牙国际私法会议在这一领域所取得的成果似乎不是十分成功。国外曾有学者指出："虽然海牙会议缔结了大量的国际民事诉讼程序方面的公约，但海牙会议如想在统一国际民事诉讼程序法方面有大的作为，必须在送达和属人管辖领域干预各缔约国的国内法。它的成功标志并不在于缔结协议的多少，而在于其实际执行效果。"[1] 不过，海牙国际私法会议并没有放弃在这一领域的法律统一努力。1992 年美国代表团向海牙国际私法会议提出建议，就民商事管辖权和相互承认与执行判决制定一项新的全球性公约。这一建议得到许多国家的响应，并为海牙国际私法会议所采纳[2]。1996 年海牙国际私法会议第 18 次会议正式将此问题列入下届会议（即第 19 次会议）的主要议题[3]。

通过以上对于国际民事诉讼程序法统一化运动的基本问题和历史进程的粗

---

[1]　See Schack, Haimo, Hundert Jahre Hagger Konferenz fur IPR, Ihre Bedeufung fur die Vereinheitlichung des Internationalen Zivilver-fahrensrenchts, Rabels Zeitschrift 57 Jahrgang 1993 heft 1-2ff. 261-262.

[2]　参见徐宏：《海牙国际私法会议讨论制定民商事管辖权和相互执行判决的新公约情况》，中国国际私法学会 1996 年年会论文。

[3]　参见李双元主编：《中国与国际私法统一化进程》，武汉大学出版社 1997 年版，第 580 页。

略考察，我们不难发现，国际民事诉讼程序法的统一化运动虽然十分艰难，但仍然伴随着法律趋同化的历史潮流，百折不挠地向前发展。由于种种原因，我国在这一领域的统一化进程方面处于较为落后的状态。截至目前，我国只是加入了海牙"送达公约"，其他方面尚无进展。这种局面产生的主要原因在于，我国的国际民事诉讼程序制度不甚发达，缺漏很多。在司法实践当中，往往对这方面的问题采取回避的不正确态度。在理论研究中，学者们的重视程度也相当不够。这种落后局面亟需加以改变，其中很重要的一点就是，我们应当积极参与国际民事诉讼程序法的统一化工作，借鉴其他国家的普遍性作法，从中汲取经验教训，进一步完善和发展我国的国际民事诉讼程序制度，使之更好地服务于我国的对外交往。

日 本 法 例

【施行日期】

第一条 本法例自公布之日起满二十日之后施行，但法律另行规定施行日期的不在此限。

【习惯法】

第二条 （一）人之能力，依其本国法。

（二）外国人在日本所为的法律行为，虽依其本国法无能力，但依日本法有能力，则不拘前款之规定，视为有能力。

（三）前款规定不适用于应依亲属法或继承法所为的法律行为及对在外国不动产的法律行为。

【行为能力】

第三条 （一）人的行为由其本国法决定。

（二）外国人在日本为法律行为时，虽然依其本国法为无能力者，但依日本法为有能力者时，不适用前款规定，视为有能力者。

（三）对于必须适用亲属法或继承法规定的法律行为，以及关于位于外国的不动产的法律行为，不适用前款的规定。

【禁治产】

第四条 （一）禁治产的原因依禁治产人本国法，其宣告的效力依宣告国之法律。

（二）在日本有住所或居所的外国人，依其本国法有禁治产之原因的，法院可宣告禁治产，但依日本法不承认其原因的不在此限。

【准禁治产】

第五条 前条规定适用于准禁治产。

【失踪宣告】

第六条 外国人生死不明时，只对在日本有财产并应依日本法的法律关系，法院得依日本法律为失踪宣告。

【法律行为的成立及效力】

第七条 （一）关于法律行为的成立及效力，依当事人意思确定应适用的国家的法律。

（二）当事人意思不明时，依行为地法。

【法律行为的方式】

第八条 （一）法律行为的方式，依决定其行为效力的法律。

（二）不依前款规定，而依行为地法，亦为有效，但设定或处分物权及其他应登记之权利的法律行为不在此限。

【不同法律地域的当事人之间的法律行为】

第九条 （一）对于不同法律地域之间的人所为的意思表示，以意思表示发出地为行为地。

（二）对于契约的成立及效力，以要约发出地为行为地，若接受要约的人承诺时不知其要约发出地，以要约人的住所地为行为地。

【物权及其他应登记的权利】

第十条 （一）关于动产及不动产的物权及其他应登记之权利，依其标的物所在地法。

（二）前项权利的得失，依原因之事实完成时标的物所在地法。

【法定债权的成立及效力】

第十一条 （一）因无因管理、不当得利或不法行为而产生的债权的成立及效力，依其原因事实发生地法。

（二）不法行为事实发生在外国，若依日本法不认为不法时，不适用前款规定。

（三）在外国发生的事实，虽依日本法不认为是不法的，但被害人不具有日本法律所承认的损害赔偿及其他处分权利时，不得请求。

【债权让与】

第十二条 债权让与对于第三者的效力，依债务人住所地法。

【婚姻的成立要件及方式】

第十三条 婚姻的成立要件依当事人各自的本国法。

②婚姻的方式依婚姻举行地法。

③符合当事人一方本国法规定的方式亦为有效，不受前款限制；但在日本为婚姻举行地、当事人一方为日本人时，不在此限。

【婚姻的效力】

第十四条 婚姻的效力，夫妻具有共同本国法时，依其共同本国法；无共同本国法而具有共同惯常居所地时，依其共同惯常居所地法；既无共同本国法，也无共同惯常居所地法时，依与夫妻有最密切联系地的法律。

【夫妻财产制】

第十五条　前条规定准用于夫妻财产制。但夫妻附有签名日期的文书，指定适用下列任何一种法律时，夫妻财产制依该被指定的法律。

（一）夫妻一方国籍所属国的法律；

（二）夫妻一方惯常居所地法；

（三）关于不动产的夫妻财产制，不动产所在地法。

②根据外国法的夫妻财产制，就在日本发生的法律行为以及位于日本的财产，不得对抗善意的第三人。在此种情况下，不能适用该夫妻财产制时，对与该第三人的关系，夫妻财产制依日本的法律。

③根据外国法签订的夫妻财产契约，在日本进行了登记者，不受前款的限制，可以对抗第三人。

【离婚】

第十六条　第十四条的规定准用于离婚，但夫妻一方为在日本有惯常居所的日本人者，离婚依日本的法律。

【嫡出亲子关系】

第十七条　根据子女出生时夫妻一方的本国法，子女为嫡出，即为嫡出。

②夫在子女出生前死亡时，死亡时夫的本国法为前款的夫的本国法。

【非嫡出亲子关系】

第十八条　非嫡出子的亲子关系的成立，与父亲间的亲子关系，依子女出生时父的本国法；与母亲间的亲子关系依出生时母的本国法。对于因认领而发生的亲子关系的成立，认领时子女的本国法以子女本人或第三人承诺或同意为认领的要件时，必须具备该要件。

②子女的认领，除前款前段规定的法律外，依认领时认领者或子女的本国法。此种情况下，依认领者的本国法时，准用前款后段的规定。

③父在子女出生前死亡时，死亡时父的本国法视为第一款规定的父的本国法，前款提及的人（认领者或子女，译者注）在认领前死亡者，其死亡时的本国法为前款规定的该人的本国法。

【准正】

第十九条　依据作为子女准正要件的事实完成时的父或母或子女的本国法，准正成立时，子女可以取得嫡出子的身份。

②前款提及的人，在作为准正要件的事实完成前死亡时，死亡时该人的本

国法，为前款规定的该人的本国法。

【收养子女及脱离收养】

第二十条　收养子女依收养时养亲的本国法。如果养子女的本国法以收养成立时养子女或第三者的承诺或同意，或者公共机关的许可或其他处置为要件时，必须具备该要件。

②养子女与其血亲亲属关系的终止以及脱离收养关系，依前款前段规定的法律。

【亲子间的法律关系】

第二十一条　亲子间的法律关系，子女的本国法与父或母的本国法或者没有父母一方时，与另一方的本国法相同时，依子女的本国法，其他情况下，依子女惯常居所地法。

【亲属关系法律行为的方式】

第二十二条　第十四条至前条规定的有关亲属关系的法律行为的方式，依决定该行为成立的法律，但不妨碍依行为地法。

【亲族关系】

第二十三条　第十三条至第二十一条规定外的亲属关系，以及因此而产生的权利义务，依当事人的本国法。

【监护】

第二十四条　监护依被监护人的本国法。

②在日本有住所或居所的外国人的监护，如果依其本国法有监护的原因但无监护人，以及在日本有禁治产的宣告者，依日本的法律。

【保佐】

第二十五条　前条的规定准用保佐。

【继承】

第二十六条　继承依被继承人的本国法。

【遗嘱的成立及效力】

第二十七条　遗嘱的成立及效力依成立时立遗嘱人的本国法。

②遗嘱的取消依取消时立遗嘱人的本国法。

【本国法的决定】

第二十八条　当事人有两个以上的国籍时，国籍国中当事人有惯常居所或者无惯常居所地国时与当事人有最密切联系的国家的法律，为当事人的本国法，但其中一国籍为日本国籍时，日本的法律为其本国法。

②应当适用当事人的本国法时，当事人无国籍的，适用其惯常居所地法，

但适用第十四条（包括第十五条第一款及十六条准用第十四条的情况）及第二十一条的规定时，不在此限。

⑧当事人具有因地方不同而法律不同的国家的国籍时，根据该国的规则指定的法律，如果无指定规则，与当事人有最密切联系的地方的法律为当事人的本国法。

【住所地法】

第二十九条　应当适用当事人的住所地法而不知其住所时，依其惯常居所地法。

②当事人有两个以上的住所时，与当事人有最密切联系的地方的法律为其住所地法。

【惯常居所地法】

第三十条　应当适用当事人的惯常居所地法而不知其惯常居所时，依其居所地法。但适用第十四条（包括第十五条第一款及第十六条准用第十四条时）的规定者，不在此限。

【法律不统一国家】

第三十一条　当事人具有因人的不同而法律不同的国家的国籍时，根据该国规则指定的法律，如果无指定规则，与当事人有最密切联系的法律为当事人的本国法。

②当事人惯常居所地因人的不同而法律不同，当事人的惯常居所地法以及与夫妻有最密切联系的地方因人的不同而法律不同者，与夫妻有最密切联系的地方的法律，准用前项的规定。

【反致】

第三十二条　应当适用当事人的本国法时，按该国法律规定应适用日本的法律时，适用日本的法律，但依第十四条（包括第十五条第一款及第十六条准用第十四条时）或者第十八条的规定应依当事人的本国法时，不在此限。

【公共秩序】

第三十三条　应当适用外国法时，适用其规定违反公共秩序或善良风俗者，不适用该外国法。

[扶养义务及遗嘱方式]

第三十四条　本法不适用于因夫妻、亲子及其他亲属关系而产生的扶养关系，但第三十条正文的规定不在此限。

②本法不适用于遗嘱的方式，但第二十八条第二款正文、第二十九条第一款、第三十条正文及第三十一条的规定不在此限。

日本有关契约、侵权行为等
准据法的示范法（节译）

根据日本国际私法立法研究会《关于契约、侵权行为等准据法的示范法》一文翻译而成，略有删减。原文载于日本《民商法杂志》第 112 卷 2 号、3 号（1995 年）。

日本国际私法立法研究会成员包括：青木清（南山大学副教授）、奥田安弘（北海道大学教授）、河野俊行（九州大学副教授）、国友明彦（大阪市立大学副教授）、斋藤彰（関西大学副教授）、佐野宽（冈山大学教授）、出口耕自（上智大学副教授）、道垣内正人（东京大学副教授）、中野俊一郎（神户大学副教授）、根平洋一（横滨国立大学副教授）、野村美明（大阪大学教授）。

一、前言

日本《法例》是 1898 年制定的。有关婚姻、亲子关系的规定已于 1989 年作了全面的修改，但其他方面的规定自 1898 年制定以来几乎未改动。

特别是关于契约、侵权行为等的规定，从整体上看，条文数目少，简单而且硬性，与 1989 年修改了的部分不大协调。这种状况的存在不仅使《法例》作为法律显得有些勉强，还产生了这样一个深刻的问题，即现行法律不能适应因最近国际化的发展而变得越来越复杂的涉外生活关系。因此，尽快着手对这一部分进行修改是日本国际私法学界的共识。日本一些大学中从事国际私法研究的奥田安弘、佐野宽、野村美明教授和青木清副教授等 11 人组成的国际私法立法研究会（以下简称研究会）经过几年的研究和努力，对日本《法例》中有关契约、侵权行为等部分的规定提出了详细的修改方案，即有关契约、侵权行为的示范法。下面将介绍示范法的内容。

二、契约、侵权行为等准据法的示范法

有关契约、侵权行为等准据法的示范法共 17 条。下面逐条介绍示范法的

规定、有关的法律规定现状、立法背景及解释。

（一）第 1 条

【当事人意思自治】

第 1 条　①契约依当事人选择的法律。

②前款规定的选择，根据契约条款及其他情况，必须是明显地表示出来的。

③第 1 款规定的选择，可以是对契约的某一部分进行的。

④第 1 款规定的选择，可以在任何时候进行，并且可以变更。其效力，只要当事人无另外的约定，仅对将来发生。但是，不能损害第三人的权利。

⑤第 1 款规定的选择的有效性，依被选择的法律。

1. 法律规定现状

现行《法例》第 7 条第 1 款规定，法律行为的成立及效力应当适用根据当事人的意思选择的某一国家的法律。该规定采用了意思自治原则。这一原则是契约自由原则在国际私法中的体现。允许当事人有选择准据法的自由也符合现代涉外经济贸易的现状。另外，就契约债权而言，鉴于其内容多种多样，规定客观的连结因素有很大的困难，所以采用意思自治原则是必要的。

在日本，在承认当事人有指定准据法的权利的同时，也存在着以下否定或限制意思自治原则的主张：当事人指定准据法行为的有效性如果依契约准据法的话，就会陷入循环论，这是以循环论为依据全面否定意思自治原则的一种主张；当事人指定准据法的范围只能限于任意法的范围，这种限制论被称为质的限制论；可以被指定的准据法的范围只限于与契约有联系的法律，这被称为量的限制论；当事人的指定不能以回避本来应适用的准据法为目的。以上种种主张是过去的一贯主张，但在日本，认为目前占主导地位的是上述种种限制论的观点是没有根据的。

依现行《法例》的规定，过去占主导地位的观点是，当事人所作的准据法选择是一个契约仅限于一个准据法（准据法单一论）。但目前，与单一论相对的准据法分割论已受到重视。可以说，将现行法律解释为承认准据法分割论正变得越来越有力。

当事人没有指定准据法时，现行《法例》第 7 条第 2 款规定，当事人意思不明时，依行为地法。根据该规定，有时不得不适用与契约关系没有充分联系的准据法。因此，日本的学说及近来的判例均认为，当事人没有明示的法律选择时，应探求当事人的默示的意思，以确定当事人意欲选择的法律。

另外，关于法律选择行为本身的有效性的判断基准，在现行《法例》下，可能是占多数的解释强调依契约准据法判断准据法选择约定的有效性会陷入循环论，因此，认为应从国际私法自身的角度来判断法律选择约定的有效性，即如果从国际私法的角度来看，准据法的指定是因错误或以欺诈、胁迫等不正当手段取得的时候，就不能说存在符合当事人意思的有效的准据法指定。与此相对，应该依被指定的准据法本身来判断选择有效性的观点正变得越来越有力。

2. 立法例

关于契约准据法的确定，使用契约履行地或缔结地等客观连结因素的作法，在一部分国家的立法中仍可见到。使用契约履行地的可以以巴拉圭民法施行法第 17 条为例，使用契约缔结地的可以以巴西民法施行法第 9 条为例。而且，关于契约准据法的确定也有主张适用债务人属人法的学说。然而，从比较法的角度来看，采用上述立法例可以说是一种倒退，因为采用意思自治原则已几乎成了世界各国立法的通例。其中，EC 契约准据法条约第 3 条第 1 款、德国民法施行法第 27 条第 1 款、瑞士国际私法第 116 条第 2 款、原捷克斯洛伐克国际私法第 9 条第 1 款、匈牙利国际私法第 24 条等，均规定法律选择约定在用语上必须是明确的。另外，EC 契约准据法条约第 3 条第 1 款、德国民法施行法第 27 条第 1 款还承认了准据法分割论。而且，EC 契约准据法条约第 3 条第 2 款、德国民法施行法第 27 条第 2 款、瑞士国际私法第 116 条第 3 款等允许契约缔结后进行准据法选择及变更准据法，但又明确规定此种选择或变更不得损害第三人的权利。其中，瑞士国际私法第 116 条第 3 款允许契约缔结后的准据法约定及变更具有溯及力。

3. 关于该条的解说

（1）本条第 1 款，根据对现行《法例》的讨论及比较法的立法趋势，允许当事人广泛地进行准据法选择。

此处所谓的"选择"不一定要有当事人的合意，当事人分别选择特定的法律作为准据法，当选择一致时，即可认为存在本条规定的当事人选择的法律。这样处理符合当事人的合理期待。

本款所谓的"契约"这一用语，不仅包括契约的成立、有效性、效力的问题，而且包括因免除、混同、消灭时效等的债权消灭的问题。因修改契约或抵销契约债权是否消灭的问题也同样包含在内，但因抵销而债权消灭的准据法适用该示范法第 15 条的规定。

（2）如上所述，日本的学说及近来的判例均认为，不存在当事人的明示的法律选择时，应探求当事人的默示的意思。但是，此种方法使准据法的确定缺乏稳定性和明确性，还有可能损害当事人的预测可能性。所以本条第 2 款规定，当事人的法律选择"根据契约条款及其他情况必须是明显地表示出来的"。因此，如果是默示意思，仅限于能确定当事人的现实的意思的场合，过去所采纳的探求广泛的默示意思的方法已被大幅度地加以限制。

此处的"其他情况"指除特定的标准契约条款的作用、司法管辖协议或仲裁协议、其他相关契约的准据法（例如，保证契约的准据法问题，可考虑主契约的准据法）、具有长期贸易关系的当事人之间的以前契约的准据法外，还可考虑当事人的国籍、住所、惯常居所等。但是，如前所述，这些情况必须明显地表示出了当事人的法律选择。

（3）本条第3款允许分割指定契约准据法。其理由是，既然允许当事人选择准据法，对选择的范围，赋予当事人选择的自由也是理所当然的。这样意思自治原则才是首尾一致的。如前所述，不仅是作为现行法的解释的一种，准据法分割论的观点正变得越来越有力，一些立法例也对此予以肯定。

（4）同理，对准据法选择的时间也没有限制，并允许变更以前的选择。例如，当事人在缔结契约时没有选择准据法，或者选择了外国法为准据法，但在日本法院提起诉讼时，当事人可以选择或重新选择日本法为准据法。关于契约缔结后法律选择及变更的溯及力问题，日本国际私法研究会上也有学者提出承认具有溯及力的观点，但最后为了避免法律关系的复杂化，采用了原则上不具有溯及力的观点。

（5）本条第5款所提及的"有效性"问题包括法律选择过程中是否存在欺诈、胁迫等情况，与法律选择成立有关的问题，但不包括能力及方式的问题。另外，也有意见认为，本款的规定应像EC契约准据法条约那样明确规定依什么法律确定"是否存在选择及其有效性"。

一些国家的法律认为，即使一方当事人保持沉默，当事人之间的合意也成立。如果契约当事人指定了包含这种内容的法律为准据法，并提出了要约时，EC契约准据法条约第8条第2款规定，"但是，一方当事人行为的效力不适合依据第1款规定的法律加以确定时，该当事人主张自己未同意契约时，可以援用其惯常居所地法"。由于这种规定有保护承诺者的可能，所以，该示范法中未设置这类规定。

当然，准据法选择的有效性问题，依契约准据法以外的基准加以判断也不是不可能。日本目前占多数的意见是，为避免陷入循环论，从国际私法自身的角度来判断选择的有效性。作为具体的对策，当指定准据法的行为是基于重大错误时，选择行为无效；当指定准据法行为是基于欺诈、胁迫时，选择行为是可以撤销的行为。但是，研究会认为，首先假定准据法选择有效，再适用被指定的法律来判断选择的有效性，在理论上并非不可能。相反，从国际私法自身的角度判断选择的有效性时，又存在判断基准不明确的忧虑。而依契约准据法时，符合当事人的合理期待，并具有对与该契约有关的问题可以全面统一加以判断的优点。基于上述理由，该示范法没有采用国际私法独自说，而是采用了契约准据法说。

（二）第 2 条

【客观的连结】

第 2 条　①依前条的规定不能确定应适用的法律时，契约依以下规定的法律：

1. 作为物或劳务的对价应支付金钱的契约，物或劳务给付者有惯常居所的地方的法律。

2. 契约以有关不动产的权利为标的时，该不动产所在地的法律。

3. 不符合前两项的情况下，与契约有最密切联系的地方的法律。

②虽然有前款第 1 项及第 2 项的规定，但是契约明显地与其他的地方有更密切的联系时，依该地的法律。

③依前两款确定的法律，不妨碍因契约的不同部分而（准据法）不同。

1. 法律规定现状

现行《法例》第 7 条第 2 款规定，当事人没有法律选择时，适用行为地法。第 9 条第 2 款规定隔地契约的要约发出地为行为地。但日本的学说，从很早时起便对这些规定持批评态度。其理由主要有：第一，《法例》对所有类型的契约，一律指定适用行为地法。但契约种类繁多，行为地经常不一定是合适的连结点。相反，至于现代契约，行为地（契约缔结地）越来越变得不重要。第二，行为地的认定并不一定容易。在通常的国际贸易中，区别要约与承诺有时也很困难。

2. 立法例

纵观各国的立法，在当事人没有法律选择时的客观连结，以 EC 契约准据法条约（1980 年）前后为界发生了巨大的变化。从 1963 年的原捷克斯洛伐克国际私法到 1974 年的波兰国际私法，基本上采用了由共同住所地到契约缔结地阶段性的连结。与此相对，1978 年的奥地利国际私法以后的立法，以采用特征给付理论为中心。

1966 年葡萄牙民法第 42 条规定，当事人没有法律选择时，契约依当事人的共同惯常居所地法，无共同惯常居所地法时依契约缔结地法。

1974 年修改的西班牙民法第 42 条规定，首先适用当事人的共同本国法；

无共同本国法时适用当事人的共同惯常居所地法；无共同惯常居所地法时，适用契约缔结地法。但是与不动产有关的契约适用不动产所在地法；在营业所缔结的动产买卖契约适用营业所所在地法；劳动契约适用劳务给付地法。

波兰国际私法第 26、27、28 和 29 条以及原捷克斯洛伐克国际私法第 10条、第 16 条等基本上与上述立法思路相同，但也可以说其中一些规定（对不同类型的契约规定不同的冲突规则）已包含有特征给付的理论。

EC 契约准据法条约的规定与上述立法不同。在当事人没有法律选择时，它规定适用与契约有最密切联系的国家的法律，并推定履行特征给付义务的当事人的惯常居所地与契约有最密切的联系，但它同时又规定了例外条款，即如果从全部情况来看，契约与另外一国有更密切的联系时，应适用该国的法律。并且对不动产契约、货物运输契约、消费者契约、劳动契约作了特别规定。

1987 年的瑞士法采用了同样的结构。但与 EC 契约准据法条约不同之处有两点很引人注目：一是对每种契约类型举例说明了特征给付，二是它没有规定例外条款（第 117 条）。关于前一点，举例说明特征给付，使这一概念更容易理解和运用。至于后一点，并不能得出瑞士法不承认特征给付有例外的结论。因为从该法第 117 条第 1、2 款的关系，在理论上可以推导出特征给付有例外，因而没有必要再设置例外条款。

另一方面，1979 年的匈牙利国际私法，根据特征给付理论，为各种具体的契约类型规定了冲突规则，并规定优先适用这些规则。仅对规定以外的契约适用应履行特征给付当事人的住所地法，没有该法时，适用与之有最密切联系的法律（第 24—29 条）。1982 年的土耳其国际私法第 24 条第 2 款规定履行地法优先，只有当履行地为复数时，适用特征给付地的法律，无法确定该地时，适用有最密切联系的法律。

另外，也有采纳了特征给付理论而没有使用该用语的立法。如奥地利国际私法第 36—44 条、1982 年原南斯拉夫国际私法第 20 条。

3. 关于该条款的解说

（1）关于契约的客观连结，从上面的立法可以看出存在这样一个问题，即在最密切联系地的法律（一般条款）与每一类型契约的冲突规则两者之间，以哪一个为重点进行立法的问题。仅规定一般条款使准据法的确定缺乏可预见性，另一方面，毫无遗漏地为各种类型的契约规定冲突规则也很困难，不得不承认有例外。因此，示范法采取了折中的办法。

另外，示范法第 2 条规定的"依前条规定不能确定应适用的法律时"，并不一定以当事人完全没有法律选择为前提。因为，示范法允许分割指定准据法，如果契约一部分有法律选择，则无法律选择部分可适用第 2 条的规定。

（2）首先，作为第一阶段的冲突规则，基本采用了特征给付理论。但由于特征给付这一用语的外延不明确，示范法没有采用特征给付这一术语，而是将该理论的核心内容具体条文化了，即仅将特征给付限定于"作为物或劳务的对价应支付金钱的契约"（示范法第 2 条第 1 款）。

从若干属于示范法第 2 条第 1 款的契约来看，"物或劳务的给付"在下列契约中指：买卖契约，指卖方的给付；租赁契约，指出租人的给付；委托、承包契约，指受托人或承包人的给付；保管契约，指保管人的给付；运输契约，指运送人的给付。这些规定与瑞士国际私法第 117 条第 3 款、匈牙利国际私法第 25 条、原南斯拉夫国际私法第 20 条、波兰国际私法第 27 条第 1 款、原捷克斯洛伐克国际私法第 10 条第 2 款的规定大体一致。

与此相对，不属于示范法第 2 条第 1 款第 1 项规定的契约可以举出消费租赁契约、保证契约、保险契约。这些种类的契约适用第 2 条第 1 款第 3 项的规定。因为，示范法将特征给付理论的适当范围加以限定，即限定于"作为物或劳务的对价应支付金钱的契约"范围。这一点与 EC 契约准据法条约及瑞士国际私法等不同。而且，劳动契约、消费者契约适用第 2 条第 1 款第 1 项的规定，但可以认为依第 2 条第 2 款、第 3 款规定，适用劳务给付地或消费者惯常居所地的法律，或者第 4 条特别连结的情况居多。

（3）当不能适用第 2 条第 1 款第 1 项时，日本国际私法研究会也曾考虑详细列举各种契约应适用的冲突规则，但最终只列举了与不动产有关的契约。另外，与建筑物的建造、修缮有关的契约，研究会认为不能说是"以不动产权利为标的的契约"，而是作为承包契约，适用第 2 条第 1 款第 1 项的规定。

（4）其他情况下适用最密切联系地法。在现行《法例》的条文中，有关婚姻效力、夫妻财产制、离婚准据法的规定，已把最密切联系地作为第三阶段的连结点加以采用。

（5）示范法第 2 条第 1 款第 1、2 项已经体现了根据契约类型，适用与其有最密切联系的地方的法律这一宗旨。但契约类型多种多样，所以又规定了例外条款（第 2 条第 2 款），即如果契约明显地与另一地方有更密切的联系时，适用该地的法律。这一规定参照了 EC 契约准据法条约。

（6）在当事人没有选择准据法，以客观连结确定准据法时，示范法第 2 条第 3 款也明确承认了准据法分割的可能性。

（三）第 3 条

【方式】

第 3 条　①契约的方式，依决定契约成立的法律。但是，不妨碍适用契约

353

缔结地的法律。

②契约当事人，在缔结契约时位于不同地方时，该任何一方所在地的法律均为前款所指的契约缔结地法。

1. 法律规定现状

（1）契约的方式由现行《法例》第 8 条规定。关于方式的准据法，允许选择适用法律行为"效力"的准据法与行为地法。即以法律行为的实质的准据法支配行为方式的规则作为方式准据法的主要原则，另一方面，以各国国际私法自古以来承认的"场所支配行为"的行为地法主义作为补充原则。

但是关于法律行为的实质的准据法支配方式的主要原则，在成立与效力的准据法不同时，便会产生是依成立的准据法还是依效力的准据法的问题。很久以来，日本少数学者就认为，方式经常与行为的成立有密切关系，因此，《法例》的"效力"应该解释为"成立"的意思。与此相对，多数派学说以《法例》第 8 条第 1 款明确规定了"效力"，成立的准据法采用分别适用主义时（旧《法例》第 18、19 条），因而少数派学说方式的成立变得困难等为理由，认为"效力"应按其字面意思解释。近年来，也有人主张，方式满足成立或效力准据法规定的方式均可认为有效。

但是，1989 年修改的《法例》除第 8 条外，另外新设了有关亲族关系法律行为方式的准据法特别规则（《法例》第 22 条）。它规定准许选择适用法律行为成立的准据法与行为地法。这是因为亲族法律关系的成立，以向有关机关登记、获得许可为要件的情况较多，所以方式与其说与法律行为效力不如说与法律行为成立有更密切的关系。这样规定的结果是《法例》中关于方式准据法的不同规定同时并存。有人指出这使从整体上说明方式准据法变得困难。目前，已有人提出法律行为方式的准据法依该行为成立的准据法更妥当的主张。

（2）《法例》第 8 条第 2 款规定了行为地法主义为方式准据法的补充原则，但对于隔地合同，行为地指何地？这应适用《法例》第 9 条的规定。关于这一问题，过去占主导地位的学说认为，双方的意思表示地均为行为地，方式必须具备以上两地法律的要求（累积适用说）。但这样严格的解释，使涉外契约的成立变得困难，也不方便当事人。示范法主张，方式只要符合一方当事人行为地法的要求，就视契约的全部为有效（选择适用说）。即只要依要约地法或承诺地法之一，要约与承诺有效，契约即为有效。但无论是累积适用说还是选择适用说，均认为不区分要约的方式与承诺的方式，而是将其均视为契约的方式。

与此相反，也有将方式分为要约的方式与承诺的方式，并分别规定准据法的主张。近来正变得越来越有力的分别适用说（各方行为地法说）即是如此，即要约具备要约地法准许的方式，承诺具备承诺地法准许的方式，契约的方式即为有效。分别适用说，与过去占主导地位的累积适用说相反，与选择适用说一样，其目的是使契约的成立容易化。

但是，据分别适用说，一个契约的方式要分别适用两个准据法，使适用法律变得复杂。采用选择适用说虽然法律适用关系明确，但据选择适用说，当承诺依承诺地法有效但要约不符合承诺地的方式时，或者当要约依要约地法有效但承诺不符合要约地的方式时，契约的方式最终不能满足方式上的要件，所以会产生契约不能成立的结果。

为克服此问题，近来出现了并用选择适用说与分别适用说的主张。具体为：第一，要约符合要约地法规定的方式，承诺符合承诺地法规定的方式时；第二，要约与承诺均符合要约地法规定的方式时；第三，要约与承诺均符合承诺地法规定的方式时，均认为有效。

2. 立法例

关于方式准据法的立法例有两种，一是将行为地法主义作为强行绝对规则加以规定的方式，一是将行为地法主义作为任意选择的规则加以规定的方式。其中后者占优势。

关于隔地契约中的行为地法，各国的立法例几乎都采用只要符合一方行为地的方式即为有效的选择适用说。例如，瑞士国际私法第 124 条第 2 款、德国民法施行法第 11 条第 2 款、EC 契约准据法条约第 9 条第 2 款、海牙条约第 11 条第 2 款等。但 1986 年德国民法施行法修改前，德国也存在着累积适用说、分别适用说的主张。EC 条约草案及瑞士国际私法草案中也都曾采用过分别适用说，但最终都放弃了。主要是因为契约方式作为一个整体适用一个准据法加以判断是最理想的。

另外，德国民法施行法第 11 条第 4 款及 EC 条约第 9 条第 5、6 款，还规定了有关不动产契约的方式适用不动产所在地法，消费者契约的方式适用消费者惯常居所地法的强行规定。

3. 关于该条款的解说

（1）现行《法例》关于方式准据法的第 8 条与第 22 条的观点是不同的。但实际上两者适用结果不同的情况非常少。即除《法例》第 7 条准许分割指定准据法的情况以外，大部分适用第 8 条 的法律行为均是依成立与效力的同一个准据法加以判断，因此，依成立的准据法与依效力的准据法事实上是一回事。另外，适用第 22 条的法律行为，其方式依成立的准据法，所以无论是适用第 8 条第 1 款还是适用第 22 条正文，结果都是依成立的准据法判断方式的有效性。所以从《法例》自身的规定，也可以看出方式是与成立还是与效力有更密切的关系。

由于示范法第 1、2 条允许分割指定准据法，所以必须明确方式是依成立还是依效力的准据法。长期以来，日本占主导地位的多数说就认为方式只不过是形式的成立要件，与其说是与效力不如说是与成立更具接近性。另外，多数说主张关于成立的准据法采用分别适用说，但 1989 年修改的《法例》因其不方便未采用。因此，示范法采用了"契约的方式，依决定契约成立的法律"。

（2）本条但书根据各国立法例，将"场所支配行为"作为方式准据法的补充原则加以规定。这一原则可方便当事人，并且其与主要原则的适用可以使契约的成立更容易。

（3）本条第 2 款是关于"契约缔结地"含义的规定。近来各国的立法多采用了选择适用说，即只要方式符合一方当事人意思表示地（要约地或承诺地）的法律，该方式即为有效。

从使法律行为的成立更容易的角度出发确定方式的准据法是目前各国国际私法的一个政策。选择适用说是这种政策的典型体现。但如果要将这种政策贯彻得更彻底，并用选择适用说和分别适用说（选择·分别并用说）是一个较好的主张。但即使依选择·分别适用说这种在方式上最广泛地承认契约成立的学说，也不承认要约符合承诺地法规定的方式、承诺符合要约地法规定的方式的契约方式为有效。因为该学说仅承认前述三种情形为有效。而复合说则认为，要约人与承诺人依要约地的方式或承诺地的方式之一作出的要约与承诺均为有效，要约人或承诺人作出的要约或承诺的方式与对方采用的方式无关。

在决定方式准据法时，在国际私法上，除了应考虑契约成立的容易化，还应考虑当事人的便利及保护行为地的交易秩序。复合说无疑最好地实现了契约成立容易化及当事人便利这一法律目的。另一方面，复合说对行为地法主义的"行为地"作了最灵活的解释，所以它是否会损害保护行为地交易秩序的法律目的呢？关于方式问题，各国本来就采用契约成立的准据法与行为地法选择适用的原则，过去已承认可以在行为地采用与行为地法规定不同的方式。总之，即使采用复合说，对行为地的交易社会而言，也不是新出现的意料不到的方式。就保护行为地交易秩序来说，并不会产生新问题。因此，示范法采用了复合说。关于隔地契约的规定（第 3 条第 2 款）即是复合说宗旨的体现。

（4）一些外国立法例中，关于方式问题，有承认适用强行规定的条款。

示范法在第 4 条中对此作了规定。

另外，关于由代理人订立的契约的缔结地，德国民法施行法第 11 条第 3 款、EC 契约准据法条约第 9 条第 3 款、海牙条约第 11 条第 3 款均规定以代理人的行为地为标准。示范法对此无明文规定，因为研究会认为从第 3 条第 1、2 款的解释中可以解决这一问题，所以不再特别予以规定。

（四）第 4 条

【强行规定】

第 4 条　第 1 条及第 3 条的规定，不能剥夺与消费者契约、劳动契约及其他应给予一方当事人特别保护的契约的保护有最大利害关系地方的强行法上的保护。

1. 法律规定现状

（1）一般认为，物权关系与物之所在地法，身份关系与属人法有密切联系。如果一般地、概括地看债权契约，很难像物权关系、身份关系那样找出与其有密切联系的法律秩序。但是，如果从每一具体的契约来看，存在着与契约有最密切联系的法律秩序。例如，对于不动产买卖、租赁契约，为物之所在地法；对于劳务给付契约，为劳务给付地法；对于交易所或与市场有关的契约，为交易所或市场所在地法等。

今日各国在实体法上已对契约自由原则逐步加以限制。在考虑对经济上的弱者加以保护的同时，采取了对特定的契约加以积极规制的态度。其中以对不动产租赁契约、劳动契约、保险契约、运输契约、电气、煤气供应契约的规范最显著。这种实体法上的情况不可避免地影响了国际私法上的意思自治原则，即出现了指斥对于这类契约允许当事人自由指定准据法不妥当的批评。

另一方面，出现了强行法特别连结理论。即对于契约一般而言，或者对于特定类型的契约，对于当事人指定的准据法的适用，应通过适用与该契约有特别密切关系的其他国家的一定的强行法加以限制。

2. 立法例

近来的国际私法立法，一方面承认意思自治，一方面限制其适用范围的现象正变得普遍起来。即在采用意思自治原则的同时，又对特定类型的契约采用强行法的特别连结理论。

首先，将特定类型的契约与一般契约加以区分，对前者不适用意思自治原则。例如波兰国际私法第 25 条第 2 款、匈牙利国际私法第 51 条第 1 款。瑞士国际私法一方面采用意思自治原则，一方面在当事人没有指定准据法时，又规定消费者契约依消费者惯常居所地法，劳动契约依劳务给付地法。

其次，近来立法中，也有采用强行法的特别连结理论的。

有的在各个规则中规定采用这一理论。例如奥地利国际私法，一般地采用意思自治原则（第 35 条），但对于消费者契约，又规定了当事人选择的准据法不得违反消费者惯常居所地法对其的保护（第 41 条）。另外，对于不动产契约、劳动契约，也规定了类似上述规定的保护租赁人、劳动者的规定（第 42 条、第 44 条）。从 EC 契约准据法条约的第 5、6 条及将该条约国内法化的德国国际私法中，也可以看出类似的规定。

而且，在以上规定的基础上，也有以一般的形式规定强行法的特别连结理论的。如瑞士国际私法第 18、19 条、EC 契约准据法条约第 7 条。

3. 关于该条款的解说

本条是关于强行法的特别连结的规定。对于强行法的特别连结，日本国际私法立法研究会中各种观点的对立比较尖锐。争论的焦点主要有以下两点：

第一，是关于采用强行法的特别连结的基本方针。概括起来有三种意见：①不采用；②在各个规则中采用；③采用一般的形式。

第二，是关于适用强行法的具体要件、效果等。首先，对成为特别连结的强行法的范围有意见分歧。大致有以下意见：①成为特别连结的强行法仅限于保护经济上的弱者的法律；②在①的基础上，还应包括考虑经济政策、社会政策的法律。此外，关于成为特别连结的强行法的所属国（法院地国除外）是只限于一国还是也可以为复数，也存在意见分歧。

最后，对第一个争论焦点，示范法从形式上看采用了③的观点，从实质上看采用了②的观点；对第二个争论焦点，则将强行法的特别连结的范围限定为一国保护经济上的弱者的规定。

由于第 2 条第 3 款承认准据法可分割，与保护一方当事人有重大利害关系地的强行法的适用，没有必要依第 4 条的规定，可以作为第 2 条第 2 款"有更密切联系"的地方的法律而得到适用。所以本条开头没有使用"第 1 条至第 3 条"，而是使用了"第 1 条及第 3 条"的用语。与此相关的是，本条规定的特别连结的强行法限于一国与第 2 条规定的分割指定是否有矛盾的问题。因为，根据第 2 条的规定，是否只要一个契约可适用多个国家的法律，承认多个国家的强行法的特别连结，就算将强行法的特别连结贯彻到底呢？实际上，即使依据第 2 条的客观的分割论，对于特定的一个问题也只能适用一国的法律，对于本条保护弱者的特定问题，只承认适用一个国家的强行法与第 2 条的规定并不矛盾。

（五）第 5 条

【代理】

第 5 条　有关代理的本人与第三人的关系，依代理行为地法。

1. 法律规定现状

（1）现行《法例》对代理没有特别规定。但在国际私法上有必要对代理进行特别规定却是学者们的共识。日本现在有关国际私法的著作无一例外地都提及了代理，并接受在民法中占支配地位的观点，将代理关系分为本人与代理人间、代理人与第三人间、第三人与本人间三种关系。关于前两种关系的准据法基本上没有异议，即本人与代理人间的权利义务关系以及因代理人与第三人之间的法律行为而引起的权利义务关系的准据法，分别依各自间的法律行为的准据法，也即适用《法例》第 7 条的规定。

关于是否存在代理权，其范围如何，关于第三人与本人之间的关系所产生的问题，应适用什么法律，学说上存在着分歧。主要有以下六种：①依授权行为的准据法；②依代理行为的准据法；③依代理行为的行为地法；④依代理人营业所所在地法；⑤原则上依授权行为的准据法，从保护第三人的观点出发，考虑《法例》第 3 条第 2 款的宗旨，依代理行为地法代理行为的效果归属于本人时，则承认代理行为的效果归属于本人；⑥原则上依本人的营业所所在地法或惯常居所地法，同学说⑤，类推适用《法例》第 3 条第 2 款的宗旨。其中，重视交易安全的学说③历来为多数派学说。但最近也有大力主张学说⑤的。该学说进一步明确了保护第三人的宗旨，且不损害本人。在日本有采用该学说的判例。

在日本的学说中，区分狭义的任意代理与表见代理、无权代理来决定准据法的观点过去曾是多数派学说，但近来，多数派观点认为即使区别说明两者，制定冲突规则的政策也是相同的。不区分两者的观点也很有力。

2. 立法例

1978 年《关于代理准据法的海牙条约》第 5、6 条规定，本人、代理人间的关系，依当事人选择的法律，无有效选择时，依代理人营业所所在地法。本人与第三人间的关系，原则上依代理人营业所所在地法，在一定情况下又承认适用代理行为地法。

瑞士国际私法第 126 条规定，本人与代理人间的关系依当事人间的契约的准据法。本人与第三人间的关系原则上依代理人营业所所在地法，不存在该法或该法不明时，依代理行为地法。

另外，在英国，本人与代理人之间的关系依授权契约的准据法，本人与第三人间的关系依代理人与第三人缔结的契约的准据法。

因此，可以说在现阶段还看不出各国有关代理问题准据法的明确倾向。

3. 关于该条款的解说

（1）本条的规定只限于任意代理，不适用于法定代理。与任意代理相比，法定代理对本人的保护更强，所以，在国际私法上有必要采取与任意代理不同的冲突规则。该示范法没有包括与家族法或行为能力有特别关联的法定代理。

（2）该条是关于代理中本人与第三人关系准据法的规定，没有提及本人与代理人的关系。这是因为，本人与代理人关系依该法律关系的准据法，而且代理人与第三人缔结的契约上的权利义务关系问题也应该依该契约的准据法。

（3）在任意代理中，本人与第三人之间的争议通常是通过代理人的行为，本人与第三人之间的契约是否有效成立的问题。

对于这个问题有两种基本的观点。一是着重保护本人的观点。19世纪末，采用本人住所地法在欧洲是一般的观点。但是，现在似乎没有明确采用此观点的国家。同样，从重视保护本人的观点出发，也有人主张采用本人的惯常居所地法、营业所所在地法或本人与代理人间关系的准据法。但第三人要了解上述法律不一定容易，特别是对本人与代理间关系的准据法。并且，任意代理几乎都与交易有关，不考虑交易安全的上述观点，不宜采用。该研究会也有人主张，以保护本人的利益为基础，在此基础上考虑调整与第三人的利益关系。

另一种基本的观点是优先保护第三人的观点。其中又大致可分为两种观点。

第一，像英国那样，依代理人与第三人间缔结的契约的准据法。但是，如果对于契约准据法的决定允许当事人意思自治，则依代理行为的准据法会过于倾向于保护第三人的期待，而很有可能无视本人对准据法的预见。

第二，以代理行为地法或代理人营业所所在地法为准据法。

（4）该研究会基本上同意依代理行为地法或代理人营业所所在地法。代理人营业所所在地法实际上是代理行为地法主义的延伸。实际上，代理行为地法与营业所所在地法一致的情况很多。如果不一致，依哪一个，意见有分歧，但最后，该研究会决定采用依代理行为地法。

之所以如此规定，是基于以下考虑。举一个典型的例子，代理人奔赴他国（非营业所所在地国）为代理行为的情况下，如果适用营业所所在地法，是优先考虑了本人的预测可能性，而不是第三人的期待，因为如果是本人，其通常可预测营业所所在地。而对第三人而言，他通常并不一定能预测营业所所在地。

相反，如果采用代理行为地法，不管对代理行为地如何解释，可以认为与采用营业所所在地法的差别微乎其微。例如，考虑本人的期待，假设代理行为地是代理人为代理行为的预定的国家，则代理行为地与营业所所在地在很大程度上是重合的。

但是，在其他情况下，从行为地概念的准确及保护第三人期待的宗旨出发，代理行为地应该是代理人代表本人为具体行为的场所。这就会产生代理行为地与营业所所在地不同时，优先适用哪一地法律的问题。如果重视保护第三人，则适用代理行为地法；如果重视保护本人，则适用营业所所在地法。如前所述，实际上两地合一的情况居多，即使代理人赴他国为代理行为，对第三人而言，就代理行为后果是否及于本人的问题（代理行为的归属问题），与代理人营业所所在地法这一外国法相比，适用与代理行为有密切关系的行为地法是第三人通常的预测和期待。该研究会从确保第三人期待的角度出发，得出了适用代理行为地法的结论。

另外，最近也有主张选择适用授权行为的准据法与代理行为地法的观点（前述第⑤种观点）。该研究会认为，如采纳此说，会使代理成立的范围过于广泛，有走得太远之嫌。而采用代理行为地法，就在冲突法上保护第三人而言已十分充分。

（5）《关于代理准据法的海牙公约》（1978年）第11条第1款规定原则上适用代理人营业所所在地法，同时第2款又详细地规定了例外，允许在一定条件下适用代理行为地国法。该研究会也有采用此种规定方法或赞成批准该条约的观点。

（六）第6条

【无因管理】

第6条　①无因管理，依无因管理地的法律。如果该地不属于任何国家时，依日本的法律。

②不管前款如何规定，本人与管理人在同一地有惯常居所时，依该地的法律。

③不管前两款如何规定，无因管理是因与本人和管理人间的法律关系有关联而进行的，依该法律关系的准据法。

1. 法律规定现状

（1）无因管理由现行《法例》第11条第1款规定。对于无因管理及不当得利、侵权行为一律适用事实发生地法的规定，在日本，历来就受到批评。

另外，作为现行法的解释，争议的问题是，如果当事人间存在契约关系或法定代理关系时，管理人超越义务或权限为行为时，就与超越部分有关的问题，是适用无因管理地法，还是适用当事人间已存在的法律关系的准据法。

（2）关于海难救助是否适用《法例》第 11 条第 1 款规定也有争议，但多数派学说认为应准用第 11 条第 1 款的规定。理由是海难救助主要是建立在正义衡平观念基础之上的公益制度，是与无因管理类似的法律关系。日本有将海难救助视为准无因管理行为的判例。对公海上的海难救助有累积适用两船的旗国法、适用被救助船的旗国法，以及适用被救助船舶的船籍所在地法等主张。

与此相反，也有人认为海难救助与领海内的公益无直接关系，因此不应适用第 11 条第 1 款的规定。据此种观点，救助船与被救船具有同一国籍时，无论是在领海内还是在公海上，均依共同旗国法；无共同旗国法时，则没有指出明确的结论。

另外，近来也有学说主张，对公海上的海难救助，救助费用请求者可以选择救助船或被救助船的旗国法为准据法，认为这样是对救助行为的鼓励。

2. 立法例

奥地利国际私法第 47 条正文、1993 年德国参事官草案第 39 条第 1 款、EC 契约及非契约债务准据法条约预备草案第 13 条正文，以及各国立法均规定适用无因管理地法。

但是，上述 EC 预备草案第 13 条的但书规定了例外，即如果与两当事人共通的连结因素相比，其他的国家与救助行为有更强的联系时，依该国的法律。并且，奥地利国际私法第 47 条但书规定，无因管理与其他法律关系有内在的联系时，依该法律关系的准据法。还有德国参事官草案第 39 条第 2 款规定，对于清偿他人债务的行为依被清偿债务的准据法。第 41 条规定，当事人间存在特别的法律或事实上的关系或共同惯常居所地时，与他国的法律具有本质上的更密切的关系时，依该国的法律。而且第 42 条允许当事人意思自治。

（2）关于海难救助设置特别规则的立法有：1983 年德国参事官草案第 39 条第 2 款，规定公海上的海难救助依被救助船的"本国法"，但 1993 年的草案删除了此规定；意大利航行法典第 13 条，规定公海上的救助依被救助船的旗国法；韩国涉外私法第 47 条规定，领海内的海难救助依行为地法，公海上的海难救助依被救船的船籍国法。

3. 关于该条款的解说

（1）示范法本条第 1 款原则上采用了无因管理地法主义。其理由有二：第一，无因管理是从正义衡平的观点出发，以维护一般公益为目的的制度，管理行为在现实中与管理行为实施地有最密切的联系。第二，无因管理地法对双方当事人来说是中立的，并且是可预测的法律。

　　另外，也有人提出按无因管理的类型，规定应适用的法律的方案。例如，与本人有关或与属于本人的物有关的无因管理，依管理行为发生时的本人或其物的所在地法；与本人的权利或义务有关的无因管理（例如替他人清偿债务）依该权利或义务的准据法；其他情况下的无因管理适用本人的惯常居所地法。但在清偿他人债务的情况下，债务消灭与无因管理问题是可以分离的问题，两问题没有必要依据同一准据法，所以没有必要制定第二种类型。至于其他情况下的无因管理，也不能说使本人利益优先具有充分的理由，所以，该研究会没有采用该方案。

　　另外，无因管理发生在船舶、航空器内时，船舶、航空器的旗国法视为无因管理地法。

　　公海、南极大陆等不属于任何国家的领域内发生的无因管理，除依法庭地法的观点外，还有依本人的惯常居所地法或管理人惯常居所地法的观点，但研究会认为使任何一方利益优先的考虑都是不适当的，所以示范法没有采用依当事人一方惯常居所地法的方案。

　　（2）本条第 2 款采用共同惯常居所地法。当事人具有共同惯常居所地时，两当事人与该地有密切的关系，因为对两当事人而言了解该法的内容比较容易，从该法是其生活于其中的社会文化的反映这一意义上讲，也可以认为该法是当事人熟悉的法律。所以本条采用当事人共同惯常居所地法。另外，当当事人有共同惯常居所地时，案件的审理也通常在该地进行，共同惯常居所地法实际上与法庭地法相一致的情况居多，因此对准据法的调查、适用也较容易。

　　（3）本条第 3 款规定了当管理人与本人间已存在契约和其他法律关系时，管理人超越义务或权限的行为应适用的法律。对于理论上这一问题究竟是属于"无因管理"，还是属于"契约"或其他法律关系，研究会有不同意见。

　　（4）也有人提出了对无因管理，允许当事人意思自治。关于海难救助的准据法，本条没有作特别规定，因为研究会认为没有发现需要如此规定的特别理由。但是，在该研究会，也有意见认为，关于公海上的海难救助在不属于本条第 2 款、第 3 款适用范围的情况下，从鼓励救助行为出发，可以允许救助费请求者从救助船或被救助船的旗国法中选择一个法律为准据法；还有意见认为，在救助船和被救助船旗国法中，依客观有利于救助费请求的法律。

　　（七）第 7 条

　　不当得利

　　第 7 条　①不当得利依不当得利发生地的法律。该地不属于任何国家时，依日本的法律。

②不管前款如何规定，受损人与不当得利人在同一地具有惯常居所时，依该地的法律。

③不管前两款如何规定，得利是因与受损人和不当得利人之间的法律关系有关联而发生的时候，依该法律关系的准据法。

1. 法律规定现状

多数派学说认为，不管是否存在引起不当得利的基本关系，不当得利都应适用《法例》第 11 条的规定，即依不当得利地法。与此相对，也有人认为应对"不当得利"概念进行狭义的限制，对第 11 条的适用范围作狭窄的限定。但无论如何，不当得利与引起不当得利发生的基本关系是有密切联系的，所以现行《法例》第 11 条的规定是不合理的。因而又有人主张，不应对不当得利进行限定，而应该是对于一定类型的不当得利，适用基本关系的准据法。

（2）另外，关于共同海损，多数派学说认为，它类似于不当得利，因而可适用第 11 条的规定。理由是共同海损也是从正义、衡平的观念出发的公益制度，是与第 11 条适用的对象——不当得利——这种法律关系类似的一种法律关系。公海上的共同海损，适用旗国法。与此相反，也有学说认为，共同海损无疑是基于正义、衡平观念的公益制度，但其作为船舶、运输费、货物的利害关系人这一面临危险的共同体公平负担损失的制度，应允许当事人选择准据法，如无选择时，依旗国法。

另外，近来也有人主张，共同海损是船舶、运输费、货物的利害关系人之间的问题，首先应允许当事人意思自治，当事人间无合意时，因分摊额的评估是在航海结束时确定，清算是在航海结束地进行，所以应依终航地法（精算地法）。

2. 立法例

关于不当得利的立法，立法例是有分歧的。首先，采用传统的不当得利地法的占多数。

而西班牙民法第 10 条第 9 款后段及葡萄牙民法第 44 条，采用了基本关系准据法主义。奥地利国际私法第 46 条、土耳其国际私法第 26 条、瑞士国际私法第 128 条，规定存在基本关系时依该基本关系的准据法，无基本关系时，依不当得利发生地法。

另外，EC 契约及非契约债务准据法条约预备草案第 13 条正文采用了不当得利发生地法主义，但书则承认了例外，即如果与两当事人的共同的连结因素相比，其他国家与不当得利有更强的关系时，依该国的法律。1993 年德国参事官草案第 38 条第 1 款规定，给付不当得利，依基本关系的准据法；第 2 款规定，侵害不当得利，依侵害发生地法；第 3 款规定，其他不当得利只采用了适用不当得利发生地法这一冲突规则。关于第 2、3 款的规定，该草案第 41 条又规定了例外，即当事人间存在特别的法律或事实上的关系或具有共同惯常居所地等时，与其他国家的法律具有本质上的密切关系时，依该国的法律。而且，第 42 条一般地允许意思自治。另外，EC 契约准据法条约第 10 条第 1 款 e 项规定，契约无效的后果依契约准据法。1986 年海牙动产买卖契约准据法条约第 12 条也有同样的规定。《布斯塔曼特法典》第 221 条规定，不当得利首先依当事人的共同属人法，无该法时，依偿还地法。

3. 关于该条款的解说

（1）本条第 1 款原则上采用了不当得利发生地主义。理由有二：第一，不当得利主要是从正义衡平观点出发的公益制度，并与不当得利发生地有最密切的联系。第二，不当得利发生地法对当事人双方来说是中立的，并且是可预见的法律。

另外，也有人参考德国国际私法修改草案，提出了侵害不当得利作为不当得利的特殊的类型，依侵害行为地法的提案。其理由是：侵害不当得利与侵权行为制度都是财产保护的法律手段。并且两者的区分因国别不同而不同。如果对因同一事实产生的侵害不当得利和侵权行为分别适用不同的准据法，可能会产生对两个准据法上的请求权竞合问题的解决的矛盾或不调和。为防止发生此类问题，有必要对侵害不当得利与侵权行为适用同一准据法。因此，有必要对侵害不当得利规定与其他不当得利不同的规则。但是，如果对侵害不当得利与侵权行为规定依据同一准据法，可以将侵害不当得利从法律性质上识别为侵权行为，对侵害不当得利没有必要再特设规定。这一意见得到了研究会的多数支持。

另外，对运行途中的船舶、航空器内发生的不当得利，采用不当得利发生地法。

对公海、南极大陆等地发生的不当得利，无法适用不当得利发生地法，同时，研究会认为指定仅与一方当事人有密切联系的法律也是不适当的，所以，采用了依法庭地法。

（2）本条第 2 款像示范法第 6 条第 2 款一样，在当事人有共同惯常居所地时，认为该地与当事人双方有更密切的联系，所以规定了优先适用该法。

（3）本条第 3 款是针对当不当得利人与受损人间已存在契约或其他法律关系（包括无效法律关系）时，因这些关系而发生不当得利时而作的规定。因为此类不当得利与基本关系是不可分的，且近来采用基本关系准据法主义的立法也在增多，所以该示范法也明确地规定，利得与一定的法律关系相关而发生时，依该法律关系的准据法。

（4）也有人提出对不当得利允许当事人意思自治，但这一提案未获研究会多数支持。

（5）本条的不当得利未包含共同海损。因为共同海损是船舶、运输费、货物的利害关系人间公平分担损失的制度，所有问题应适用同一准据法。但如果依本条规定，可能会发生不止适用一个法律的情况，这样便违反了共同海损制度的性质。但关于共同海损到底应采用何种冲突规则，研究会认为仍有继续研讨的必要，所以示范法对此未加规定。

（八）第8条

【一般侵权行为】

第8条　①侵权行为依加害行为地法。该地不属于任何国家时，依日本法。

②不管前款如何规定，加害人与被害人在同一地有惯常居所时，依该地的法律。

③不管前两款如何规定，加害人与被害人间的法律关系因侵权行为而受到侵害时，依该法律关系的准据法。

1. 法律规定现状

（1）现行《法例》第11条对侵权行为的法律适用作了规定。多数派学说认为该规定采用了侵权行为地法主义，有关侵权行为的成立、效力等一切问题均依侵权行为地法。对侵权行为地的认定，有学者主张采用行动地法，有学者主张采用结果发生地法。还有人采取折中的立场，即对属于过失责任类型的侵权行为采用行动地法，对属于无过失责任类型的侵权行为采用结果发生地法。

（2）第11条第2款规定，关于侵权行为的成立，如果日本法不认为该行为是侵权行为，就不作为侵权行为处理。根据第11条第3款的规定，关于侵权行为效果的损害赔偿方法及赔偿额也必须接受日本法的限制。也有学者提出限制日本法的适用，但没有得到多数支持。另外，由于这些累积适用日本法的规定作为特别保留条款不得不广泛而且硬性地被适用，所以，立法论上，有人主张删除这些规定，认为应在公共秩序保留的范围内处理这些问题。

2. 立法例

纵观近来有关侵权行为的主要立法瑞士及奥地利的国际私法、修正德国民法施行法的参事官草案等，可以说侵权行为地法主义的原则仍得到维持。但是关于侵权行为地的理解，有微妙的差异。除采用行动地说（奥地利法第48条第 1 款正文）、结果发生地说（瑞士法第 133 条第 2 款）外，还有原则上采用行动地法，但作为例外承认被害人选择结果发生地法的可能性（1993 年德国参事官草案第 40 条第 1 款）。

而且对侵权行为地法主义的原则设置了种种的例外，即（1）依当事人事后合意的准据法选择（瑞士法第 132 条、德国参事官草案第 42 条第 1 款）；（2）共同惯常居所地法主义（瑞士法第 133 条第 1 款、德国参事官草案第 40 条第 2 款）；（3）附属的连结（瑞士法第 133 条第 3 款、奥地利法第 48 条第 1 款但书、德国参事官草案第 41 条）。

而且，美国《第二次冲突法》重述采用根据 "与争议的事实及当事人有最重要关系" 的标准确定准据法（第 145 条）。

从条约方面来看，海牙条约没有规定侵权行为一般通用的准据法选择规则。只在个别领域里，如《关于道路交通事故的准据法条约》及《关于产品责任准据法条约》中对特殊侵权行为有规定。

1972 年的 EC 契约及非契约债务准据法条约预备草案一方面原则上采用事实发生地法，同时又承认附属的连结及共同惯常居所地法主义。

3. 关于该条款的解说

（1）该示范法在对侵权行为规定了一般规则及根据事件类型规定了各个规则的前提下，明确采用了侵权行为地法主义中的行动地说为一般规则。理由是，这可以使行为人预见自己行为的法律后果，并且对于无过失责任的侵权行为可以设置特别规则加以处理。

与此相对，研究会也有意见认为，由于侵权行为的被害人可以放弃自己的赔偿请求权，加害人与被害人可以和解，从冲突法上允许选择适用法规可以与实体法上的规定保持首尾一致。从这一角度出发，应允许当事人选择准据法。特别是对示范法第 10 条规定的有关人格权的侵害，主张允许选择准据法。但是，与这种观点相对，在主要由当事人选择准据法的情况下，存在一些疑问，例如对请求权的处理，如果作为准据法的实体法允许和解对当事人来说还不够吗？如果只允许准据法的合意，在消灭时效等问题上又会招来当事人不能预料的结果。另外，还可以预料会出现当事人的错误、选择撤回的可能性及意思解释困难等问题，所以示范法最终没有允许选择准据法。

另外，对于不作为的侵权行为，本条所言加害行为地指应该为行为的地方。

（2）土地上工作物责任适用本条规定，未另行规定。

土地工作物的所有人、占有人设置、管理行为以土地工作物所在地为中心，因工作物设置、管理的瑕疵而致的损害多发生在工作物所在地，因此对因设置、管理瑕疵而发生的侵权行为应以工作物所在地法为准据法。

因所有人、占有人的作为导致损害发生的情况下，工作物所在地即是加害行为地，据示范法第8条第1款，工作物所在地法为准据法。因所有人、占有人不作为导致损害发生的情况下，应该将应作为地（工作物所在地）视为加害行为地，据示范法第8条第1款，也是工作物所在地法为准据法。因此，可以从示范法第8条第1款的规定推导出关于土地工作物责任应依工作物所在地法。因此，对土地工作物责任未再作明文规定。

另外，关于交通事故侵权责任问题，虽有1966年的海牙公约，但可以认为依本条对其进行充分讨论是可能的，所以对此未特设规则。

（3）对航行中的船舶、航空器上的侵权行为，该示范法没有特设规定。由于加害行为的发生地点是偶然的，对这类侵权行为，研究会认为，当然应以该船舶、航空器自身为加害行为地。以它们的旗国法为准据法即体现了这一宗旨。

不过，因船舶、航空器碰撞事故而发生的侵权责任，碰撞地在一国领海、领空内时，以该国为加害行为地。在领海、领空外没有法律管辖的地点发生的碰撞，可以考虑适用一方或双方登记地国法，但优先适用任一方登记地法都缺乏理由，如果累积适用双方登记地国法，不利于保护被害人。在此种情况下，依作为紧急补充的准据法的日本法是该条第1款后段的宗旨。

（4）现行《法例》关于侵权行为的要件、效果承认累积适用日本法，但借鉴前述对它的批判，删除了累积适用日本法的规定。

（5）第2、3款基本上与示范法第6条及第7条基于同一想法。

另外，产品责任及人格权侵害可准用这些规定（参照示范法第9、10条的解说）。

（九）第9条

【产品责任】

第9条

（甲案）因产品的缺陷及不完全说明而发生的责任，依产品取得地法。但是，责任者有正当理由不能预见该产品在该地流通时，依责任者惯常居所地或主营业所所在地的法律。

（乙案）①同甲案。

②前款的责任准用前条第2、3款的规定。

1. 法律规定现状

现行《法例》对产品责任无特别明文规定。对《法例》的解释有种种主张。有人认为产品责任是一种契约责任，但在各国实体法上，产品责任一般被视为侵权责任的一种，而且加害人与受害人之间通常没有契约关系，所以国际私法上将产品责任识别为侵权责任是多数派学说。

虽然产品责任被识别为侵权责任，但其与一般侵权责任不同，有必要作如下考虑。目前，美国、欧洲各国注重对被害人的救济、损害赔偿，因此，准据法上也有必要重视对被害人的保护。另一方面，产品责任是起因于制造有缺陷的产品，并将其投入商品流通而产生的责任，与其说与传统的侵权行为地相对应的生产地、损害发生地有密切联系，不如说与产品投入流通地有更密切联系。基于产品责任的特点，所以多数意见认为，产品责任不适用《法例》第11条的规定。但关于如何确定其准据法又有以下不同主张：从保护被害人的观点出发，依被害人的惯常居所地法；生产者与消费者双方可预见的市场地法（产品经过商品流通提供给顾客的地方）；原告可以从产品市场地法、被害人的惯常居所地法及生产地法中选择对自己有利的法律等。

2. 立法例

瑞士国际私法（1987年）对产品责任的准据法作了特别规定。该法第135条第1款规定与产品缺陷或不完全说明有关的请求，依被害人从下列法律中选择的法律：加害人营业所所在地或者惯常居所地的法律或产品取得地法。不过，关于产品取得地法，该法规定，经证明未经加害人同意产品在该地投入流通时，不适用该产品取得地法。另外，该条第2款规定，关于产品缺陷或不完全说明的请求依外国法时，在瑞士，被害人不能要求比瑞士法允许的损害赔偿更高的损害赔偿。

另外，《关于产品责任准据法条约》（1973年）对产品责任准据法的规定独具特色（参见公约第4、5、6、7条的规定），该公约已于1977年生效，现在的缔约国有法国、卢森堡、荷兰、挪威、西班牙、芬兰等国。

3. 关于该条款的解说

（1）对于一般侵权行为，原则上应依加害行为地法。但对产品责任基于对被害人的保护及产品责任的特点，该示范法对其作了特别规定。

与产品责任有关的连结点有：生产地、加害人主营业所所在地、损害发生地、被害人的惯常居所地等。但从产品责任起因于生产、销售有缺陷的产品这一特点出发，依产品投入商品流通、被害人取得产品地的法律是适当的。而且，这一法律对被害人（消费者）、加害人来说都是可预见的法律。当被害人不是产品的直接购入者时，该研究会也曾考虑依结果发生地法。但从产品责任的特点及加害人的预见可能性出发，最终还是采用了依该产品预定的最终购入者取得产品的地方的法律。因此，第三人因取得产品遭受损害时，对被害人的产品责任也依该第三人取得产品的地方的法律。

但是，产品未经通常的流通渠道而被被害人取得时也依取得地法，就会发生依加害人没能预见的法律使其承担产品责任的问题。所以，该示范法接下去又规定了如果责任者有正当理由不能预见该产品在该地流通时，依该责任者主营业所所在地法。作为考虑加害人预见可能性的方法，该示范法也曾考虑像瑞士国际私法那样，使加害人承担预见不可能的举证责任。但这样做实际上给予了加害人一方选择准据法的余地。所以该示范法采用了"有正当理由不能预见"的规定，这样就明确规定了由法院依职权对是否"有正当理由不能预见"作出判断。在有正当理由不能预见产品在该地流通时，研究会也曾考虑采用被害人的惯常居所地法或损害发生地法，但依这些法律，一方面具有偶然性，一方面又违反了加害人的预见可能性。因此，采用了加害人的根据地惯常居所地或主营业所所在地法。

另外，该研究会中也有人提出，从国际私法统一的观点出发，应批准《关于产品责任准据法的条约》（1973 年）。但是，由于该海牙条约规定的法律选择规则作为准据法的决定方法太复杂，很难说当事人一定能容易地预见准据法，此外又承认当事人选择准据法，这与该示范法的其他规定不协调，并且现在参加该条约的国家并不多，所以示范法设置了上述自己的规定。

（2）关于产品责任是否准用示范法第 8 条第 2、3 款的规定，研究会意见有分歧。

首先，关于第 8 条第 2 款的准用，甲案认为，与当事人间偶尔存在的共同惯常居所地相比，取得产品的市场地与产品责任有更密切的联系。而乙案则认为，产品责任也是加害人与被害人间利益调整的问题，如果存在与双方当事人有密切关系的共同惯常居所地法，则应优先适用该法。

其次，关于第 8 条第 3 款的准用，甲案认为，即使当事人间存在契约关系，也不应该依契约的准据法，而应依考虑了产品责任特殊情况的本条的规定。而乙案认为，如果存在与双方当事人间有密切关系的法律，则应优先适用该法。

另外，即使是以甲案为前提，关于所谓的非扩大损害的通常损害（物本身的灭失）责任的准据法，存在着依契约准据法与产品责任准据法的分歧。

（十）第 10 条

【媒介人格权侵害】

第 10 条　　（甲案）通过出版、广播及其他向不特定的多数人的提供信息手段而产生的人格权侵害责任，依被害人的惯常居所地法。

（乙案）通过出版、广播及其他向不特定的多数人提供信息的手段而产生的人格权侵害责任，依损害发生地法。

1. 法律规定现状

在日本，对于通过面向不特定多数人的信息提供手段，侵害名誉、隐私、肖像权或姓名权的侵权行为的准据法的论述较少。山口弘一的《日本国际私法》（1910 年）、久保岩太郎的《国际私法概论)（1946 年）、实方正雄的《国际私法概论》（1952 年）等认为报纸或杂志的侵权行为应以发行地为侵权行为地。山口弘一在 1928 年的一篇有关侵权行为准据法的论文中又提出，权利所在地为侵权行为地，而形像权、自由权、名誉权、生命权的所在地为人的本国。

日本有两个判例涉及名誉毁损问题，但遗憾的是，一个仅涉及判断日本法院是否有管辖权，另一个未判明任何国际私法上的问题。

2. 立法例

关于这一问题的立法例主要有瑞士国际私法第 139 条。德国虽然没有像瑞士那样的特别规则，但在德国民法施行法（原第 12 条）的解释论上，关于因宣传媒介侵害人格权的讨论却相当活跃。例如，为了使加害人与被害人间的"武器平等"，有人提出应承认被害人享有广泛的准据法选择权。即行动地或者全部的结果发生地都视为侵权行为地，允许被害人决定全部、部分或唯一的侵权行为地，此时，应适用的法律，分别地仅与该法域内的侵害行为（或者侵害结果）相适应。并且，在德国，关于反论公开发表请求权，有人提出与瑞士法第 139 条第 2 款相同的观点。

美国《第二次冲突法重述》第 150、153 条对因宣传媒介而发生的名誉毁损、隐私权侵害等的法律适用作了规定。

3. 关于该条款的解说

（1）该条是有关通过面向不特定多数人的信息提供手段，侵害名誉、隐私、肖像权等侵权行为诸问题（损害赔偿请求权，反论公开发表权）的规定。此种情况下的侵权行为，如后所述，不适宜适用加害行为地法，所以该条对此作了特别规定。

即使是侵害隐私权、肖像权，但并不是以向不特定多数人提供信息的手段侵害时（例如仅限于拍摄他人私生活或容貌的情况），适用侵权行为的一般原则（示范法第 8 条）。

另外，与市场竞争有关的名誉、隐私及姓名权的侵害问题，依示范法第 11 条的规定。

（2）侵害名誉、隐私、肖像权、姓名权及其他人格权的侵权行为，在国际私法上，从保护被害人的观点出发，适用加害行为地法是不适当的。

因此，甲案从保护被害人的观点出发，采纳了与被害人有最密切关系的被害人惯常居所地的法律。并且关于名誉、隐私、肖像权或姓名权的侵害，即使有关信息是在多个国家获得的，但损害却通常发生在被害人的惯常居所地。甲案的规定可以说是基于此种认识而作出的。

而乙案则考虑了在多个国家进行活动的人在每个国家都存在人格权，在多个国家得到信息的情况下，应认为每个国家都是损害发生地（损害发生地不同准据法也不同）。

但是对于乙案，有如下批评：如果几个国家的实体法均为准据法，查明实体法的内容需要花费时间，不利于保护被害人。因此，采用甲案依被害人惯常居所地法使准据法的适用变得容易。而对此乙案认为，在多个国家活动的人的人格权受到侵害的情况下，由于在每个国家发生了各种不同的损害，所以应该保障在每个国家给予不同的救济，采用甲案的准据法一体化并不妥当。

另外，允许被害人选择准据法的观点使准据法的确定变得不稳定，所以示范法未采用。

（3）基于下述理由，该条没有规定准用第 8 条第 2、3 款的规定。

首先，第 8 条第 2 款的准用对甲案而言理论上没有用，对乙案而言，违反了其在不同的地方发生损害应适用不同实体法的观点。

其次，没有准用第 8 条第 3 款的原因是，研究会的多数人认为，夫妻间、亲子间、使用者与被使用者间通过宣传媒介发生的人格权侵害行为，超越了当事人间的关系而成为社会问题，与该当事人间的亲族关系、契约关系并无更密切的关系。

（十一）第 11 条

【竞争侵害】

第 11 条　（甲案）侵害市场竞争自由或公正的行为的责任，依该行为发生效果的市场地的法律。

（乙案）不正当竞争行为的责任，依该行为发生效果的市场地的法律。

1. 法律规定现状

现行《法例》没有关于不正当竞争或竞争限制的特别规定。日本有一些著作和论文论及了不正当竞争的准据法。

2. 立法例

最近的国际私法立法也有对不正当竞争规定特别规则的。例如奥地利国际私法第48条第2款、瑞士国际私法第136条等。并且，1984年德国参事官草案第40条第2款第2项规定了适用进行不正当竞争行为的市场地的法律（1993年的德国参事官草案对此未特设规定）。而且，1983年万国国际法学会的决议《有关不正当竞争的冲突规则》规定依竞业者发生营业损害的市场地的法律。

对于限制竞争，瑞士国际私法第137条一方面规定依限制竞争行为对被害人直接发生效果的市场地的法律，另一方面又规定了不承认高于瑞士法规定的赔偿。而前述万国国际法学会决议指明了该决议不适用于有关限制贸易的习惯作法、独占的习惯作法的特别法上的责任。因此，对限制竞争的准据法的立法动向不大。另外，德国竞争限制禁止法第98条第2款以效果主义为基础规定了域外适用的规则，但它是仅规定了适用德国法的单边冲突规则，并且是既以公法问题又以私法问题为对象的规定。

3. 关于该条款的解说

（1）本条是关于不正当竞争或者限制竞争民事责任的特别规定。

（2）甲案对不正当竞争与限制竞争两个问题特设了规定，无论哪个问题均依发生效果的市场地的法律。这与奥地利国际私法（第48条第2款）、瑞士国际私法（第136条）的规定基本相同。对于竞争限制，与瑞士国际私法第137条的规定有若干不同，换言之，是将德国竞争限制禁止法第98条第2款的单边冲突规则双边化了。

甲案认为：①国际上的不正当竞争或限制竞争作为现实问题正在增多，国际私法也有必要对其加以规范。②由于各国在实体法上，制定了不正当竞争防止法或竞争限制禁止法或独占禁止法等特别法，因此，在国际私法上关于不正当竞争或限制竞争也应制定特别的冲突规则。由于不正当竞争防止法、限制竞争禁止法、独占禁止法均是从维持或发展市场竞争秩序的观点出发，对一定的竞争行为加以规制的立法，所以应该依据市场竞争秩序受影响的地方的法律规制因竞争行为而产生的责任问题。

（3）与此相反，乙案仅对不正当竞争特设了规定。其理由主要是认为，不正当竞争防止法是从对侵权行为的民法的个人保护发展而来的，而竞争限制禁止法、独占禁止法是因具有公共性格的经济政策的考虑而产生的，因此，不正当竞争适合于在国际私法上加以规制，而对竞争限制与公法规制的关系应讨论的问题点尚多，所以反对在现阶段对其规定冲突规则。

（4）尽管两提案所规定的对象有差异，但连结点（发生效果的市场地）的规定却是一致。

与此相反，在乙案的前提下，也有少数意见认为，应以进行竞业行为的市场地为连结点。即关于不正当竞争，应以竞业者为有问题的行为的市场地为连结点。理由是对不正当竞争的管制重点是对不正当行为的规制，采用效果发生市场地法无视了行为人的预测可能性，例如在 A 国为依 A 国法不必承担责任的行为，但该行为却在 B 国发生效果，据此依 B 国法追究行为人的责任并不妥当。

（5）另外，无论是甲案还是乙案，关于营业秘密的不正当利用行为是适用一般侵权行为的规定还是依本条规定均有分歧。认为应适用一般侵权行为规定的理由是营业秘密的不正当利用行为没有市场介入，并且是针对特定的人进行的。与此相反的意见是市场介入的意思不明确，各国实体法上一般对该类行为也从市场秩序的维护、发展的观点出发，对其进行特别的规范，将其与其他不正当竞争行为区别开来并不妥当。

（十二）第 12 条

【环境污染】

第 12 条　对环境污染损害责任，依损害发生地的法律。

1. 法律规定现状

现行《法例》对环境污染无特别规定。另外学说上也很少有触及该问题的。折茂丰教授在其著作中认为作为对《法例》第 11 条的解释，环境污染结果发生地法应视为侵权行为地法。

也有学者认为对原子能损害适用结果发生地法也有不当之处。

2. 立法例

在各国几乎没有关于环境污染的特别规定的双边冲突规范。仅有作为对"イミシオソ"的准据法的特别规定的瑞士国际私法第 138 条。对因不动产发生的有害的"イミシオソ"的请求，根据当事人的选择，依不动产所在地法或结果发生地法。

3. 关于该条款的解说

由此可见，日本的学说对该问题的讨论不能说是充分的。另外，外国的立法例也很少。或许应暂缓考虑该问题的立法问题。但是 1986 年的切尔诺贝利事故及莱茵河污染事件，不仅作为跨国境污染事件引人注目，而且在国际私法上作为典型的隔地侵权行为，再次提出应如何决定民事赔偿责任的准据法问题。因此，该研究会考虑到环境污染问题的重要性，对其准据法作了规定。

首先，研究会认为，对环境污染损害责任准据法的规定应立足于实体法的立法动向，重视保护被害人。示范法采用了损害发生地法，可以说这对被害人的保护是必要而充分的。即损害发生地法对被害人的保护强于加害行为地法时，适用加害行为地法是不恰当的。反过来，加害行为地法对被害人的保护强于损害发生地法时，给予被害人高于损害发生地法的保护也不妥当。例如工厂的煤烟从 A 国飘向 B 国，损害了 B 国居民的健康，但同时，C 国工厂的煤烟也从 C 国飘向了 B 国，损害了 B 国居民的健康，如果依加害行为地法，受 A 国煤烟损害的居民与受 C 国煤烟损害的居民之间，有关侵权行为的准据法便不相同，一方居民比他方居民享有更多的保护是不妥当的。即对环境污染的被害人而言，加害行为地是偶然的，应该说损害发生地与其有密切的关系。

另外，与产品责任不同，环境污染的加害人负有应该预测损害发生地的责任，即使有时不能预见在外国发生损害，也不能因此免除适用损害发生地法。

该示范法的环境污染损害指以大气或水等物质为媒介对身体及财产的损害。由于大气、水等环境本身，不是特定的个人的财产，所以不是损害赔偿的对象。相反，以环境污染为媒介发生的对私人健康损害、农林水产及其他产业的损害才是损害赔偿的对象。并且，该示范法的"损害"限定于直接的损害。

（十三）第 13 条

【债权转让及债务接受】

第 13 条　①债权转让，依转让人与受让人间的契约的准据法。但是，转让对第三人的效力依被转让债权的准据法。

②前款的规定准用于债务接受。

1. 法律规定现状

为说明方便，假设 A 把对 B 拥有的债权 α 转让给 C。

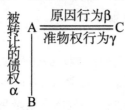

（1）有关债权转让的《法例》第 12 条仅就转让对第三人的效力作了规定。关于债权转让的其他问题，日本多数派学说认为，应区别引起债权转让的债权行为（原因行为，如买卖契约等）与债权转让本身，前者依一般债权行为准据法的决定规则，后者被视为准物权行为，是关系到被转让债权命运的问题，应该依被转让债权（α）的准据法。

　　但是，对此也存在反对意见，即由于债权转让本身也是一种法律行为，应该允许当事人意思自治（对 γ 依当事人选择的准据法）。该观点，最近又得到下面的支持，即先行转让将来才发生的债权的情况下，根据多数派学说，准据法尚未确定，所以被转让债权的准据法无法确定。

　　另外，还有人认为，债权转让对第三人的效力，也可以考虑原因行为（β）的准据法说。但据多数派学说，债权转让为准物权行为，具有独自性，采用原因行为准据法说将混同原因行为与债权转让行为本身，所以不宜采用。

　　（2）关于债权转让对第三人的效力，《法例》第 12 条规定依债务人住所地法。这是因为，债务人住所安定，可以将债权所在地视为债务人住所地。但是，对此有反对意见，理由是：由于债务人的住所被解释为债权转让时的住所，债务人变更住所时，对债务人而言即使没什么问题，但对债务人以外的第三人而言，其未预见到的法律可能成为准据法，并且，债务人在几个国家活动时，债务人住所的确定，即债权转让对第三人效力的准据法的确定变得困难，不利于交易的安全。而且，一般的批评意见是，如果《法例》第 12 条规定的宗旨是要保护债务人，还不如依被转让债权的准据法。

　　2. 立法例

　　EC 条约第 12 条第 2 款规定，有关债权的可转让性，受让人与债务人间的关系，对债务人的对抗要件，以及债务人义务消灭等所有的问题依被转让债权的准据法（债权 α 的准据法）。第 1 款规定了转让人与受让人间的法律关系，依他们之间契约的准据法。

　　德国国际私法第 33 条与 EC 条约第 12 条相同。

　　与此相对，瑞士国际私法第 145 条第 1 款规定，因契约而发生的债权转让，依当事人选择的法律，无选择时，依被转让债权的准据法。准据法的选择未经债务人同意时，不能对抗债务人。

　　3. 关于该条款的解说

　　（1）该示范法规定了债权转让对第三人的效力依被转让债权（α）的准据法，其他问题，依转让人与受让人间契约（β）的准据法。债务接受也准用上述规定。另外，关于债权转让的可能性的问题是与该债权性质有关的问题，所以应依该债权的准据法。

　　第 1 款正文中，有关转让人与受让人之间债权转让是否成立及效力，全部作为契约的问题，依示范法第 1 条以下的通常方式决定其准据法，虽然对该准据法与被转让债权的准据法作了不同规定。但该示范法并未采用区别债权行为与准物权行为的意见，理由是，示范法上述规定的区别并不是比较法上的一般区别，并且即使从实质上考虑，与物权变动不能无视物之所在地法的物权法秩序不同，在债权转让的情况下，不必有此种考虑，第1款但书的目的是保护第三人，而不是采纳了区别债权行为与准物权行为的观点。

如此规定第1款但书的理由有两个。第一，对债务人来说，一方面，债权转让对债务人的效力仅由债权人与受让人可以决定的准据法决定的话，有违背债务人期待的危险。另一方面，依自己为当事人的债权的准据法不能说对其施加了过重的负担。第二，对债务人以外的第三人及受让人来说，应该说有必要事先了解债权转让对第三人效力的准据法，了解与自己相关的被转让债权的准据法。即使要求他们事先确保或确认该准据法上要求具备的对抗要件也不能说过分。

对某一债权，还会遇到债权的受让人、债权人的代位权人、主张抵销人之间的权利的优劣问题。这一问题如果不依一个准据法，便无法解决。由于第1款但书所谓的"债权"的含义与抵销时的"被抵销的债权"（示范法第15条）、债权代位人的"代位债权"（示范法第16条）中的含义是一致的，所以，它们之间的优劣关系可以依一个准据法解决。

（2）由于债权转让与债务接受的法律关系的重心及利益状态从确定准据法的观点来看可以一视同仁，所以第2款规定了债务接受准用债权转让的规定。

另外，该研究会也有意见认为有必要进一步讨论债务接受的准据法问题。

（十四）第14条

【债权的法定移转】

第14条 （甲案）债权的法定移转，依为移转原因的法律关系的准据法。但是，移转对第三人的效力依被移转债权的准据法。

（乙案）债权的法定移转，依为移转原因的法律关系的准据法。

但是，不能剥夺被移转债权的准据法对债务人的保护。

1. 法律规定现状

为说明方便，假设A对B的债权，因法律上的原因由C取得，而且D对该债权的归属提出异议。

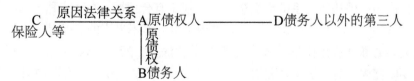

《法例》对因法律而移转债权的问题应依什么样的冲突规则无明文规定。学说对此问题的解释主要有：首先，依原因法律关系的准据法，这可以说是多数派学说。关于保险代位也有采纳此观点的判例。其他的有：应区别移转原因与效果，关于原因应依移转原因的准据法，效果依被移转债权的准据法；内部关系的问题依各准据法处理，从保护被直接请求的人的观点出发，应依决定该人本来的权利义务的准据法（原债权的准据法）；对保险代位，应对债务人的本来期待给予保护，由保险契约者恣意剥夺债务人的期待是不妥当的，对与债务人及其他第三人关系必须考虑应被移转的债权的准据法。

2. 立法例

EC 条约第 13 条规定，因契约而发生的债权的法定移转依引起移转的原因关系的准据法。并且，已接受该条约的德国民法施行法第 33 条第 3 款对包括因契约以外的原因引起的债权移转，也采用相同的观点。

瑞士国际私法第 146 条第 1 款原则上依原因法律关系的准据法，但又规定了适用原债权准据法保护债务人规定的保护条款。保护债务人的规定如对不知道债权人交替的善意人的保护规定等。

另外，德国 1986 年以后的学说，认为应适用被移转债权准据法的占多数。

3. 关于该条款的解说

对于原债权的旧债权人（A）与新债权人（保险人、保证人等）（C）之间的关系应依原因关系的准据法、以及对于债务人（原债务的债务人 B）的保护有必要适用原债权的准据法，研究会的看法是一致的。

但是，与债权转让的情况相同，对于第三人（新旧债权人以外的人）的效力有两个提案。一是，一并依原债权的准据法，二是原则上包括对第三人的效力依原因关系的准据法，但由于仅仅如此规定不利于保护债务人，所以应借鉴瑞士国际私法的规定，设置保护条款。前者构成了甲案，后者即为乙案。

甲案重视债权的法定移转与债权转让的一贯性，并且，其优点是债务人以外的第三人（D）主张已取得该债权的时候，向新债权人 C 的法定移转对 B 的效力、向 D 移转的对 B 的效力、C 与 D 之间对抗的全部问题都可一并适用原债权的准据法。

乙案规定法定移转的成立与否依原因法律关系的准据法，包括对第三人的关系也适用原因法律关系的准据法，这一规定有合理性。在法定移转时，乙案认为将 AC 间移转的是否成立与对 B 的效力分开是不妥当的。但是，由于原因债权关系的准据法是债务人 B 事先不知道的法律，所以，仅在对 B 进行保护的必要限度内，有必要累积适用原债权关系准据法。另外，乙案中对"债务人的保护"包括的问题有：因已清偿对旧债权人的债务而免责，是否有必要通知债务人等。

另外，甲乙两案均认为债权移转的可能性依该债权的准据法。

（十五）第15条

【抵销】

第15条抵销依被抵销债权的准据法。

1. 法律规定现状

为说明便利，假设 A 对 B 拥有债权 α，B 对 A 拥有债权 β，现在 B 想进行债权抵销。

$$A \xrightleftharpoons[\beta \text{（主动债权）}]{\alpha \text{（被抵销债权）}} B \text{ 想进行抵销者}$$

《法例》对抵销无规定。

多数派学说认为，抵销的准据法与抵销双方当事人的命运相关，应累积适用主动债权的准据法与被抵销债权的准据法。与此相对，有学者认为，抵销是利用主动债权清偿债务，仅应适用被抵销债权的准据法。另外，近来有在决定准据法时应注意抵销的担保功能的观点。

2. 立法例

瑞士国际私法第 148 条规定了抵销依被抵销债权的准据法。

3. 关于该条款的解说

示范法采用了依被抵销债权的准据法的学说。它意味着即使根据主动债权准据法，抵销不能成立，被抵销债权与主动债权也一起消灭。但是关于这一点，也有人认为，主动债权到底是否消灭终究是应依主动债权的准据法，根据主动债权准据法，抵销不能成立时，只剩下主动债权，当事人之间的债权关系最终应作为不当得利问题加以处理。该示范法的考虑与《法例》第 20 条第 2 款的考虑相同，承认主动债权可以根据与其自身准据法不同的准据法消灭。

示范法反对采用累积适用说的理由如下：

第一，在多数情况下的抵销，是因主动债权 β 的债务人 A 经济状况恶化，具有经济价值的被抵销债权 α 的命运如何成为问题。如果在这种情况下寻求法律关系的重心，重心即是被抵销债权 α 的准据法。

第二，在债务人 A 经济状况恶化其债权被抵销的情况下，可以想象针对被抵销债权 α 的第三人（A 的其他债权人）将会登场，以债权转让、债权人代位等为依据，展开债权优劣的争论，因此，有必要至少使债权转让、债权人代位的效力的准据法与抵销效力的准据法一致。

（2）但是，在实体法上，有些国家规定，如果债权处于适于抵销状态，不需要当事人意思表示，法律上当然发生抵销，双方的债权在对等额内自动消灭。因此，学说中也有人认为应考虑这样的制度，以此为累积适用说的适当性寻找依据。

与此相反，不需要当事人意思表示的抵销制度，在示范法中，不被识别为"抵销"。换句话说，主动债权抵销制度主要是消灭债权的准据法的问题。上述债权α的准据法决定了主动抵销，债权β的准据法没有这样的制度时，债权α是否消灭是其准据法的问题（很可能作为对准据实体法的解释，如果债权β没有同时消灭时，不会有仅仅消灭债权α的情况）。

因此，示范法以存在主动债权的抵销为前提，以具有抵销的意思表示及能够将被抵销债权特定的抵销为适用对象。

（十六）第16条

【债权人代位】

第16条　债权代位，依成为代位标的的权利的准据法。

1. 法律规定现状

为说明便利，假设A对债务人B拥有债权α，B对第三债务人C拥有债权β，A代位行使债权β。

日本多数派学说认为，对债权人代位权应从实体法上的制度加以把握，因其是债权α的效力问题，同时又是关系被代位行使的债权β命运的问题，所以如果不累积适用债权人A拥有的债权α的准据法与债务人B对第三债务人C拥有的债权β的准据法，代位权便不能行使。关于代位权的效力也应在双方准据法允许的范围内发生。

另一方面，也有学说同样认为债权人代位权是债权α的效力问题，但却应适用债权α的准据法。其理由是，在代位权行使问题上，对第三债务人保护的必要性不是那么高，没有必要考虑代位权行使对象的权利（债权β）的准据法。

2. 立法例

没有发现有关债权人代位的立法例。

3. 示范法的解说

无论是多数派学说还是其反对学说均认为债权人代位是债权 α 的效力问题，并因此而推导出自己的结论。但这不过是一种看法而已。如果将代位权说明为谁可以对第三债务人 C 行使债权 β 的问题，债权人代位即是示范法规定的代位对象的债权 β 的问题。

关于债权人代位，以谁可以行使代位对象的债权 β 为例，据示范法应依债权 β 的准据法，这一规定有以下的优点：如果围绕代位对象债权 β，出现几个债权人，即使是各个对 B 拥有的债权的准据法不同，依债权 β 的准据法也可以处理这种情况；而且，出现有关债权 β 的抵销权人或债权受让人时，由于示范法第 β 条第 1 款但书及第 15 条规定的有关债权转让及抵销的准据法也依该债权 β 的准据法，所以可以在同一准据法上判断这些人的优先劣后。

并且，在国际私法上，对受影响的债务人 C 的保护也很重要。对 C 来说，如果能依自己所负债务的准据法确认自己对其应履行义务的对方，可以说对 C 的保护就足够了。因此，该示范法规定了仅依债权 β 的准据法确定债权人代位是否成立及其效力。

按照日本的多数派学说采用债权 α 的准据法会出现下面的情况。C 接受 A 基于债权人代位的请求时，即使 C 根据自己了解的债权 β 的准据法判断 A 行使代位权有效，并已向 A 清偿完毕。但如果根据 C 事先不了解的债权 α 的准据法，A 无代位权，C 的清偿不被视为有效，所以 C 就不能拒绝 B 的请求，这样 C 就不得不面临请求 A 返还清偿的风险。这对于只不过是负有债权 β 准据法上的义务的 C 而言，应该说是过分的，所以示范法没有采纳日本的多数派学说。

（十七）第 17 条

【债权人取消权】

第 17 条　　（甲案）债权人取消权依为债务人处分对象的权利的准据法。

（乙案）债权人取消权，依法庭地法。

1. 法律规定现状

为说明便利，假设债权人 A 对债务人 B 拥有债权 α（准据法为甲国法）、B 与第三人 C 间实施了欺诈的法律行为 β（准据法为乙国法），在将 B 的财产由丙国向丁国转移时，A 根据基于债权 α 的债权人取消权，在戊国法院提起了取消该欺诈法律行为 β 的诉讼。

```
        α
       (甲)              欺诈对象的财产
  A ─────── B            当初的所在地(丙)
                         现在的所在地(丁)
  法庭地(戊)  │β(乙)
             │
             C
```

根据日本多数派学说，债权人取消权是债权人对债务人拥有的债权的效力问题，并且是应被取消的欺诈行为的命运的问题，应累积适用 α 的准据法与 β 的准据法，但是如果欺诈行为是因动产、不动产买卖的权利移转时，这是意味着欺诈行为只是债权契约，还是也包含着使物权移转发生的物权法律行为？关于这一点在日本并无明确意见。

2. 立法例

德国 1994 年（预定 1999 年施行）破产法施行法第 19 条规定，破产程序外的否认的准据法，应依决定应被取消的法律行为效果的准据法（法律行为 β 的准据法乙国法）。另外，第 382 条规定破产法上的否认的准据法，累积适用破产程序开始国法与决定应被取消的法律行为效果的准据法（累积适用戊国法与乙国法）。

3. 关于该条款的解说

（1）首先，日本多数派学说所谓的债权人取消权是债权 α 的效力的说明只不过是一种看法。如果将债权人取消权问题说明为谁可以取消 B 与第三人 C 间的法律关系的问题，该问题即变为了 β 的问题。但是应该说不能根据这样的方式推导出结论。

其次，即使是否承认以欺诈行为理由的债权人取消权成为问题，如果适用为欺诈行为的当事人 B、C 间可以指定准据法的欺诈行为（β）的准据法，就会产生是否存在债权人取消权制度的问题，或者出现允许 B、C 自由指定对债权人取消权的要件及效果有严格规定的法律的情况，这样是不妥当的。因此，无论是否累积适用均不应适用 β 的准据法。

而且，考虑债权人取消权的准据法时，有必要考虑与破产法上的否认权的准据法相匹配。

（2）因此，首先，甲案采用依作为 B 欺诈对象的权利的准据法（α 的准据法）。此处所谓的"权利的准据法"，在涉及动产及不动产的情况下，指财产所在地法（船舶等为其登记国法），在涉及债权的情况下，指该债权的准据法。并且以上准据法指欺诈行为时的准据法。在动产的情况下，因欺诈行为动产所在地可能会变更，这种情况下依变更前的所在地法。但是，以新所在地法承认债权人取消权为条件（关于这一点参照法例第 10 条第 2 款）。

甲案的理由是，此处问题的中心是作为欺诈对象的财产的归属问题。因此，如果该财产是动产、不动产，应该依规律其物权法上的归属的物权准据法。并且，例如，B 将对第三人 D 的债权转让给 C 这样的欺诈行为，如果依该债权的准据法，既可以使债权人取消权的准据法与债权转让对第三人效力的准据法一致，又可以保护第三债务人 D。

另外，B 不管其他债权人仅仅先满足 C 的金钱债权，这是否是欺诈行为？如果是欺诈行为，关于这种欺诈行为效力的准据法，意见有分歧。分歧主要是如何确定金钱债权的本座所在。

再有，在上述情况下，与否认权的准据法进行了同样的考虑。

（3）乙案认为，债权人取消权一般不能在法院外行使，在该意义上说它与法院程序有不可分的关系，所以应该依法庭地法。

但是，在与破产法上否认权的准据法的关系上，因债权人取消权诉讼的被告为 C，C 的住所地为法庭地，又由于可以预想破产处理在 B 的住所开始，所以取消权的准据法与否认权的准据法不一致的可能性很大。

另外，研究会也有人认为现阶段尚不宜对债权人取消权问题作出规定。

意大利国际私法制度改革法案

1995 年 5 月 31 日第 218 号法案

第一篇　总　则

第 1 条【范围】

1. 本法应决定意大利的管辖权，确立选定准据法的标准，并支配外国判决和裁定的效力。

第 2 条【国际公约】

1. 本法的规定不应影响意大利作为缔约一方的任何国际公约的适用。

2. 对此类公约的解释应考虑公约的国际性特点以及一致适用的需要。

第二篇　意大利的管辖权

第 3 条【管辖的范围】

1. 如果被告的住所在意大利或在意大利有居所，或在本国有一位依据《民事诉讼法典》第 77 条能够出席法庭的代理人，以及法律规定的其他情况，意大利法院将享有管辖权。

2. 此外，根据由 1971 年 6 月 21 日第 804 号法案实施，并经修正对意大利生效的 1968 年 9 月 27 日签署于布鲁塞尔的《民商事管辖权和判决执行公约》及《议定书》第 2 篇第 2、3、4 节所确定的标准，包括对于被告住所不在缔约国境内而属于公约适用范围内的任何事项，意大利法院应享有管辖权。对于不属于公约适用范围内的其他事项，其管辖权也应依据地域管辖权的标准而决定。

第 4 条［管辖权的接受与限制］

1. 在依据第 3 条不能确定管辖权的情况下，如果当事人协议由意大利法院管辖，而且此类接受有书面证明，或被告未在其答辩陈述中作无权管辖抗辩而到庭应诉的，意大利法院应有权管辖。

2. 如果有书面证明而且诉讼涉及可让渡的权利，则一项选择外国法院或仲裁的协议，可以限制任何意大利法院的管辖权。

3. 如果该外国法院或仲裁员拒绝管辖或无法审理诉讼，则此种限制不具效力。

第 5 条［涉及位于国外的不动产物权的诉讼］

1. 意大利法院对涉及位于国外的不动产物权的诉讼不享有管辖权。

第 6 条［先决问题］

1. 对不属于意大利管辖范围的问题，如其解决就决定在意大利法院提起的诉讼而言是必要的，意大利法院应享有附带审判权。

第 7 条［未决诉讼］

1. 当在一项诉讼中提出了涉及相同当事人之间相同标的及相同权利的未决诉讼的抗辩，意大利法院如认为外国法院的判决可能在意大利产生法律效力，则可中止本院诉讼。如果外国法院拒绝管辖或该外国判决依意大利法未获承认，意大利法院应有关当事人的请求可继续进行诉讼。

2. 未决诉讼的条件应依据诉讼提起地国家的法律确定。

3. 如果意大利法院一项诉讼的结果取决于在外国法院进行的未决诉讼的结果，意大利法院若认为该外国判决可能在意大利产生法律效力，则可中止本院诉讼。

第 8 条［确定管辖权的时间因素］

1. 在确定意大利法院管辖权时，《民事诉讼法典》第 5 条应予适用。但如果确定管辖权的事实和规则是在诉讼过程中伴随产生的，则意大利法院应有管辖权。

第 9 条【任意管辖】

1. 除意大利法院具有的管辖权以及本法特别提到的情况之外，对于任意管辖事项，如果对其所作的判决涉及意大利国民或在意大利居住的人，或该判决涉及适用意大利法律的情形或关系，意大利法院具有管辖权。

第 10 条【临时措施】

1. 如果临时措施将在意大利执行，或意大利法院对案件实质有管辖权，则意大利法院对于此类措施具有管辖权。

第 11 条【不具管辖权的抗辩】

1. 只有已出庭且不接受意大利法院管辖权的被告，才可以在诉讼的任何阶段和任何场合下提出不具有管辖权的抗辩。如果被告缺席，或在第 5 条适用的情况下，或依据某一国际协议排除了意大利法院的管辖权，则在诉讼的任何阶段和程度下，法院应依职权申明不具有管辖权。

第 12 条【支配司法诉讼程序的法律】

1. 在意大利法院进行的民事诉讼程序应由意大利法律支配。

第三篇　准　据　法

第一章　总　　则

第 13 条【反致】

1. 在以下条文中指向外国法时，对外国国际私法向另一国家现行法律的反致应予考虑，如果：

(1) 依据该国法律接受反致；

(2) 反致指向意大利法律。

2. 第 1 款应不适用于

(1) 本法规定根据有关当事人的法律选择而适用外国法的情况；

(2) 行为的法定形式；

(3) 与本篇第十一章规定有关的情况。

3. 对于第 33、34 和 35 条中提到的情况，只有当所指向的法律允许确定父母子女关系时，反致才应予考虑。

4. 在本法规定可以适用国际公约的任何情况下，公约中采用的关于反致问题的解决方式应予适用。

第 14 条【外国准据法的查明】

1. 法院应依职权查明外国准据法。为此目的，除了国际公约中提到的方式外，它可以使用通过司法部获得的信息，或自专家或专门组织获得的信息。

2. 如果即便在当事人的协助下，法官无法查明指定的外国法，他应适用根据就同一问题所能提供的其他连接因素而确定的法律。如没有其他连接因素，则适用意大利法律。

第 15 条【外国法的解释和运用】

1. 外国法应根据其本身的解释和运用标准而予以适用。

第 16 条【公共政策】

1. 违反公共政策（公共秩序）的外国法不予适用。

2。在此种情况下，准据法应根据就同一问题可能提供的其他连接因素来确定。如没有其他连接因素，则适用意大利法律。

第 17 条【强制性规定】

1. 尽管已指定外国法，但并不排斥由于其目的和宗旨而应予以适用的意大利法律的强制性规定。

第 18 条【非统一法律制度】

1. 如果所指定的法律所属国就地域或人而言存在非统一的法律制度，则应当依据该国法律制度的标准来确定准据法。

2. 如经证实无法确定此类标准，则应适用与特定案件有最密切联系的法律制度。

第 19 条【无国籍人、难民、多重国籍人】

1. 如本法指定某人的本国法，而该人为无国籍人或难民，则应适用该人住所地国家的法律；如无住所，则适用其居住地国家的法律。

2. 如某人有一个以上的国籍，则应适用与其有最密切联系国家的法律。如该人同时具有意大利国籍，则意大利国籍应当优先。

第二章 自然人的能力与权利

第 20 条【自然人的身份】

1. 自然人的身份应由其内国法支配。任何法律规定决定某种关系的特殊身份条件，就由该法律决定。

第 21 条【同时发生的死亡】

1. 如果需要在两人之间确定生存者取得权，而又不知谁先死亡，则死亡时间应由支配有待确定的关系的法律来决定。

第 22 条【下落不明、失踪、及死亡推定】

1. 某人下落不明、失踪、死亡推定的条件和效力应由该人最后所属的本国法院支配。

2. 意大利法院对于第 1 款中提到的事项应具有管辖权：

（1）如果该人最后所属的本国法为意大利法律；

（2）如果该人的最后居所位于意大利；

（3）如果下落不明、失踪、死亡推定一经确定而与意大利法律有司法上的联系。

第 23 条【自然人的法定能力】

1. 自然人的法定能力应由其本国法支配。但是，如果一项行为由某一对于法定能力规定了特殊条件的法律支配，则此类条件应由该法支配。

2. 对于任何同一国家境内的当事人之间缔结的合同，依据合同缔结地国家的法律被认为具有法定能力的人，只有在合同另一方当事人于缔结合同时明知其没有法定能力或由于他本人的过错而未注意到其没有法定能力之时，才可提出依据其本国法没有能力的抗辩。

3. 对于单方行为，依据该行为实施地所在国法律被认为具有法定能力的人，只有在未对本身没有过错而相信该人具有实施此行为的能力的其他国家公民造成不利之时，才可提出依据其本国法没有能力的抗辩。

4. 第2和第3两款中提到的限制，不应适用于与家庭关系及对死亡人的继承有关的行为，也不应适用于与位于该行为实施地之外的国家内的不动产物权有关的行为。

第24条【人身权利】

1. 人身权利的存在及内容应由该人的本国法支配。但是，自家庭关系中产生的权利应由适用于家庭关系的法律支配。

2. 由于侵犯第1款中提到的权利而造成的任何后果，应由适用于侵权责任的法律支配。

第三章　法　　人

第25条【公司及其他企业】

1. 以公有或私有体制为基础的公司、社团、基金会及其他机构，即便尚不具备社团的特征，应由其成立地所在国的法律支配。但是如果其总部位于意大利或主要工作机构位于意大利，则应适用意大利法律。

2. 支配特定机构的法律尤其适用于：

（1）法律性质；

（2）商业或社团名称；

（3）成立、转让及解散；

（4）能力；

（5）组织的编制、权力及运作方式；

（6）机构；

（7）取得或丧失组织成员资格的方式以及由此产生的权利和义务；

（8）企业负债的责任；

（9）违反法律或公司章程的后果。

3. 企业注册办公地向另一国家的迁移以及注册办公地位于不同国家的企

业之间的兼并，只有依据上述国家的法律进行方具有效力。

第四章　家庭关系

第 26 条【婚约】

1. 婚约及违反婚约的后果，应由未婚夫妻双方共同本国法支配，如没有共同本国法，则由意大利法律支配。

第 27 条【结婚条件】

1. 结婚资格及其他结婚条件应由结婚时施行的未婚夫妻各自的本国法支配。这并不妨碍意大利作出的或承认的针对未婚夫妻一方未婚身份的判决。

第 28 条【结婚形式】

1. 就结婚形式而言，如果依据婚姻举行地法，或依据婚姻举行时施行的至少夫妻一方的本国法，或依据婚姻举行的夫妇双方共同居住地国家的法律，被认为有效，则该婚姻为有效。

第 29 条【夫妻人身关系】

1. 夫妻人身关系应由双方共同内国法支配。

2. 具有不同国籍或有多个共同国籍的夫妻，其人身关系应由婚姻生活主要所在地国家的法律支配。

第 30 条【夫妻财产关系】

1. 夫妻财产关系应由适用于夫妻人身关系的法律支配。但是，夫妻可通过书面达成协议，其财产关系由至少夫妻一方为其国民或至少夫妻一方居住地国家的法律支配。

2. 夫妻双方就准据法达成的协议，如符合所选定的法律或协议达成地国家的法律，应为有效。

3. 只有在第三人被告知外国法的内容，或由于他们本身的过失而未加注意时，受外国法支配的夫妻财产关系才能对抗第三人。就不动产物权而言，如果符合不动产所在地国家法律所规定的通知方式，则受外国法支配的夫妻财产关系应可以对抗第三人。

第 31 条【别居和解除婚姻】

1. 别居和解除婚姻应由提出别居或解除婚姻请求之时夫妇双方共同的内国法支配；如没有共同内国法，应适用婚姻生活主要所在地国家的法律。

2. 如果外国准据法未规定别居和解除婚姻，则其应由意大利法律支配。

第 32 条【对于无效婚姻、绝对无效婚姻、别居及解除婚姻的管辖权】

1. 除第 3 条规定的情形之外，如果夫妻一方为意大利公民或其婚姻是在意大利举行的，则意大利法院对于无效婚姻、绝对无效婚姻、别居、解除婚姻也应具有管辖权。

第33条【父母子女关系的确定】

1. 子女的身份应由子女出生时的本国法决定。

2. 子女的婚生地位，应当根据子女出生时父母一方所属国的法律决定。

3. 子女出生时的本国法应支配确立和质疑子女身份的前提条件及效力。

第34条【准正】

1. 因婚姻的准正应由准正时子女的本国法支配，或由准正时父母一方的本国法支配。

2. 在其他情况下，准正应由提出准正请求时请求准正的父母一方所属国的法律支配。对于在请求准正的父母一方死亡后生效的准正，应当考虑其死亡之时的国籍。

第35条【对非婚生子女的认领】

1. 认领非婚生子女的条件应由子女出生时的子女本国法支配，或在更为有利的情况下，由认领发生时认领非婚生子女者的本国法支配。

2. 父母一方认领非婚生子女的资格应由其本国法支配。

3. 就形式而言，认领应由认领发生地国法律或支配其实质问题的法律支配。

第36条【父母子女关系】

1. 父母子女间的人身和财产关系，包括亲权在内，应由子女的本国法支配。

第37条【对于确定父母子女关系的管辖权】

1. 除第3条、第9条规定的情况之外，如果父母一方或子女为意大利公民或在意大利居住，则意大利法院对于确定父母子女关系及父母子女间的人身关系应具有管辖权。

第五章　收　养

第38条【收养】

1. 收养的条件、成立和撤销，受收养人或者收养人夫妻双方共同本国法支配；如果收养人夫妻双方没有共同国籍，则由双方共同居住地国法支配，或者由收养成立时双方婚姻生活主要所在地国法支配。尽管如此，如果收养申请向意大利法院提出并且这种给予未成年人以婚生子地位的收养是适当的，则应适用意大利法。

2. 如果成年被收养人的本国法要求收养需经被收养人同意，则被收养人本国法应予适用。

第 39 条【被收养人与收养家庭的关系】

1. 被收养人与收养人或收养人夫妻双方以及收养人亲属之间的人身和财产关系受收养人本国法或者收养人夫妻双方共同本国法支配；如果收养人夫妻双方无共同国籍，则由双方共同居所地法或者双方婚姻生活主要所在地法支配。

第 40 条【收养管辖】

1. 意大利法院对于收养事项应有管辖权，当：

（1）收养人夫妻双方或其中一方，或者被收养人具有意大利国籍，或者是在意大利居住的外国人。

（2）被收养人系被遗弃在意大利的未成年人。

2. 除第 3 条所列的情形外，只要收养是根据意大利法成立的，对于被收养人与收养人、收养人夫妻双方以及他们亲属之间的人身和财产关系，意大利法院有管辖权。

第 41 条【有关收养的外国裁决的承认】

1. 有关收养的外国裁决应根据第 64 条、65 条和 66 条予以承认。

2. 有关未成年人收养的特别法律规定应当然适用。

第六章　无能力人的保护和扶养义务

第 42 条【有关未成年人保护的管辖和法律适用】

1. 无论何种情形，未成年人保护应受 1961 年 10 月 5 日海牙《关于未成年人保护管辖权和法律适用公约》支配。该公约根据 1980 年 10 月 24 日第 742 号法令在意大利生效。

2. 该"公约"同样适用于对于根据其本国法认为他们是未成年人的那些人的保护，还适用于对于在缔约国没有习惯居所的那些人的保护。

第 43 条【成年人的保护】

1. 成年无能力人保护措施的要件和效力，成年无能力人与其照管者的关系应该由对其有效的无能力人的本国法支配。尽管如此，为保护无能力人或其财产，意大利法院可以采取意大利法律规定的临时或紧急措施。

第 44 条【成年人保护的管辖权】

1. 除第 3 条和第 9 条所列情形外，只要这种临时或者紧急的措施是保护所必要的，且无能力人或者其财产在意大利，那么意大利法院对这种保护成年无能力人的措施就有管辖权。

2. 根据第 66 条，如果一个有关外国人能力的外国裁决在意大利法律制度下发生效力，为了采取任何必要的改进或完善措施，意大利法院有管辖权。

第 45 条【家庭内部的扶养义务】

1. 无论何种情形，有关家庭内部的扶养义务都受 1973 年 10 月 2 日海牙《关于扶养义务法律适用公约》支配。该公约根据 1980 年 10 月 24 日第 745 号法令在意大利实施。

第七章　继　　承

第 46 条【继承】

1. 继承受死亡时对其财产有争议的死者有效的死者本国法支配。

2. 财产有争议者可以通过遗嘱明示，对他的继承受其居住地国法律支配，但如果其死亡时已不再居住在该国，那么这种选择无效。在继承人系意大利公民情形下，上述法律选择不能影响意大利法律赋予继承人的权利，只要继承人在财产有争议的死者死亡时居住在意大利。

3. 遗产的分割受继承所适用的法律支配，除非共同继承人合意指定由继承开始地法或者一项或多项财产所在地法支配。

第 47 条【处分的能力】

1. 遗嘱的设立、修改和撤销受遗嘱人在设立、修改或撤销遗嘱时对其有效的本国法支配。

第 48 条【遗嘱的形式】

1. 就形式而言，如果一项遗嘱依据遗嘱作成地国法、遗嘱人作成遗嘱时或死亡时的本国法、遗嘱人住所地法或居所地法在形式上是有效的，则该遗嘱应为有效。

第 49 条【国家继承】

1. 无继承人，而继承的准据法又不把国家作为继承人的情形下，位于意大利的遗产应归意大利国家所有。

第 50 条【继承的管辖】

1. 对于继承事项，意大利法院应有管辖权，如果：

（1）死者死亡时系意大利公民；

（2）继承开始于意大利；

（3）具有较大价值的部分位于意大利；

（4）被告在意大利有住所或者居住在意大利或者被告接受意大利法院管

辖，除非继承申请涉及位于国外的不动产；

（5）继承请求涉及位于意大利的财产。

第八章 物 权

第 51 条【占有与物权】

1. 对动产和不动产的占有、所有权和其他物权受财产所在地法支配。

2. 财产的取得与丧失也由财产所在地法支配，除非涉及继承事项，或者物权转让依据的是家庭关系或合同关系。

第 52 条【运送中物的物权】

1. 运送中的物的物权由目的地法支配。

第 53 条【动产的取得时效】

1. 动产的取得时效受时效期满时该动产所在地法支配。

第 54 条【对无形财产的权利）

1. 对无形财产的权利由其使用国法支配。

第 55 条【有关物权的行为的公示】

1. 有关物权的取得、转移和消灭的行为的公示受为该行为时财产所在地法支配。

第九章 赠 与

第 56 条【赠与】

1. 赠与受赠与时赠与者本国法支配。

2. 赠与者在赠与时也可以用明示方式，使该赠与由其居住地法支配。

3. 就形式而言，如果支配赠与实质有效的法律或者赠与发生地法认为赠与存在即为有效。

第十章 合同之债

第 57 条【合同之债】

1. 无论何种情形，合同之债受 1980 年 6 月 19 日罗马《关于合同之债法律适用公约》的支配。该公约根据 1984 年 12 月 18 日第 975 号法令在意大利实施。但这并不妨碍其他应适用的国际公约的适用。

第 58 条【单方面承诺】

1. 单方面承诺由承诺作出地法支配。

第 59 条【信用票据】

1. 无论何种情形，有关汇票、本票、支票均由 1930 年 6 月 7 日日内瓦《关于解决汇票、本票法律冲突公约》和 1931 年 3 月 19 日《关于解决支票法律冲突公约》支配。前一公约包含于 1932 年 8 月 25 日第 1130 号王室法令之中，后又转化为 1932 年 12 月 22 日第 1946 号法令；后一公约包含于 1933 年 8 月 24 日第 1077 号王室法令之中，后又转化为 1934 年元月 4 日第 61 号法令。

2. 公约规定同样适用于发生在缔约国领土之外的义务，也适用于公约指定非缔约国法律的情形。

3. 其他信用票据受其发行地法支配。但是，任何非主要义务应受各项义务发生地法支配。

第 60 条【自愿代理】

1. 自愿代理受代理人营业地所在国的法律支配，只要代理人的行为符合其职业要求并且这种代理的成立为第三人所知或者应该为第三人所知。如果不符合上述条件，则适用代理人在特定案件中主要行使代理权的国家的法律。

2. 就形式而言，如果授予代理权的行为依据支配该行为实质有效性的法律或使该行为产生效力的国家的法律为有效，则该行为应为有效。

第十一章　法 定 之 债

第 61 条【法定之债】

1. 如果本法无其他现定，无因管理、不当得利、未到期利益的支付以及其他任何法定之债由导致这种债产生的事实发生地法支配。

第 62 条【侵权责任】

1. 侵权责任由损害发生地法支配。尽管如此，遭受损害方可以要求适用导致损害结果的事件发生地法。

2. 如果侵权责任当事人系同一国国民，并且都是该国的居民，那么该国的法律应予适用。

第 63 条【产品责任】

关于产品责任，被损害方可以选择适用制造商所在地法或制造商品的管理机构所在地法，或者产品销售地法，除非制造商能证明该产品未经其同意而在那个国家上市销售。

第四篇　外国裁定和判决的效力

第 64 条【外国判决的承认】

1. 外国主管机关作出的判决无需其他的程序即可在意大利得到承认，如果：

（1）依据意大利法律有关管辖权的标准，作出判决的主管机关具有管辖权；

（2）依据诉讼进行地的法律，被告适时地送达开始获得进行诉讼的法律文件，并且被告的基本权利得到满足；

（3）依据诉讼进行地的法律，诉讼当事人已陈述案件事实，或者已经依据诉讼进行地法宣布一方缺席；

（4）依据判决宣告地法律，该判决为终局判决；

（5）判决不与意大利法院或其他机关作出的任何其他终局性判决相冲突；

（6）在外国诉讼程序进行之前，同一当事人之间就同一标的没有在意大利进行诉讼；

（7）判决内容不违反公共政策的要求。

第 65 条【外国裁定的承认】

1. 外国主管机关作出的有关亲属关系的存在、人的能力或者人身权的司法裁定将在意大利生效，只要该裁定是由依据本法指定其法律的国家的主管机关作出的，或者裁定是由另一国主管机关作出，但其依据该外国法产生效力，只要该裁定不与公共政策的要求相冲突并且被告的基本权利得到了满足。

第 66 条【有关任意管辖裁定的承认】

1. 有关任意管辖的外国裁定，如符合第 65 条的要求，则无需其他程序就将得到承认，只要该裁定是由依据本法指定其法律的国家的主管机关作出的，或者裁定是由第三国主管机关作出，但其依据该外国法产生效力，或者依据相关意大利法的标准认为该裁决是由有管辖权的主管机关作出的。

第 67 条【关于任意管辖外国判决和裁定的执行，以及拒绝承认】

1. 当有关任意管辖的外国判决和裁定没能得到遵守或其承认遭到拒绝时，以及需要强制执行时，任何当事人均可以要求被申请执行地的上诉法院决定承认的先决条件。

2. 外国判决或者任意管辖裁定，以及符合第 1 款所提及请求的裁定，应当得以执行和强制执行。

3. 如果外国裁决或裁定在某一诉讼中遭到反对，受理法院应只对这一诉讼生效的判决。

第 68 条【公共权力机关作出的并需在国外送达的裁定的执行和强制执行】

1. 第 67 条规定同样适用于由公共权力机关作出的并需在某一外国送达的裁定在意大利的执行和强制执行，只要这种裁定是完全可以执行的。

第 69 条【基于外国司法机关请求的取证】

1. 外国司法机关有关讯问证人，专家证据，宣誓，或者任何需要在意大利提取的证据的判决和裁定，就通过由此类行为实施地区的上诉法院作出判决而予以执行。

2. 如果有关当事人请求提取证据，则应通过诉讼方式向法院提出申请，并应附具要求实施上述行为的外国判决或裁定经过证明的复本。如果请求系司法机关提出，则应通过外交途径提前申请。

3. 上诉法院将决定是否同意取证的申请，一旦同意，则应将所有相关文件提交给有权法院。

4. 也可以进行意大利法律规定之外的其他证据的提取及实施预备诉讼行为，除非与意大利法律的基本原则相抵触。

5. 提取证据及实施预备诉讼行为应适用意大利法。但是，外国司法机关明确规定的形式应该得到满足，只要不与意大利法律的基本原则相冲突。

第 70 条【通过外交途径的申请执行】

1. 如果实施预备诉讼行为中的提取证据申请是通过外交途径提出的，并且有关当事人没有委托代理人负责取证，负责该程序的司法机关应当作出必要的裁定，并依职权实施该行为，书记员应送达相关文书。

第 71 条【外国文书的送达】

1. 在外国主管机关出庭的传票的送达以及任何其他文书的送达，应由文书送达地有管辖权的法院的公诉人批准。

2. 如果文书送达申请通过外交途径提出，那么应由公诉人指定法警按照所提出的要求实施该行为。

3. 送达文书应遵循意大利法，但是，外国主管机关要求的送达方式应得到满足，如果不违反意大利法的基本原则，并且如果送达人员向被送达人送达文书，被送达人愿意接收这些文书。

第五篇　过渡条款和最后条款

第 72 条【过渡条款】

1. 本法应适用于生效之日以后所提起的任何诉讼，但不应妨碍适用于任何在本法生效之日前终结的诉讼的有效国际私法规定。

2. 意大利法院应就任何未决诉讼作出判决，即使在这些诉讼过程中又出现了影响确立管辖权的事实和法规。

第 73 条【抵触规定的废止】

1. 《民法典》正文之前一般条款的第 17 条至第 31 条，《民法典》第 2505 条和 2509 条以及《民事诉讼法典》第 2、3、4 条，第 37 条第 2 款，第 796 条至 805 条，应予废止。

第 74 条【生效】

1. 本法自在意大利共和国官方杂志（Gazzetta Ufficiale）上公布后第 90 日起生效。

罗马尼亚 第一百零五号法
关于国际私法关系的调整

目　录①

---

① 本文根据德语译出，目录为德语译者所加。

第一章　一般规定

第一条　本法包括：

a）确定某一国际私法法律关系应适用的法律的规范；

b）解决涉及到国际私法法律关系的法律纠纷的诉讼程序规范。

本法意义上的国际私法法律关系是指含有涉外因素的民事、商事、劳动和民事诉讼等类法律关系及其他私法法律关系。

第二条　在适用本法时，外国人在法律规定的范围内享有与罗马尼亚人同等的民事权利。此种同等待遇同样及于外国法人。

第三条　如果对于所适用法律的确定取决于如何对某一司法制度或某一法律关系进行识别，则依罗马尼亚法律所作的识别为起决定作用的法律识别。

第四条　如果根据以下规范所确定的外国法律反致回罗马尼亚法律，只要没有其他明确规定，则应适用罗马尼亚法律。外国法律对另一外国法律的转致无效。

第五条　若在外国法律所属国内有多种法律制度同时并存，则依该国法律确定应适用的规范。

第六条　外国法律的适用并不取决于互惠待遇的存在，除非以下条款或其他特定法律有不同规定。

如果要求存在互惠，应推定其存在，除非有相反证据。司法部应与外交部经过协商查明情况并提供证明。

第七条　外国法的内容由法院根据从该法律所涉国政府机关索要证明，或根据专家证言或以其他适当方式查明。也可令引用外国法律为证据的当事人出具该法律内容的证明。若该外国法律的内容无法查明，则应适用罗马尼亚法律。

第八条　在以下情况下排除外国法的适用：

a）该法危害到罗马尼亚国际私法的公共秩序；

b）该法的引证带有欺骗性。

如果外国法律被排除适用，则应适用罗马尼亚法律。

第九条　在外国取得的权利只要不与罗马尼亚国际私法的公共秩序相抵触，将得到承认。

第十条　本法之条款只有在当罗马尼亚所参加之国际条约未作其他规定时方得适用。

第二章　自　然　人

第一节　国籍法

第十一条　若无特别规定，自然人的婚姻状况、权利能力和行为能力及家庭关系受其本国法支配。

第十二条　本国法是指当事人国籍所在国的法律。国籍的确定与证明依据当事人宣称具有该国国籍的国家的法律。

罗马尼亚公民，即使外国法赋予其另一国国籍，其本国法为罗马尼亚法。

具有多重国籍的外国人，其本国法为其住所所在国家的法律。若没有住所，则为其居所所在国法律。

无国籍人则以其住所，或当缺乏此种住所时，以其居所所在地法律为准。

第十三条　人的出生与死亡适用其本国法。

第十四条　人的姓名依其本国法确定。

对于受到侵犯的姓名权，若侵犯行为是在罗马尼亚所为，则依罗马尼亚法律予以保护。

第十五条　当事人本国法的改变并不影响其依照先前应适用的法律而确定的成年年龄。

第十六条　对推定死亡和失踪所作的判决的条件、效力和撤销，以及推定存活和推定死亡适用失踪人的最后本国法，如果此种法律不能确定，则适用罗马尼亚法。

第十七条　依照其本国法或住所地法为无行为能力或限制行为能力的当事人不能据此否认其依照某一法律行为的行为地法具有完全行为能力。

此种规定不适用于有关家庭、继承和不动产的转让等方面的法律行为。

第二节　结婚与离婚

第十八条　结婚的实质要件适用夫妻双方各自本国法。

如果依照此规则确定的法律有碍婚姻的实现，按照罗马尼亚法律与婚姻自由相违背，只要夫妻一方是罗马尼亚公民并且婚姻是在罗马尼亚领域内缔结，则此种法律障碍应予以排除适用。

第十九条　结婚的形式适用婚姻缔结地国家的法律。

在外国居留的罗马尼亚公民缔结婚姻可在地方主管当局举行或者在一名罗马尼亚或夫妻双方所居国外交代表或领事官员面前举行。

如果婚姻是在罗马尼亚外交代表或领事官员面前缔结，则应符合罗马尼亚法律规定的形式要件。

第二十条　夫妻之间的人身关系和财产关系适用其共同本国法。如果双方国籍不同则适用其共同住所地法律。

如果夫妻一方国籍改变或住所迁移，其婚姻的效力仍由夫妻共同本国法或共同住所地法决定。

如果夫妻双方不存在共同本国法或共同住所地法，则适用于夫妻之间人身关系和财产关系的法律应是其现在或以前共同居住地国家法律，或是与其有最密切联系的国家的法律。

第二十一条　婚姻契约的实质要件受夫妻双方各自本国法支配。

婚姻契约的内容与效力适用夫妻双方协议选择的法律。如果缺乏此种协议则适用本法第二十条所规定之法律。是否允许更改婚姻契约或重新缔结新的婚姻契约受同样的法律支配。婚姻契约的更改或重新缔结不应给第三人带来损害。

第二十二条　离婚受本法第二十条所确定的法律支配。

若所确定的法律不允许离婚或对离婚施加特殊限制性条件，只要离婚诉讼提起时夫妻双方有一方为罗马尼亚公民则应适用罗马尼亚法律。

第二十三条　如果法律规定夫妻有要求分居的权利，则其条件受本法第二十条所确定应适用的与此相应的法律支配。

第二十四条　婚姻的无效及此种无效的效力受决定婚姻法定条件的法律支配。

在外国缔结的违反形式要件的婚姻只有在罗马尼亚法律同样认为其无效时，其无效性才能在罗马尼亚得到承认。

第三节　亲子关系

第二十五条　婚生子的亲子关系的确定受依第二十条所确定的在其出生时支配其父母婚姻效力的法律支配。

在子女出生前其父母的婚姻已结束或解除的，则适用在婚姻结束或解除时支配婚姻的法律。

第二十六条　第二十五条确定的法律同样支配以下事项：

a）解除对一个婚姻期间所生子女的父亲身份；

b）子女姓名的获得；

c）父母与子女间的法律关系，包括父母对子女的抚养、教育义务以及对其财产的管理。

第二十七条 如果法律允许父母通过事后婚姻实现对非婚生子女的准正，则其所需条件受第二十条所确定的适用于婚姻效力的法律支配。

第二十八条 非婚生子女的亲子关系的确定受子女出生时本国法支配。如果子女为外国公民并拥有另一外国国籍，则适用对子女有利的法律。

上述法律尤其适用于：

a）对子女的认领及其效力；

b）取消对子女的认领；

c）父母与子女间的法律关系，包括父母对子女的抚养、教育和管理其财产的义务。

第二十九条 非婚生子女的母亲要求其父亲赔偿她在怀孕和生产期间所支付的费用，应适用母亲的本国法。

第三十条 收养的实质要件适用收养人和被收养人的本国法，同时也需符合双方各自本国法对双方所设立的条件。父母双方共同收养子女应具有的实质要件受第二十条所规定的适用于婚姻有效性的法律支配。夫妻中一方收养另一方子女也适用同一法律。

第三十一条 收养的效力及收养人与被收养人之间的法律关系受收养人本国法支配。夫妻双方协商一致的收养适用依第二十条所确定的法律。收养的解除也受同一法律支配。

第三十二条 收养的形式适用收养成立地国家的法律。

第三十三条 收养的无效若与实质要件有关则适用依第三十条确定的法律，若是由于形式要件的欠缺则适用依第三十二条确定的法律。

第四节 扶养义务

第三十四条 关于扶养义务应适用的法律为：

a）父母与子女间的关系适用依第二十五条、第二十八条和第三十一条确定的支配亲子关系效力的法律；

b）夫妻间的关系适用依第二十条确定的支配婚姻效力的法律；

c）曾经是夫妻的两人之间的关系适用依第二十二条确定的支配离婚的法律；

d）其他人之间的关系适用债权人之本国法。国籍改变后新的本国法只适用于改变后进行的履行。

第三十五条 适用于扶养义务的法律特别适用于：

a）债权人、债务人以及多数债务人的顺序；

b）扶养义务的范围；

c）扶养费用支付的方式方法及履行期限。在确定扶养义务的范围时，若所适用的外国法律有不同规定，则应考虑到债务人的经济条件及债权人的实际需要。

第五节　对无行为能力人和限制行为能力人的保护

第三十六条　父母双方或父亲或母亲对婚姻期间所生或收养之未成年子女的抚养受第二十条所确定的法律支配。

第三十七条　监护的产生、改变、效力和终止以及监护人与无行为能力或限制行为能力人之间的法律关系适用被监护人的本国法。接受和履行监护的义务适用监护人的本国法。

第三十八条　父母或监护人所采取的涉及到未成年人或其他无行为能力或限制行为能力人以及有关他们的财产的措施所适用的法律，应为对被授权人的扶养行为进行过引导和监督的主管当局所属国家的法律。

第三十九条　第三十七条和第三十八条的规定同样适用于监护人的职权以及所有其他有利于保护无行为能力人或限制行为能力人的制度。

第三章　法　　人

第四十条　法人根据其成立证书在某地建立起营业所则具有该地所属国国籍。

法人若在多个国家拥有营业所，则根据其实际营业所确定其国籍。

实际营业所是指企业依照章程进行日常活动的主要经营管理中心所在地，即使其决策是根据外国股东或合伙人的指示而采取的。

第四十一条　法人的组织章程适用依第四十条所确定的本国法。

法人在国外成立的分公司的组织章程适用法人本国法。

法人的子公司的组织章程适用其本身营业所成立地国家的法律而不取决于建立子公司的法人所适用的法律。

第四十二条　适用于法人之组织章程的法律特别适用于：

a）法人的权利能力和行为能力；

b）会员资格的取得与丧失；

c）根据会员资格而产生的权利与义务；

d）法人领导机关的选举方式、管理权限以及作用方式；

e）通过本身机构进行代理；

f）法人及其机关对第三人的责任；

g）创立文件的改变；

h）法人的解散与清算。

第四十三条　以营利为目的的外国法人在其所属国依法成立，在罗马尼亚从法律上予以承认。

非营利目的的外国法人如果有互惠存在，只要其在所属国依法成立，其法定目标不危害罗马尼亚社会和经济秩序，在政府予以批准的基础上通过法院判决，在罗马尼亚给予承认。

有关承认的判决在罗马尼亚官方公报和一家中央报纸上予以公布，并可自最后公布之日起六十天内通过上诉予以取消。

任何人，只要他认为并不存在第二款中所列之条件，即可提起上诉。

第四十四条　得到承认的外国法人享有按其组织章程所应享有的一切权利，但承认国法律拒绝给予的权利除外。

第四十五条　在罗马尼亚获得承认的外国法人在我国从事经济的、社会的、文化的以及其他活动应遵守罗马尼亚法律有关规定。

第四十六条　具有不同国籍的法人，只要双方本国法中适用于其组织章程的所有条件都得到满足即可进行合并。

第四章　自然人和法人的共同规定

第四十七条　对无行为能力人和无支付能力法人的代理以及对限制行为能力人的监护受适用于导致代理和监护权利产生的法律关系的法律支配。

第四十八条　商人的身份受自然人或法人获得从事经济活动许可或取得注册的国家的法律支配。

如果不存在此种许可或注册或者当事人取得多项许可或在不同国家注册，则应适用的法律为对其经济活动实施领导的行为地国家法律。

第五章　物

第一节　一般规则

第四十九条　物的占有权、产权及其他物权，包括物的抵押权，适用物之所在地法律，但法律另有规定的情况除外。

第五十条　动产与不动产的区分及物权的内容不适用本法第三条的规定，

而应适用物之所在地法。

第五十一条 平台及其他耐久设施以及从地下水资源到大陆架的开发利用都属于本章意义上的不动产。

第二节 动产

第五十二条 物之所在地发生改变后，物权的成立、转让和灭失应适用导致物权成立、转让或灭失的事实发生时物之所在地法律。

第五十三条 运输途中的物受发送地国法律支配，但以下情况除外：

a）有关当事人基于第七十三条和第七十四条选择适用另一法律；

b）物品保存于仓库或基于安全措施或由于强制变卖而被扣押，此种情况下保存或扣押期限应适用物品暂时被移置的地方的法律；

c）属于旅游者私人所有的物应适用旅游者之本国法。

第五十四条 出口物品所有权之保留，其条件及效力适用出口国法律，除非当事人另有约定。

第三节 运输工具

第五十五条 运输工具的物权的成立、转让和消灭的法律适用：

a）船舶或飞机适用其旗国法；

b）运输企业所拥有的铁路和公路交通工具适用支配其组织章程的法律。

第五十六条 依第五十五条所确定的法律同样适用于：

a）长期位于船上并构成其技术装备的物品；

b）由于交通工具的技术支援、保养、维修、大修所支出费用而形成的债权。

第四节 有价证券

第五十七条 记名股票、可转让股票、不记名股票以及有息债券的发行适用支配发行股票的法人的组织章程的法律。

第五十八条 第五十七条所称之有价证券的转让条件及效力的法律适用：

a）记名式证券适用支配发行证券的法人的组织章程的法律；

b）可转让有价证券适用支付地法律；

c）不记名有价证券适用转让时证券所在地法律。此种法律同样适用于证券的后继所有人之间及其与第三人之间的关系。

第五十九条 在有价证券上所标明的法律适用于对于体现其中所标明的货

物的有价证券是否存在限制条件。如果没有标明，则有价证券的性质由证券发行企业住所所在国法律确定。

如果有价证券与货物相符，则相应的货物的物权应适用的法律为从性质上将有价证券作为动产并适用于该有价证券的法律。

第五节　无形资产

第六十条　知识产品著作权的成立、内容和消灭适用作品以出版、演出、展览、广播或其他适当方式首次公开发表的国家的法律。

没有公开发表的知识产品适用作者本国法。

第六十一条　工业产权的成立、内容和转让适用交存或注册国或者提交或注册申请所在国的法律。

第六十二条　对有形或无形损害提起赔偿的权利适用著作权或工业产权的损害发生地国家的法律。

第六十三条　在罗马尼亚境内的外国自然人或法人的著作权或工业产权按照罗马尼亚法律或罗马尼亚参加的国际条约的规定予以保护。

第六节　向公众公示的要求

第六十四条　要求公示财产，无论方式如何，适用公示行为举行时当地的法律。

第六十五条　对于不动产，第六十四条所指的形式要求以及在法律上具有实质效力的要求，适用不动产所在地法律，即使此种物权或物权担保的成立、转让、抵押或消灭是以适用其他法律为基础的。

第六章　继　承　权

第六十六条　继承权的法律适用：

a）对于动产，无论其位于何处，适用被继承人死亡时本国法；

b）对于不动产及企业资产适用财产所在地法。

第六十七条　适用于继承权的法律特别适用于：

a）继承程序开始的时间；

b）要求享有继承权的人；

c）遗产继承的条件；

d）对被继承人遗留财产的取得；

e）遗产的接受和拒绝的条件及效力；

f）继承人债务减免的责任范围；

g）国家对无人继承的遗产的继承权。

第六十八条　立嘱人可以另外确定适用于其遗产继承的法律以代替根据第六十六条所确定的法律，但不能排除那些必须适用的条款。

这种选定的法律适用于第六十七条所规定的事项。

遗嘱的成立、改变、撤销，如果该法律行为符合形式要求即为有效，只要此种形式要求在遗嘱成立、改变或撤销时或者在被继承人死亡时符合以下法律：

a）被继承人本国法；

b）被继承人住所地法；

c）法律行为成立、改变或撤销地法；

d）遗嘱中所涉及到的不动产的所在地法；

e）法院地或实施遗产转让的机关所在地法。

第七章　法律行为

第六十九条　单方法律行为适用行为人所选择的法律。

如果行为人没有选择，则适用与法律行为有最密切联系的国家的法律，如果此种法律不能确定，则适用法律行为实施地法律。

第七十条　附属法律行为如果缺乏其他意思表示则适用支配主要法律行为的法律。

第七十一条　法律行为的形式要件适用支配其内容的法律。

法律行为只要符合以下任何一项要求，其形式为合法：

a）行为地法；

b）对法律行为表示同意的人的本国法或住所地法；

c）对法律行为的有效性进行审查的机关所属国的国际私法指定应适用的法律。

第七十二条　如果适用于法律行为实质要件的法律要求法律行为具有特定形式，否则便归于无效，则第七十一条所确定的法律皆不应排除适用，即使该法律行为发生在外国。

第八章　合同之债权与非合同之债权

第一节　合同的实质要件

第七十三条　合同适用合同当事人协议选择的法律。

第七十四条　法律选择必须明示或在合同条款或实际情况中有清楚反映。

第七十五条　当事人可以就整个合同或仅就合同的一部分选择应适用的法律。

第七十六条　按第七十三条规定协议选择应适用的法律可以经当事人协商改变。

合同缔结后改变法律选择的，具有溯及力，只要：

a）不影响合同的形式有效性；

b）不影响第三人的既得权利。

第七十七条　如果缺乏第七十三条所规定的法律选择，则合同适用与其有最密切联系的国家的法律。

作为与合同有最密切联系的国家应该考虑到具有特征性履行的债务人在缔结合同时的住所地国，在缺乏此种住所时应考虑其居所地国或者其经营资产或营业所所在地国。

以物权或某一不动产的临时使用权为标的的合同，与其有最密切联系的国家应是物之所在地国。

第七十八条　特征性履行一般理解为：

a）根据财产转移合同，比如买卖合同等，动产的出卖方所为的履行；

b）根据租借等类合同，在一定时期内出让物之使用权的当事人所为的履行；

c）在服务合同中代理人、保管人、企业主以及其他提供服务方所为的履行；

d）在担保合同、保证合同或其他此类合同中担保方所为之履行。

如果有关当事人能够证明另一国家的法律与合同有更为密切的联系，则前款所作之推定归于无效。

第七十九条　如果合同当事人任何一方都不能归为特征性履行方，则合同适用缔结地法律。

如果合同是由位于不同国家的当事人通过信件、电报或电话缔结，则发出要约的当事人的住所或公司总部所在地国家视为合同缔结地，只要该要约具有约束力并已被接受。

第八十条　依照第七十三至七十九条适用于合同的法律特别适用于：

a）对合同种类和条款的解释；

b）合同债务的履行；

c）对债务的全部或部分履行的法律后果以及由此造成的损失的测算；

d）合同债务解除的方式；

e）合同无效的原因及其法律后果。

合同债务的履行方式必须符合履行地法。债权人为防止不履行合同而采取措施时必须遵照此种法律给予补偿或减小损失后果。

第八十一条　合同当事人对于合同应适用的法律所达成的协议，其成立与有效性适用当事人所选择的法律。

如果上述法律认为当事人选择的法律无效，则合同适用依第七十七条至第七十九条所确定之法律。

第八十二条　当事人一方对合同提出异议时，合同的成立与有效性依照当合同有效时可能适用于合同的法律确定。

第八十三条　当事人对合同默示提出异议，其法律效力适用该自然人本国法或支配法人组织章程的法律。

第八十四条　住所或营业总部位于不同国家的法人缔结的合同，以要约人收到承诺的时间为其缔结时间。

根据其性质或债权人的申请需要立即为特征性履行的合同视为在债务人开始履行时缔结，除非要约人对其收到承诺一事予以保留。在后一种情况下应适用前款之规定。

第八十五条　按照本章规定应适用于合同的法律为其实体法而不包括冲突规则。

第二节　合同的形式要求及公示要求

第八十六条　合同应符合按照第七十一条第一款确定的应适用的相应法律所规定的形式要求。

此外只要合同符合以下条件即具备形式有效性：

a）缔结合同时位于不同国家的当事人符合其中任一国家对于合同形式的要求；

b）当事人的代理人已考虑到合同缔结时他所在国家对于形式的要求。

第八十七条　决定有体物权的成立、改变、转让和消灭的合同，对其有效性及针对第三人的效力要求向公众公示，此种公示的形式适用物之所在地法。

第三节　买卖合同

第八十八条　标的是动产的买卖合同，如果其当事人没有选择应适用的法律，则应适用买方在缔结合同时的住所地法律；如果没有住所，则以其惯常居所或者其经营资产或营业所所在地代替。

第八十九条　对于商业买卖则不适用第八十八条之规定而应适用买方经营资产或营业所所在地国家法律，只要：

a）当事人在该国达成协议或合同在该国缔结，或者

b）合同明确规定，卖方的义务只是负责在该国交货。

第九十条　拍卖交易、证券交易或博览会交易，适用合同缔结地国法律，除非该国法律允许当事人合议选择应适用的法律，而当事人已作出了明确选择。

第九十一条　按照第七十三条、第七十六至七十七条和第八十八至九十条适用于买卖的法律尤其适用于以下事项：

a）合同的解释；

b）当事人的权利与义务；

c）合同债务的履行；

d）买方要求取得被转移物或商品的孳息或收益的开始时间；

e）被转移物或商品的风险转移至买方的时间；

f）财产所有权保留条款的有效性及其在当事人间的效力；

g）不履行合同应承担的责任，包括赔偿损失，但受法院地诉讼法支配的事项除外；

h）合同义务的解除方式以及由于期限届满而丧失的权利；

i）无效合同的后果。

第九十二条　如果货物被拒绝接收，则只要没有其他协议，进行数量和质量检验的期限和程序以及对该物品采取的有关措施受货物接收地国法律支配。

第四节　代理合同

第九十三条　被代理人与受托人或代理商之间的法律关系若无其他协议，适用代理人办理委托业务的国家的法律。

代理人或代理商若开展的是职业性业务则适用其营业所所在地法。

第九十四条　第九十三条所确定的法律适用于以下事项：

a）代理人代理权的成立、范围、改变和终止；

b）超越代理权限或代理权错误使用的后果；

c）代理人将代理权全部或部分转托他人以及追加代理人或部分授权他人的权限；

d）当代理人与被代理人之间有利益冲突的危险时，代理人为被代理人缔

结合同的权限；

　　e）禁止竞争；

　　f）需要赔偿损失的情况。

　　第九十五条　被代理人与第三人之间的关系，若无其他明文协议，适用代理人营业所所在地法律。

　　如果缺乏此种营业所，则适用代理人开展业务的国家的法律，只要符合：

　　a）被代理人的住所、居所或惯常居所在该国境内，或

　　b）第三人的住所、居所或惯常居所在该国境内，或

　　c）代理人开展代理业务的证券交易所、博览会交易所或拍卖场所在该国境内。

　　第九十六条　第九十五条所确定的法律，尤其适用于代理人在行使其实际的或名义上的代理权时所采取法律行为的效力。

　　第九十七条　代理权的行使方式必须符合行为地国法律规定的条件。

　　第九十八条　代理人与第三人通过信件、电报、传真、电话或其他长途通讯设备在国与国之间进行联系，只要其行为是通过其营业所，或者没有营业所时是通过其住所或惯常居所作出，即为有效。

　　第九十九条　如果被代理人、代理人或第三人在不同国家拥有多个营业所，则以与代理人所为之法律行为有最密切联系的营业所为准。

　　第一百条　如果代理行为是对一不动产进行管理或处置，则适用不动产所在地法。

第五节　劳务合同

　　第一百零一条　劳务合同按照第七十三条和第七十六条适用当事人所选择的法律；但如果在没有选择法律时所应适用的必要法律条款对雇员给予的保护因此而受到限制，则这种法律选择无效。

　　第一百零二条　若当事人没有其他协议，则适用于劳务合同的法律应是：

　　a）雇员根据合同惯常从事工作地国家的法律，即使他被暂时派往另一国；

　　b）如果根据工作性质雇员须在不同国家工作，则为招收雇员的企业营业所所在国法律；如果合同与另一国有更为密切的联系，则适用该另一国法律。

第六节　其他合同

　　第一百零三条　当事人未选择法律时应适用于合同的法律为：

a）加工承揽合同为企业营业所所在地法律；

b）运输合同、货运合同及其他类似合同适用运输人或货运人住所地法；

c）银行合同，包括独立的银行担保适用金融机构所在地法。关于两个银行之间的关系适用向对方提供服务的银行所在地法；

d）保险合同适用投保人住所地法。该法也适用于保险单的转让与抵押；

e）保管合同适用保管方住所地法；

f）赠予合同适用赠送方本国法。

第七节　不当得利与无因管理

第一百零四条　自然人或法人的不当得利适用行为发生地国家法律。

第一百零五条　根据一个无效或失效的法律关系所为之履行所导致的不当得利适用支配该法律关系的法律。

第一百零六条　无因管理适用管理行为实施地法律。

第八节　侵权行为

第一百零七条　无论法律行为是否为侵权行为，其行为实施地所在国法律决定并支配以下事项：

a）侵权责任能力；

b）责任的条件和范围；

c）责任的减轻与免除及行为人与受害人的责任分担；

d）业主对其下属的侵权行为所承担的责任；

e）应受赔偿的损害的性质；

f）赔偿的方式及范围；

g）赔偿请求权的转移；

h）何人有权得到损害赔偿。

第一百零八条　如果侵权行为造成的损害结果全部或部分出现于行为实施地以外的另一国家，有关赔偿事宜应按照第一百零七条 b 项至 h 项之规定适用该国法律。

第一百零九条　只要适用于保险合同的法律允许，受害人有权直接向责任保险承保人提出赔偿损失的要求。

第一百一十条　任何情况下都应考虑到侵权行为地国的有关安全规则和行为规则。

第一百一十一条　如果以下章节中没有明确作出其他规定，则第一百零七条至一百一十条的规定同样适用于由侵权行为而产生的其他责任形式。

第九节　侵害人身权应承担的责任

第一百一十二条　对于通过大众媒介，尤其是通过出版、广播、电视或其他大众传播媒体而进行的人身侵害，要求赔偿的权利适用受害人所选择的以下法律：

a）受害人住所或惯常居所所在国法律；

b）侵害结果发生地国法律；

c）侵害人住所或惯常居所或其营业所所在国法律。

在 a 项和 b 项规定的情况下还须符合以下要求，即在正常情况下侵害人应该会预料到，对人身权的侵害结果会在两国中其中一国出现。

第一百一十三条　对人身侵害的抗辩请求权适用侵害行为公开出现或传播地国法律。

第十节　产品责任

第一百一十四条　对于因产品缺陷、错误的或引起混淆的使用说明或没有使用说明而提起的赔偿请求，适用消费者所选择的以下法律：

a）消费者住所或惯常居所地法；

b）产品购买地国法，除非生产制造者或供应者能够证明该产品是未经其允许而被输入当地的。

第一百一十五条　只有当产品确定是供私人使用或家用而与其职业或商业行为无关时才可提出第一百一十四条所指的赔偿要求。

第一百一十六条　如果第一百一十四条所指定的为一外国法律，罗马尼亚法院可以在罗马尼亚法律所确定的损害范围内依照第一百一十四条所指定的外国法律规定同意索赔请求。

第十一节　不正当竞争责任

第一百一十七条　对于不正当竞争行为或其他非法限制自由竞争的行为提出的赔偿请求适用损害结果发生地国家法律。

第一百一十八条　受害人可以选择以下法律代替第一百一十七条所确定的法律：

a）受害人住所地国法，如果该不正当竞争行为造成的损失只涉及其一人；

b) 适用于当事人之间所缔结的合同的法律,如果该不正当竞争行为是基于此种关系而采取并造成了损害。

第一百一十九条 罗马尼亚法院可以根据第一百一十七条和第一百一十八条所指定的外国法律在罗马尼亚法律所确定的有关的损害范围内同意索赔请求。

第十二节 债权关系的转让与消灭

第一百二十条 债权的转让,当事人若没有其他协议,适用支配被转让的债权的法律。原债权人与新债权人之间达成的法律选择协议只有在债务人同意的情况下才能适用于债务人。

原债权人与新债权人之间的义务适用支配导致债权转让的法律关系的法律。

第一百二十一条 协议变更债权人,如果当事人没有达成其他协议,应适用支配债权人发生更换的债务关系的法律。

法定变更债权人,如果当事人没有达成其他协议,应适用对债权人进行清偿所依据的法律。该法决定以下事项:

a) 付款人在与债务人的关系上是否取代了原债权人的地位;

b) 对债务人的请求权。

第一百二十二条 债务的转让与改变适用支配该法律关系的法律,该法律关系以债务的转移和改变为标的。

第一百二十三条 债之抵消适用支配该债权的法律,该债权由于债的抵消部分或全部消灭。

第十三节 共同规定

第一百二十四条 对多个债务人都提出请求的债权人应考虑到在与各单独债务人关系上应适用的法律。

第一百二十五条 债务人可向共同债务人进行追偿,只要适用于双方债务的法律允许。

行使追偿权的条件受适用于共同债务人与合法债权人之间债务关系的法律支配。

已受清偿的债权人与债务履行方所为的给付之间的法律关系受适用于后来产生的债务的法律支配。

公共机构进行追偿的权利适用支配该组织章程的法律。其追偿权的批准与行使适用第二款和第三款的规定。

第一百二十六条　支付所使用的货币的定义适用货币发行国法律。责任范围内的货币支付的效力受适用于债务的法律支配。

用何种货币进行支付的问题适用支付行为发生地国家的法律，除非国际私法法律关系的当事人对支付所用的货币已有规定。

第四章　汇票、有价证券和支票

第一节　共同规定

第一百二十七条　依照其本国法不具有承担汇票、有价证券或支票债务的能力的人，如果其签名是在某一国家所为，而根据该国法律该人具有认购能力，则可以通过该票据承担有效债务。

第一百二十八条　对汇票、有价证券或支票债务的承担必须符合债务认购地所在国家法律所规定的形式要求。对于支票只须满足支付地法律对形式的要求即可。

如果按照前款所确定的法律所承担的债务被认为无效，而它却符合另一后继债务认购地国家的法律，则先前债务的无效并不影响到后继债务的有效性。

第一百二十九条　追索权的行使期限对任何认购者来说都应适用出票地法律。

第一百三十条　拒付证明的形式与期限以及汇票、有价证券或支票事务请求权的行使与保护所必须的形式要求适用拒付或其他法律行为实施地国家的法律。

第二节　汇票与有价证券

第一百三十一条　汇票承兑人和有价证券签发人所承担责任的效力受票据支付地法律支配。

汇票或有价证券的其他债务承担人，其签名的效力适用签名地所在国家法律。

第一百三十二条　汇票持有人是否获得出票时票面所载的应付款项，取决于票据发行地法。

第一百三十三条　是否可以部分付款或者票据持有人是否有义务接受部分付款由汇票支付地国法律决定。

第一百三十四条　票据遗失或被盗后应采取的措施由汇票或有价证券支付

地国家法律决定。

第三节　支票

第一百三十五条　支票应由何人付款由支票付款地国法律决定。

第一百三十六条　如果按照第一百三十五条所确定的法律支票因付款人无权付款而被认定无效，则根据票据上的签名而承担的义务仍为有效，只要该签名是在另一国家所为而该国法律并不存在此种限制。

第一百三十七条　由支票而产生的责任，其效力应适用该责任承担地国家的法律。

第一百三十八条　支票支付地国法律特别适用于以下事项：

a）票据是否见票即付或在见票后一定期间内支付，以及补填日期的效力；

b）提示付款期限；

c）支票能否被接受、证明、确认或背书以及票据登记的效力；

d）持票人是否可以要求部分支付或必须接受此种支付；

e）支票是否可以划线或防止"只可汇划结算"条款或其他类似批注，以及划线、所附条款或其他批注的效力；

f）持票人对保证金是否有特殊请求，以及该保证金的法律性质；

g）开票人能否撤回支票及对支票的兑付提出异议；

h）支票遗失或被盗后能采取的补救措施；

i）为保护追索请求权是否需要针对付款人、出票人或其他责任人提出拒付证明或其他同等作用的声明。

第五章　民间内河、海上和空中航运

第一节　共同规定

第一百三十九条　发生在船舶上或飞机上的法律行为，如果按其法律性质应适用行为地法，则船舶的旗国法或飞机的登记国法也可适用。

在港口和机场则应适用当地的法律。

第一百四十条　船舶的旗国法或飞机登记国法适用于以下特定事项：

a）船长或机长的权利、职权和责任；

b）当事人没有其他协议的情况下，船员或机组人员的用工合同；

c）对船长或机长及工作人员的法律行为，航运公司或航空企业应承担的责任；

d）对船舶或飞机的物权和优先受偿权以及对权利的成立、转让或撤销等法律行为向公众公示的要求。

第二节　内河及海上船舶

第一百四十一条　在港口或领海上发生碰撞的责任适用碰撞发生地法。

在公海上发生碰撞适用船舶共同本国法。如果国籍不同则适用受损方船舶本国法。如果双方均受损害，但有一方船舶具有罗马尼亚国籍，则适用罗马尼亚法律，但受损船舶选择适用对方船舶本国法的除外。

在罗马尼亚的专属经济区内发生的船舶碰撞适用罗马尼亚法。

第一百四十二条　对人员和财产实施救援的义务，如果该事件发生在领海，则适用其发生地法，如果发生在公海上则适用实施救助的船舶本国法。

前款所确定的法律也适用于实施救助或提供技术支援的船舶所属公司和船员之间对于因其救助而得报酬的分配方式。

第三节　飞机

第一百四十三条　罗马尼亚法律中关于在罗马尼亚领空的航线和飞机安全的规定对于所有飞机以及所有机组人员和乘客均应适用，而不论该飞机在何国登记。

第一百四十四条　飞机对陆地造成之损害适用损害发生地国法。

在公海上空及其他公空发生的相撞，其责任适用依靠第一百四十一条第二款所确定的相应法律。

第六章　时效

第一百四十五条　时效适用时效期间开始时物之所在地国法。

第一百四十六条　如果物被转移到另一国家，时效在该国内继续计算，则物之所有人可以要求适用该另一国法律，只要从物之转移起该法律要求的所有条件均已满足。

第一百四十七条　诉讼时效适用支配诉讼请求权本身的法律。

第七章　国际民事诉讼程序

第一节　法院管辖权

第一百四十八条　罗马尼亚法院在以下条款规定的范围内对罗马尼亚当事

人与外国当事人之间或者外国自然人或法人之间的诉讼进行判决。

第一百四十九条 只要符合下述条件，罗马尼亚法院即对案件拥有管辖权：

1）被告人或被告人之一在罗马尼亚拥有住所或惯常居所或其经营资产在罗马尼亚境内；如果被告在国外其住所无法确定，则以原告提起诉讼时在国内的住所或惯常居所为准。

2）作为被告的法人营业所位于罗马尼亚境内。如果外国法人在罗马尼亚境内有子公司、分支机构、代理处或代表处，则视为在罗马尼亚有营业所。

3）对于要求扶养费的诉讼，原告在罗马尼亚有住所。

4）合同债务的成立地或将被履行或部分履行地位于罗马尼亚境内。

5）引起非合同之债的法律事实发生地或其效力产生地位于罗马尼亚。

6）旅客进出或货物装卸的火车站、汽车运输站以及码头或机场位于罗马尼亚。

7）被保险的货物所在地或保险事故发生地位于罗马尼亚。

8）被继承人最后住所地或其遗产所在地位于罗马尼亚。

9）引起争议的地产位于罗马尼亚。

第一百五十条 罗马尼亚法院对以下诉讼也有管辖权：

1）在罗马尼亚登记的婚姻状况方面的行为与事实引起的住所在外国的当事人间的诉讼，只要至少一方当事人具有罗马尼亚国籍。

2）对于住所在国外、具有罗马尼亚国籍的未成年人或无行为能力人的保护进行的诉讼。

3）对罗马尼亚公民的死亡宣告，即使该人是在国外失踪。在罗马尼亚法院作出采取临时措施的决定之后，外国法院所采取之临时措施即告失效。

4）关于保护住所在罗马尼亚的罗马尼亚人或无国籍人在外国取得的知识产权的诉讼，如果当事人没有协议选择其他法院管辖。

5）外国人之间关于在罗马尼亚的物或利益提起的诉讼，只要当事人有明确协议并且法律允许他们拥有此种权利。

6）在公海或公空发生的船舶或飞机碰撞以及事故中对人员和物品的援救引起的诉讼，只要：

a）船舶或飞机具有罗马尼亚国籍；

b）碰撞发生地或船舶或飞机最先到达的港口或机场位于罗马尼亚境内；

c）船舶或飞机在罗马尼亚被扣押；

d）被告在罗马尼亚有住所或居所。

7）破产或其他诉讼中，无支付能力的外国企业在罗马尼亚有营业所。

8）法律规定的其他诉讼。

第一百五十一条　罗马尼亚法院对由国际私法法律关系引起的以下列事项为标的诉讼，具有专属管辖权：

1）在罗马尼亚实施的涉及到在罗马尼亚有住所的罗马尼亚公民或无国籍人的有关婚姻状况的行为。

2）准许收养，只要收养人员是罗马尼亚公民或无国籍人，并在罗马尼亚有住所。

3）为保护在罗马尼亚有住所的罗马尼亚公民或无国籍人而设立的监护及监护人的职责。

4）对在罗马尼亚有住所的人剥夺法律行为能力。

5）婚姻的取消、解除或判定无效以及夫妻间的其他法律争端，只要提起诉讼时夫妻双方在罗马尼亚有住所并且其中一人具有罗马尼亚国籍或无国籍；但涉及到在国外地产的争端除外。

6）最后住所在罗马尼亚的人的遗产继承。

7）位于罗马尼亚的房地产。

8）法院执行令在罗马尼亚境内的强制执行。

第一百五十二条　罗马尼亚法院在紧急情况下为了保护与法庭诉讼有关的权利、利益或物品可以决定采取保全措施。尽管按照本章规定从本质上并不属于其应该采取的措施之列。

第一百五十三条　如果外国法院对于具有罗马尼亚国籍的人提出之诉讼认为自己没有管辖权，则该诉讼可向与之有最密切联系的罗马尼亚法院提起。

第一百五十四条　如果当事人对他们实施的法律行为所产生的或可能产生的彼此间的法律争端已协商确定了管辖法院，则该法院具有管辖权，除非：

1）所选出的法院为外国法院，而对该法律争端罗马尼亚法院有专属管辖权；

2）所选出的法院为罗马尼亚法院而当事人一方主张外国法院有专属管辖权。

第一百五十五条　如果按照本章规定罗马尼亚法院拥有管辖权但不能确定由哪一法院行使管辖，则该诉讼或者由布加勒斯特市第一区地方法院或者由布加勒斯特市法院审理。

第一百五十六条　罗马尼亚法院根据第一百四十八至一百五十二条对某一

案件所拥有的管辖权并不因为同一案件或相关案件被提交到另一外国法院审理而被排除。

第一百五十七条　如果受诉法院对其是否拥有对国际私法法律关系的审判管辖权进行因公审查时，确定本法院以及罗马尼亚的其他法院都没有管辖权，则该项起诉由于罗马尼亚法院没有管辖权而被驳回。

第二节　国际私法诉讼程序的法律适用

第一百五十八条　诉讼当事人的诉讼行为能力适用其本国法。

第一百五十九条　若无其他明文规定，罗马尼亚法院在审理国际私法案件时适用罗马尼亚诉讼法。

某一法律问题具有程序法性质还是实体法性质也由罗马尼亚法律决定。

第一百六十条　在对国际私法法律关系进行诉讼的程序中，起诉的标的和诉因适用支配引起争议的法律关系的法律。该法也决定当事人的资格。

第一百六十一条　法律行为的证据以及书面材料对于此种法律行为的证明效力适用法律行为实施地法或者如果当事人有权选择法律，则适用所选择的法律。

对事实的证明适用事实发生地法。

如果罗马尼亚法律允许提出第一款和第二款确定的法律规定以外的证据，则也可适用罗马尼亚法律。此外如果罗马尼亚法律允许人证或以司法推理作为证据，则也可适用罗马尼亚法律，尽管外国法律不允许此种证据形式。

有关婚姻状况的证明以及婚姻状况法律证明文书的证明效力受有效证明文书作成地法律支配。

调查取证适用罗马尼亚法律。

第一百六十二条　由外国有关当局作出或认证的公开证明文书，只有经过其上级主管机关以及罗马尼亚外交和领事机关的公证以确认其签章的真实性后，才能在罗马尼亚法院使用。

主管机关的公证适用证明文书出具国所规定的程序，该程序同样适用于由罗马尼亚在文书出具国的外交和领事机关或文书出具国驻罗马尼亚的外交或领事机关或者在两种情况下由外交部所作之公证。

依照法律或者罗马尼亚参加的国际条约或者按照互惠原则，此种公证也可免除。

罗马尼亚主管机关作出公证或认证的法律文书通过司法部和外交部按照此种程序办理。

第三节　外国人作为诉讼当事人的法律地位

第一百六十三条　外国自然人和法人在罗马尼亚法院依法享有与罗马尼亚公司或法人同等的权利，并承担同等义务。

在国际私法法律关系诉讼程序中，如果诉讼当事人所属国或其住所所在国与罗马尼亚之间存在互惠，则该外国当事人与罗马尼亚公民在同等范围和同等条件下享受诉讼费用的减免以及无偿的法律救济。

在互惠前提下外国起诉人不必因为其外国人的身份或者其居所或营业所不在罗马尼亚而支付诉讼费用担保金。

第一百六十四条　如果无行为能力或限制行为能力的外国人按照其本国法没有确定其代理人或监护人，并因此而延迟其诉讼行为，法院可临时为其指定特别监护人。

第四节　外国判决的效力

第一百六十五条　本法所指的外国判决的概念是指由外国法院、公证机关或其他主管机关所作出的判决文书。

第一百六十六条　外国判决，如果涉及到的是判决作出国公民的婚姻状况①或者是由第三国作出而当事人各自所属国已首先予以承认，则罗马尼亚法律也予以承认。

第一百六十七条　判决的实质法律效力，如果该判决涉及到的是第一百六十六条规定以外的其他诉讼程序，只要其同时符合以下条件，则应在罗马尼亚得到承认：

a）判决按其作出国法律被认为有效；

b）按照前述法律，法院有权作出判决；

c）关于外国判决的效力，判决作出国与罗马尼亚之间存在互惠关系。

如果判决是在诉讼中败诉方缺席时作出，则还须确定通知参加正式审判的传讯书以及诉讼的受理文书是否准时送达该败诉方及其是否被给予了辩护和上诉的机会。

如果外国法院没有传讯当事人以致当事人没有参加诉讼程序，则该外国法院所作出的判决没有法律效力，除非其效力已为该当事人承认。

---

①　此处罗马尼亚语为 statut civiL，德语为 Personenstand。

第一百六十八条 在以下情况下外国的判决应不予承认：

1）该判决是在外国以欺骗手段获得。

2）该判决危害罗马尼亚国际私法公共秩序。拒绝承认的原因也可能是该判决违背了第一百五十一条规定的罗马尼亚法院享有的专属管辖权。

3）就相同当事人之间的同一争议罗马尼亚法院已作出了判决，即使该判决尚未生效，或者在该争议提交外国法院时已在罗马尼亚法院的审理之中。

外国判决不能仅仅因为没有适用按罗马尼亚国际私法应适用的法律而是适用了其他法律而被拒绝承认，除非诉讼程序涉及到罗马尼亚公民的婚姻状况或者权利能力和行为能力，并且所作判决导致了一个与适用罗马尼亚法律时不同的结果。

第一百六十九条 经过对一百六十七条和第一百六十八条规定的条件进行审查后，罗马尼亚法院不应再对外国法院的判决进行复审或修改。

第一百七十条 拒绝承认外国判决的当事人，其住所或营业所所在地地方法院对承认申请作出裁决。

根据外国判决对实体性法律效力提出异议而向法院提起诉讼，则对该外国的判决的承认申请由该法院裁决。

第一百七十一条 要求承认外国判决的申请书应依照罗马尼亚诉讼法的要求拟订，同时应附上以下文件：

a）外国判决的复印件；

b）法律效力的证明；

c）对在外国进行的诉讼中缺席的当事人发出的传票和诉讼受理书和送达证明复印件或者其他官方证明文书复印件，该文书能够证明对败诉方发出的传票和诉讼受理书均已准时送达。

d）其他能够补充证明外国判决书满足第一百六十七条中所规定的条件的文书。第一款中所规定的文书应附上经过公证的译文，该译文还需按照第一百六十二条的规定予以再次认证；如果当事人对所提交的经过公证的文本表示赞同，则不需要再次认证。

第一百七十二条 对于承认的申请将在审判程序中以判决或期中判决的方式予以裁定，在以上两种情况下当事人都应被传到场。

如果从外国判决中可以得知被告已经同意该项诉讼请求，则可在不传讯当事人的情况下对申请予以判决。

第一百七十三条 非自愿履行的外国判决，根据该判决应被执行地法院作出的判决可执行申明书，有关当事人可以申请在罗马尼亚境内对其予以执行。

采取了保全措施或被宣布可临时执行的外国判决在罗马尼亚境内不予执行。

第一百七十四条　对外国判决的执行应考虑到第一百六十七条所确定的条件，同时还需符合以下条件：

a）判决按照其作出地法律可以执行；

b）申请强制执行的权力尚未失效。

第一百七十八条和第一百七十九条之规定也适用于可执行申明。

第一百七十五条　按照第一百七十一条所确定的条件而作出的可执行申明申请书应附上由作出申明的法院提供的可执行性证明。

第一百七十六条　可执行性申明在当事人被传到场后通过判决作出。

如果外国法院判决作出可以分开的诉讼请求则可执行性申明也可分开作出。

第一百七十七条　在对可执行申明所作的有法律效力的判决基础上，执行令应依照罗马尼亚法律作出，对于可执行申明所作的判决应列入该执行令。

第一百七十八条　由具有管辖权的法院作出的外国判决，其中所确认的事实对罗马尼亚法院具有证明效力。

第五节　法院调解

第一百七十九条　在外国达成的法院调解在第一百七十三条第一款和第一百七十四条至第一百七十八条所规定的前提下在罗马尼亚具有法律规定的效力。

第六节　国际私法仲裁管辖权

第一百八十条　如果当事人一方向法院提出诉讼当事人已缔结仲裁协议，法院应对其管辖权进行审查。

法院在诉讼中可以自行判决，只要：

a）被告并未援引其仲裁协议而就主要争端进行了辩护，或者

b）仲裁协议无效或不合法，或者

c）明显由于被告人的原因而使仲裁庭无法确定。

第一百八十一条　第一百六十七条至第一百七十八条关于外国判决的承认与执行的条款也适用于外国仲裁裁决。

第八章 附 则

第一百八十二条 本法自其在罗马尼亚政府公告中公布后六十日生效。

第一百八十三条 本法生效后,民法典第二条、民事诉讼法第三百七十五条以及其他相反规定宣告作废。

罗马尼亚 1992 年《国际私法典》述评及其对我国国际私法立法的启示

一、法典颁布的背景

1992 年 9 月 22 日，罗马尼亚颁布了《关于调整国际私法法律关系的第 105 号法》（又称《罗马尼亚国际私法典》），从此结束了罗马尼亚没有一部统一的国际私法法典的历史。在此之前，罗马尼亚的国际私法法规只有寥寥几条，且散见于 1865 年生效的《民法典》以及《民事诉讼条例》和其他单行法律中。例如，1865 年《民法典》第 2 条中规定了三条冲突规范：物适用物之所在地法；人适用其属人法；法律行为的方式适用行为地法。另外，关于在国外成立的遗嘱以及在国外成立的涉及到位于罗马尼亚境内的地产的抵押权，必须满足该《民法典》第 885 条、第 1773 条和第 1789 条所规定的特别要求。该法典第 5 条还规定了公共秩序保留原则，按照该原则，所有应适用于案件的外国法，只要其适用与罗马尼亚的公共秩序相违背，都可能被排除适用。同样于 1865 年颁布的《民事诉讼条例》第 375 条对外国判决的承认作了程序上的规定。到 1953 年罗马尼亚颁布了《航空法》，该法对航空器所导致的损害责任设置了一条冲突规则，这已经算是《国际私法典》颁布之前罗马尼亚国际私法立法史上一项创举了。

以上便是《国际私法典》颁布以前罗马尼亚国际私法立法状况。由于缺乏成文法规，判例在罗马尼亚国际私法中起着重要作用。根据判例发展出一些适用于特定法律关系的国际私法规则。比如，在涉外合同领域允许当事人协议选择应适用的法律；侵权责任适用侵权行为地法等等。第二次世界大战后，罗马尼亚 1865 年的《民法典》继续有效；但对于其第 2 条的规定作了新的解释，将外国人的身份、权利能力和行为能力置于罗马尼亚法律支配之下。

在罗马尼亚历史上曾有过几次关于国际私法的立法活动，但由于种种原因都半途而废。首先是 1939 年通过了一部新《民法典》，其中有一章专门规定国际私法。该章是在著名法学家米哈依·艾利斯库教授领导下起草的，内容很完善。这部《民法典》虽已经官方文件正式公布，但由于国内政变，更由于第二次世界大战的爆发以及战后社会主义制度在罗马尼亚的建立，便没有能够付诸实施。然后一直到 1960 年，在司法部的组织下成立了一个以艾利斯库为首的委员会，开始编纂一部国际私法典。经过十多年的工作，终于形成了一个草案。随后该草案又经过多次修改，但一直未获通过。

直到 1989 年，起草工作才又重新开始。这时，艾利斯库教授已逝世。布加勒斯特市外贸仲裁委员会副主席依文·巴卡鲁和诉讼法教授萨维尼·齐尔伯斯坦参加了起草小组。该小组经过几年工作起草的草案未经任何修改便被议会上下两院接受，并于 1992 年 9 月 22 日以第 105 号法令予以颁布。

《罗马尼亚国际私法典》是一个集大成的产物。它是以六七十年代艾利斯库草案为基础而制定出来的。从那时起到 90 年代的 20 多年时间，国际私法在世界范围内有了巨大发展，无论在理论上还是在立法实践上都取得了巨大成就。《罗马尼亚国际私法典》自然也接受了这些新成就的巨大影响。尤其值得提到的是这期间颁布的几部欧洲国家的新国际私法典，它们可以说是《罗马尼亚国际私法典》的范本。这几部新法典是 1978 年《奥地利国际私法典》、1986 年《联邦德国国际私法典》和 1987 年《瑞士联邦国际私法典》。除此之外，《罗马尼亚国际私法典》还借鉴了一些国际组织关于国际私法方面的立法，比如 1980 年在罗马签署的欧共体关于合同债务关系法律适用协定、分别于 1930 年 6 月 7 日和 1931 年 3 月 19 日在日内瓦签订的关于调整汇票有价证券和支票法律冲突的两个公约以及海牙国际私法会议通过的一系列有关解决法律冲突问题的条约、协定等。总之，《罗马尼亚国际私法典》既吸收了国内立法经验，又借鉴了国外和国际上的优秀成果，堪称当今世界上内容最完备、立法模式和立法技术最先进的国际私法典之一。

二、《罗马尼亚国际私法典》的特点

《罗马尼亚国际私法典》与其他国家的一些国际私法立法相比，无论在结构、内容还是在立法技术上都有自己的特点。

首先，在法典结构上，《罗马尼亚国际私法典》共 13 章洋洋洒洒 183 条，单从条文上就已超过此前绝大多数国家的国际私法立法（仅次于 1987 年瑞士国际私法典，该法典共 200 条）。而且该法典像民法典、刑法典等基本法一样，总则、分则均有规定，而且它也抛弃了过去只解决法律适用问题的作法，而融法律适用、法院管辖权和外国判决的承认与执行为一体。具体来看，该法典可分为三部分：

第一部分为总则部分（第 1 至 10 条）。该部分主要规定适用于所有法律关系的原则、制度。主要包括外国人的法律地位、外国法的查明、公共秩序保留以及其他一些国际私法上的基本制度，如识别、反致等。

第二部分为法律适用部分（第 11 至 147 条）。这一部分是该法典的主体，内容相当完善。虽然这一部分里也沿用了一些原来已有的规则，比如属人法、物之所在地法等，但大量的是罗马尼亚历史上从未有过的新规则。所涉及的领域非常广泛，包括法人、民商事合同、不当得利和无因管理、侵权责任、法定继承和遗嘱继承、知识产权和工业产权、票据和证券、通过大众媒体侵犯人身权的责任、产品责任、不正当竞争责任等等。基本上包括了现代民商事法律关系的所有领域。

第三部分为国际民事诉讼法第 148—181 条。其内容包括罗马尼亚法院对国际民事案件的管辖权、诉讼程序应适用的法律、外国判决的承认与执行以及国际仲裁管辖权等。

其次，从《罗马尼亚国际私法典》的调整对象和调整范围来看，具有扩大化的趋势，这是该法典的第二个特点。先看调整对象。从该法典的名称可以看出，它是"关于对国际私法法律关系的调整"。对什么是"国际私法法律关系"，该法第 1 条第 2 款规定："国际私法法律关系在本法意义上是指含有涉外因素的民事、商事、劳动、民事诉讼以及其他私法法律关系。"这一规定指明了该法调整对象是指所有的含有涉外因素的私法法律关系。这一规定显然比我国学者所认为的"国际私法调整的对象，正是……国际民事法律关系"①这一观点中所包含的范围要广。再看调整范围。所谓"国际私法的范围，是指国际私法所应包括的规范的范围或种类。"② 对这一问题世界上不同国家不同学者有自己的不同理解。就《罗马尼亚国际私法典》来看，该法典实际上包含了冲突规范、外国人的民事法律地位规范、调整国际私法法律关系的统一实体规范和国际民事诉讼程序规范。这一观点与其他一些国家（尤其是东欧国家）及我国大部分学者的观点是一致的，也符合当今国际私法发展的趋势。自本世纪 60 年代以来，由于国际经济交往的进一步发展，许多国家的国际私法纷纷扩大它们的调整范围，表明了这些国家在解决法律冲突、寻求法律适用的协调方面的努力，已扩展到民商事及其他法律部门的更广泛领域。这也是《罗马尼亚国际私法典》反映出来的又一特点。

---

① 参见韩德培主编：《国际私法》，武汉大学出版社 1989 年修订版，第 2 页。
② 李双元主编：《国际私法》，北京大学出版社 1992 年版，第 12 页。

再次，从内容上《罗马尼亚国际私法典》所涉及的许多的问题，过去往往都只出现于有关国家的国际私法学说中，或仅见于有关国家的判例，而很少出现在有关国家的成文立法中。例如关于特征性履行说在合同领域的适用，过去仅见于瑞士联邦国际私法典中，《罗马尼亚国际私法典》大胆接受了这一先进理论。另外诸如知识产权问题、不正当竞争责任、通过大众媒体侵犯人身权责任等都是近几年来随着国际经济技术交往的不断扩大而产生出来的新问题，《罗马尼亚国际私法典》对这些问题都及时而又详尽地作了规定。

《罗马尼亚国际私法典》内容上的又一特点是不仅包含了冲突规范，而且规定了大量实体规范。这些实体规范主要是规定外国人的法律地位以及国际私法上一些基本范畴的定义（如第 40 条第 3 款等）。而且即使是冲突规范，也包括不同种类。既有选择性冲突规范（如第 68 条第 3 款关于遗嘱的形式），也有重叠适用性冲突规范（如第 30 条关于收养）；既有双边冲突规范，也有不少单边冲突规范。双边冲突规范构成了该法典的主体，这种冲突规范具有更大灵活性，更适应国际经济交往的发展，也是当今国际私法的发展趋势，但在当今世界仍是由民族国家构成，各民族国家都要维护自己的国家主权的形势下，单边冲突规范更有利于维护本国利益，因此还有其存在的必要。另外，《罗马尼亚国际私法典》对某些冲突规则施加了时间上的限制，这样可避免法官在适用该冲突规则时无所适从，也可避免法律实际冲突的发生。例如第 25 条规定，对婚生子的亲子关系的确定适用"其出生时"支配其父母婚姻效力的法律。另外，该法典在规定某一法律关系适用某国法律时，特别列出该国法律适用于该法律关系的哪些方面。例如第 80 条规定，依照第 73 至 79 条确定适用于合同的法律特别适用于对合同种类和条款的解释、合同债务的履行等五个方面。此外这种规定方式尚见于第 26 条、第 28 条、第 42 条、第 67 条、第 91 条、第 107 条和第 138 条等。这种明确限定准据法适用范围的立法方式对法官准确选择应适用的法律有重要作用。

《罗马尼亚国际私法典》的再一个特点表现在准据法的选择方法上。当前国际上对准据法的选择日趋灵活与宽泛。其表现是通过各种方式对传统冲突规则的僵硬性和呆板性进行"软化处理"（softening process）。《罗马尼亚国际私法典》充分体现了这一趋势。表现在：第一，该法典在合同领域采取"当事人意思自治"原则，允许合同当事人合意选择应适用的法律（第 73 条）。此外在遗嘱继承及法院管辖权上也允许当事人意思自治（第 68 条和第 154 条）。第二，该法典规定了"最密切联系原则"作为对其他冲突规则的补充（第 20 条第 3 款、第 77 条、第 102 条 b 项等）。第三，该法典规定用特征性履行说作为对最密切联系原则的补充（第 77—78 条）。第四，该法典对同类法律关系进行划分，依其不同性质规定不同连结点。例如法典第 52—54 条对动产作了一般规定后，又将动产分为运输工具（第 55—56 条）、有价证券（第 57—59 条）和无形资产（第 60—63 条），分别作了规定。第五，对于一个法律关系的不同方面进行分割（Dépecáge），分别采用不同连结点。如对合同的实质要件（第 73—85 条）和形式要件（第 86—87 条）分别规定了不同的连结点。

三、国际私法趋同化倾向在《罗马尼亚国际私法典》中的反映

"所谓法律的趋同化，乃指不同国家的法律随着社会需要的发展，在国际交往日益发达的基础上，逐渐相互吸收、相互渗透，从而趋于接近甚至趋于一致的现象。其表现是在国内法律的创制和运作过程中越来越多地涵纳国际社会的普遍实践与国际惯例，并积极参与国际法律统一的活动。"① 这种趋同化倾向的加强，主要是当今国际政治、经济形势发展的要求。当今世界各国之间的经济贸易及文化交流日益密切，各个国家已不可能离开世界而独自发展。尤其是世界经济已形成一个大市场，客观上要求各国法律实现某种程度上的"一致性"。而国际私法正是解决各个国家之间民商事法律冲突的法律，这一特殊性质决定了国际私法应走在世界法律统一化运动的前列。近年来国际私法在世界范围内的发展也正顺应了这一趋势，其具体表现便是各国国际私法法规，尤其是新近颁布的一些国家的国际私法法典，越来越趋向一致。《罗马尼亚国际私法典》作为 90 年代颁布的一部国际私法典，在各个方面都体现了这一趋同化倾向。

第一，在法典结构上，正如本文前面所介绍的那样，《罗马尼亚国际私法典》同民法、刑法这些基本法一样，总则、分则俱全，结构完整。其他一些国家新近颁布的国际私法法典也都采用此种结构。如 1974 年《阿根廷共和国国际私法条例》、1979 年《奥地利联邦国际私法法规》、1982 年《土耳其国际私法和国际诉讼程序法》以及 1987 年《瑞士联邦国际私法法规》等。

第二，《罗马尼亚国际私法典》总则部分共十条，内容涉及到国际私法的调整对象和范围、外国人的法律地位、识别、反致、法律的区际冲突、外国法的查明、外国法的排除适用、在外国取得的权利的承认及优先适用国际条约等内容。与前述其他几部国际私法法规相比，总则部分内容更趋详尽。总则部分

---

① 参见李双元主编：《市场经济与当代国际私法趋同化问题研究》，武汉大学出版社 1994 年版，第 3 页。

内容的增加是当今国际私法趋同化倾向的表现之一。这对于提高国际私法在解决涉外民商事法律冲突中的作用具有重要意义。

第三，国际私法趋同化倾向的另一个表现是各国国际私法的调整范围不断扩大。这一点在《罗马尼亚国际私法典》中有鲜明体现，这在前文已有论述。在其他一些国家新近颁布的国际私法法规中也有具体反映。例如在知识产权领域，鉴于知识产权的严格属地性，传统国际私法一般是不加规定的。直到1978 年奥地利国际私法法规才对无形财产（也包括知识产权）作了明确规定（见该法第 6 章），但仅只一条（第 34 条）。到 1987 年的瑞士国际私法法规则对知识产权作了更为详细的规定（第 122 条）。而《罗马尼亚国际私法典》对知识产权的规定比以往任何国家都更为具体（见第 60—63 条）。并特别规定，对在罗马尼亚境内的外国自然人或法人的著作权或工业产权按罗马尼亚法律或罗马尼亚参加的国际条约的规定予以保护（第 63 条）。另外《罗马尼亚国际私法典》和前述其他几个国家的国际私法法规一样，不仅仅对法律适用作了规定，而是融法院的管辖权、外国判决的承认与执行为一体。这种立法模式最早为英美首倡，但现在已为上述几部欧洲、拉美国家国际私法典所采取。这些都反映了国际私法调整范围的扩大已成为一种发展趋势。

第四，在法律适用上，《罗马尼亚国际私法典》与其他几部国际私法典也出现寻求协调和统一的趋势。这也是国际私法趋同化的一个具体表现。例如在物权方面，不动产适用物之所在地法是一项普遍接受的原则。但是对于动产，一直有"动产随人"、"动产附骨"等法谚。一些国家在其早期的国际私法立法中也都作了这样的规定。但从 19 世纪起，随着国际商业流转的进一步发展，涉外民商事关系日益复杂，动产随人这一原则遭到许多学者的反对和批判。从19 世纪末开始，许多国家相继在立法和司法实践中采取不分动产与不动产，物权关系一律适用物之所在地法。《罗马尼亚国际私法典》第 49 条也作了这样的规定。此外前南斯拉夫国际私法、匈牙利国际私法以及秘鲁民法典中也都有类似规定，从而物之所在地法成为解决物权法律冲突的基本冲突规则。又如在遗嘱方式上，传统的观点认为立嘱方式应符合立嘱地法，也有的国家采用立嘱人本国法。但当今的发展趋势是走向宽松与灵活。《罗马尼亚国际私法典》和许多国家的国际私法一样，吸收了 1967 年海牙《遗嘱处分方式法律冲突公约》的规定，为遗嘱的方式设立了多个可供选择的连结点。此外在其他一些方面，如代理应区分本人与代理人、本人与第三人、代理人与第三人三种不同关系分别定准据法；合同除适用意思自治原则外，以最密切联系原则为补充并依特征性履行确定最密切联系；在劳动合同、产品责任、亲子关系、离婚、扶养关系等领域充分考虑保护弱方当事人的利益等等，各国国际私法的规定也都渐趋一致。《罗马尼亚国际私法典》也都充分反映了这些趋势。

第五，国际私法趋同化倾向的另一个表现是各国新近颁布的国际私法法规都明确规定首先适用国际条约。《罗马尼亚国际私法典》第 10 条规定："本法之条款只有在罗马尼亚所参加的国际条约未作其他规定时方得适用。"阿根廷国际私法、匈牙利国际私法、土耳其以及瑞士的国际私法法规都有类似规定。这无疑表明，国际私法的国际法源已在各国处理涉外经济、民事关系方面具有越来越重要的作用，也反映了国际组织在国际私法统一化运动中发挥着越来越大的作用。

第六，国际私法趋同化倾向在改造传统冲突规范上的表现为，用灵活、开放的冲突规范代替原来的僵硬的冲突规范。这在上文论述《罗马尼亚国际私法典》的特点时已有详细介绍，此处不再赘述。

四、《罗马尼亚国际私法典》的颁布实施对我国国际私法立法的启示

第一，应将制定一部内容详尽、结构严整的国际私法法典纳入我国立法议程。纵观我国目前已有的国际私法立法，大都集中在《中华人民共和国民法通则》、《中华人民共和国继承法》、《中华人民共和国涉外经济合同法》、《中华人民共和国民事诉讼法》以及最高人民法院《关于贯彻执行〈中华人民共和国民法通则〉若干问题的意见》和《关于适用〈中华人民共和国涉外经济合同法〉若干问题的解答》中。虽然从内容上看已有一定规模，初步形成了我国国际私法的体系，但其规定太过分散，尤其是各个法规中的规定往往互相重复或互相矛盾；有的规定不够严密，缺乏系统性和逻辑性。因此，我国的立法工作者有必要放开视野，大胆吸收和借鉴世界上其他国家先进的立法经验，制订出一部具有世界先进水平的、具有我国社会主义特色的国际私法典来。《罗马尼亚国际私法典》的制订和颁布实施为我国提供了一个很好的榜样。罗马尼亚历史上也从未有过一部统一的国际私法典，仅有的国际私法条文也仅见于其《民法典》和其他法律中的寥寥几条。但该国国际私法典一经制定便达到了世界先进水平，确实有值得我们思考和学习的地方。我国目前改革开放和经济发展的形势也迫切要求我国制定出一部统一的国际私法典。我国已是世界十大贸易国之一，对外经济交流和民事交往不断扩大，涉外法律纠纷也迅速递增。我国现有的国际私法显然不能满足形势的需要，而如果一味采取在各单行法中分散规定国际私法的立法方式，只会带来更大的混乱并为以后的统一立法造成更大困难，因此，从现在开始着手起草、制定出一部统一的国际私法典有

其现实的必要性。

第二，我国国际私法在立法模式上应顺应世界潮流。正如前面所分析的那样，新近颁布的几个国家的国际私法法规都像《罗马尼亚国际私法典》一样，总则、分则都有，并且集法律适用、法院管辖权和外国判决的承认与执行于一体。这种立法模式是更为先进的，更符合司法实际的需要。虽然早在 1986 年我国便有主张采用此种模式处理国际私法的立法问题①，但此种观点一直未受重视。值得注意的是，中国国际私法研究会于 1995 年起草的《中华人民共和国国际私法（示范法）》基本是按这种模式规定的。

第三，我国国际私法立法在内容上应当借鉴国外先进经验。我国国际私法立法在内容上存在着许多不足。首先表现在内容上残缺不全，许多重要问题立法上都没有规定。比如在知识产权、产品责任、不正当竞争责任等领域我国国际私法立法至今仍是空白。而这方面的法律纠纷在我国已大量出现。再比如关于内河航运法律适用问题，一般认为，内河航运是一国主权管辖范围内的事情，不会发生适用外国法的情况。但目前世界上有一些河流属于国际河流。这些河流流经各沿岸国的部分虽属各有关国家的领土，但根据条约，各国商船或船舶平时都可以在河上自由航行。另外有些河流虽全部属于一国领水，但该国规定该河流对外国商船开放。这样一来，在这种国际河流或对外开放的河流上便会产生带有涉外因素的法律纠纷，从而产生究竟适用何国法律的问题。由于流经罗马尼亚的多瑙河是当今世界上最重要的国际河流，《罗马尼亚国际私法典》第 10 章将民间内河、海上及空中运输合起来作了法律适用上的规定（第139—142 条）。我国已宣布将沿长江的几个港口城市列为对外开放城市，并对外轮开放。随着我国经济的进一步发展和对外开放的进一步深入，必将有更多外国船舶航行在我国的内河上，从而也会产生内河运输中的涉外法律纠纷。因此，我国国际私法也应考虑到这方面的问题，借鉴国外的立法经验，及早作出规定。其次，即使是我国国际私法立法已有的规定，也存在着规范本身欠缺周严性、相互矛盾等问题。比如关于物权关系，《民法通则》仅对不动产的法律适用作了规定，而对动产物权则未作任何规定。但在其第 149 条中对遗产的法定继承又分别规定："动产适用被继承人死亡时住所地法律，不动产适用不动产所在地法律。"明显地前后缺乏周密性。要解决这些问题，就需要认真总结我国国际私法已有的立法内容，进行系统归纳，同时要吸取国外先进经验，制

---

① 参见李双元：《关于我国国际私法理论研究和立法工作中的几个问题》，载《政法论坛》1986 年第 2 期。

定出一部统一的国际私法典。

　　第四，我国国际私法立法在指导思想上应有一种超前意识。我国国际私法的立法在十几年中基本上是按照立法部门或司法部门感到什么是最急需的或者认为什么已具备条件的想法，按块块模式进行的，"成熟一个颁布一个"、"宁缺勿滥"一直是我国的立法指导思想。这样做的结果导致我国国际私法立法总是跟不上形势发展的需要。反观罗马尼亚，在新国际私法典颁布以前其国际私法立法状况与我国相似，但其国际私法典一经制定便达到了世界先进水平，从立法模式、法典结构、法典内容等方面都反映了国际私法发展的趋势。这跟它们的立法指导思想有很大关系。它们在制定法典过程中，一方面认真总结本国已有的立法经验，一方面大胆吸收国际私法在世界范围内取得的新成果，尤其是大胆借鉴其他国家的立法经验以及国际组织的立法成果。从《罗马尼亚国际私法典》中尤其反映出立法者在指导思想上的超前意识。例如对于夫妻分居以及非婚生子的准正，罗马尼亚国内立法尚未承认此种法律关系的合法地位，但考虑到国际交往中可能会出现此方面的法律纠纷，更考虑到社会的发展趋势，《罗马尼亚国际私法典》分别于第 23 条和第 27 条对这两方面的法律关系应适用的法律作了明确规定。我国国际私法的立法工作者不妨多一点超前意识，将中国国际私法的立法与国际私法趋同化发展联系起来。国际私法与其他国内法律部门毕竟有所不同，其他法律部门受各国政治经济制度及文化传统、宗教信仰和风俗习惯的影响，在不同国家之间可能会有很大差异；但国际私法作为解决涉外民商事法律纠纷的法律适用法，经过几个世纪的发展变迁，在许多规则上已经定型。正如前面所指出的那样，各国的国际私法相对于其他法律部门有更多的共同之处，更容易趋向一致。因此，国与国之间在国际私法领域互相学习借鉴的地方也更多。在我国当前实行社会主义市场经济的形势下，充分吸收国外与国际上的先进立法经验，制定一部适应我国社会主义现代化建设、顺应国际私法发展趋势的国际私法典，应当成为我国立法工作者努力的目标。